国家社科基金
GUOJIA SHE KE JIJIN HOUQI ZIZHU XIANGMU
后期资助项目

阮元山左金石志研究

Study on Ruan Yuan's *Shanzuo Jinshizhi*

孟凡港 著

中华书局
ZHONGHUA BOOK COMPANY

图书在版编目（CIP）数据

阮元山左金石志研究/孟凡港著. —北京:中华书局,2019.11
（国家社科基金后期资助项目）
ISBN 978-7-101-14158-0

Ⅰ.阮…　Ⅱ.孟…　Ⅲ.金石-研究-中国-清代　Ⅳ.K877.24

中国版本图书馆 CIP 数据核字（2019）第 220732 号

书　　　名	阮元山左金石志研究	
著　　　者	孟凡港	
丛 书 名	国家社科基金后期资助项目	
责任编辑	俞国林　白爱虎	
出版发行	中华书局	
	（北京市丰台区太平桥西里 38 号　100073）	
	http://www.zhbc.com.cn	
	E-mail:zhbc@zhbc.com.cn	
印　　　刷	北京瑞古冠中印刷厂	
版　　　次	2019 年 11 月北京第 1 版	
	2019 年 11 月北京第 1 次印刷	
规　　　格	开本/710×1000 毫米　1/16	
	印张 24　插页 2　字数 360 千字	
国际书号	ISBN 978-7-101-14158-0	
定　　　价	128.00 元	

国家社科基金
后期资助项目
GUOJIA SHEKE JIJIN HOUQI ZIZHU XIANGMU

阮元山左金石志研究

Study on Ruan Yuan's *Shanzuo Jinshizhi*

孟凡港 著

中华书局
ZHONGHUA BOOK COMPANY

图书在版编目（CIP）数据

阮元山左金石志研究/孟凡港著. —北京：中华书局，2019.11
（国家社科基金后期资助项目）
ISBN 978-7-101-14158-0

Ⅰ.阮⋯　Ⅱ.孟⋯　Ⅲ.金石-研究-中国-清代　Ⅳ.K877.24

中国版本图书馆 CIP 数据核字（2019）第 220732 号

书　　　名	阮元山左金石志研究
著　　　者	孟凡港
丛 书 名	国家社科基金后期资助项目
责任编辑	俞国林　白爱虎
出版发行	中华书局
	（北京市丰台区太平桥西里 38 号　100073）
	http://www.zhbc.com.cn
	E-mail:zhbc@zhbc.com.cn
印　　　刷	北京瑞古冠中印刷厂
版　　　次	2019 年 11 月北京第 1 版
	2019 年 11 月北京第 1 次印刷
规　　　格	开本/710×1000 毫米　1/16
	印张 24　插页 2　字数 360 千字
国际书号	ISBN 978-7-101-14158-0
定　　　价	128.00 元

国家社科基金后期资助项目出版说明

后期资助项目是国家社科基金设立的一类重要项目，旨在鼓励广大社科研究者潜心治学，支持基础研究多出优秀成果。它是经过严格评审，从接近完成的科研成果中遴选立项的。为扩大后期资助项目的影响，更好地推动学术发展，促进成果转化，全国哲学社会科学工作办公室按照"统一设计、统一标识、统一版式、形成系列"的总体要求，组织出版国家社科基金后期资助项目成果。

全国哲学社会科学工作办公室

目 录

序

赵逵夫

阮元因为主持校刻《十三经注疏》，为人所熟知。十三经中包括古代历史、文学、哲学、礼学以及历史地理等很多学科领域知识，要解决其中文字是正上的问题，没有关于古代礼仪制度、上古历史及文字学、音韵学、训诂学方面的深厚修养，确实也难以承担。张之洞的《书目答问》所附《清代著述诸家姓名略》中，阮元先被列入"经学家"一类的"汉学专门经学家"之中，特别说明其中"诸家皆笃守汉人家法，实事求是，义据通深者"。后面又被分别列入"小学家"、"算学家"、"校勘学家"、"金石学家"四类。之所以列入"算学家"之中，因为他在天文、历算方面的学养也很深。事实上他在舆地方面同样学养深厚。他一生勤于学问，很多方面都取得突出的成就。

阮元在金石学方面，著有《山左金石志》、《皇清碑版录》、《积古斋钟鼎彝器款识》、《两浙金石志》、《汉延熹西岳华山碑考》等。由于他在经学、小学、校勘学等方面名声太高，学界对其金石学方面的成就关注不多，研究也很少。其实，他虽然不是一生全力从事金石学研究，但因为知识全面、扎实，在金石方面的研究有很值得重视的地方。惜自清以来关注者不多。最近，很高兴地看到孟凡港博士的《阮元山左金石志研究》一书完成，并被列入国家社科基金后期资助项目，即将交付出版。本书实可弥补以往在这一方面研究的不足。

《山左金石志》二十四卷，署"毕沅、阮元同撰"，因毕沅于乾隆五十九年巡抚山东，闻阮元有编纂《山左金石志》之想，与之共同商订编修凡例及搜访事宜，又以自己的丰富收藏支持之。当时阮元提督山东学政，对山东的金石碑刻首次作了较为系统的搜集、著录与研究。阮元以官场旧例和朋友之情，列毕沅之名于其前，其实全部的编纂工作是由阮元负责完成，其幕友朱文藻、何元锡、武亿、段松苓、赵魏等人协助搜集、编校，钱大昭、钱东垣、顾述等人给以支持协助。该书体例整饬，内容丰富，考证详审，学术价值突出,是编录、研究山东古代金石文献的一部划时代巨著。孟凡港博士此书对《山左金石志》编修者、编修背景、金石资料来源、编修始末、体例、内容、版本、价值、学术影响等众多问题作了深入的探讨。以往学界对《山左金石志》是利用者多,研究者少,只有数篇文章探讨《山左金石志》的编纂者是毕沅还是阮元,一直无人对它进行全面的、专门的研究。这部《阮元山左金石志研究》,可以说是第一本全面研究《山左金石志》的专著。我觉得该书有以下几点值得肯定:

一、揭示了《山左金石志》的编纂经过及学术价值。《山左金石志》是谁主持编纂的? 如何编修而成? 以前学术界有不同看法。作者经过仔细考察,认为主要是阮元与其幕僚朱文藻等人纂修,毕沅支持了这项工作,在编辑体例等方面提供了个人的意见,也提供了个人所收藏有关文献,但并未主编和参与定稿工作。阮元本人发挥了主编与定稿人的作用。《山左金石志》是阮元金石学研究的奠基之作,著录了先秦至元代金石 1700 多种,收录范围遍及今山东省,其著录体例之完备,对清代金石学研究,影响深远。这些结论,皆言之有据。

二、探讨了《山左金石志》部头大、成书时间短,而质量仍能保证的原因,肯定了集体编纂和分工合作模式在这种大型学术工程中的作用。

三、运用统计的方法,对《山左金石志》所载金石的时空分布进行统计分析,从而揭示出了山东古代金石碑刻的分布及兴衰变迁规律:从时间分布上看,山东于三代有金无石,秦汉以后石盛金衰;从空间分布上看,山东古代石刻主要分布于长清、临朐、泰安、益都、曲阜、济宁、嘉祥、邹县、历城、掖县等地,石刻数量、类型及特色因地域不同而不同,这既与自然地理因素相关,又与地域文化密切相连。

四、利用地利之便,多次作实地考察,获得大量翔实的碑刻资料。因为这些丰富的资料,使此书考论精审,持之有故,对一些模糊不清或前人看法分歧的问题提出己见,且言而有据。

总体来说,该书是微观研究与宏观研究结合,既解决一些具体的学术问题,也从纵、横的发展变化中总结出一些带有规律性的现象,是一部有较高水平的学术专著。本成果的问世必将有助于推动金石文献和山东地方历史的研究。

金石学研究一直是学术研究的薄弱区域,清代以来大多数金石学著作,基本是以省或地区为单位撰写的,如果对该地区的历史文化不熟悉,是很难进一步研究的,诸如《陇右金石录》、《关中金石记》、《两浙金石志》等。《山左金石志》是专门记载山东省金石文献的著作,所以,该书稿的出版问世也一定会推动对山东齐鲁大地历史文化的研究。又由于该书用较大篇幅总结阮元的金石学贡献及其思想,也有助于对清代学术史研究的深入。

如果说本书还有什么不足的话,我觉得还可以与同类著作比较,进一步作一些深度分析,以凸显《山左金石志》的特点及价值。对阮元金石学思想论述也还可以联系阮元其他著作加以总结提炼,对其金石考据方法的评价也会更为具体切当。作者必能以此书为契机,不断拓宽研究视野,加强理论素养,在以后的研究工作中作出更大的贡献。

我也深知金石文献搜集研究之不易。在九十七八年前,先父子贤公(讳殿举)受命为他的老师王少箕(访卿)先生各处跑着拓碑刻、抄碑文,我小的时候常听他说起一些事,引起我对石刻文献的兴趣。我自己最早搜集的碑文是1963年8月在西和、礼县之间的香山所抄几通碑刻。其中一通因相约的同学来了一起去山顶的寺院,未抄完。五六年前托西和县志办主任袁智慧同志去补抄,结果那一通碑已不见了。近些年前后用了十多年时间主持整理的《陇南金石校录》已交出版,校样都看过之后,听人说宕昌有我们未见到的金石文献,由院上一位年轻教师和我的一个博士生开车去跑了一周,也只找到三通碑文和几段残文。有一单位所藏有铭铜器,费了不少周折未能见到,后来我搬动上级领导才得到照片。至于校点,缺文校补、背景的探索等方面问题更多,常有意想不到的困难。该书今年元月才由中国社会科学出版社出版。还有所主持校点的《陇右金石录》,尚未最后完成。故深知此类工作之艰难。

学海无涯,只要努力,总会取得成绩。我真心希望孟凡港博士继续努力,拓展研究领域,完成阮元金石学的系统研究。这不仅对于阮元研究,而且对于扬州学派乃至整个清代学术史研究都有意义。

是为序。

二〇一八年六月于兰州

绪　论

第一节　中国古代金石学概述

一、金石与金石学释义

（一）金石

金石作为中国古代一种重要的文献形式，历史久远，数量巨大，内容丰富，与简帛、纸本共同构成了我国历史文献的三大主干。"金"又称"吉金"，是指由金属材料（以铜为主）铸造而成的有铭识或无铭识的金属器物，如钟鼎彝器、度量衡器、钱币、镜鉴、印符、兵器等。"石"又称"乐石"、"贞石"，是指由石质材料镌刻而成的碑碣、墓志、摩崖、造像、经幢、塔铭、画像等。现代著名的金石学家马衡先生曾对"金石"进行解释说："金石者，往古人类之遗文，或一切有意识之作品，赖金石或其他物质以直接流传至于今日者，皆是也。"①现代另一著名金石学家朱剑心对"金石"有着更为详细的诠释：

> 今人称金曰"吉金"，石曰"乐石"，盖亦有所本。周代彝器之铭，多曰"吉金"，"吉"，坚结之意也。如《王孙遗者钟》曰："择其吉金。"《郏公华钟》曰："择厥吉金。"……是也。秦《绎山刻石》曰："刻此乐石。"乐，言其质之美也。故汉碑亦称"嘉石"，六朝墓志或曰"贞石"，其义一也。然则"金"者何？以钟鼎彝器为大宗，旁及兵器、度量衡器、符玺、钱币、镜鉴等物，凡古铜器之有铭识或无铭识者皆属之。"石"者何？以碑碣墓志为大宗，旁及摩崖、造象、经幢、柱础、石阙等物，凡古石刻之有文字图象者，皆属之。②

---

① 马衡：《马衡讲金石学·绪论》，凤凰出版社 2010 年，第 3 页。
② 朱剑心：《金石学》第一编《通论·金石学之名义》，文物出版社 1981 年，第 3 页。

"金"、"石"二字连用为一词,最早见于《墨子》:"以其所书于竹帛,镂于金石,琢于槃盂,传遗后世子孙者知之。"①而"金石"一词出现在金石刻辞中,则以秦代《峄山刻石》与《琅邪台刻石》为最早。《峄山刻石》云:"皇帝曰:'金石刻,尽始皇帝所为也。今袭号而金石刻辞不称始皇帝。其于久远也,如后嗣为之者,不称成功盛德。'丞相臣斯、臣去疾、御史夫臣德昧死言:'臣请具刻诏书金石刻,因明白矣。臣昧死请。'"②《琅邪台刻石》称:"古之帝者,地不过千里,诸侯各守其封域,或朝或否,相侵暴乱,残伐不止,犹刻金石,以自为纪。……群臣相与诵皇帝功德,刻于金石,以为表经。"③"金石"成为学术上之名词,则始于北宋曾巩的《金石录》一书。

(二)金石学

金石学乃中国近代考古学之前身,源远流长,影响深远,是中国传统学术的重要组成部分。然而,直至宋代,在刘敞、欧阳修、曾巩、赵明诚等学者的倡导及践行下,金石学才得以成为一种专门学问。之后,一直为学人传承至今。金石学是一门以金属器物和碑版刻石作为研究对象的学问,有着区别于其他学科的研究内容与研究范围。对于金石学的定义及其研究对象、研究内容,朱剑心认为:

> "金石学"者何?研究中国历代金石之名义、形式、制度、沿革及其所刻文字图象之体例、作风,上自经史考订、文章义例,下至艺术鉴赏之学也。其制作之原,与文字同古,自三代秦汉以来,无不重之,而成为一种专门独立之学问,则自宋刘敞、欧阳修、吕大临、王黼、薛尚功、赵明诚、洪适、王象之诸家始。历元明至清,而斯学大盛。其间金石名家,无虑千数,著作称是。近世地层发掘,愈见进步,古物出土之种类亦愈多:殷墟之甲骨,燕齐之陶器,齐鲁之封泥,西域之简牍,河洛之明器,皆有专载,虽不尽属金石之范围,而皆得以金石之名赅之也。④

马衡对金石学的定义及其研究对象亦有论述:

> 以此种材料(指金石,笔者注)作客观的研究以贡献于史学者,谓之

①吴毓江撰,孙启治点校:《墨子校注》卷4《兼爱下》,中华书局1993年,第175页。

②刘培桂:《孟子林庙历代石刻集·附录一》,齐鲁书社2005年,第466页。

③〔西汉〕司马迁:《史记》卷6《秦始皇本纪》,中华书局1959年,第246~247页。

④朱剑心:《金石学》第一编《通论·金石学之名义》,文物出版社1981年,第3~4页。

金石学。古代人类所遗留之材料,凡与中国史有关者,谓之中国金石学。

　　……最初仅限于器物及碑碣,其后乃渐及于瓦当砖甓之属。至于今日,古物出土之种类,日益滋多,殷虚之甲骨,燕齐之陶器,齐鲁之封泥,西域之简牍,河洛之明器等,皆前人著录所未及者。物质名称虽不足以赅之,而确为此学范围以内所当研究者。故今日之所谓金石学,乃兼古器物学、金石文字学而推广之,为广义的学科名称,非仅限于狭义的物质名称已也。①

　　综上可见,基于研究对象不同,金石学有着广义与狭义之分。狭义的金石学,研究对象主要是前世遗留的金属器物与石刻,近代以前的金石学即属此类。广义上的金石学,研究对象除了金属器物和石刻之外,还包括简牍、甲骨、玉器、砖瓦、封泥、明器等器物,近代以后的金石学即属此类。金石学作为历史学的辅助学科,其研究任务主要是解析金石刻辞内容以考经证史,还包括对金石文字书体书风的赏析、金石器物的真伪及传拓流传的考辨。

二、金石文献的价值

　　金石文献与简帛、纸本书献相比,有着独特的自身条件,正如钱大昕所云:“盖以竹帛之文,久而易坏,手钞板刻,展转失真;独金石铭勒,出于千百载以前,犹见古人真面目,其文其事,信而有征,故可宝也。”②正因此故,金石文献的学术价值尤显突出。北宋刘敞《先秦古器记》就曾指出金石文献的三大价值,即“礼家明其制度,小学正其文字,谱牒次其世谥”③。其实,金石文献的学术价值不仅体现在研究礼制、语言文字、谱牒等几个方面,诸凡古代学术门类无不藉其以扩大取证范围,而最为显著的是,对于传世文献的阙略与讹误具有补充和订正功能:一方面,利用金石文献可以对经史群籍的所阙或所略提供恰当的增补;另一方面,利用金石文献可以订正传世文献的讹误。④ 对于这一点,历代学者无不赞同。南宋著名金石学家赵

①马衡:《马衡讲金石学·绪论》,凤凰出版社 2010 年,第 3~4 页。
②〔清〕钱大昕撰,吕友仁校点:《潜研堂集·文集》卷 25《关中金石记序》,上海古籍出版社 1989 年,第 414 页。
③〔北宋〕刘敞:《公是集》卷 36《先秦古器记》,《丛书集成初编》第 1904 册,中华书局 1985 年,第 437 页。
④参见拙文《历史文献的主干之一——略论曲阜的碑刻文献》,《文化中国》(加拿大)2012 年第 1 期。

明诚在《金石录·序》中称："盖窃尝以谓《诗》、《书》以后,君臣行事之迹悉载于史,虽是非褒贬出于秉笔者私意,或失其实,然至其善恶大节有不可诬,而又传之既久,理当依据。若夫岁月、地理、官爵、世次,以金石考之,其抵梧十常三四。盖史牒出于后人之手,不能无失,而刻词当时所立,可信不疑。"①清代学者顾炎武称:"余自少时,即好访求古人金石之文,而犹不甚解。及读欧阳公《集古录》,乃知其事多与史书相证明,可以阐幽表微,补阙正误。"②清代汉学家朱筠更是称赞金石文献有四点宝贵之处:"今人读古人书,鲁鱼帝虎之讹,不可胜诘,独金石文字历久如新,一可宝也;篆隶变革之源流,瞭然可见,二可宝也;名物杂陈,词义典贵,可以翼经传注疏家言,三可宝也;轶事无传,史篇多误,断碣残碑,恒资考证,四可宝也。"③阮元亦极为重视金石文献的价值,曾云:"吉金可以证经,乐石可以勖史"。④他首次提出钟鼎彝器"重与九经同之"⑤,还赋诗赞颂钟鼎铭文的学术价值:"铸器能铭古大夫,一篇款识十行余。《尚书》二十九篇外,绝胜讹残汲冢书";"德功册赏与勋声,国邑王年氏族名。半订传讹半补逸,聚来能敌左邱明。"⑥清末金石学家叶昌炽对于碑版的价值有着更为细致的论述,他说:

> 撰书题额结衔,可以考官爵。碑阴姓氏,亦往往书官于上。斗筲之禄,史或不言,则更可以之补阙。郡邑省并,陵谷迁改,参互考求,瞭于目验。关中碑志,凡书生卒,必云终于某县某坊某里之私第,或云葬于某县某村某里之原,以证《雍录》、《长安志》,无不吻合。推之他处,其有资于邑乘者多矣。至于订史,唐碑之族望及子孙名位,可补《宗室

---

①〔南宋〕赵明诚撰,金文明校证:《金石录校证·金石录序》,广西师范大学出版社 2005 年,第 1~2 页。

②〔清〕顾炎武:《金石文字记·序》,《石刻史料新编》第一辑第 12 册,新文丰出版公司 1977 年,第 9191 页。

③罗继祖:《朱筠河先生年谱》,载陈祖武选编:《乾嘉名儒年谱》(五),北京图书馆出版社 2006 年,第 373~374 页。

④〔清〕张鉴等撰,黄爱平点校:《阮元年谱》附录三《阮尚书年谱第一序》,中华书局 1995 年,第 274 页。

⑤〔清〕阮元:《揅经室集·三集》卷 3《商周铜器说上》,《丛书集成初编》第 2204 册,中华书局 1985 年,第 591 页。

⑥〔清〕阮元:《揅经室集·诗集》卷 7《论钟鼎文绝句十六首》,《丛书集成初编》第 2207 册,中华书局 1985 年,第 829 页。

宰相世系表》;建碑之年月,可补《朔闰表》;生卒之年月,可补《疑年录》;北朝造象寺记,可补《魏书·释老志》;《天玺纪功》、《天发神谶》之类,可补《符瑞志》;投龙、斋醮、五岳登封,可补《郊祀志》;汉之孔庙诸碑、魏之受禅尊号、宋之道君五礼,可补《礼志》;唐之《令长新诫》、宋之《慎刑箴戒石铭》,可补《刑法志》。古人诗集,凡有登览纪游之作,注家皆可以题名考之。郡邑流寓,亦可据为实录,举一反三,饷遗靡尽。①

近代学者梁启超在《中国历史研究法·说史料》中,亦充分肯定了金石史料的价值,在谈到石刻的价值时,他说:

> 金石为最可宝之史料,……例如唐建中二年(西七八一)之《大秦景教流行中国碑》,为基督教初入中国唯一之掌故,且下段附有叙里亚文,尤为全世界所罕见。如元至正八年刻于居庸关之佛经,书以蒙古、畏兀、女真、梵、汉五体;祥符大相国寺中有元至元三年圣旨碑,书以蒙古、畏兀、汉字三体;元至正八年之《莫高窟造象记》,其首行有书六体,异族文字,得借此以永其传。如唐长庆间(西八二一至八二四)之《唐蕃会盟碑》,将盟约原文刻两国文字,可以见当时条约格式及其他史实。……大抵碑版之在四裔者,其有助于考史最宏……何则?边裔之事,关于我族与他族之交涉者甚巨;然旧史语焉不详,非借助石刻,而此种史料遂湮也。②

对于石刻中常人认为无足轻重之文与文中无足轻重之字句,梁氏反认为其价值出于普通碑志之上。他说:

> 研究普通碑版,与其从长篇墓铭中考证事迹,毋宁注意于常人所认为无足重轻之文,与夫文中无足重轻之字句。例如观西汉之《赵王上寿》、《鲁王泮池》两刻石之年号,而知当时诸侯王在所封国内各自纪年。观汉碑阴所纪捐钱数,而略推当时之工价物价。此所谓无足重轻之字句也。例如观各种买地莂,可察社会之迷信、滑稽的心理。观元代诸圣旨碑,可见当时奇异之文体及公文格式。此所谓无足重轻之

---

① 〔清〕叶昌炽:《语石》卷6"碑版有资考订一则"条,上海书店1986年影印本,第114页。
② 〔民国〕梁启超:《中国历史研究法》第四章《说史料》,中华书局2009年,第64~66页。

文也。①

对于金文之价值,梁氏又云:

> 金文证史之功,过于石刻,盖以年代愈远,史料愈湮,片鳞残甲,罔不可宝也。例如周宣王伐玁狁之役,实我民族上古时代对外一大事,其迹仅见《诗经》,而简略不可理;及小盂鼎、虢季子白盘、不娶敦、梁伯戈诸器出世,经学者悉心考释,然后兹役之年月、战线、战略、兵数,皆历历可推。又如西周时民间债权交易准折之状况,及民事案件之裁判,古书中一无可考;自智鼎出,推释之即略见其概,余如克鼎、大盂鼎、毛公鼎等,字数抵一篇《尚书》,典章制度之借以传者盖多矣。又如秦《诅楚文》,于当时宗教信仰情状、两国交恶始末皆有关系;虽原器已佚,而摹本犹为瑰宝也。②

综上可见,金石文献作为中国古代历史文化的史料宝库,价值极大,是我们研究古代政治、经济、军事、民族、宗教、文化、教育、艺术等不可或缺的重要资料。

三、中国古代金石学的发展进程

(一)关于中国古代金石学发展阶段的划分

中国古代金石学源远流长,对于其发展进程,学者们持有不同的看法。清代著名金石学家孙星衍在《寰宇访碑录·序》中谈及中国古代金石学的发展进程:"金石之学,始自《汉·艺文志》春秋家《奏事》二十篇,载秦刻石名山文。其后,谢庄、梁元帝俱撰碑文,见于《隋·经籍志》,郦道元注《水经》,魏收作《地形志》,附列诸碑以征古迹。而专书则创自宋欧阳修、赵明诚、王象之诸人。"③现代金石学家陆和九与朱剑心对于该问题也有自己的看法。陆和九在《中国金石学讲义·正编·总论·金石学之源流》中认为:"金石学萌芽于梁唐,昌明于宋元,极盛于明清。"④朱剑心在《金石学》

---

① 〔民国〕梁启超:《中国历史研究法》第四章《说史料》,中华书局 2009 年,第 66 页。
② 〔民国〕梁启超:《中国历史研究法》第四章《说史料》,中华书局 2009 年,第 67~68 页。
③ 〔清〕孙星衍、邢澍:《寰宇访碑录·序》,《续修四库全书》第 904 册,上海古籍出版社 2002 年,第 399 页。
④ 陆和九:《中国金石学讲义·正编》第一章《总论》第二节《金石学之源流》,北京图书馆出版社 2003 年,第 78 页。

第一章《通论》中认为:金石学肇始于汉,演进于魏至唐,极盛于宋,中衰于元、明,复兴于清。①

综上可见,分歧的关键在于金石学何时肇始与何时极盛,孙氏与朱氏认为金石学肇始于汉代,而陆氏认为萌芽于梁唐;朱氏认为极盛于宋代,复兴于清代,而陆氏认为极盛于明清。在笔者看来,朱氏的观点较为合理,但也存有不妥之处。尽管金石学作为一种专门学问出现于宋代,但汉代已出现了金石学研究活动,这是毋庸置疑的事实,故可认为金石学肇始于汉代。然而,先秦时期,金石学已经萌发,对此朱氏并未提及。另外,朱氏认为金石学极盛于宋代,笔者不敢苟同,因为无论从金石学者、金石编著的数量,还是从当时金石研究风气以及重视程度来看,宋代远远逊于清代,故金石学复兴并极盛于清代更为合理。笔者在借鉴以往学者观点的基础上认为:中国古代金石学萌发于先秦时期,肇始于汉代,历经魏晋南北朝、隋唐五代的发展演进,于宋代开始兴盛,元明中衰,清代复兴并达到极盛。下面,对此发展进程加以概述。

(二)中国古代金石学的发展进程

1. 金石学的萌发——先秦时期

中国古代对金石文献的记录,最早始于先秦时期。《左传》记载了《谗鼎》与《正考父鼎》之铭:"公室之卑,其何日之有?《谗鼎之铭》曰:'昧旦丕显,后世犹怠。'"②"及正考父佐戴、武、宣,三命兹益共。故其鼎铭云:'一命而偻,再命而伛,三命而俯。'"③《国语·晋语》援引《商衰之铭》曰:"商之衰也,其铭有之曰:'嗛嗛之德,不足就也,不可以矜,而只取忧也。嗛嗛之食,不足狃也,不能为膏,而只罹咎也。'"④《周礼·考工记》记载《嘉量之铭》云:"时文思索,允臻其极。嘉量既成,以观四国。永启厥后,兹器维则。"⑤《礼记·祭统篇》记载《孔悝之鼎铭》云:"六月丁亥,公假于大庙。公曰:'叔舅,乃祖庄叔,左右成公,成公乃命庄叔随难于汉阳,即宫于宗周,

①朱剑心:《金石学》第一编《通论》第三章、第四章与第五章,文物出版社 1981 年。
②〔战国〕左丘明撰,〔西晋〕杜预集解:《春秋经传集解》第二十《昭公一》,上海古籍出版社 1997 年,第 1219 页。
③〔战国〕左丘明撰,〔西晋〕杜预集解:《春秋经传集解》第二十一《昭公二》,上海古籍出版社 1997 年,第 1301 页。
④〔战国〕左丘明:《国语》卷7《晋语一》,上海古籍出版社 1978 年,第 257 页。
⑤〔东汉〕郑玄注,〔唐〕贾公彦疏:《周礼注疏》卷 47,上海古籍出版社 2010 年,第 1595 页。

奔走无射。启右献公,献公乃命成叔纂乃祖服。乃考文叔,兴旧耆欲,作率庆士,躬恤卫国,其勤公家,夙夜不解,民咸曰休哉!'公曰:'叔舅,予女铭,若纂乃考服!'悝拜稽首曰:'对扬以辟之,勤大命,施于烝彝鼎。'"①可见,先秦时期已经开始留心于钟鼎彝器的著录,当然,此时还仅是对金铭刻辞进行简单记载,主观意识驱使下的金石研究活动尚未开展,金石学正处于萌发阶段。

　　2. 金石学的肇始——两汉时期

　　两汉时期,学者们开始重视对金石文献的收录、整理与研究,真正意义上的金石学得以肇始。其表现主要如下:

　　其一,有存录金石文字者。如西汉史学家司马迁在《史记·秦始皇本纪》中记载秦刻石凡七:峄山刻石、泰山刻石、之罘刻石、琅邪台刻石、之罘东观刻石、碣石刻石与会稽刻石,其中对泰山刻石、琅邪台刻石、之罘东观刻石、碣石刻石与会稽刻石的刻辞予以全文录载。如记载《泰山刻石》刻立始末及碑文云:"二十八年,始皇东行郡县,上邹峄山。立石,与鲁诸儒生议,刻石颂秦德,议封禅望祭山川之事。乃遂上泰山,立石,封,祠祀。下,风雨暴至,休于树下,因封其树为五大夫。禅梁父。刻所立石,其辞曰:'皇帝临位,作制明法,臣下修饬。二十有六年,初并天下,罔不宾服。亲巡远方黎民,登兹泰山,周览东极。从臣思迹,本原事业,祗诵功德。治道运行,诸产得宜,皆有法式。大义休明,垂于后世,顺承勿革。皇帝躬圣,既平天下,不懈于治。夙兴夜寐,建设长利,专隆教诲。训经宣达,远近毕理,咸承圣志。贵贱分明,男女礼顺,慎遵职事。昭隔内外,靡不清净,施于后嗣。化及无穷,遵奉遗诏,永承重戒。'"②东汉史学家班固在《汉书·艺文志·六艺略·春秋类》中收录《奏事》二十篇,并注曰"秦时大臣奏事,及刻石名山文也"③;又《诸子略·道家类》载《皇帝铭》六篇,《诸子略·杂家类》载孔甲《盘盂》二十六篇,皆为古器铭文。

　　其二,有鉴定时代者。如《史记·封禅书》记载:"少君见上,上有故铜

①〔东汉〕郑玄注,〔唐〕孔颖达疏:《礼记正义》卷49《祭统》,《十三经注疏》下册,中华书局1980年,第1607页。

②〔西汉〕司马迁:《史记》卷6《秦始皇本纪》,中华书局1959年,第242~243页。

③〔东汉〕班固:《汉书》卷30《艺文志·春秋家》,中华书局1962年,第1714页。

器,问少君。少君曰:'此器齐桓公十年陈于柏寝。'已而案其刻,果齐桓公器。"①

其三,有考释文字者。如《汉书·郊祀志》记载:宣帝时,"美阳得鼎,献之。下有司议,多以为宜荐见宗庙,如元鼎时故事。张敞好古文字,案鼎铭勒而上议曰:'臣闻周祖始乎后稷,后稷封于斄,公刘发迹于豳,大王建国于郊梁,文武兴于酆镐。由此言之,则郊梁、酆镐之间周旧居也,固宜有宗庙坛场祭祠之臧。今鼎出于郊东,中有刻书曰:'王命尸臣:官此栒邑,赐尔旂鸾、黼黻、琱戈。尸臣拜手稽首曰:敢对扬天子丕显休命。'臣愚不足以迹古文,窃以传记言之,此鼎殆周之所以褒赐大臣,大臣子孙刻铭其先功,臧之于宫庙也。……今此鼎细小,又有款识,不宜荐见于宗庙"②。

其四,有藉以互证文字之变迁者。如东汉文字学家许慎云:"郡国亦往往于山川得鼎彝,其铭即前代之古文,皆自相似。虽叵复见远流,其详可得略说也。"③

3.金石学的发展演进——魏晋至隋唐五代时期

魏晋至隋唐五代时期,郦道元、杨衒之、魏收、韦述等史学家们更加重视对金石碑版的著录与考证,出现了《碑英》、《钱谱》等专门的金石著录之作,金石学得以发展演进。

其一,史家对金石碑版的收集与著录。

北魏郦道元、杨衒之、魏收、唐代韦述等史学家十分重视收集、著录金石文献,并将之运用于史学研究中。如郦道元著《水经注》40卷,引用汉、魏石刻达125通,这是在著述中引用碑刻之始。如卷3《河水》记载:"芒干水又西,塞水出怀朔镇东北芒中,南流径广德殿西山下。"对广德殿的形制作精彩描绘之后,较为详细地记述了殿前所立北魏太平真君三年(442)崔浩执笔《广德殿碑》:"魏太平真君三年,刻石树碑,勒宣时事。碑颂云:'肃清帝道,振慑四荒。有蛮有戎,自彼氐羌,无思不服,重译稽颡。恂恂南秦,敛敛推亡。峨峨广德,奕奕焜煌。'侍中、司徒、东郡公崔浩之辞也。碑阴题

---

①〔西汉〕司马迁:《史记》卷28《封禅书》,中华书局1959年,第1385页。
②〔东汉〕班固:《汉书》卷25《郊祀志下》,中华书局1962年,第1251页。
③〔东汉〕许慎:《说文解字》第十五上,中华书局1963年,第315页。

宣城公李孝伯、尚书卢遐等从臣姓名,若新镂焉。"①杨衒之著《洛阳伽蓝记》5卷,录载北魏时期洛阳城内外佛寺中碑志约20通。如卷2《城东》记载:"正始寺,百官等所立也。正始中立,因以为名。在东阳门外御道南②,所谓敬义里也。里内有典虞曹。檐宇清净,美于丛林。众僧房前,高林对牖,青松绿桎,连枝交映。多有枳树,而不中食。有石碑一枚,背上有侍中崔光施钱四十万,陈留侯李崇施钱二十万,自馀百官各有差,少者不减五千已下。后人刊之。"③魏收在所著《魏书·地形志》府县之下,每每引用汉魏以来石刻。如《魏书》卷106中《地形志二》:"金乡,后汉属山阳,晋属,有金乡山、范巨卿冢碑。"④韦述对金石文献更是广为收集,《旧唐书·韦述传》记载:"(韦述)家聚书二万卷,皆自校定铅椠,虽御府不逮也。兼古今朝臣图,历代知名人画,魏、晋已来草隶真迹数百卷,古碑、古器、药方、格式、钱谱、玺谱之类,当代名公尺题,无不毕备。"⑤他在《两京新记》中记录了长安宗业坊的《成当往及经毕碑》、壮观寺的《圣教序碑》、西市的《市令载敏碑》、东明观的《冯黄庭碑》与《李荣碑》等碑刻,⑥这反映了唐代学者已着意集录碑版文字。此外,五代的刘昫,在《旧唐书·经籍志》中著录《诸郡碑》166卷与《杂碑文集》20卷。

其二,石经的著录与研究。

汉代立五经于学官,各家经文皆凭所见而无供传习的官定经本,博士考试亦常因文字异同而引起争端。为了统一定本,避免争端,东汉灵帝熹平四年(175),蔡邕等人奏求正定六经文字,得到灵帝许可。于是,参校诸家经书,由蔡邕等将《周易》《尚书》等儒家经典刻于碑石之上,立于洛阳城南太学门外,此即熹平石经。熹平石经开中国古代石经之先河,此后又有曹魏正始石经⑦、

---

①〔北魏〕郦道元著,陈桥驿等译注:《水经注全译》卷3《河水》,贵州人民出版社1996年,第84页。

②〔北魏〕杨衒之撰,周祖谟校释:《洛阳伽蓝记校释》卷2《城东》,中华书局2010年,第73页。周祖谟注曰:"'南'原作'西',津逮本同。此从《大典》卷13823引及逸史本改正。"

③〔北魏〕杨衒之撰,周祖谟校释:《洛阳伽蓝记校释》卷2《城东》,中华书局2010年,第73页。

④〔北齐〕魏收:《魏书》卷106中《地形志二》,中华书局1974年,第2520页。

⑤〔后晋〕刘昫:《旧唐书》卷102《韦述传》,中华书局1975年,第3184页。

⑥〔唐〕韦述撰,辛德勇辑校:《两京新记辑校》,三秦出版社2006年,第24、30、49、65页。

⑦正始石经,刻于曹魏正始二年(241),用古文、隶书、篆书等三种文字刻成,又称"三体石经",经文有《尚书》、《春秋》与《左传》的部分(止于鲁庄公中叶)。

唐开成石经①、五代广政石经②、北宋嘉祐石经③、南宋绍兴石经④、清乾隆石经⑤等。

　　熹平石经刻就后，《后汉书》、《洛阳记》、《水经注》、《洛阳伽蓝记》、《北齐书》、《隋书》等史志均予以记载。然而，关于熹平石经的经数与经目，文献记载不一。认定四经的，如《洛阳伽蓝记》记载："开阳门御道东有汉国子学堂，堂前有三种字石经二十五碑，表里刻之，写《春秋》、《尚书》二部，作篆、科斗、隶三种字，汉右中郎将蔡邕笔之遗迹也。……复有石碑四十八枚，亦表里隶书，写《周易》、《尚书》、《公羊》、《礼记》四部。"⑥认定五经的，如《后汉书·孝灵帝纪》记载"诏诸儒正五经文字"⑦；《后汉书·儒林列传》记载"熹平四年，灵帝乃诏诸儒正定五经，刊于石碑"⑧；《后汉书·卢植传》记载"时始立太学石经，以正五经文字"⑨；《后汉书·宦者列传》记载"与诸儒共刻五经文于石"⑩；《后汉书·蔡邕传》注引《洛阳记》记载"太学在洛城南开阳门外，讲堂长十丈，广二丈。……西行，《尚书》、《周易》、《公羊传》十六碑存，十二碑毁。南行，《礼记》十五碑悉崩坏。东行，《论语》三碑，二碑毁"⑪。认定六经的，如《后汉书·蔡邕传》记载"奏求正定六经文字"⑫；北魏郦道元《水经注》记载："蔡邕以熹平四年，……奏求正定六经文

---

① 开成石经，唐文宗大和七年（833）始刻于长安，开成二年（837）完成，楷书，有《易经》、《书》、《诗》、《周礼》、《礼记》、《仪礼》、《论语》、《孝经》、《尔雅》、《左传》、《穀梁传》、《公羊传》等十二经。
② 广政石经，又名蜀石经，始刻于五代后蜀主孟昶广政元年（938）。始刻之时，只有《孝经》、《论语》、《尔雅》、《易经》、《毛诗》、《尚书》、《仪礼》、《礼记》、《周礼》、《春秋左氏传》（只刻十七卷）；宋人田况补刻《公羊传》、《穀梁传》和《左传》十八至三十卷；席贡补刻《孟子》；晁公武补刻《古文尚书》，同时并校诸经异同，著《石经考异》，一并刊刻于石。
③ 嘉祐石经，北宋嘉祐六年（1061）刻成于汴梁太学，因以楷、篆二体刻制，又称"二体石经"，刻有《易经》、《诗经》、《尚书》、《周礼》、《礼记》、《春秋》、《孝经》、《论语》、《孟子》等九经。
④ 南宋石经，高宗于绍兴十三年（1143）御书，有《易经》、《尚书》、《诗经》、《礼记》（仅刻《大学》、《中庸》等篇）、《左传》、《论语》、《孟子》等七经。现存浙江杭州孔庙，已残缺，仅存85石。
⑤ 清石经，乾隆五十六年（1791）始刻，乾隆五十九年（1794）完成，有《易经》等十三经，共190石，现存北京国子监。
⑥〔北魏〕杨衒之撰，周祖谟校释：《洛阳伽蓝记校释》卷3《城南》，中华书局2010年，第106~107页。
⑦〔刘宋〕范晔：《后汉书》卷8《孝灵帝纪》，中华书局1965年，第336页。
⑧〔刘宋〕范晔：《后汉书》卷79上《儒林传》，中华书局1965年，第2547页。
⑨〔刘宋〕范晔：《后汉书》卷64《卢植传》，中华书局1965年，第2116页。
⑩〔刘宋〕范晔：《后汉书》卷78《宦者传》，中华书局1965年，第2533页。
⑪〔刘宋〕范晔：《后汉书》卷60下《蔡邕传》，中华书局1965年，第1990页。
⑫〔刘宋〕范晔：《后汉书》卷60下《蔡邕传》，中华书局1965年，第1990页。

字,灵帝许之。"①认定七经的,如《隋书·经籍志》记载:"后汉镌刻七经,著于石碑,皆蔡邕所书。"②至于熹平石经所刻经目,《后汉书·蔡邕传》引《洛阳记》认为有《尚书》、《周易》、《公羊传》、《礼记》、《论语》五经;《洛阳伽蓝记》认为有《周易》、《尚书》、《公羊传》、《礼记》四经;《隋书·经籍志》则认为有《周易》、《尚书》、《诗经》、《仪礼》、《春秋》、《公羊传》、《论语》七经。近代学者王国维作《魏石经考》,考定汉熹平石经为《周易》、《尚书》、《诗经》、《仪礼》、《春秋》、《公羊》、《论语》七经,凡四十六碑。③

对于正始石经与开成石经,该时期的史志亦予以著录。如《隋书·经籍志》记载"魏正始中,又立三字石经,相承以为七经正字"④;《旧唐书·文宗纪下》记载:"郑覃以经义启导,稍折文章之士,遂奏置五经博士,依后汉蔡伯喈刊碑列于太学,创立石壁九经,诸儒校正讹谬。"⑤

其三,石鼓的发现与研究。

唐贞观元年(627),天兴(今陕西宝鸡)三畤原出土了十个石鼓,形状大小不一,高45厘米至90厘米,上刻有文字,每鼓载诗一首。石鼓发现后,书法家虞世南、褚遂良、欧阳询等前去临摹拓印,记述与研究之风日渐兴盛。唐人以为石鼓乃周宣王猎碣,为史官史籀所书刻。如李吉甫《元和郡县图志》云:"石鼓文在(天兴)县南二十里许,石形如鼓,其数有十,盖纪周宣王畋猎之事,其文即史籀之迹也。贞观中,吏部侍郎苏勖纪其事云:'虞、褚、欧阳共称古妙。虽岁久讹缺,遗迹尚有可观,而历代纪地理志者不存记录,尤可叹息。'"⑥张怀瓘《书断》论籀文云:"籀文者,周太史史籀之所作也,与古文、大篆小异,后人以名称书,谓之籀文。……其迹有石鼓文存焉,盖讽宣王畋猎之所作,今在陈仓。"⑦诗人杜甫、韩愈、韦应物等,皆写诗赞颂石鼓,如韦应物的《石鼓歌》云:

---

① 〔北魏〕郦道元著,陈桥驿等译注:《水经注全译》卷16《毂水》,贵州人民出版社1996年,第581页。

② 〔唐〕魏征:《隋书》卷32《经籍志》,中华书局1973年,第947页。

③ 王国维:《魏石经考》,《民国时期经学丛书》第四辑第60册,台中文听阁图书有限公司2009年。

④ 〔唐〕魏征:《隋书》卷32《经籍志》,中华书局1973年,第947页。

⑤ 〔后晋〕刘昫:《旧唐书》卷17下《文宗纪下》,中华书局1975年,第571页。

⑥ 〔唐〕李吉甫:《元和郡县图志》卷2,中华书局1983年,第41页。

⑦ 〔唐〕张怀瓘:《书断》卷上《籀文》,《景印文渊阁四库全书》第812册,台湾商务印书馆1986年,第41~42页。

周宣大猎兮岐之阳,刻石表功兮炜煌煌。

石如鼓形数止十,风雨缺讹苔藓涩。

今人嗉纸脱其文,既击既扫白黑分。

忽开满卷不可识,惊潜动蛰走云云。

喘逶迤,相纠错,乃是宣王之臣史籀作。

一书遗此天地间,精意长存世冥寞。

秦家祖龙还刻石,碣石之罘李斯迹。

世人好古犹共传,持来比此殊悬隔。①

其四,出现了专门的金石著录。

该时期,出现了专门的金石著录,如《碑英》、《钱谱》等。《碑英》为梁元帝所著,共计120卷,号称"金石文字之祖",正如《四库全书总目》所云:"自梁元帝始集录碑刻之文为《碑英》一百二十卷,见所撰《金楼子》,是为金石文字之祖。"②遗憾的是,此书不传于后世。此外,《旧唐书·经籍志》还记载了梁顾烜著《钱谱》一卷,亦亡佚。

其五,藉金石文献以考经证史。如曹魏孟康注《汉书·律历志》,依据汉章帝时零陵文学奚景于泠道舜祠下所得白玉琯,以证《汉书·律历志》"竹曰管"之说不尽然,其云:"《礼乐器记》:'管,漆竹,长一尺,六孔。《尚书大传》:'西王母来献白玉琯。'汉章帝时零陵文学奚景于泠道舜祠下得白玉琯。古以玉作,不但竹也。"③又如晋代晋灼注《汉书·地理志》,利用黎山之碑以考证"黎阳"之名的由来:"黎山在其南,河水经其东。其山上碑云县取山之名,取水之阳以为名。"④再如,北齐颜之推《家训·书证篇》云:"柏人城东北有一孤山,古书无载者,唯阚骃《十三州志》以为舜纳于大麓,即谓此山。其上今犹有尧祠焉,世俗或呼为宣务山,或呼为虚无山,莫知所出。"⑤颜氏据城西门内汉桓帝时柏人县民为县令徐整所立碑铭"士有巇务山,王乔所仙",方知俗名"宣务山"、"虚无山"之当名"巇务山"。

---

① 〔清〕曹寅:《全唐诗》卷194《韦应物·石鼓歌》,中华书局1999年,第2007页。

② 〔清〕永瑢等:《四库全书总目》卷86《史部·目录类二》,中华书局1965年,第733页。

③ 〔东汉〕班固:《汉书》卷21上《律历志第一上》"竹曰管"颜师古注,中华书局1962年,第958页。

④ 〔东汉〕班固:《汉书》卷28上《地理志第八上》"黎阳"颜师古注,中华书局1962年,第1574页。

⑤ 〔北齐〕颜之推:《颜世家训》卷下《书证篇第十七》,《景印文渊阁四库全书》第848册,上海古籍出版社1987年,第981~982页。

综上可见,魏晋至隋唐五代时期金石学得以发展演进,但当时从事金石学研究的学者仍然不多,专门著述寥寥,金石学未能成为专门之学,但为宋代金石学的兴盛奠定了基础。

4. 金石学的兴盛——两宋时期

宋代统治者崇尚经学,恢复礼制,遂出现了收集、整理与研究古物的热潮。同时,墨拓技术与印刷术的发展,为金石文字的流传提供了重要条件,故金石学于宋代开始兴盛。宋仁宗时,刘敞大力搜集古器物,并进行著录与考订,于嘉祐八年(1063)撰成《先秦古器记》1 卷,有图录、铭文、说及赞。同年,欧阳修撰成《集古录》10 卷,收录了上千件金石器物,上自西周穆王,下至隋唐五代。此二书的问世,标志着金石学开始成为一种专门的学问。受此影响,之后涌现出一批颇具影响的金石学家与金石学著作。吉金著录之作,如吕大临《考古图》10 卷与《考古图释文》1 卷、李公麟《考古图》(又称《古器图》)1 卷、王黼《博古图》(又称《宣和博古图》)30 卷、王厚之《钟鼎款识》1 卷、王俅《啸堂集古录》2 卷、黄伯思《法帖刊误》2 卷与《古器说》426 篇、薛尚功《历代钟鼎彝器款识法帖》20 卷、洪遵《泉志》15 卷,等等。石刻著录之作,如洪适《隶释》27 卷与《隶续》21 卷、王象之《舆地碑记目》4 卷、陈思《宝刻丛编》20 卷、刘球《隶韵》10 卷、娄机《汉隶字源》6 卷,等等。金石著录合编之作,如欧阳棐《集古录目》20①卷、曾巩《金石录》500 余卷(已佚)、赵明诚《金石录》30 卷等等。此外,沈括《梦溪笔谈》、郑樵《通志》等书中,也包含金石考证的内容,如郑樵在《通志》二十略中,专列《金石略》,记录其一生中所见古代器物,并作了考订。

总之,宋代是中国古代金石学的确立与兴盛时期,金石名家辈出,名著大量涌现,清人李遇孙《金石学录》收录宋代金石学家达九十余人②,杨殿珣《宋代金石佚书目》列举宋代金石书目有八十九种之多③,使得原来的奇器珍玩成为学术研究的对象,为清代金石学的极盛开拓了先路。正如近代著名学者王国维先生在《两宋金文著录表序》中所云:"国朝乾嘉以后,古文之学颇盛,辄鄙薄宋人之书,以为不屑道。窃谓《考古》、《博古》二图,摹

---

①《集古录目》原 20 卷,现仅存辑佚本 10 卷。

②〔清〕李遇孙:《金石学录·金目》,《石刻史料新编》第二辑第 17 册,新文丰出版公司 1979 年,第 12379~12380 页。

③杨殿珣:《宋代金石佚书目》,《考古》1936 年第 4 期。

写形制,考订名物,其用力颇巨,所得亦多。乃至出土之地,藏器之家,苟有所知,无不毕记,后世著录家当奉为准则。至于考释文字,宋人亦有凿空之功,国朝阮、吴诸家不能出其范围。若其穿凿纰缪,诚若有可讥者,要亦国朝诸老之所不能免也。"①

5. 金石学的中衰——元明时期

元代金石学承前宋极盛之后,难以为继,一度归于沉寂,少有学者涉及此门学问,金石学成就更是寥寥,只有吾丘衍《周秦刻石释音》、杨钧《增广钟鼎篆韵》、潘昂霄《金石例》等少数几部较为有影响的金石学著作。

明人由于空疏不学、空谈心性之弊,其金石学虽然稍稍振起,但距宋代仍相差甚远。正如朱剑心所说:"综明一代之作,虽亦有数种可取,然大抵展转稗贩,罕有新识,叠床架屋,徒形其赘。甚且纪载失实,真赝莫辨,但逞臆说,毫无考订。是则明儒治学之通病,吾不能为贤者讳矣。故金石之学,至宋而极盛,至元、明而中衰也。"②明代影响较大的金石学家及著述,如杨慎《石鼓文音释》3卷、《水经注碑目》1卷与《金石古文》14卷、赵崡《石墨镌华》8卷、郭宗昌《金石史》2卷、陶宗仪《古刻丛钞》1卷、都穆《金薤琳琅》20卷等等。

6. 金石学的再度复兴并达到极盛——清代

入清以后,海内一统,社会稳定,加之统治者稽古右文及考据学的兴起与推动,金石学再次复兴并达到极盛。硕学鸿儒、显达官宦多涉及此门学问,搜辑金石器物成为当时的风尚,金石学堪称当时之显学。正如李遇孙在《金石学录·例目》中所言:"国朝亭林、竹垞两公出,笃嗜金石,钩稽弗遗,蔚然于欧、薛、赵、洪之上,由是虚舟、竹汀、西沚、山夫、覃溪、授堂、述庵、云台诸先生继起,著述等身,推勘深至,各成不朽,此文忠以来金石学之大宗也,列为二卷。自国初至近时又得二百余人,超轶宋、金、元、明四代,可谓盛矣。"③清代金石学的发展主要表现如下:

其一,官方极力倡导并实际组织金石文献的编修工作。

---

①王国维:《三代秦汉两宋金文著录表·两宋金文著录表序》,北京图书馆出版社 2003 年,第628 页。

②朱剑心:《金石学》第一编《通论》第四章《金石学之极盛及中衰》第二节《中衰——元明》,文物出版社 1981 年,第 33 页。

③〔清〕李遇孙:《金石学录·例目》,《石刻史料新编》第二辑第 17 册,新文丰出版公司 1979 年,第12377~12378 页。

　　清代皇帝皆雅好文艺,尤以乾隆为最。乾隆皇帝效仿宋代御编《宣和博古图》,自乾隆十四年(1749)始,先后命儒臣将内府所藏古器汇编成著名的"西清四鉴",即《西清古鉴》40卷、《西清续鉴甲编》20卷、《西清续鉴乙编》20卷与《宁寿鉴古》16卷。"四鉴"收录了四千多件青铜器图录,为中国古代青铜器研究提供了极为丰富的资料。另外,清廷还命令搜访、校录天下图书,编修《四库全书》,金石典籍也是其中一个重要组成部分。

　　其二,金石学家与金石学著作数量巨大。

　　有清一代,特别是乾隆及其以后时期,方家竞论,名著丛出。据陆和九统计,知名的金石学家多达418人。[①] 容媛《金石书录目》所收金石书目自宋代至清代雍正年间仅有67种,而乾隆以后的金石著作多达906种。[②] 其中,著名的金石学家及著作,如顾炎武《金石文字记》6卷、朱彝尊《曝书亭金石文字跋尾》6卷、黄叔璥《中州金石考》8卷、钱大昕《潜研堂金石文跋尾》20卷、牛运震《金石图》2卷、毕沅《关中金石记》8卷与《中州金石记》5卷、翁方纲《两汉金石记》22卷与《粤东金石略》11卷、阮元《山左金石志》24卷、《两浙金石志》18卷与《积古斋钟鼎彝器款识》10卷、武亿《金石三跋》10卷、《授堂金石文字续跋》14卷、《偃师金石遗文补录》16卷与《安阳县金石录》12卷、王昶《金石萃编》160卷、赵绍祖《安徽金石略》10卷、陆耀遹《金石续编》21卷、谢启昆《粤西金石略》15卷、黄易《小蓬莱阁金石文字》(不分卷)、段松苓《益都金石记》4卷、孙星衍与邢澍《寰宇访碑录》12卷、钱坫《十六长乐堂古器款识考》4卷、严可均《铁桥金石跋》4卷、张廷济《张叔未藏金石文字》2卷、吴式芬《捃古录》20卷、陈介祺《簠斋金石文字考释》1卷、瞿中溶《古泉山馆金石文编》120卷、洪颐煊《平津读碑记》8卷、吴大澂《愙斋集古录》26卷、李遇孙《金石学录》4卷与《括苍金石志》12卷、冯云鹏与冯云鹓《金石索》12卷、刘喜海《古泉苑》100卷与《金石苑》6卷、沈涛《常山贞石志》24卷、陆增祥《八琼室金石补正》130卷、陆心源《金石萃编补》200卷与《吴兴金石记》16卷、潘祖荫《攀古楼彝器款识》2卷、吴荣光《筠清馆金石文字》5卷、冯登府《闽中金石志》14卷、徐同柏《从古堂款识学》16卷、刘心源《奇觚室吉金文述》20卷、胡聘之《山右石刻丛编》

①陆和九:《中国金石学讲义》,北京图书馆出版社2003年,第390~395页。
②容媛辑,容庚校:《金石书录目·朝代人名通检》,台北商务印书馆1992年影印本。

40卷、朱枫《雍州金石记》10卷、戴咸弼《东瓯金石志》12卷、杨守敬《湖北金石志》14卷、孙诒让《古籀拾遗》3卷与《古籀余论》3卷、叶昌炽《语石》10卷、刘鹗《铁云藏龟》6册、端方《陶斋吉金录》8卷与《陶斋藏石记》44卷、罗振玉《雪堂金石文字跋尾》4卷等等。清代金石学之盛,由此可见一斑。

其三,金石学研究范围扩大。

清代金石学研究范围有所扩大,除了此前已有的钟鼎彝器、兵器、钱币、镜鉴、符印、度量衡器、石刻、砖瓦、玉器、杂器等之外,又扩及于封泥、甲骨等,如吴式芬与陈介祺合著《封泥考略》10卷、《汉官私印泥封考》3卷,刘鹗辑《铁云藏龟》6册等。

其四,金石编著体例多样化。

清代金石编著体例多种多样,除了前代已有的存目、跋尾、录文、摹写、纂字、义例、分地之外,又产生了分代、通纂、概论、书目等新的体例,涉及金石研究的方方面面。分代者,如翁方纲《两汉金石记》22卷;通纂者,如王昶《金石萃编》160卷;概论者,如叶昌炽《语石》10卷;书目者,如叶铭《金石书目》(不分卷)。

近代考古学传入中国后,金石整理与研究工作依然进行,但专门的金石学已不复存在,而是变成考古学的重要组成部分。

四、清代及其以前山东金石著录概述

山东是中国文化最重要的发源地之一,古为齐鲁之地,历史悠久,古迹众多,金石文物繁盛。清人叶昌炽认为:"关中为汉唐旧都,古碑渊薮,其次则直隶、河南、山东、山西。"[1]而尤为显著的是,山东的三代吉金、秦汉碑刻数量在全国名冠第一,影响深远。"山左兼鲁、齐、曹、宋诸国地,三代吉金甲于天下。东汉石刻,江以南得一已为巨宝,而山左有秦石二,西汉石三,东汉则不胜指数。故论金石于山左,诚众流之在渤海,万峰之峙泰山也"[2]。早在西汉时期,学者就已开始对山东金石碑刻进行收集、整理与研究。太史令司马迁于《史记·秦始皇本纪》中记录了七件秦刻石,其中位于山东境内的有峄山刻石、泰山刻石、之罘刻石、琅邪刻石与之罘东观刻

---

①〔清〕叶昌炽:《语石》卷2"总论各省石刻一则"条,上海书店1986年影印本,第25页。
②〔清〕阮元:《山左金石志·阮元序》,《续修四库全书》第909册,上海古籍出版社2002年,第368页。

石。此后一千二百余年间,虽然也出现了诸如欧阳修《集古录》、赵明诚《金石录》以及洪适《隶释》与《隶续》等金石学名著,但其中仅是收录了一部分山东的金铭石刻。直到清代乾嘉时期,才出现了数部专门以山东金石文献为著录对象的著作,如聂𨱏《泰山金石志》、李文藻《诸城金石略》、翁方纲《孔子庙堂碑考》与《岱顶秦篆题跋》、阮元《山左金石志》、孙星衍《泰山石刻记》、段松苓《益都金石记》与《山左碑目》等等。此后,山东掀起了一个著录金石的浪潮,不仅学者,即使任职一方的地方官吏,也热衷于金石文献的编录工作,或专门编修地方金石志书,或在所修方志中设有金石门类。据《清史稿·艺文志》、《清史稿艺文志拾遗》、《石刻史料新编》、《续修四库全书》等文献载录,有清一代的山东金石专著,既有总论山东一省者,又有关于山东某一地者。总论山东一省者,如阮元《山左金石志》24卷、段松苓《山左碑目》4卷、崔应阶与梁翥鸿《东巡金石录》8卷、陆增祥《山左金石志目》1卷、法伟堂《山左访碑录》13卷、尹彭寿《山左南北朝石刻存目》1卷与《山东金石志》5卷、田士懿《山左汉魏六朝贞石目》4卷、罗振玉《山左冢墓遗文》1卷与《补遗》1卷等等;有关山东某一地者,如聂𨱏《泰山金石志》6卷、李文藻《诸城金石略》2卷、翁方纲《孔子庙堂碑考》1卷与《岱顶秦篆题跋》(不分卷)、孙星衍《泰山石刻记》(不分卷)、段松苓《益都金石记》4卷、徐宗幹《济州金石志》8卷、张弨《济州学碑释文》1卷、孔祥霖《曲阜碑碣考》4卷、孔昭薰《至圣林庙碑目》6卷、顾仲清《孔林汉碑考》1卷、吴企宽、孟广均《邹县金石志》(不分卷)、曾甫《嘉祥汉石画记疏证》1卷、陈培寿《汉武梁祠画像题字补考》1卷、冯云鹓《济南金石志》4卷、周永年《历城金石考》2卷、郭麐《潍县金石志》8卷等等。

除了金石专著外,清代所修的山东方志中大多包含金石内容,或专门立有《金石》、《碑碣》一目,或置于《艺文志》、《古迹》、《方舆》、《考》等目中。专门立有《金石》或《碑碣》一目者,如钱枟《邹县续志》卷10《金石志》、王宝田《峄县志》卷24《碑碣》、刘士瀛《成武县志》卷12《金石志》、黄维翰《巨野县志》卷20~卷22《金石》、李文藻《历城县志》卷23~卷25《金石志》、曹楙坚《章丘县志》卷14《金石录》、黄恩彤《宁阳县志》卷10《金石》、庐崟《东平州志》卷21~卷22《金石录》、曾冠英《肥城县志》卷6《金石》、谢香开《东昌府志》卷41~卷42《金石》、鞠建章《高唐州志》卷7《金石录》、徐宗幹《高唐州志》卷7《碑碣》、李图《陵县志》卷17《金石志》、沈淮

《临邑县志》卷 13～卷 15《金石志》、李敬《费县志》卷 14《金石》、周悦让《增修登州府志》卷 65～卷 66《金石》、王厚阶《宁海州志》卷 3《金石考》,等等。将金石置于《艺文志》中的,如吴浔源《宁津县志》卷 10《艺文志·金石》、邹恒《武定府志》卷 35《艺文·碑》、李勖《惠民县志》卷 29《艺文志·碑志铭墓表》、于始瞻《掖县志》卷 7《艺文·碑》,等等。将金石置于《古迹》中的,如李兆霖《滋阳县志》卷 6《古迹·金石》、胡彦昇《东平州志》卷 5《古迹·金石》、吴怡《东阿县志》卷 4《古迹·金石》等。将金石编入《方舆》中的,如官擢午《嘉祥县志》卷 1《方舆·金石》。将金石置于《考》中的,如李图《重修平度州志》卷 24《考二·金石》、李图《重修胶州志》卷 39《考三·金石》等。

总之,清代的山东,作为全国金石学研究的中心之一,《山左金石志》便作为其中杰出代表。

第二节　阮元《山左金石志》研究的有关问题

阮元作为乾隆、嘉庆、道光三朝的封疆大吏,同时又是一位学识渊博的大师鸿儒,凡经学、史学、金石学、文字学、音韵学、文学、历算、舆地、书画等,无不探赜索隐,卓有建树,促成了一代学术的繁荣鼎盛。其中在金石学方面,阮氏的成就之一就是在山东学政任上编修《山左金石志》一书。该书体例整饬,内容丰富,考证详审,学术价值突出,不仅是编录、研究山东古代金石文献的一部划时代巨著,又是清代金石学发展史上的"启后空前之作"[1],对乾嘉时期及其以后山东乃至全国金石学的发展都产生了深远影响。正是基于《山左金石志》突出的学术价值及深远影响,以及学界对其研究的缺失,笔者拟对此书作一系统研究。

一、研究意义

对《山左金石志》进行研究,具有极大的学术意义与现实意义。

(一)学术意义

1. 对于中国古史与山东古史研究的意义

---

[1] 冯汝玠:《山左金石志提要》,《续修四库全书总目提要》第 21 册,齐鲁书社 1996 年,第 692 页。

金石文献作为中国历史文献的主干之一,历史悠久,数量巨大,价值突出,凭借着保真性与持久性等特点发挥着其他文献所不可取代的重要作用。它所载内容丰富广泛,涵盖了社会的方方面面,凡氏族人物、功德事迹、典章经制、山川地理、风土人情、灾害祥瑞、宗教道派、文化教育、思想学说等无所不包。正如清代金石学家王昶在《金石萃编》中所说:"宋欧、赵以来,为金石之学者众矣。非独字画之工,使人临摹把玩而不厌也。迹其囊括包举,靡所不备。凡经史小学,暨于山经地志、丛书别集,皆当参稽会萃,核其异同,而审其详略。"①正因此故,金石文献有着极大的史料价值,成为中国古代历史研究不可或缺的重要资料。如《山左金石志》中收录了许多有关孔子及其后裔的碑刻文献,如《乙瑛置守庙百石卒史碑》、《孔谦碣》、《鲁相韩敕造孔庙礼器碑》、《泰山都尉孔宙碑》、《鲁相史晨奏祀孔庙碑》、《豫州从事孔褒碑》、《博陵太守孔彪碑》、《李仲璇修孔子庙碑》、《陈叔毅修夫子庙碑》、《赠泰师孔宣公碑》、《修阙里孔子庙碑》、《新修曲阜县文宣王庙记》、《重修文宣王庙碑》、《褒崇祖庙记》、《成宗崇奉孔子诏石刻》、《衍圣公给俸牒碑》、《曲阜县孔庙加封制诏碑》,等等。这些碑刻既是研究孔子生平、家族世系、弟子师承、学说思想以及历代对孔子及其后裔封谥的重要资料,又是研究我国封建政治、土地赋役、民族关系、儒家学说、语言文字的重要资料,还是历代书法、绘画、雕刻艺术的宝库。②《山左金石志》对于中国古史研究之价值,由此可见一斑。

对于山东古史的研究,《山左金石志》也有着极大的价值。《山左金石志》收录了齐鲁大地上1700多种金石文献,它们作为山东历史的见证者,记载了山东古代社会的发展变迁,这对于山东古代历史的研究有着特殊的学术意义。如《山左金石志》中的一些金石文献涉及山东府县的建制沿革,加之阮元的精详考释,成为研究山东古代历史地理的重要史料。以《济阳县创建宣圣庙碑》为例,该碑记载了金代济阳县的建置,阮氏藉此加以考证:"碑称:'济南属县有七,水陆俱通四方,游贩岁集而月至者莫如济阳。'……又云'邑自天会八年改置',而《地里志》无改置始末。《齐乘》云:'济阳本汉朝阳、唐宋之临邑、章邱地,金初刘豫割章邱之标竿镇及临邑

---

①〔清〕王昶:《金石萃编·序》,《续修四库全书》第886册,上海古籍出版社2002年,第449页。

②关于曲阜碑刻文献的价值,参见拙文《历史文献的主干之一——略论曲阜的碑刻文献》,《文化中国》(加拿大)2012年第1期。

封圻之平,置济阳县,属济南。'据是碑称'天会八年',是为太宗建元之庚
戌,明年刘豫始僭伪号'阜昌元年',盖改置济南。"①又如,《山左金石志》中
收有许多佛寺碑刻,反映了山东佛教的兴衰与变迁。以灵岩寺为例,该寺
历史悠久,佛教文化底蕴深厚,据《灵岩寺碑》记载,它始建于晋宋之际,
"有法定禅师者,景城郡人也,尝行兰若,若是者历年。禅师□劳一人,逝将
辞去,忽有二居士建立僧坊,宏宣佛法,识者以为山神耳……"②。自唐代
起,灵岩寺便与天台国清寺、南京栖霞寺、当阳玉泉寺并称"海内四大名
刹"。寺内僧徒众多,香火旺盛,成为达官贵人、文人学士、普通民众拜佛、
游览的胜地。正因此故,寺中留下了大量的石刻,有敕牒、题名、题记、诗
刻、塔铭、经幢、佛龛题字等类型,如《山左金石志》所记载的《灵岩寺敕牒
碑》、《定光禅师塔铭》、《妙空禅师塔铭》、《灵岩寺下院圣旨碑》等,这些都
是研究灵岩寺不可或缺的重要史料。再如,《山左金石志》中的有关山东
历史人物的墓志、神道碑,如《高植墓志》、《朱岱林墓志》、《来佐本墓志铭》、
《赵琮墓志铭》、《赠左散骑常侍韩国昌神道碑》、《赠太尉韩允忠神道碑》、《中
书侍郎平章事景范神道碑》、《尚书祝惟岳神道碑》、《太师泰安武穆王神道
碑》等,这些碑刻既记载了墓主的生平事迹,同时也反映了彼时山东的历史。
由此可见,《山左金石志》对于山东古史的研究也具有极大的学术价值。

　　2. 对于阮元及其扬州学派、乾嘉汉学乃至清代学术史研究的意义

　　目前,学界对阮元《山左金石志》的研究十分薄弱,这无论对于阮元这
一文化巨擘来说,还是对价值如此突出的一部金石文献而言,都极不相配。
阮元作为乾嘉汉学强有力的殿军与总结者、扬州学派的领袖,志存高远,学
识通博,对于清代学术的振兴及中国古代文化的保存做出了卓越贡献。
《山左金石志》不仅对元代及其以前几乎遍及齐鲁的金石碑刻有着原本的
载录,而且对其中的典章经制、氏族人物、历史事件、山川地理、州郡沿革、
铭文刻字等都作了精详考释,汇集了阮元丰硕的考据成果。通过对《山左
金石志》的研究,能够加深对阮元治学特色及其学术思想的认识,同时还有
助于对阮元非凡人格魅力、高尚学术道德的理解,从而进一步丰富阮元研

① 〔清〕阮元:《山左金石志》卷20《济阳县创建宣圣庙碑》,《续修四库全书》第910册,上海古籍出
　　版社2002年,第76页。
② 〔清〕阮元:《山左金石志》卷12《灵岩寺碑》,《续修四库全书》第909册,上海古籍出版社2002
　　年,第570页。

究的内涵。对阮元的研究虽属个案研究,但由于他在扬州学派中所处的地位及其在乾嘉考据学中的成就,故还有助于清代扬州学派、乾嘉汉学乃至清代学术史研究的深入。

3. 对于中国古代金石文献学史研究的意义

《山左金石志》作为清代乾嘉时期一部优秀的分地体例的金石学著作,结构严整,记载详尽,征引广泛,不仅是著录、研究山东古代金铭石刻的集大成者,同时又是中国古代金石文献学史上"启后空前之作"①,对此后金石学著作的编修产生了很大影响。正如徐宗幹《济州金石志·序》所云:"尝考东省金石甲于天下……翁覃溪学使、孙渊如观察、武虚谷大令先后来东,各有撰述。阮芸台相国《山左金石志》集厥大成,于金则商周彝器以及泉、刀、镜、印之属,于石则汉魏丰碑以及唐宋金元铭刻之类,粲然大备。"②冯云鹓《济州金石志后序》称:"《山左金石志》一书,尤为士林所奉为圭臬,后之言金石者,莫能出乎范围焉。"③王镇《济南金石志序》云:"迨阮芸台相国提学山东,始有《山左金石志》之刻,鼎彝、碑志粲然可观,而郡邑各志因之。"④所以,对如此一部颇具影响的金石志书进行研究,对于中国古代金石文献学史的研究具有重要意义。

(二)现实意义

对阮元《山左金石志》进行研究,还具有重要的现实意义。近年来,随着旅游业的进一步发展,文化旅游日益兴起,金石文物成为一种重要的旅游资源。《山左金石志》载录了许多史料价值与艺术价值极高的青铜器物与石刻碑版,如现珍藏于孔子博物馆的"商周十供"⑤及汉魏碑刻陈列馆的《鲁相韩敕造孔庙礼器碑》、《乙瑛置守庙百石卒史碑》、《泰山都尉孔宙

①冯汝玠:《山左金石志提要》,《续修四库全书总目提要》第 21 册,齐鲁书社 1996 年,第 692 页。

②〔清〕徐宗幹:《济州金石志·序》,《石刻史料新编》第二辑第 13 册,新文丰出版公司 1979 年,第 9395 页。

③〔清〕徐宗幹:《济州金石志·冯云鹓后序》,《石刻史料新编》第二辑第 13 册,新文丰出版公司 1979 年,第 9740 页。

④〔清〕冯云鹓:《济南金石志·王镇序》,《石刻史料新编》第二辑第 13 册,新文丰出版公司 1979 年,第 9773 页。

⑤商周十供,乃乾隆皇帝颁赐曲阜孔庙的十件商周青铜祭器。乾隆三十六年(1771),乾隆帝第三次拜谒曲阜孔庙时,见庙中祭器不古,多为汉时所造,而孔子最向往周礼,于是从内府所藏挑选出十件商周青铜器,颁赐孔庙,作祭祀孔子之用,以示尊师崇儒。它们是:木鼎、亚尊、牺尊、伯彝、册卣、蟠夔敦、宝簋、夔凤豆、饕餮甗与四足鬲。

碑》、《鲁相史晨奏祀孔庙碑》、《博陵太守孔彪碑》、《鲁郡太守张府君清颂之碑》等,存于泰安岱庙的《荡阴令张迁碑》《任城太守孙夫人碑》,还有嘉祥武氏祠画像石与长清孝堂山画像石等,都极其具有欣赏价值,吸引了众多海内外游客的目光。因此,通过对《山左金石志》进行研究,可以考明其造型、尺寸、书体、造刻时间、发现地点、收录、流传、艺术价值等重要信息,有助于山东金石文物资源的挖掘、开发与宣传,对当代山东文化旅游的发展不无裨益。

二、阮元研究学术史回顾

有关阮元的研究,早在其在世时就已开始。此后,一直为学界所重视,尤其 20 世纪 80 年代以后,研究成果日益增多。

(一)对阮元生平事迹研究的回顾

1803 年王昶撰《蒲褐山房诗话》称:"今芸台中丞以己酉登第,不及十年,督学三齐两浙,遂跻开府,盖早受主知,近来所罕。诗赋而外,精穷经谊,校雠考订,一本《尔雅》《说文》。爱才好士,凡挟一艺之长者,皆胼茧归之,相与搜采篇章,勾稽典故,辑《淮海英灵集》《两浙辋轩录》及《经籍籑诂》诸书。又嗜算术,撰《畴人传》,集推步之绳法,以尽勾股割圆之妙,尤近日名儒所未有。年华甚盛,向用方殷,扩之以开物成务之功,进之以正心诚意之学,洵卓然一代伟人也。"[1]王昶此篇小传,成为研究阮元之滥觞之作。1842 年张维屏辑成《国朝诗人征略二编》,卷 45 有阮元的传记。1866 年李元度撰《国朝先正事略》,这是在清代完成的第一部综合性的大型人物传记,收录同治以前清人 1108 位,其中卷 20《名臣》中有《阮文达公元》,以编年的方式记载了阮元一生的宦迹及学术成就。1885 年刘毓崧《通义堂文集》卷 6 为《阮文达公传》,记阮元云:"生平持躬清慎,属吏不敢干以私,为政崇大体,所至必以兴学教士为急。"1901 年缪荃孙撰《续碑传集》86 卷,收录道光、咸丰、同治与光绪四朝人物一千一百余人,其中卷 3《道光朝宰辅》中录有阮元的传记资料。

支伟成所著《清代朴学大师列传》[2](初版于 1925 年),其中,《提倡朴

---

① 〔清〕王昶撰,周维德校点:《蒲褐山房诗话新编》卷上《阮元》,人民文学出版社 2011 年,第 157 页。

② 支伟成:《清代朴学大师列传》,岳麓书社 1986 年。

学诸显达列传第二十五》介绍了阮元。成书于 1927 年的《清史稿》卷 364《阮元传》，记载了阮元的生平、宦迹与学术成就。清国史馆编，1928 年付梓出版的《清史列传》卷 36《阮元传》，详细记载了阮元的一生行事。1931年钱穆所撰讲义稿《中国近三百年学术史》第 10 章《焦里堂、阮芸台、凌次仲》，其中包括《芸台传略》与《芸台论学宗旨》两个子目，探析了阮元的生平与治学。蔡冠洛著《清代七百名人传》①（初版于 1936 年）第四编《学术·朴学·阮元》，按照时间顺序叙述了阮元一生的事迹。刊刻于 1938 年徐世昌编《清儒学案》卷 121《仪征学案上》，是关于阮元的记载。1940 年，仰弥在阮元卒后 90 周年之际发表《阮文达事述》，该文收入 1971 年由香港崇文书店出版的《中国近三百年学术思想论集》中，论述了阮元的生平事迹及其学术思想。

20 世纪 80 年代以后，对阮元生平事迹的研究日益增多。有关阮元的年谱主要有两部：一是张鉴等撰写，黄爱平点校《雷塘庵主弟子记》，并改名为《阮元年谱》（中华书局 1995 年）；一是王章涛编撰《阮元年谱》（黄山书社 2003 年）。扬州大学的祁龙威先生对二《年谱》作了比较后说：“《雷塘庵主弟子记》其书虽系年编次阮元生平，可供考究，但通篇以记录‘皇恩’为杠杆，取舍不当，抑扬失实。有鉴于此，王君费事 20 年，编撰《阮元年谱》，扩大视野，注意搜讨阮元与周围文化人交往的事实，用以显示阮元在乾嘉后期领袖儒林的学术地位。”②

有关阮元的传记主要有两部，一是王章涛撰《阮元评传》（广陵书社 2004 年），一是郭明道撰《阮元评传》（社会科学文献出版社 2005 年）。王章涛《阮元评传》共分五编：第一编，阮元的家世、科举与仕途经历；第二编，扬州学派的源流及阮元在扬州学派中的地位与作用；第三编，阮元在清代后期教育、用人、经济财赋和军队等方面的改良；第四编，阮元在水利建设、荒政慈善、剪灭海盗、禁烟、外交及少数民族政策方面的成就与事迹；第五编，阮元在经学、哲学、社会学、语言学、史学、文学等领域的学术成就。郭明道撰《阮元评传》分为上下两篇，上篇为生平篇，共九章，按照时间顺序考察了阮元的家世出身、学业科举及其仕途历程；下篇是学术篇，共十

①蔡冠洛：《清代七百名人传》，中国书店 1984 年。
②王章涛：《阮元年谱·序一》，黄山书社 2003 年，第 3 页。

章,阮元与乾嘉学派、扬州学派的关系及其在经学、史学、训诂学、校勘学、考证学、教育、文学、金石书画以及西学思想方面的成就。以上二书记述详尽,内容丰富,涵盖了阮元的家庭世系、生平事迹、科举仕宦与学术成就,是我们全面了解阮元的重要参考书目。此外,张立的《从传统走向近代:中国科学文化史上的阮元》①一书,则从科学文化的角度对阮元加以诠释,论证了阮元的实学精神,倡导科技事业的实践及其影响,认为他在中国科学文化从传统走向近代的转折过程中,是一个承前启后的重要人物,是中国传统学术的总结者和继承者,又是某些新思想的酝酿者和新实践的先驱者。

除了上述专著外,在一些著作中也论及阮元的生平事迹。如沈灌群、毛礼锐主编《中国教育家评传》②第二卷中有尹旦侯撰《阮元》一文,介绍了阮元的生平、著述、办学过程、宗旨、方式、内容以及教育教学思想等内容。杜石然《中国古代科学家传记》③(下集)第1128页交代了阮元一生经历和主要著述,详细介绍了其《考工记车制图解》和《畴人传》。郑伟章《文献家通考》④卷十一对阮元的文献学成就作了总结。赵航《扬州学派概论》⑤第八章介绍阮元的生平事迹及学术成就。赵昌智主编《扬州学派人物评传》⑥第377~421页收有赵阳所撰《阮元评传》一文,论及了阮元的生平事迹、治学、兴办教育等。此外在一些工具书中,如吴海林、李延沛编《中国历史人物生卒年表》⑦、燕京大学引得编纂处编《清代书画家字号引得》⑧、张慧剑编《明清江苏文人年表》⑨等,也有关于阮元的内容。

有关阮元生平的论文较多,如朱戟《清代扬州学者阮元》⑩对阮元的学业科举、仕途经历、学术成就、文化教育活动等进行了考察。阮衍喜《阮元籍贯正》⑪一文对阮元的籍贯进行考辨,认为阮元只是占籍仪征而已,实乃

①张立:《从传统走向近代:中国科学文化史上的阮元》,安徽教育出版社2005年。
②沈灌群、毛礼锐主编:《中国教育家评传》,上海教育出版社1989年。
③杜石然:《中国古代科学家传记》,科学出版社1992年。
④郑伟章:《文献家通考》.中华书局1999年。
⑤赵航:《扬州学派概论》,广陵书社2003年。
⑥赵昌智主编:《扬州学派人物评传》,广陵书社2007年。
⑦吴海林、李延沛编:《中国历史人物生卒年表》,黑龙江人民出版社1981年。
⑧燕京大学引得编辑处编:《清代书画家字号引得》,上海古籍出版社1990年。
⑨张慧剑:《明清江苏文人年表》,人民文学出版社2008年。
⑩《扬州师院学报》(社会科学版)1981年第4期。
⑪《扬州师院学报》(社会科学版)1986年第3期。

扬州人。王德亚《阮元卒年质疑》①以清代学者梁章钜《称谓录》的自序为依据，认为阮元的卒年应在 1847 年 10 月(小阳)至 1848 年 9 月(霜降)之前，并非《清史稿》等史籍所谓的 1849 年。郭明道在《清代传播民族文化的巨擘——阮元》②中，对阮元生平及其提倡文化、培育人才的活动作了评介，特别是对阮元编刻金石志、征刻江浙诗集、编著《经籍籑诂》、《畴人传》、刊行《十三经注疏》、《皇清经解》及诸家学术著作等进行了较为详尽的评述。冯尔康《清代名臣阮元》③介绍了阮元的家世、数件政事、学术成就及其对待西方殖民者的态度等。李金松《阮元"师从孙梅"辨》④对复旦大学中国文学研究所撰著《中国文学批评通史》中认为阮元曾师从过孙梅一事进行辨正，认为孙梅仅是阮元丙午科考中房师而已，并非业师，而阮元业师主要有李道南、乔椿龄、胡延森等人。陈东辉《阮元在中朝关系史上的若干事迹考述》⑤考述了阮元与金正喜、柳得恭和朴齐家等朝鲜学者的学术交往事迹，认为阮元对中朝文化交流做出了极大贡献。李春光《略论阮元的政绩及其学术成就》⑥对阮元的政绩如禁止鸦片贸易、兴利除弊、赈饥济贫、惩治贪官、重视地方文教、为官清廉等进行论述。刘大培《阮元在杭州》⑦一文论述了阮元担任浙江巡抚期间编纂《畴人传》一事。瞿林东《阮元的为政、为学、为人》⑧则认为阮元为政能够关注民情，处事睿智；为学推重经学、史学，学以致用；为人自知之明，怜才惜俊。柳亚平在《阮元平海盗》⑨一文中，则对阮元巡抚浙江期间平定海盗一事进行论述。李成良《阮元思想研究·附录一》⑩中的《阮元学术交游考略》一文，列举了 57 位与阮元交游过学者的有关事略。刘仲华《朱锡庚治学转变及其与章学诚、阮元的学术交往》⑪，论及朱锡庚与阮元的学术交往，认为这促使了朱锡庚汉

①《湘潭大学学报》(社会科学版)1987 年第 4 期。
②《扬州师院学报》(社会科学版)1988 年第 3 期。
③《故宫博物院院刊》1989 年第 1 期。
④《学术研究》2003 年第 11 期。
⑤《湖南大学学报》(社会科学版)2006 年第 2 期。
⑥《学术问题研究》(综合版)2008 年第 2 期。
⑦《杭州通讯》(下半月)2008 年第 5 期。
⑧《读书》2009 年第 4 期。
⑨《文史天地》2010 年第 7 期。
⑩李成良：《阮元思想研究·附录一》，四川人民出版社 1997 年，第 310～363 页。
⑪《安徽史学》2013 年第 4 期。

宋兼采的治学思想日趋定型。金丹《清代阮元书法金石交游考》(上)①与《清代阮元书法金石交游考》(下)②,分别考察了阮元与刘墉、翁方纲、铁保之师生交谊以及与钱大昕、毕沅、黄易之金石交谊。丁秀菊《桂馥与阮元交游述略》③考察了清代文字学者、书法家桂馥与阮元的交游经历,重点交代了二人在金石考证学、文字学、书学等领域的切磋问学。王宁宁《民本与家风:阮元的慈善思想及其实践》④主要探讨了阮元的慈善思想及实践,认为其慈善事业的思想基础是传统民本主义思想和儒家仁学理论,乐善好施的优良家风则是其施政期间从事慈善活动的直接推动力,正是在"相人偶"的仁学理念和"行义好施"的家风熏染推动下,阮元为政期间关注民生、体恤民瘼,致力于赈灾济贫、保婴育婴、创设慈善公益机构,对古代慈善事业的发展做出了重要贡献。

(二)对阮元治学研究的回顾

1. 对阮元学术地位、学术成就、治学风格与方法的研究

内阁中书龚自珍于阮元六十岁生日时撰《阮尚书年谱第一序》,将阮元的学术成就概述为训诂、校勘、目录、典章制度、史学、金石、九数、文章、性道、掌故等十个方面,并称赞道:"公毓性儒风,励精朴学,兼万人之姿,宣六艺之奥……"⑤民国时期,对阮元的学术研究日益增多。1923年梁启超撰成讲义稿《中国近三百年学术史》,其中第十三《清代学者整理旧学之总成绩(一)——经学、小学及音韵学》与第十五《清代学者整理旧学之总成绩(三)——史学、方志学、地理学及谱牒学》论及了阮元的学术成就。1925年胡适著《戴东原的哲学》,将阮元与颜元、戴震等进行了比较研究,认为其学术思想与颜元有相近之处,甚或受到过其影响。1933年吴晗于《图书馆学季刊》第八卷第一期发表了《江苏藏书家小史》⑥,介绍了阮元的

①《荣宝斋》2013年第8期。
②《荣宝斋》2013年第9期。
③《重庆师范大学学报》(哲学社会科学版)2014年第2期。
④《扬州大学学报》(人文社会科学版)2015年第3期。
⑤〔清〕张鉴等撰,黄爱平点校《阮元年谱·附录三》,中华书局1995年,第273页。
⑥吴晗:《江浙藏书家史略》,中华书局1981年。此书包括吴晗所撰《两浙藏书家史略》和《江苏藏书家史略》两部分。前者发表于1932年《清华周刊》第37卷第9、10两期文史专号;后者发表于1933年《图书馆学季刊》第8卷第1期,原题作《江苏藏书家小史》。1981年中华书局出版时,将两文合编在一起,统名为《江浙藏书家史略》。

藏书楼——文选楼。王国维《静安文集》中《国朝汉学派戴阮二家之哲学说》一文,对戴震、阮元的学术成就及哲学思想都有概括性的论述,认为孟子以来所提出的人性论,至清代复为争论之问题,"其中之最有价值者,如戴东原之《原善》、《孟子字义疏证》、阮文达之《性命古训》等"①。

新中国成立后,一直到 70 年代末,这一时期有关阮元研究成果很少。侯外庐主编《中国思想通史》第 5 卷第 15 章有《阮元的思想》一文,论述了阮元的学术研究方法和文化史观念,指出"阮元是扮演了总结十八世纪汉学思潮的角色","是一个在最后倡导汉学学风的人"②。张舜徽《清代扬州学记》③第六章《阮元》对阮元的生平、著述及其训诂学、考证学与哲学思想等进行探析。

80 年代以后,有关阮元学术研究逐渐增多。张舜辉在《清儒学记·扬州学记第八》中,对阮元的训诂学、考证学与哲学思想做了精辟分析,认为阮元不以惠栋一派墨守汉儒为然,以实事求是为宗旨,长于归纳,每喜罗列证据,再从而得出结论,阮元之训诂学,得益于王念孙不小,主张循音求义,"从他在学术上总的成就来说,实乾嘉学者中的重镇"④。赵航《名位著述冠群才——"扬州学派"研究之三》⑤论述了阮元的学术成就与治学方法,认为阮元志存远大,识议通达,加之显赫的地位条件,使他在保存古代文化、振兴学术方面做出了卓越的贡献,这主要表现在辑录、编述古代典籍和设立学馆、奖掖后学两方面。尹协理在《略论阮元的"实事求是"之学》⑥中,认为阮元反对空谈心性的理学,提倡经学研究与考据训诂,实事求是。郭明道、田汉云《阮元的训诂方法和成就》⑦认为,阮元训诂以声训为纲,来推求语源、理解字群、以音破字。陈东辉《阮元的学术地位与成就》⑧对阮元的学术地位与成就进行论述,认为阮元作为扬州学派的中坚人物,治学通博,重创新不尚笃守,以实事求是为指归,以通经致用为本务。王茂、蒋

①王国维:《静安文集·国朝汉学派戴阮二家之哲学说》,载《王国维遗书》第 5 册,上海古籍书店 1983 年,第 74 页。
②侯外庐:《中国思想通史》第 5 卷,人民出版社 1956 年,第 577 页。
③张舜徽:《清代扬州学记》,上海人民出版社 1962 年。
④张舜徽:《清儒学记·扬州学记第八》,齐鲁书社 1991 年,第 445 页。
⑤《扬州师院学报》(社会科学版)1984 年第 2 期。
⑥《江淮论坛》1987 年第 5 期。
⑦《扬州师院学报》(社会科学版)1989 年第 3 期。
⑧《杭州师范学院学报》(社会科学版)1991 年第 2 期。

国保等主编《清代哲学》①第三编第二十二章《阮元的仁学新义》,论述了阮元的学术要旨,分析了其以"节性"、"礼治"为中心的性命论,阐释了其以"相人偶"为释义的"仁"论。黄爱平在《阮元学术述论》②中对阮元尊汉抑宋、实事求是及折中汉宋的学术风格及其在经学、小学、金石学、天文历算等方面的学术成就以及提倡学术、奖掖人才、整理典籍、刊刻图书等学术活动做了综合阐释。余新华《阮元的学术渊源和宗旨》③认为,阮元的思想和方法直承戴震的余绪而起,其所标榜的"实事求是"实际上是以古为是,即以原始儒学中包含的三代以来沿袭下来的"古制"、"古礼"等经验事实及其所体现的价值原则为判断是非的标准。郭明道《论阮元对乾嘉汉学的贡献》④、《阮元的学术渊源和治学宗旨》⑤、《阮元对清代学术的贡献》⑥、《阮元与清代学风》⑦等文认为:阮元对乾嘉考据学的贡献突出,不仅表现在开辟了新的研究领域与途径、研究水平超越前人,而且还表现在对汉学的倡导、对汉学家研究成果的传播和总结,其学术渊源近法戴震,远师顾炎武,他所倡导的汉宋兼采和通经致用的学风对当时的学术界产生显著影响。祁龙威、林庆彰主编《清代扬州学术研究》⑧是关于扬州学派研究的论文集,其中收有黄爱平《清代汉学流派析论》和刘玉国《阮元〈释训〉析论》二文,论述了阮元与扬州学派的关系及其对《尔雅·释训》的评析。宋丽群、孟鸥《阮元取得辉煌学术成就的原因》⑨对阮元取得巨大学术成就的原因予以分析,认为主要有乾嘉汉学繁盛的社会背景、扬州独特的地域文化、正确的治学方法与自身不懈的努力等。李绪柏《清后期广东学术文化的奠定者阮元》⑩认为:阮元在督粤期间开办学海堂,使广东的朴学兴起,深刻改变了广东社会文化的整体面貌,提升了广东的学术地位,阮元因此而成为清后期广东学术文化的奠定者。白红兵《近代岭南学术与中原学术的离合

①王茂、蒋国保等主编:《清代哲学》,安徽人民出版社 1992 年。

②《史学集刊》1992 年第 1 期。

③《中国人民大学学报》1998 年第 3 期。

④《史学月刊》1992 年第 2 期。

⑤《扬州大学学报》(人文社会科学版)2005 年第 5 期。

⑥《求索》2005 年第 10 期。

⑦《江海学刊》2006 年第 5 期。

⑧祁龙威、林庆彰主编:《清代扬州学术研究》,台湾学生书局 2001 年。

⑨《青岛大学师范学院学报》2004 年第 3 期。

⑩《广东社会科学》2005 年第 5 期。

关系——以朱次琦与阮元为中心》①,以白沙学派为代表的领南本土学术
和以考据训诂为核心的清学主流朴学间的交流与碰撞作为考察中心,以晚
清岭南传统学术的标志性人物朱次琦与越华书院和清代朴学大师阮元与
学海堂二个案为对象,深入剖析近代岭南学术与中原学术的离合关系,认
为近代岭南文化大爆发不仅是在西方文化刺激下形成,也是传统文化内部
交锋的结果。范立舟《阮元之治学宗旨与汉宋学术史观平议》②对阮元的
学术宗旨与方法及汉宋学术史观进行了探析,认为阮元全面继承了由戴震
所总结的乾嘉汉学典型的治学主张,究明文字、音读、训诂,然后由字通词,
由词通句,由句通经,由经达道,乃治学不二法门;阮元调和汉宋的思想,直
接导致嘉庆以后学术取向的转变。王法周《乾嘉学术对政治的反拨——以
凌廷堪、焦循、阮元为中心》③以凌廷堪、焦循、阮元为代表,通过阐发他们
学术中蕴含的政治理念与现实关怀,揭示出乾嘉考据学的另一种面相。辛
璐茜《将科学精神融入儒家传统中——阮元与西方科学》④,梳理了阮元时
代科学精神的内涵,以及这种精神在阮元身上的具体表现,并讨论了阮元
将这种科学的精神气质融入其具体的学术与事功当中而取得的贡献。此
研究有着一定的现实价值,通过对阮元这样有代表性的人物的分析,由此
对于科学与儒学未来的发展产生出一种启示性的思索。

　　以上对阮元学术地位、学术成就、治学风格与方法等的考察,既有共同
的看法,也有各自独特的视角与见解,总体上肯定了阮元的学术成就及其
在清代中叶学术界的地位,作为乾嘉学派强有力的殿军,对乾嘉汉学起着
总结性的作用;阮元治学折中汉宋,治学范围由专精而为博通,以实事求是
为指归,通经致用为本务,将传统的治学方法向前大大推进了一步,使学术
研究在内容与方法上都渐有近代气息。

　　2. 对阮元学术思想的研究

　　对阮元学术思想的研究,学界取得了不菲的成绩,出版了许多相关的
学术专著与论文。李成良《阮元思想研究》⑤是第一部系统研究阮元思想

①《甘肃社会科学》2013 年第 4 期。
②《社会科学战线》2013 年第 5 期。
③《史学月刊》2014 年第 2 期。
④山东大学 2014 年硕士论文。
⑤李成良:《阮元思想研究》,四川人民出版社 1997 年。

的专著,全书从政治思想、经学思想、教育思想、史学思想、文学思想、金石学及书学思想、科技思想等方面展开,提出了不少独创性的见解。黄爱平《从〈畴人传〉看阮元的西学思想》①,认为阮元所纂《畴人传》不仅力持"西学中源"说,甚至论证西学不如中学,这一方面是出于根深蒂固的传统儒学观念和卫道的需要,另一方面则是由于不了解西方科技发展的历史。郭明道在《阮元的校勘思想和方法——阮元研究之四》②一文中,从阮元校书最卓著的成果《十三经注疏校勘记》入手,从五个方面对其校勘思想和方法做了较深入的探析。颜广文、关汉华《论阮元的西学思想》③认为,阮元长期代表清政府在广东处理"夷务",直接地接触了西方文化,再加上阮元务实求真的作风,使他积极主动地去了解西学,从而对西方有了较为全面和清醒的认识,包括对西方的社会政治制度、宗教与政治关系、西方科技的发展水平、鸦片贸易的实质以及中西文化、贸易的冲突会不会引发全面战争等一系列重大问题都有正面分析。钟玉发有数篇关于阮元学术思想研究的论文,如《阮元调和汉宋学思想析论》④认为,阮元生于乾嘉汉学兴盛、汉宋对峙更加凸显之时,为学扬汉抑宋,主张调和汉宋之争;《阮元学术思想研究》⑤则从阮元的考据学成就与思想、经世致用的学术主张与实践以及诂经精舍、学海堂与晚清学术流变三个方面展开论述;《论阮元经世致用思想的学术特色》⑥认为阮元的经世致用思想具有显著的学术特色,该文主要从"穷经致用"、"圣贤之道,无非实践"与"学与仕合济于实用"三方面做了论述。陈居渊在《论阮元的经学思想》⑦中认为,阮元在经学思想方面有着重要建树,主要体现在重塑经学典范、调和汉宋学术与融通汉学与西学三个方面。王瑜《阮元学术思想生成探源》⑧认为,阮元学术成就的获得是多种原因合力作用的结果,进而提出了四种原因:其一,在扬州浓厚的学术氛围浸淫中,阮元形成了以治经学为主的学术内容及由小学通经学的治

---

① 《清史研究通讯》1989 年第 3 期。
② 《扬州师院学报》(社会科学版)1991 年第 2 期。
③ 《华南师范大学学报》(社会科学版)2003 年第 2 期。
④ 《清史研究》2004 年第 4 期。
⑤ 北京师范大学 2005 年博士学位论文。
⑥ 《肇庆学院学报》2007 年第 3 期。
⑦ 《中国哲学史》2004 年第 1 期。
⑧ 《北方论丛》2006 年第 6 期。

学方法;其二,在西学的影响下,阮元会通中西文化,将其恰当地应用到其学术研究中,拓展了治学理路;其三,在师友的砥砺中,阮元形成了不固守一家、博大精深、实事求是的治学宗旨;其四,阮元自身酷爱学习、重视人才、注重实践。李帆《从"仁"和"性命"之解说看阮元的理学思想》①以阮元对"仁"和"性命"的解说为例,对阮元的理学思想进行了深入的分析。毛丽娟《阮元的方志思想》②在梳理阮元所著方志的基础上,对其所提出的志书性质、修志原则进行分析,探究阮元方志思想的特点,包括对史地派的兼容性、资料稽考、经世致用、实事求是、识拔人才等。黄爱平《论阮元折衷汉宋的兼容并包思想》③,通过分析《拟国史儒林传序》,考察《儒林传》的撰写情形和阮元自身的学术实践,认为阮元在国史《儒林传》的编纂过程中,从宗旨、凡例的确立,入传人物的考量,到撰写方法的规定,记述内容的采择,都在坚持汉学立场的前提下,鲜明地表现出折中汉宋的思想倾向。郭院林《试论乾嘉时期"实事求是"观念——以戴震与阮元为中心》④以乾嘉考据学代表人物戴震、阮元为中心,分析其在不同阶段对"实事求是"观念的表达差异和深层原因,认为阮元除了学缘关系上和戴震关系密切外,在"实事求是"的宗旨上也是一脉相承,也是汉学"实事求是"的总结者。阮元虽然也进行名物考据,但他的考据不为浩博琐细,而是追求精核,强调打破迷信经典传注的做法,进一步突破"疏不破注"的规矩,认为治经只要符合经典本意即可,敢于怀疑。

3. 对阮元金石学的研究

阮元生于乾、嘉、道文物考古兴盛之世,对金石器物有着强烈的嗜好,一生致力于钟鼎碑版的搜访、著录与研究,是乾嘉金石学的重要代表人物,其金石著述主要有《山左金石志》、《皇清碑版录》、《积古斋钟鼎彝器款识》、《两浙金石志》与《汉延熹西岳华山碑考》等。学界对阮元金石学的研究也取得一定成果。

《山左金石志》问世后,尽管受到学界的一致赞誉,但其不足之处亦颇遭批评,一些同时代及后代学者对其阙遗与讹误予以补正。如清代著名学

①《北京师范大学学报》(社会科学版)2007 年第 3 期。
②《中国地方志》2014 年第 6 期。
③《扬州大学学报》(人文社会科学版)2016 年第 3 期。
④《扬州大学学报》(人文社会科学版)2016 年第 3 期。

者顾广圻,在其所撰《思适斋集》中,"校正《山左金石志》数十处"①。其他如王昶《金石萃编》、吴骞《愚谷文存》及《续编》、孙星衍《续古文苑》、严可均《铁桥漫稿》、瞿中溶《集古官印考》、许瀚《攀古小庐杂著》、何绍基《东洲草堂文钞》、李佐贤《石泉书屋类稿》、胡元仪《北海三考》、叶昌炽《缘督庐日记》等诸多名家名作,对《山左金石志》之阙误亦作了校补。容庚在《清代吉金书籍述评》(下)②中,对阮元的《积古斋钟鼎彝器款识》的成书经过、内容及其缺点做了简略述评。瞿林东在《阮元和历史文献学》③一文中,阐述了阮元金石文字学的贡献,主要体现为编订《山左金石志》等"金石十事"。朱戟《清代扬州学者阮元》④认为,阮元继承了以往学者利用金石资料研究文字、考证历史的优良传统,并在此基础上扩大了金石研究的范围,开拓了金石考证经义的新路子,文中还论及《山左金石志》等阮氏金石学著作。扬州大学郭明道教授在阮元金石学研究方面做了大量工作,并取得丰硕成果。他在著作《阮元评传》第十八章《阮元对金石书画研究的贡献》中,对阮元督学山东期间纂修《山左金石志》有所论述,还阐述了阮元的碑学理论。此外,他在《论阮元对乾嘉汉学的贡献》⑤、《阮元对金石书画研究的贡献》⑥、《阮元对清代学术的贡献》⑦与《论阮元对档案文献事业的贡献》⑧等文中认为,阮元金石学成就巨大,主要体现在《山左金石志》、《两浙金石志》、《积古斋钟鼎彝器款识》的编纂及其利用金石文字校勘经传、考证古制等方面;阮元在小学方面,已不满足于单纯地研究书本上的字义,而转向对吉金、碑刻文字的研究;阮元用吉金碑刻等实物来考证古制,纠正古书记载之误,开创了古人研究古史的新途径;阮元极为重视搜访、拓印金石档案,提出金文档案"其重与九经同之"的卓越见解。冯尔康《清代名臣阮元》⑨论述了阮元的编著成就,其中包括《山左金石志》,他认为阮元

①〔清〕顾广圻:《思适斋集》卷16《跋神宝寺碑》,《续修四库全书》第1491册,上海古籍出版社2002年,第136页。

②《学术研究》1962年第3期。

③白寿彝编:《清史国际学术讨论会论文集》,辽宁人民出版社1990年,第608~621页。

④《扬州师院学报》(社会科学版)1981年第4期。

⑤《史学月刊》1992年第2期。

⑥《洛阳师范学院学报》2003年第4期。

⑦《求索》2005年第10期。

⑧《档案学通讯》2008年第4期。

⑨《故宫博物院院刊》1989年第1期。

研究金石的一个显著特点，就是利用金石解释经义和历史，"颇于经史多所创获"。陈东辉《阮元的学术地位与成就》①一文，在谈及阮元金石考据成就时，对《山左金石志》、《两浙金石志》等书的内容予以简单介绍。此外，他在《阮元与小学》②一书中，总结概述了阮元在小学研究、编印与小学有关的书籍以及培养小学人才方面的成就，其中对阮元在金石文字学方面的研究多有独到、精审的见解。顾之川《阮元的小学成就及治学方法》③认为，阮元在金石文字的辑录与编印方面，成就极大。黄爱平《阮元学术述论》④总结了阮元的金石学成就，认为他在金石方面的最大功绩，是对古器物的收集、整理和保存，进而加以研究，并利用这些实物资料来印证、解释经义和历史，该文还对《山左金石志》、《两浙金石志》和《积古斋钟鼎彝器款识》三部金石专著的内容、体例等予以简单介绍。李成良《阮元思想研究》⑤是第一部系统研究阮元思想的专著，其中第七章论述了阮元的金石学成就及思想，认为阮氏所提出的"器者所以藏道"、"器者所以藏礼"，把金石与"道"、"礼"联系在一起，开辟了"考古证经"的新途径。李春光《略论阮元的政绩及其学术成就》⑥对阮元的《山左金石志》、《积古斋钟鼎彝器款识》与《两浙金石志》稍有提及。张志汉在《阮元在编纂学领域中的卓越贡献》⑦一文中，论述了阮元的文献编纂成果，其中对《积古斋钟鼎彝器款识》的编纂情况做了论述。张长琳《阮元对清代图书编撰的贡献》⑧，介绍了阮元金石资料的搜集整理及其成果——《山左金石志》、《两浙金石志》与《积古斋钟鼎彝器款识》等书。金丹在《论阮元金石学研究的新视域》⑨一文中，叙述了阮元的金石学、经学成就，认为阮元在"以金证史"的基础上更进一步，开辟了金石学研究的新视域——以金证经。李金华《〈山左金石志〉的编纂及其学术意义》⑩对《山左金石志》的编纂成书做了考证，认

①《杭州师范学院学报》（社会科学版）1991 年第 2 期。
②陈东辉：《阮元与小学》，中国文联出版社 1999 年。
③《青海师范大学学报》（哲学社会科学版）1991 年第 2 期。
④《史学集刊》1992 年第 1 期。
⑤李成良：《阮元思想研究》，四川人民出版社 1997 年。
⑥《学术问题研究》2008 年第 2 期。
⑦《船山学刊》2009 年第 4 期。
⑧《档案》2009 年第 5 期。
⑨《荣宝斋》2011 年第 3 期。
⑩《齐鲁学刊》2014 年第 1 期。

为毕沅与阮元贡献相当,其编纂催化了阮元幕府的形成,并为乾嘉时期官私互动的修书事业提供又一成功范例。

此外,有两篇关于阮元金石学研究的学位论文。台湾东海大学黄庆雄的硕士学位论文《阮元辑书刻书考》①第五章《其他辑刻书籍——经、史》,在金石类一目中,对阮元的《山左金石志》、《两浙金石志》、《积古斋钟鼎彝器款识》等书的成书与内容有简要的介绍。首都师范大学王新宇的硕士学位论文《阮元与金石学》②,首先介绍了阮元的生平与学术成就,其次考察了阮元的金石搜访摹刻活动及其所辑录的《山左金石志》、《两浙金石志》、《积古斋钟鼎彝器款识》、《汉延熹西岳华山碑考》等,最后阐释了阮元的碑学理论,并简要交代了其金石著述的内容。但本文主要从书法史的角度着眼,以其碑学理论为研究重点,而对于阮元金石学著述的内容、体例、版本、价值、成就、影响及阮元的金石学思想等众多问题,则缺乏深入研究。

4.对阮元经学的研究

对阮元经学的研究,是阮元研究的焦点之一,学者们为此做了大量工作。如汪绍楹《阮氏重刻宋本十三经注疏考》③,对阮元重刻《十三经注疏》一事做了考证。郭明道《杰出的经学家——阮元研究之八》④一文,论述了阮元对"仁"、"敬"、"性"的阐释,认为实事求是阮元治经取得卓越成就的根本原因。钟玉发《阮元与清代今文经学》⑤与《阮元治经中的"违注"之举及其得失》⑥认为,阮元虽以考据学著称,但其与今文经学也有关联,前文对关联的表现及原因都做了详细的分析;阮元在对古代名物制度以及儒学核心概念的训释过程中并不完全拘泥于汉儒之成说,时有"违注"之举,后文对"违注"之举及其得失做了分析。陈祖武著《清儒学术拾零》⑦十五《孔子仁学与阮元的〈论语论仁论〉》,探析了阮元的仁学观。除此之外,学界还对阮元主持编撰的《皇清经解》、《经籍籑诂》、《十三经注疏校勘记》等做

---

① 台湾东海大学中国文字研究所 1995 年。
② 首都师范大学 2002 年硕士学位论文。
③《文史》第 3 辑(1963 年 10 月),第 25~60 页。
④《扬州师院学报》(社会科学版)1992 年第 4 期。
⑤《史学月刊》2004 年第 9 期。
⑥《史学月刊》2008 年第 8 期。
⑦ 陈祖武:《清儒学术拾零》,湖南人民出版社 2002 年。

了不少研究。如张文建《经籍籑诂》①、严峻《读〈经籍籑诂〉》②、赵振铎《〈经籍籑诂〉和辞书编写》③、王瑾《〈皇清经解〉札记》④、李步嘉《修〈经籍籑诂〉缘起探微》⑤与《〈经籍籑诂〉与隋唐小学三书》⑥、宗福邦《〈经籍籑诂〉的编纂思想及其得失》⑦等,对《经籍籑诂》、《皇清经解》的内容、价值等进行了阐述。韩格平《读阮元校〈尔雅·释诂〉札记》⑧认为,阮元校释《尔雅·释诂》尽管用力甚勤,比证极细,但仍存讹误。唐光荣《阮元、段玉裁与〈十三经注疏校勘记〉》⑨依据《十三经注疏校勘记》中的校勘记,分析了阮元、段玉裁与这部书的关系。郑春汛《阮元刻〈毛诗注疏〉引文校勘》⑩,对阮元所刻《毛诗注疏》的讹误予以校正。钱宗武与陈树《论阮元〈十三经注疏校勘记〉两个版本系统》⑪对《十三经注疏校勘记》的文选楼本与南昌府学本进行比较,认为现流传较广的中华书局本《十三经校勘记》的底本是南昌府学本,有待参用文选楼本重加整理。李慧玲《阮刻〈毛诗注疏(附校勘记)〉研究》⑫、《阮元〈毛诗注疏校勘记〉的两个版本辨析》⑬与《试论阮元〈十三经注疏校勘记〉得以问世的客观条件》⑭,对《毛诗注疏》(附校勘记)的文选楼本与南昌府学本做了比较,并分析了《十三经注疏校勘记》之所以能够成书,因为具备了天时、地利与人和等诸多条件。所谓"天时",即乾嘉时期,朝廷的稽古右文政策,完成了由清初偏袒宋学到偏袒汉学的转变,校勘学成为一门显学;所谓"地利",谓以江浙地区为依托,不但是研究经学的学者数量最多、水平最高的地区,而且是国内图书最齐备的地区;所谓"人和",谓阮元兼有封疆大吏和汉学领袖的双重身份,登

①《历史教学问题》1983 年第 3 期。

②《新疆师范大学学报》(社会科学版)1985 年第 2 期。

③《辞书研究》1986 年第 1 期。

④《晋图学刊》1993 年第 1 期。

⑤《广东社会科学》1998 年第 6 期。

⑥《中国典籍与文化论丛》第 7 辑,北京大学出版社 2002 年。

⑦《中国典籍与文化论丛》第 7 辑,北京大学出版社 2002 年。

⑧《古籍整理研究学刊》1989 年第 6 期。

⑨《楚雄师范学院学报》2004 年第 4 期。

⑩《襄樊学院学报》2006 年第 3 期。

⑪《扬州大学学报》(人文社会科学版)2007 年第 1 期。

⑫华东师范大学 2008 年博士学位论文。

⑬《华东师范大学学报》(哲学社会科学版)2009 年第 1 期。

⑭《东南学术》2013 年第 1 期。

高一呼,应者云从,能够组织起一个最高水平的整理《十三经注疏》的科研团队。林久贵《论阮元对传统经学诸范畴的新阐释》①,主要考察了阮元对传统经学诸范畴的阐释,如"仁学"观的重建、"节性"之说、"圣贤之道,无非实践"等观念的倡导等,从而廓清千百年来重复误说,推明原始儒家经义,倡导新的经学观念及新的经学研究范式。井超《阮元〈礼记注疏校勘记〉研究》②,对《礼记注疏校勘记》的作者、体例、版本等问题进行了梳理。刘伟《清代阮元的三家〈诗〉研究》③,以《三家诗补遗》为研究对象,对其成书与体例、补《诗考》所遗、阮元的《诗》派观等问题做了探讨,认为阮元的三家《诗》研究的贡献主要有两点:一是在王应麟《诗考》的基础上多有补充,二是提供了关于三家《诗》派别划分的诸多方法。

5. 对阮元史学的研究

阮元在史学上成就斐然,主持编撰了《畴人传》、《国史儒林传稿》、《四库未收百种书提要》、《广东通志》、《云南通志稿》等,学界对其史学进行了大量的研究。

台湾学者石锦《十七、十八世纪中国历算学家的治学态度》④、王萍《阮元与〈畴人传〉》⑤等文对阮元的《畴人传》及其重视天文历算的思想做了探讨。傅祚华《〈畴人传〉研究》⑥、曾学文《中国古代科技史巨著——〈畴人传〉》⑦与车慧《〈畴人传〉主编——数学家李锐》⑧等论文,对《畴人传》的作者、内容与特点、续作与版本等问题进行了探析。颜广文《论阮元在中国近代自然科技史中的地位及作用》⑨认为,阮元编撰《畴人传》,资助刊刻、翻刻科学著作,培养科学人才,为自然科学正名,兼容中西,为中国近代自然科学的建立奠定了初步的理论基础,在中国近代自然科技史中占有重要地位。屈宁、王曼《阮元与中国科技史撰著的开端》⑩以《畴人传》为考察中

①《湖北大学学报》(哲学社会科学版)2014 年第 6 期。
②南京师范大学 2015 年硕士论文。
③《河北经贸大学学报》(综合版)2016 年第 1 期。
④《故宫文献》第 2 卷第 1 期,1970 年,第 45~60 页。
⑤"中央研究院"近代史研究所集刊》第 4 期,1974 年,第 601~611 页。
⑥梅荣照主编:《明清数学史论文集》,江苏教育出版社 1990 年。
⑦《文史知识》2007 年第 12 期。
⑧《江苏地方志》2007 年第 1 期。
⑨《广东社会科学》2003 年第 4 期。
⑩《人文杂志》2013 年第 11 期。

心,分析了阮元"会通"古今天算之学思想的新的时代特点和内涵,并对阮元的中西文化观作了评价,认为其以鲜明的"会通"意识,对中国古代天算之学的源流沿革做了系统梳理,在晚清产生了极为广泛的学术影响,开启了中国科技史研究之先河。阮元历史编纂思想的突出特点,是对古代科技成就做贯通总结,显示出可贵的理性精神,其中西文化观既有积极的方面,又有明显的局限。

戚学民《阮元〈儒林传稿〉与清代汉宋学术之争》①、《〈儒林传稿〉与〈宋学渊源记〉》②、《"国史儒林"与"浙东学术"——阮元〈儒林传稿〉叙学成就管窥》③与《〈汉学商兑〉与〈儒林传稿〉》④等文认为,阮元《儒林传稿》记载的浙江经学状况是其学术论述的重点之一,显示出了章学诚的影响,阮元实际上将浙东学术名义和黄宗羲一系学人谱系写入清代学术史;阮元的《儒林传稿》与江藩的《宋学渊源记》都取材于彭绍升的《二林居集》,二者之间有着密切的联系,无论内容、编撰原则与编辑手法,后者深受前者影响;与传统认为阮元调和汉宋之争不同,作者认为阮元实乃导致方东树撰《汉学商兑》引起汉宋纷争的关键人物。陈居渊在《汉学与宋学:阮元〈国史儒林传〉考论》⑤中,考察了《国史儒林传》编纂体例渊源、与汉宋学术的关系、学术影响等问题,认为调和汉宋学术、淡化考据信仰、凸显义理价值、倡导今文经学和重塑学术典范是《国史儒林传》内容上的特色。

罗志欢《阮元〈广东通志〉中的说粤文献》⑥对《广东通志》中的说粤文献进行了考察,认为阮元所修《广东通志》本身就是一部典型的说粤文献,其《艺文略》又详细记载了历代入粤人士有关岭南的著述。刘庆华《论阮元〈广东通志·谪宦录〉之得失》⑦认为,与之前的《广东通志》相比,阮元所编《广东通志》具有体例完善、分类细致、资料采择广泛、重考证等优点,但对历代谪宦收录不全则是该书严重不足之处。韩富文《道光〈云南通志

---

①《清华大学学报》(哲学社会科学版)2009 年第 6 期。
②《社会科学研究》2010 年第 1 期。
③《中山大学学报》(社会科学版)2010 年第 6 期。
④《学术研究》2010 年第 7 期。
⑤《复旦学报》(社会科学版)2011 年第 2 期。
⑥《中国地方志》2009 年第 11 期。
⑦《中国地方志》2009 年第 11 期。

稿·艺文志〉管窥》①对阮元所修《云南通志稿·艺文志》做了研究。

6. 对阮元小学的研究

对阮元小学的研究,以陈东辉《阮元与小学》②一书成绩最为突出。该书总结概述了阮元在小学研究、编印与小学有关的书籍以及培养小学人才方面的成就,对阮元在训诂学、金石文字学、小学研究理论和治学方法等方面的研究多有独到精审的见解。作者认为,阮元应属清代一流的训诂学家,在某些方面的成就不亚于段玉裁、王念孙;阮元研究训诂的目的不仅在于解释字义或寻求字源,而且是要进一步阐释经书原意原解,比较成功地实践了从惠栋、戴震以来汉学家始终倡导的由文字音训以明经达道的治学宗旨;阮元极为重视金石文字,用以考证、研究文字源流、字形演变及历代典章制度和历史沿革。郭明道、田汉云《阮元的训诂方法和成就》③与顾之川《阮元的小学成就及治学方法》④认为,阮元的小学受自于王念孙,在小学的各个部门中,他治学的主要方向是训诂学,其在该领域的成就一是对同源词的研究,一是《经籍籑诂》的编纂;阮元训诂的基本方法是"以声训为纲","义以音生,字从音造";阮元的治学方法:力持学术之平,不主门户之见;实事求是,无征不信;探本溯源,穷极隐微;以小学为钥,以通古代文化。

7. 对阮元文学的研究

目前学界对阮元文学的研究,主要围绕着阮元文学作品和文学理论进行展开。《揅经室集》作为阮元的文集,关于它的版本、内容及其集外文的辑佚,学者们做了不少努力。颜建华《阮元〈揅经室集〉集外文辑佚》,认为《揅经室集》卷次浩繁,随所增补,散佚之文不在少数。作者按时代先后分别辑录出《汉魏二十一家易注序》、《西清笔记序》、《名柯文编序》、《商周兵器权量说》、《传经图记》、《庄方耕宗伯经说序》、《文选旁证序》、《京师慈善寺西新立顾亭林祠堂记》等。⑤ 颜建华、廖妮娅在《阮元〈揅经室集〉集外文辑佚(续)》⑥一文中指出,《阮元〈揅经室集〉集

①北京师范大学 2008 年硕士学位论文。
②陈东辉:《阮元与小学》,中国文联出版社 1999 年。
③《扬州师院学报》(社会科学版)1989 年第 3 期。
④《青海师范大学学报》(哲学社会科学版)1991 年第 2 期。
⑤《湖南大学学报》(社会科学版)2005 年第 6 期
⑥《湖南大学学报》(社会科学版)2006 年第 6 期。

外文辑佚》之外尚有佚文:一是《阮元年谱》中所附《揅经室集》集外诗文,包括奏折、疏牍、书信、楹联等篇目;二是阮先《北湖续志》中所载《揅经室集》未收诗文;三是散见于其他选本或者没有刊载入集的单篇文章。沙志利《〈揅经室集〉版本初探》①对《揅经室集》的版本源流进行了梳理,纠正了各书谬误,并对新的整理工作提出底本选择意见。朱岩的《〈揅经室外集〉与阮元目录之学》②一文,对《揅经室外集》的采书之源、收书总数及版本、成就及阙误进行了论述。颜建华《阮元〈揅经室集〉未录诗文三篇》③,从道光二十九年刻本《古春轩诗钞》卷首辑得阮元所撰《梁恭人传》,并从《清代名人墨迹》和《长离阁集》辑得佚诗二首,为阮元《揅经室集》所失收,也为以上诸家所忽略。《小沧浪笔谈》与《定香亭笔谈》是阮元分别任职济南与杭州期间所著笔记杂谈,其中包含着大量有关阮氏的诗歌杂咏、治学交游、生活琐记等。姚文昌《阮元"笔谈"二种研究》④对《小沧浪笔谈》、《定香亭笔谈》的撰写背景、版本状况、文本内容及其文献价值、学术价值进行了全面研究。

　　关于阮元的文学理论,特别是他的骈文理论——文笔论、文言说,不少学者进行了研究。如敏泽著《中国文学理论批评史》⑤第 29 章第 2 节有《阮元及"文笔论"派》一文,邬国平、王镇远著《清代文学批评史》⑥第 8 章第 5 节有《阮元与清代骈文理论》一文,均对阮元的骈文理论有所论述,但深度欠缺。刘奕《清代中期的"文笔说":产生、发展与演变》⑦、冯乾《清代文学骈、散之争与阮元"文言"说》⑧、刘东皓《阮元与骈文复兴》⑨、宋巧燕《阮元"文笔论"在清代书院中的流播与遗响》⑩、於梅舫《阮元文笔说的发轫与用意》⑪、李文辉《李兆洛、阮元与清中后期骈散之争》⑫等文,肯定了阮

---

①《古籍整理研究学刊》2009 年第 2 期。

②《盐城师范学院学报》(人文社会科学版)2007 年第 5 期。

③《历史档案》2013 年第 1 期。

④山东大学 2015 年硕士论文。

⑤敏泽:《中国文学理论批评史》,人民文学出版社 1981 年。

⑥邬国平、王镇远:《清代文学批评史》,上海古籍出版社 1995 年。

⑦《天津社会科学》2006 年第 4 期。

⑧《古典文献研究》第十一辑,2008 年 4 月。

⑨《现代语文》(文学研究版)2008 年第 8 期。

⑩《湖北大学学报》(哲学社会科学版)2010 年第 5 期。

⑪《学术研究》2010 年第 7 期。

⑫中山大学 2010 年硕士学位论文。

元对清中后期骈文复兴的重要影响，并认为阮元继承和发展了六朝时期的文、笔之论，提出"文言说"、"文韵说"，力图为骈文在文学领域争得正统地位，以抗衡以宋学为代表的桐城派古文；阮元创办的诂经精舍和学海堂两书院成为他实施"文笔论"思想的重要据点，扩大了"文笔论"的流播与影响，也决定了两书院重视骈文教学的文学教育特色。阮元提倡骈文，推崇《文选》，反对桐城派的古文，李亚《论阮元"沉思翰藻"说对〈文选序〉的某些误读——以阮元、萧统对"文"的不同理解为着眼点》①、穆克宏《阮元与〈文选〉学研究》②，对此做了研究。此外，田汉云、古明《论阮元的诗》③、周丽丹《诗人阮元研究》④，对阮元的诗歌成就及诗文特色加以研究，着重对阮元诗歌的思想内容做了较为透辟的论析，同时对其艺术成就亦有精当的简析，肯定了阮元诗歌在当时诗坛上的重要地位。余莉《论岭南形式审美风尚与阮元散文思想的建构》⑤认为岭南审美风尚不仅在阮元的仕宦生活中留下了印记，还对其诗歌风格产生了影响，在这种审美风尚的浸染下，其散文思想在往昔尊骈倡骈的基础上迈出了更先锋性的一步，并最终建立起以形式审美为核心的散文理念。

8. 对阮元书画学的研究

阮元在书学上成就突出，其代表著作为《南北书派论》和《北碑南帖论》，学界对其书学理论作了不少有益的探讨。叶鹏飞《中国书法家全集·阮元、包世臣》⑥、王新宇《阮元碑学研究概述》⑦、孙学峰《阮元书学研究》⑧与《清代汉学思潮与阮元书学的形成》⑨、杨开飞《阮元书法品评标准》⑩、于学勇《阮元书学思想刍议》⑪、李慧斌、于宁《从补史到新证——试论阮元〈南北书派论〉的学术基础》⑫、范斌《董其昌"南北宗论"与阮元"南

---

①《郑州大学学报》(哲学社会科学版)2006 年第 6 期。

②《福建师范大学学报》(哲学社会科学版)2007 年第 2 期。

③《扬州师院学报》(社会科学版)1991 年第 3 期。

④苏州大学 2010 年硕士学位论文。

⑤《文学与文化》2013 年第 1 期。

⑥叶鹏飞：《中国书法家全集·阮元包世臣》，河北教育出版社 2003 年。

⑦《书法世界》2004 年第 4 期。

⑧北京师范大学 2006 年硕士学位论文。

⑨《文艺理论与批评》2008 年第 1 期。

⑩《书法赏评》2008 年第 2 期。

⑪《中国书画》2008 年第 6 期。

⑫《沈阳师范大学学报》(社会科学版)2009 年第 4 期。

北书派论"》①等,对阮元的书法理论都做了深刻剖析,认为阮元以金石学家的眼光审视书法及其发展,基于碑版知识探究书法流派,在《南北书派论》和《北碑南帖论》中提出了书分南北、北碑南帖具有不同风格的论断,阮元的书学理论是清代碑学兴起的先声,标志着清代书法碑学理论的成熟和正式确立,在书法史上具有划时代的意义。此外,宋润芝《阮元其人与他的隶书八言联》②对山西博物馆藏阮元隶书八言联予以品评。谷丽婷《阮元〈石画记〉研究》③对《石画记》的成书背景、基本内容进行梳理,并对其书法、品题文化以及对后世的影响进行了探讨。

(三)对阮元编书、校书、刻书、印书与藏书活动的研究

阮元身兼学者、高官的双重身份,凭借自己的地位和能力,积极倡导学术研究,热心于编书、校书、刻书、印书与藏书,对清代中后期文化的发展做出了巨大贡献。近年来,对阮元编书、校书、刻书、印书与藏书活动的研究,日益受到学界关注。

瞿林东在《阮元和历史文献学》④一文中,首先分析了阮元能够在学术文化上做出巨大贡献的原因:一是出于对经学的爱好和推崇,二是能够借助其官僚身份和声望,三是其善于做学术组织工作;其次,从讲学、撰述与刻书等方面考察了阮元的学术组织工作;再次,阐释了阮元在校勘学、金石文字学、辑佚学、目录学上的贡献;最后,探讨了阮元在历史文献学的学术渊源、成功秘诀以及历史影响。张峰《阮元与清代文献学》⑤对阮元的历史文献学贡献、地位、价值等问题有较为详细的论述。黄庆雄《阮元辑书刻书考》⑥、陈东辉《阮元编刻书籍考略》⑦、谌三元《阮元与图书编撰学》⑧等文对阮元所辑刻的《经籍籑诂》、《十三经注疏校勘记》、《皇清经解》以及其他经、史、子、集类图书作了全面考察,充分肯定了阮元在整理保存和传播民

---

①《文艺研究》2011 年第 1 期。
②《文物世界》2009 年第 5 期。
③中央美术学院 2014 年硕士学位论文。
④白寿彝编:《清史国际学术讨论会论文集》,辽宁人民出版社 1990 年,第 608~621 页。
⑤南开大学 2003 年硕士学位论文。
⑥台湾东海大学中国文字研究所 1995 年硕士学位论文。
⑦《古籍整理研究学刊》1997 年第 3 期。
⑧《江苏图书馆学报》1999 年第 2 期。

族文化方面的贡献。张志汉在《阮元在编纂学领域中的卓越贡献》①一文中,论述了阮元的文献编纂原则与贡献,实事求是、经世致用与发挥集体智慧乃其文献编纂的三个原则,《积古斋钟鼎彝器款识》、《经籍籑诂》与《畴人传》是其文献编纂贡献的主要体现。李海燕《论阮元在文献纂刻方面的成就》②梳理并总结了阮氏在文献纂刻方面的成就、从事纂刻的缘起及其纂刻思想。张长琳《阮元对清代图书编撰的贡献》③结合阮元的图书编撰实践活动,简要论述了阮元的图书编撰背景、图书编撰学思想、文献史料收集与整理等,探析了阮元在图书编撰学方面的一些观点与方法。郭明道《论阮元对档案文献事业的贡献》④认为,阮元对搜集、编刻档案文献极为重视,为保存和传播档案文献做出了重大贡献,他在档案文献的理论方面亦有重要建树:提出了金文档案"其重与九经同之"的卓越见解,并开辟了利用实物档案进行学术研究的新途径;精辟总结了天一阁藏书"久而不散"的原因,使家庭藏书行为上升为收藏档案文献、管理图书的普遍经验和理论;在档案文献编研方面,阮元提出了通贯和发展的观点,使清代的编研水平达到新的高度。罗焕好、徐泳《阮元与学海堂及其刻书》⑤指出,学海堂在阮元的指导下刊刻了大量的典籍,为广东文教的崛起与人才的兴盛发挥了重大作用。何炜《焦山书藏史话》⑥与诸葛计《阮元与焦山书藏》⑦,论述了阮元建立焦山书藏一事及藏书状况。钱宗武、陈树《阮元文选楼藏书考述》⑧考述了文选楼的修建与藏书概况,认为阮元毕生倡言学术文化,文选楼是其重要的藏书处所之一,他的藏书、读书、校书、刻书等学术活动都与文选楼紧密相关。

(四)对阮元教育理论与实践及文化建设的研究

1962 年香港商务印书馆出版的《艺林丛录》第三编收录桐花《阮元在粤二三事》、宇翁《阮元、曾钊、陈澧》与《阮元与学海堂》等文,论述了阮元

---

①《船山学刊》2009 年第 4 期。

②《图书与情报》2008 年第 2 期。

③《档案》2009 年第 5 期。

④《档案学通讯》2008 年第 4 期。

⑤《广东史志》2003 年第 2 期。

⑥《图书馆》1989 年第 5 期。

⑦《江苏地方志》2009 年第 4 期。

⑧《湖南城市学院学报》2007 年第 3 期。

在文化教育上所取得的成就。尹旦侯《阮元——清中叶的教育实干家》①、程禹文《阮元的办学特色》②、郭明道《清代教育改革家阮元——阮元研究之三》③与《阮元的教育思想和实践》④、丁钢《论旧学重整与颜元、阮元的书院改革》⑤、周玲《阮元教育思想探析》⑥等文论述了阮元的教育思想与实践，认为阮元作为清代中叶的教育实干家和教育改革家，针对时弊，大胆改革传统教育的内容与方法，创办新式书院——诂经精舍和学海堂，以培养具有真才实学、通经致用的人才作为自己的办学宗旨，开创了一条对古代书院教育改革的道路，这在清代教育史上是一个重要的转折点，对近代教育也产生了积极的影响。

　　对诂经精舍和学海堂也有专文论述，如李国钧《清代考据学派的最高学府：诂经精舍与学海堂》⑦、刘琪《诂经精舍创建年份考》⑧、常绍温《阮元创办学海堂与广东学术风气的转变》⑨、陈东辉《阮元与诂经精舍》⑩、《阮元与学海堂》⑪与《阮元创设诂经精舍考略》⑫、何国华《阮元与清代岭南高等学府学海堂》⑬、董铁柱《阮元创办学海堂之因初探》⑭、〔美〕艾尔曼、车行健《学海堂与今文经学在广州的兴起》⑮、朱琳《学海堂研究》⑯、宋巧燕《诂经精舍和学海堂的朴学教学》⑰与《诂经精舍、学海堂两书院的骈文教学》⑱、於梅舫《科考与经解——诂经精舍、学海堂的设置与运思》⑲等文对

---

①《湖南师范大学社会科学学报》1986 年第 2 期。
②《教育评论》1986 年第 6 期。
③《扬州师院学报》(社会科学版)1990 年第 4 期。
④《洛阳师范学院学报》2004 年第 6 期。
⑤《教育评论》1992 年第 2 期。
⑥《张家口职业技术学院学报》2005 年第 4 期。
⑦《岳麓书院通讯》1983 年第 1 期。
⑧《岳麓书院通讯》1986 年第 1 期。
⑨《历史文献与传统文化》第 1 辑，广东人民出版社 1990 年 9 月。
⑩《浙江学刊》1991 年第 4 期。
⑪《文史》第 41 辑，中华书局 1996 年，297~302 页。
⑫《中国文化研究》1997 年第 4 期。
⑬《岭峤春秋——岭南文化论集》(二)，1995 年 10 月。
⑭《扬州大学学报》(人文社会科学版)2006 年第 3 期。
⑮《湖南大学学报》(社会科学版)2006 年第 2 期。
⑯厦门大学 2009 年硕士学位论文。
⑰《南京晓庄学院学报》2008 年第 1 期。
⑱《河北师范大学学报》(教育科学版)2010 年第 7 期。
⑲《中山大学学报》(社会科学版)2010 年第 6 期。

诂经精舍和学海堂的创立、教学内容与方法、管理运行模式及其影响等众
多问题做了探析,认为阮元创办的诂经精舍和学海堂两书院突破传统教育
的模式,不同于当时专为科举而设的其他书院,以实学教学为宗旨,以经史
考据学为主要教学内容,兼及文学等其他学科,在教学过程中注重学生实
学基本功的训练,二书院为振兴浙江、广东文教事业和推动晚清学术发展
功绩卓著。

阮元对广东、浙江、云南等地的地方文化发展影响巨大,有不少学者进
行了论述。如胡凡、王建中《阮元与嘉道时期岭南文化的发展》①、翁筱曼
《学海堂与岭南文化》②认为,阮元督粤期间,重视对岭南地区教育文化事业
的发展,创设学海堂,培养了大批的有用之才,对岭南地区的教育、学术文化
和出版事业影响深远。阮元作为生活在西学东渐时代的重要文化人物,他的
文化活动及其主持编撰的《畴人传》是研究阮元文化思想以及中西文化交流
和冲突等宝贵的资料依据,相关的论述和文章比较多。如彭林《从〈畴人传〉
看中西文化冲突中的阮元》③,论述了阮元的西学观和本位文化意识。王川
《西洋望远镜与阮元望月歌》④一文,分析了西洋物质文明的传入对阮元传统
文化思想的影响,体现了他折中、融汇中西之学、求归一是的西学观。

以上笔者收集了自王昶撰《蒲褐山房诗话》以来(主要是 20 世纪以
后)出版和发表的有关阮元研究的论著与论文,由于笔者自身条件限制,主
要限于中国大陆范围,至于港澳台地区和国外出版、发表的相关研究成果,
收集得很少,即便是这个范围,必定还有很多研究成果被遗漏,有待日后逐
渐补充完善。

总之,经过一个多世纪的努力,学者们对阮元的研究取得了极大成就,
涉及阮元的生平事迹、学术研究以及文化教育活动等诸多方面。然而,纵
观以往研究成果,尚存有一些不足之处:

第一,阮元研究的不平衡性。

以往学界的研究涉及了阮元的诸多方面,但学界关注的焦点主要集中
于对其学术、文化、教育等方面的研究。阮元身兼"九省疆吏"与"一代名

①《大连大学学报》2003 年第 3 期。
②中山大学 2009 年博士学位论文。
③《学术月刊》1998 年第 5 期。
④《学术研究》2000 年第 4 期。

儒"双重身份,但学界更为看重阮元的学术造诣,而相对忽视其在政治、经济、军事施政方面的研究。即使在对阮元学术研究的不同领域之间,也存有不均衡性,学者们往往注重对阮元经学、史学、文学、小学、书学的探究,而相对忽视对金石学的研究。

第二,阮元研究的片面性与重复性。

目前对阮元研究所取得的成果,绝大多数还都比较零碎、分散与片面,缺乏内在的有机联系,纵向与横向的比较研究更是稀少。尽管出现了一些令人耳目一新,具有开创性的学术成果,但也存在着不少重复性的研究,只是把前人成果重新拼凑一下,内容毫无新意。此外,在材料的发掘和运用、论述的细致和深入方面,还有待于进一步地提高。

第三,缺乏对阮元金石著述文本的研究。

阮元一生编著、汇校了一百八十余种著作,为清代的文献学做出了巨大贡献。然而,学界对其著述文本的研究局限于《经籍籑诂》、《皇清经解》、《十三经注疏校勘记》、《国史儒林传稿》、《畴人传》等少数几部著作,而对于《山左金石志》、《两浙金石志》、《积古斋钟鼎彝器款识》等金石学编著,研究甚少。以《山左金石志》为例,以往研究只是在探讨阮元学术成就或图书编纂成就时稍有论及,迄今为止,尚未有专著或专文对《山左金石志》的编修背景、主编者与参编者、资料来源、内容、体例、版本、价值、影响等众多问题,进行全面、深入、系统研究。所以,对《山左金石志》等金石学著述文本的研究非常必要,以弥补以往研究的缺陷。

正是鉴于学界对《山左金石志》研究的疏略,笔者不揣浅陋,愿就这个问题进行一些初步考察,以做抛砖之试。

三、研究内容及重点

(一)研究内容

1.《山左金石志》的编修者

关于《山左金石志》的编修者,《清史稿》、《清朝续文献通考》、《书目答问》等均认为《山左金石志》为"毕沅、阮元同撰",更有者认为"清毕沅辑"①,

---

①刘俊文总纂:《中国基本古籍库·山左金石志》,北京爱如生数字化技术研究中心研制,黄山书社出版。

而对阮元只字不提。但据笔者研究发现,毕沅主要参与了《山左金石志》编修凡例的商订以及提供自己所藏彝器、钱币、印章、拓片等金石资料,编修工作主要由阮元及其幕友朱文藻、何元锡、武亿、段松苓、赵魏完成。文中对《山左金石志》的主编者予以考辨,同时还对阮元及其参编幕友进行考察。

2.《山左金石志》的编修

对于《山左金石志》的编修,本书主要探析了其编修背景、资料来源及编修始末,并对阮元金石编修取得极大成就的原因加以分析。《山左金石志》的编修,既有清廷实行文化专制与稽古右文的社会背景,又有乾嘉考据学风靡一时的学术背景,还与阮元个人的金石志趣息息相关。《山左金石志》收录金石资料达一千七百多种,其获得渠道多元,既有阮元、毕沅的个人搜藏,又有阮元幕友、金石学友及山东地方官民的提供,还有对以往金石文献的采录。《山左金石志》始纂于乾隆五十九年(1794),乾隆六十年(1795)初成,嘉庆二年(1797)刊刻。《山左金石志》的存世版本单一,为湖北省图书馆藏清嘉庆二年阮氏小琅嬛仙馆刊版原刻本。阮元之所以能够取得丰硕的金石学成果,这不仅得益于乾嘉考据学繁盛的学术背景、其"亦官亦学"的身份、广泛的学术交游、幕友集体编修模式等外部条件,更重要的还在于其自身不懈的努力以及科学严谨、灵活多变的治学方法的运用。

3.《山左金石志》的体例与内容

《山左金石志》分为金、刀布、镜、印、石五大类,每类依照时间顺序进行编排,井然有序。《山左金石志》收录范围极广,时间上自商周讫元,地域上包括清代山东所属的十府、二直隶州,举凡金铭石刻耳闻目睹者,均予以收录。《山左金石志》的编修体例影响深远,为士林奉为圭臬。本书通过表格形式对《山左金石志》所录金石进行年代与地区分布统计,并对统计数据进行归纳与分析,从而得出山东金石碑刻时空分布的特点。

4.《山左金石志》的学术价值

本书主要从正史志之讹误与补史志之阙略两个方面对《山左金石志》的学术价值予以论述,并分别举实例加以说明。《山左金石志》的学术价值极大,可补正年代、职官、舆地、人物、史事等阙误,为我们研究中国古代典章经制、山川地理、氏族人物、风土人情、灾害祥瑞、宗教道派、文化教育、思想学说等提供了重要资料。

5. 从《山左金石志》看阮元的金石考据及金石学思想

对于阮元的金石考据,本书主要就其考据内容、方法与学术意义进行探讨,并加以评析。阮元金石考据的内容极其丰富,既包括对金石自身的考释,如金石的真伪、造刻年代、撰文者、书丹者等,又包括对金石文字等相关问题的解读与考释,如对金石文字内容的考释、对金石刻辞行文惯例的揭示等。阮氏金石考据的方法多种多样,因问题不同而灵活运用,如综合性的考据方法、典籍文献与金石碑刻相结合的方法、参稽互证法、常识推理判断法、考而不断法等。阮元的金石考据,有价值、有特色、有局限。阮元不仅为后人留下了数部金石专著,同时也留下了丰富的金石学思想。他十分推崇金石文献的价值,但又不盲信,实事求是,无徵不信,始终坚持金石文献与经史典籍相结合。《山左金石志》作为阮元早期的金石学著作,虽然其"器者所以藏道"、"器者所以藏礼"、钟鼎彝器"重与九经同之"等著名论说尚未明确提出,不过这些思想已孕育在《山左金石志》中并有所体现,足见该时期金石研究对其以后金石学思想影响之大。

6. 对《山左金石志》的校补

《山左金石志》问世后尽管受到学界的一致好评,但其不足之处亦颇遭批驳,如顾广圻、王昶、吴骞、孙星衍、严可均、瞿中溶、许瀚、何绍基、李佐贤、胡元仪、叶昌炽等人对其阙遗与讹误做了补正。对《山左金石志》的校补,本书主要从两方面着手:一是对清代学者补阙与刊误情况的考察,二是笔者对《山左金石志》疏漏与讹误的补正。

(二)研究重点

1. 关于《山左金石志》的主编者

以往文献都认为《山左金石志》为毕沅、阮元同撰,但实际上主要由阮元及其幕友编修完成,毕沅的作用较为有限。那么,毕沅、阮元与《山左金石志》有何关系?毕沅究竟发挥了多大的作用?《山左金石志》的主编者应归于谁的名下?

2. 关于《山左金石志》的资料来源及编修模式

《山左金石志》是由阮元及其幕友历时两年集体编修而成,收录金石数量大,成书时间快,而质量却依然上乘。那么,其金石资料是如何获得的?编修模式如何?

3. 关于《山左金石志》所录金石的时空分布特点及原因分析

《山左金石志》收录了山东地域范围内自商周至元代一千七百多种金铭石刻。它们时空分布有何规律？其数量、类型及文化特色在不同时代、地域有何差异？造成差异的原因是什么？

4. 关于《山左金石志》的学术价值及影响

《山左金石志》的学术价值极为突出，具有考证、辨误、补遗、存史之功能，是我们研究中国古史不可或缺的重要资料，对乾嘉之际乃至以后的学界都产生了深远影响，起到承上启下的作用。《山左金石志》的学术价值如何？其考证、辨误、补遗与存史之功能如何体现？它是如何承上启下的？

5. 关于阮元金石考据的内容与方法

金石考据作为阮元治学的一种重要手段，对其开拓经史研究新领域并取得极大学术成就发挥了重要作用。阮氏金石考据的内容有哪些？采用了何种方法？

以上问题是本书研究的重点，需要做深入探析。

四、研究方法

（一）以马克思主义理论为指导

本书以马克思主义理论为指导，将唯物史观寓于研究之中，利用辩证的分析法，从宏观上整体把握，从微观分析入手，由具体上升到抽象。《山左金石志》的编修不是孤立的，有一定的社会条件与学术条件，我们必须从具体的历史矛盾运动中去考察，将之置于清代社会大环境中进行研究，采用综合研究的方法，用联系、发展、变化的观点看问题。

（二）文献研究法

文献研究法是本书所采用的最基本的方法，通过对诸多文献资料的搜集、梳理与考订，从而全面、深入地对《山左金石志》进行研究。同时，在资料采获上，要打破学科畛域，将多种文献资料融于一起，不断变换解读文献的视角，将研究向前推进。

（三）二重证据法

二重证据法是王国维在 20 世纪 20 年代提出的一种历史研究方法，指将地下发现之新材料与典籍文献记载相印证，以达到考证古史的目的。二重证据法亦是本书研究所采用的一种重要方法，将金石碑刻与史志文献参稽互证，以求得历史的真相。

（四）历史比较法

历史比较法是认识历史多样性、统一性及其相互联系的重要方法，主要是通过横向与纵向的研究对比，更加清楚地认清历史事物的本质特征。本书采用历史比较研究法，既要看到阮元及其《山左金石志》与同时代金石学家及其著作的横向联系，又要将《山左金石志》置于中国古代金石学发展的纵向联系中去考察，以分析《山左金石志》的特色与价值，从而更好地理解《山左金石志》在清代金石学文献发展史上所发挥的承前启后作用。

（五）统计分析法

本书以表格的形式对《山左金石志》所录金石资料进行年代与地区分布统计，并对统计数据进行归纳、分析，从而得出山东古代金石碑刻时空分布的特点，进而分析其历史成因。

（六）田野调查法

《山左金石志》所录金石碑刻很多保存至今，在文献解读的同时，开展田野调查，二者相互对照，以增强史料的可靠性。

五、主要资料

本书征引了大量文献资料，如古代的史志、金石学著作、诗文集、方志以及民国以来的学者论著。其中，《山左金石志》《揅经室集》《小沧浪笔谈》与《阮元年谱》是本书使用频率最高，也最为主要的资料，兹作一简要介绍。其他文献资料，不再赘述，请参见书末"参考文献"一目。

1.《山左金石志》

本书所采用的《山左金石志》出自《续修四库全书》（上海古籍出版社2002年版）第909、910册，据湖北省图书馆藏清嘉庆二年阮氏小琅嬛仙馆原刻本影印。其中，《山左金石志》卷1至卷16收于第909册，卷17至卷24收于第910册。为了简明起见，本书注释中凡出自《山左金石志》的，仅标明卷数与页数，而册数与版本不再标出，特此说明。

2.《揅经室集》

《揅经室集》是阮元的文集，包括《揅经室一集》14卷、《揅经室二集》8卷、《揅经室三集》5卷、《揅经室四集》13卷、《揅经室续集》9卷和《揅经室外集》5卷。《揅经室集》内容丰富，包括论说、碑传、行状、序跋、奏折、疏牍、书信、诗歌、提要等,对研究阮元的生平、学术等具有相当大的参考价值。本书所采用的《揅经室集》出自《丛书集成初编》第 2197~2211 册,中华书局 1985 年据文选楼丛书本影印。

3.《小沧浪笔谈》

《小沧浪笔谈》4 卷,是阮元于浙江学政任上撰成的随笔疏记,记述了他督学山东期间的学术活动及其他杂事。此书内容丰富,诗文并茂,其中对阮元在山东两年期间的金石搜访与研究活动有相当篇幅的记载。《小沧浪笔谈》以记考为主,以品评为辅,对几乎遍及齐鲁的历代金石遗迹均有原原本本的载录,对公储私藏的重要金石文物一一说明,对金石文字有详审的考释,对性嗜金石,颇有成就的人物及其活动有专门记载。本书所采用的《小沧浪笔谈》,出自《丛书集成初编》第 2599、2600 册,中华书局 1985 年据文选楼丛书本排印。

4.《阮元年谱》

阮元弟子张鉴、门生柳兴恩以及阮元子阮常生、阮福、阮孔厚、阮祜合撰《雷塘庵主弟子记》8 卷,后经中国人民大学黄爱平教授点校,并在书后增附《御制晋加太傅衔致仕大学士阮元祭文》等十三篇文章,改名为《阮元年谱》,由中华书局于 1995 年出版。《年谱》详尽地记载了阮元的家世出身、学业科举、为官从政、学术活动等,成为本书考察阮元督学山东期间行程活动的主要依据。

第一章 《山左金石志》的编修者

第一节 《山左金石志》的主编者——阮元

一、毕沅、阮元与《山左金石志》

关于《山左金石志》的主编者,《清史稿》、《清朝续文献通考》与《书目答问》均称"《山左金石志》二十四卷,毕沅、阮元同撰"①;更有者,题为"清毕沅辑"②,而并未提及阮元。那么,毕沅、阮元与《山左金石志》究竟有何关系? 此书到底由谁主编而成? 兹就这一问题作一辨析。

毕沅(1730—1797),字秋帆、纕蘅,号灵岩山人,江苏镇洋(今江苏太仓)人。乾隆二十五年(1760)进士,曾任翰林院修撰、翰林院侍读学士、太子左庶子、甘肃巩秦阶道员、安肃道道员、陕西按察使、陕西布政使、陕西巡抚、河南巡抚、山东巡抚、湖广总督等职。嘉庆二年(1797)七月,病逝于湖广总督任上,时年六十七岁。毕沅精于经史、金石,著有《续资治通鉴》、《关中金石记》与《中州金石记》等书。

关于毕沅、阮元与《山左金石志》的关系,我们可以通过阮元与钱大昕的两篇《山左金石志序》来进行探讨。

阮元《山左金石志序》云:

> 元以乾隆五十八年秋,奉命视学山左,首谒阙里,观乾隆钦颁周器及鼎、币、戈、尺诸古金,又摩挲两汉石刻,移亭长府门卒二石人于翼相圃。次登岱,观唐摩崖碑,得从臣衔名及宋赵德甫诸题名。次过济宁学,观戟门诸碑及黄小松司马易所得汉祠石象,归而始有勒成一书之

---

① 参见〔民国〕赵尔巽:《清史稿·艺文二》、〔清〕刘锦藻:《清朝续文献通考·经籍考十二》和〔清〕张之洞:《书目答问·史部》。
② 《石刻史料新编》第一辑第 19 册的目录题为"《山左金石志》二十四卷,清毕沅辑",刘俊文总纂,北京爱如生数字化技术研究中心研制《中国基本古籍库》也标为"清毕沅辑"。

志。五十九年，毕秋帆先生奉命巡抚山东。先是，先生抚陕西、河南时，曾修《关中》、《中州》金石二志，元欲以山左之志属之先生。先生曰："吾老矣，且政繁，精力不及此，愿学使者为之也。"元曰："诺。"先生遂检《关中》、《中州》二志付元，且为商定条例暨搜访诸事。元于学署池上署积古斋，列志乘图籍，案而求之，得诸拓本千三百余件，较之《关中》、《中州》多至三倍，实为始修书之举，而秋帆先生复奉命总督两湖，继且综湖南北军务矣。元在山左卷牍之暇，即事考览。……六十年冬，草稿斯定，元复奉命视学两浙，舟车校试余闲，重为厘订，更属仁和赵晋斋魏校勘，凡二十四卷。……是时，秋帆先生方督师转饷，戮逆抚降，寒暑劳勚，婴疾已深，虽有伏波据鞍之志，实致武侯食少之虞，竟以七月三日卒于辰州。元以是书本与先生商订分纂，先生莅楚虽羽檄纷驰，而邮筒往复指证颇多。……元今写付板削，哀然成卷帙，而先生竟未及一顾也。①

钱大昕《山左金石志序》云：

> 乾隆癸丑秋，今阁学仪征阮公芸台奉命视学山左，公务之暇，谘访耆旧，广为搜索。其明年冬，毕尚书来抚齐鲁，两贤同心，赞成此举，遂商榷条例，博稽载籍，萃十一府两州②之碑碣，又各出所藏彝器、钱币、官私印章，汇而编之。规模粗定，而秋帆移督三楚，讨论修饰润色壹出于公。乙卯秋，公移节两浙，携其稿南来，手自删订。嘉庆丙辰秋，书成，凡二十四卷。③

由以上两则史料可知，乾隆五十八年（1793）秋，阮元督学山东，首谒孔子故里曲阜，观看乾隆钦颁孔庙周器及鼎、币、戈、尺诸古金，又摩挲了两汉石刻，再登泰山，观唐摩崖题名，又到济宁府学，观戟门诸碑及汉祠石像，回到省城济南后便产生了编纂《山左金石志》的念头。正巧第二年（1794），湖广总督毕沅被贬为山东巡抚，二位江苏同乡性情、志向相投，于金石均情有

---

① 〔清〕阮元：《山左金石志·阮元序》，第368~369页。
② 钱大昕所云"十一府两州"有误，据《清史稿·地理八》记载，山东辖十府（济南、东昌、泰安、武定、兖州、沂州、曹州、登州、莱州、青州）、三直隶州（临清、济宁、胶州）。需要说明的是，胶州直隶州是在光绪三十一年（1905）从莱州府划分出来的，阮元编修《山左金石志》时尚属莱州府，故应为"十府、两直隶州"。
③ 〔清〕阮元：《山左金石志·钱大昕序》，第367页。

独钟,因毕氏先前巡抚陕西、河南时编有《关中金石记》与《中州金石记》二书,故阮元以山左之志托付于他。二贤同心赞成此举,遂商榷条例,博稽群籍,荟萃山东十府两州之碑碣拓片,又各出所藏彝器、钱币、官私印章,汇而编之。事实上,毕沅由于年老体衰,且政务繁忙,精力不济,编纂任务由阮元独力承当。该年秋天,毕沅再授湖广总督,离开济南。阮元于公事之暇,咨访耆旧,广为搜寻,继续编纂《山左金石志》。乾隆六十年(1795)秋,阮元调任浙江学政,携草稿南下,舟车之暇,加以审核厘订。该年冬天,草稿初定。次年(1796)秋,书成。

细究《山左金石志》的成书始末,无论是编修想法的萌生、编修事宜的提出,还是金石资料的搜集整理、书稿的纂写、删订、润色以及最后成书并刊刻,主要由阮元负责完成。在《山左金石志》的行文中,到处流露出阮元作为主编者的口吻,如卷2《汉朝正殿瓦二器》跋云"右铜瓦二,元得之于济南市中"①;又如卷9《中书令郑羲碑》跋云:"元尝亲至崖间摩挲。"②类似例子,不胜枚举。另外,许多史志也都认定《山左金石志》为阮元编修。如清徐宗幹《济州金石志序》云"尝考东省金石甲于天下,而济宁金石尤甲于东省。翁覃溪学使、孙渊如观察、武虚谷大令先后来东,各有撰述,阮芸台相国《山左金石志》集厥大成"③;王镇《济南金石志序》云"迨阮芸台相国提学山东,始有《山左金石志》之刻,鼎彝、碑志粲然可观"④;孔祥霖《曲阜碑碣考序》称:"窃念曲邑碑碣向无全目,阮相国《山左金石志》、吴少宗伯《捃古录》,搜集虽富,曲阜一隅遗漏亦多,且皆截至元代而止。"⑤所以,我们可以认为,《山左金石志》主要是由阮元编纂而成。当然,我们也不能否认毕氏对《山左金石志》的成书起到一定的作用,不仅在短暂的山东巡抚任期内,即使调至湖广总督任后,仍"邮筒往复指证颇多"。毕氏的作用主要体现在三个方面:

①〔清〕阮元:《山左金石志》卷2《汉朝正殿瓦二器》,第416页。
②〔清〕阮元:《山左金石志》卷9《中书令郑羲碑》,第499页。
③〔清〕徐宗幹:《济州金石志·序》,《石刻史料新编》第二辑第13册,新文丰出版公司1979年,第9395页。
④〔清〕冯云鹓:《济南金石志·王镇序》,《石刻史料新编》第二辑第13册,新文丰出版公司1979年,第9773页。
⑤〔清〕孔祥霖:《曲阜碑碣考·序》,《石刻史料新编》第二辑第13册,新文丰出版公司1979年,第9745页。

其一,确定编修义例。毕沅"检《关中》、《中州》二志付元,且为商定条例暨搜访诸事"①,亦如史善长编《弇山毕公年谱》所称:"公与学政阮公元商议修纂《山左金石志》,搜罗广博,考证精核。会有湖督之命,谆属阮公继成其事。书成凡若干卷,其义例皆公定也。"②

其二,提供所藏彝器、钱币、官私印章。正如钱大昕《山左金石志序》所云:"毕尚书来抚齐鲁,两贤同心,赞成此举,遂商榷条例,博稽载籍,萃十一府两州之碑碣,又各出所藏彝器、钱币、官私印章,汇而编之。"③毕沅亦曾云:"沅等搜访山左金石,得一千七百余种,勒为志书。秦汉魏尚多,而西晋绝少。"④如此看来,《山左金石志》中应该收录了不少毕沅所藏的金石器物,然而,该书中指明为毕沅所藏的仅有一例,即曶鼎。毕沅跋云:"右曶鼎,沅得之于西安,嘉定钱献之坫为作释文,时沅所纂《关中金石记》未及收录,兹携来山左署中,因即编入《山左金石志》。"⑤除此之外,书中再也不见毕氏所藏金石器物之蛛丝马迹,实在令人费解。

其三,参与了一小部分编纂与考订工作。如毕氏对《武氏前石室画象十五石》之第二石"人首鸟身"者做了考订。朱文藻认为是"西方异物,皆出佛经",进而认为"碑中所坐者为佛无疑",而毕沅引《山海经》中语"所言鸟兽,多与此合,《经》云似人形者,不过略有相似,未尝言怪也",进而推测"碑或据此以图其异,遂乃怪怪奇奇,靡所不有",批驳朱文藻"舍此而远引外域佛经,未免失检"⑥。不过,类似指明为毕沅所做的考订事例在《山左金石志》中屈指可数。

综上可见,《山左金石志》虽然署名"毕沅、阮元同撰",但客观上讲,纂修工作主要是由阮元及其幕友负责完成。《山左金石志》之所以署有毕沅的名字,乃阮元出于二人最初编书的约定以及对毕沅所发挥价值的肯定。由此,我们可以看到,与中国古代历史上的很多著作署名某一官僚而实际上是由其幕僚编修而成不同,阮元的著作中无不凝聚着其心血,他不但亲自参与其中,而且还发挥着主要作用。《山左金石志》的编修,从提出编修

---

① 〔清〕阮元:《山左金石志·阮元序》,第368页。
② 〔清〕史善长:《弇山毕公年谱》"乾隆五十九年乙卯六十六岁"条,清嘉庆四年(1799)刻本。
③ 〔清〕阮元:《山左金石志·钱大昕序》,第367页。
④ 〔清〕阮元:《山左金石志》卷8,第498页。
⑤ 〔清〕阮元:《山左金石志》卷1〔曶鼎〕,第407页。
⑥ 〔清〕阮元:《山左金石志》卷7,第472页。

事宜到拟定编修凡例，从搜集、整理金石资料到纂写、删订、润色书稿以及最后成书并刊刻，阮元均参与其中。书虽成于众家之手，然皆经阮元复勘而后定其是非，发挥了主编者与定稿人的作用。因此，我们可以肯定地说，阮元作为清代中后期的一位学识渊博的大师鸿儒，并非空有虚名，其学术成就是实实在在的，而非有些人想当然地认为阮元乃封疆大吏，其学术成果都是由幕友编修完成的，这对于我们实事求是地评价阮元是很有帮助的。

二、阮元简介

阮元（1764—1849），字伯元，号芸台，又号擘经老人、雷塘庵主等，谥文达，江苏扬州人，占籍仪征①。他出生于乾隆二十九年（1764）正月二十日，卒于道光二十九年（1849）十月十三日，终年八十六岁。② 阮元作为清朝封疆大吏、扬州学派领袖，历经乾隆、嘉庆、道光三朝，活跃于清代中期政坛与学界长达半个世纪，政绩显赫，学术成就巨大，兹作一介绍。

（一）家世出身

关于阮元家世，《阮元年谱》记载：远祖系出陈留尉氏县（今河南开封尉氏县），南宋以后迁江西清江县。元末，阮氏以武功昭显。明初，朱元璋徙豪杰充实江南，阮氏迁于江苏淮安。明神宗时，阮岩自淮安山阳迁至扬州江都县城，为阮氏迁扬之始祖。崇祯末，又迁居城北四十里之公道桥。二世祖阮国祥，字雪轩，赠明威将军。三世祖阮文广，字奉轩，官至榆林卫正兵千户。四世祖阮秉谦，字尊光，赠武德将军。五世高祖阮枢良，字孚循，六世曾祖阮时衡，字宗尹，二人皆封昭勇将军，累赠荣禄大夫、光禄大夫、户部左侍郎。祖父阮玉堂，号琢庵，始占籍于仪征县，康熙乙未（1715）科武进士，授三等侍卫，赏戴花翎，历官湖南九溪营、河南卫辉营参将，诰授昭勇将军，议叙头等军功，赠资政大夫，累赠荣禄大夫、户部左侍郎。父亲阮承信，字得中，号湘圃，国子生，封儒林郎、翰林院庶吉士，累封资政大夫、内阁学士兼礼部侍郎加一级、荣禄大夫、户部左侍郎加一级、光禄大夫、户

---

① 清代史志多记载阮元为江苏仪征人，实际上他是江苏扬州人。阮元在《擘经室二集》卷2《扬州北湖小志序》中云："元但通籍仪征而已，实扬州郡城北湖人也。"

② 〔清〕张鉴等撰，黄爱平点校：《阮元年谱》卷1与卷8，中华书局1995年，第2、218页。

部左侍郎加三级。① 母亲林氏,亦出身于官宦之家,通晓诗书,有修养,对阮元影响较大。据阮元所撰《诰封光禄大夫户部左侍郎显考湘圃府君显妣一品夫人林夫人行状》记载:林氏为乾隆十八年(1753)举人、大田县(今福建三明市大田县)知县林廷和之女,幼承家学,性嗜图籍,"通书史,明古今大谊,闲为韵语,辄焚不存稿。年二十五,于归于府城西门旧第,逮事祖姑,克尽孝养,举止言论必以礼法,戚党有识者咸嗟敬焉"。阮元蒙师、名儒胡延森,每闻林氏辩论事理,感叹道:"真女中丈夫,且世之丈夫亦不及也。"②阮元就是出生于这样一个"半为将种半书生"③的世族大家。

(二)学业与科考

阮元五岁时,便开始跟从母亲认字。六岁,"始就外傅"④,受教于江振鹭,又从姑父贾天凝学。八岁受业于栗溥,又从胡延森学《文选》之学。九岁,受业于乔椿龄。十七岁,师于李道南。其中,受业时间较长、对阮元影响较大的是胡延森、乔椿龄和李道南三先生。

胡延森(1719—1803),字衡之,号西梦,江都人。据阮元《胡西梦先生墓志铭》记载:胡延森事父母极孝,"年逾三十犹引过受杖,侍母疾,雪夜长跽呼天,疾为痊"。科考未第,乃以文学佐大吏,"幕府之奏章,通达治体,所缮奏皆称旨",受到两江总督萨公载的延请。他精刑律,工诗,"善于言情,其佳处极似放翁",著《西梦诗草》1卷。胡延森是阮元外祖父之挚友,"授元以《文选》之学",为阮元日后的诗文写作及学术研究奠定了坚实的基础。后来,胡延森又"导元从李晴山先生游"。阮元对胡延森评价甚高:"先生之行在孝与慈,先生之学在书与诗,先生之才经济匡时。"⑤

乔椿龄(1752—1794),字书西,甘泉(今扬州)人。据阮元《李晴山、乔书西二先生合传》记载:乔椿龄性颖悟,勤学不倦,"通诸经义,涉猎百家子史,尤深于《易》"。他家境贫寒,居于陋室,"枕席皆书,苟非义虽周之不

①〔清〕张鉴等撰,黄爱平点校:《阮元年谱》卷1,中华书局1995年,第1~2页。
②〔清〕阮元:《揅经室集·二集》卷1《诰封光禄大夫户部左侍郎显考湘圃府君显妣一品夫人林夫人行状》,《丛书集成初编》第2201册,中华书局1985年,第348~349页。
③〔清〕阮元:《揅经室集·四集诗》卷6《题陈默斋参军广凝摊书图》,《丛书集成初编》第2207册,中华书局1985年,第825页。
④〔清〕张鉴等撰,黄爱平点校:《阮元年谱》卷1,中华书局1995年,第3页。
⑤〔清〕阮元:《揅经室集·二集》卷2《胡西梦先生墓志铭》,《丛书集成初编》第2201册,中华书局1985年,第372~373页。

受",体羸多病,终生没有婚娶。乾隆五十八年(1793)十一月,阮元督学山东时,曾邀请乔椿龄到山东游览,谒至圣林庙,观礼器,最后逝于山东。①

李道南(1712—1787),字景山,号晴山,江都人。据阮元《李晴山、乔书西二先生合传》记载:李道南以学行名于时,家甚贫,"所居草屋数间,冬衣葛,行者夜分犹闻读书声,学使者重之,有寒气逼人之叹"。乾隆二十四年(1759),中举人,乾隆三十六年(1771),中进士。总裁庄存与(字方耕)邀请李道南前去讨论学术,相契愈深,对李道南说:"子之学问、人品,予知之矣,顾甚贫,何以归? 予将命同人赆子。"但李道南固辞不受。例选知县,但不赴任,而是授徒讲学,尝主讲于泰州、通州、淮安书院。他颖敏过人,而操行刚正,以古代名儒自励,事母孝,事兄悌,著有《四书集说》12卷②。

阮元业师皆为当时学行昭著之士,对其影响颇深,正如他对乔、李二先生评价云:"吾年九岁从乔先生学,年十七从李先生学。两先生为吾乡特立独行之儒,而吾皆师之,吾所幸也。"③正是由于业师们的辛勤培育与阮元自己的刻苦努力,为其日后科举入仕创造了良好条件。

乾隆四十九年(1784),阮元以岁试第四名入仪征县学。乾隆五十年(1785),科试一等第一名,补廪膳生员,"场中经解策问,条对无遗,文亦冠场"。侍郎谢墉(字昆城,号金圃)惊赏云:"余前任在江苏得汪中,此次得阮某矣。"④乾隆五十一年(1786)二月,阮元随谢墉出试镇江、金坛,并参与阅卷事务。该年九月,朱珪所典江南乡试揭晓,阮元中举人第八名。十月,谢墉任满北上,阮元以公车同行入京。于京师期间,与邵晋涵、王念孙、任大椿等名士结交,学问日进。乾隆五十四年(1789),参加礼部会试,得第二十八名。四月,"圆明园覆试,钦取一等第十名。殿试二甲第三名,赐进士出身。朝考钦取第九名"⑤。乾隆五十五年(1790)散馆,钦取一等第一名,授翰林院编修。乾隆五十六年(1791)二月,圆明园大考翰詹,又取得

---

①〔清〕阮元:《揅经室集·二集》卷2《李晴山、乔书酉二先生合传》,《丛书集成初编》第2201册,中华书局1985年,第371~372页。

②〔清〕阮元:《揅经室集·二集》卷2《李晴山、乔书酉二先生合传》,《丛书集成初编》第2201册,中华书局1985年,第370~371页。

③〔清〕阮元:《揅经室集·二集》卷2《李晴山、乔书酉二先生合传》,《丛书集成初编》第2201册,中华书局1985年,第372页。

④〔清〕张鉴等撰,黄爱平点校:《阮元年谱》卷1,中华书局1995年,第6页。

⑤〔清〕张鉴等撰,黄爱平点校:《阮元年谱》卷1,中华书局1995年,第8页。

一等第一。乾隆曾评价说："不意朕八旬外又得一人。"①

（三）宦海沉浮

阮元自乾隆五十四年（1789）考中进士，直至道光十八年（1838）告老还乡，历官乾隆、嘉庆、道光三朝，任职地方学政、督抚，充兵部、礼部、户部侍郎，拜体仁阁大学士，在清代中期的政治舞台上活跃了近半个世纪，政绩显赫，誉满天下。

1. 供职于京师（1789—1793）

乾隆五十四年（1789），二十六岁的阮元考中进士，该年四月，"充《万寿盛典》纂修官，国史馆、武英殿纂修官"②。乾隆五十五年（1790），入翰林院任庶吉士，授翰林院编修。乾隆五十六年（1791）二月，升授詹事府少詹事，入值南书房，后充日讲起居注官。十月，补授詹事府詹事。十一月，奉诏充石经校勘官。乾隆五十八年（1793）六月，被任命为山东学政。

2. 督学鲁浙（1793—1798）

乾隆五十八年（1793）七月至乾隆六十年（1795）八月，提督山东学政。乾隆六十年（1795）十一月至嘉庆三年（1798）八月，提督浙江学政。阮元督学鲁浙期间，多次出试于各府州县，选拔真才实学之士，尤其注重奖掖寒俊。在任山东学政期间，革除考试陋规，"山东新进文武生有陋规悉裁之"③。督学浙江时，创立诂经精舍。

3. 再供职于京师（1798—1799）

嘉庆三年（1798）八月，调补礼部右侍郎，九月返京。次年正月，兼署兵部左侍郎。三月，奉旨调补户部左侍郎，充任经筵讲官，并任会试副总裁，总裁是朱珪，曾是阮元乡试中举的主考官。朱珪对阮元非常赏识，故"是科二三场文策，大兴朱公（指朱珪）属先生一人批阅"④。

4. 两抚浙江（1799—1809）

嘉庆四年（1799）十月，阮元奉旨署理浙江巡抚事务，十一月到任。在浙江巡抚任上，政绩颇多，其中最为显赫的当属平定海盗。时东南沿海土盗悍民与安南匪寇互为声援，共计数百船，上万人，横行于浙、闽、粤三省洋

①〔清〕张鉴等撰，黄爱平点校：《阮元年谱》卷1，中华书局1995年，第10页。
②〔清〕张鉴等撰，黄爱平点校：《阮元年谱》卷1，中华书局1995年，第8页。
③〔清〕张鉴等撰，黄爱平点校：《阮元年谱》卷1，中华书局1995年，第12页。
④〔清〕张鉴等撰，黄爱平点校：《阮元年谱》卷1，中华书局1995年，第21页。

面,对沿海人民的生命与财产安全造成巨大危害。阮元上任伊始,即全力剿匪,制定《辑匪章程》七则,奏请捐造船炮,训练水师,并在沿海地区实行团练和保甲,任用李长庚等得力将才。经过十年努力,终于于嘉庆十四年(1809)将浙江海盗完全剿灭。此外,阮元在任期间还大力整顿吏治,弥补仓库亏空;兴修水利,浚治流福沟;赈济灾民,建普济堂、恤嫠会、收瘞局,戒溺女婴等。嘉庆十年(1805)六月,阮元父亲丧于浙江官署,七月,辞去浙江巡抚,回扬州治丧。嘉庆十三年(1808)三月,丧满除服后,再授浙江巡抚。正当阮元在浙江政绩显著、蜚声政坛之时,嘉庆十四年(1809)九月受浙江学政刘凤诰科场舞弊案牵连而遭革职,但因官声较好,学问素优,赏给编修,离浙入京。

5. 三供职于京师(1809—1812)

嘉庆十四年(1809)至京师后,"著加恩赏给编修,在文颖馆行走"[1]。次年四月,补授翰林院侍讲。九月,充署日讲起居注官。十月,兼国史馆总辑,修《儒林传》。嘉庆十六年(1811)七月,补授詹事府少詹事。十二月,补授内阁学士兼礼部侍郎。嘉庆十七年(1812)四月,奉旨到山西查办吉兰泰盐务,议《吉兰泰蒙古盐务章程》。五月,补授工部右侍郎,兼管钱法堂事务。八月,授漕运总督。

6. 总督漕运(1812—1814)

漕运、盐政与河道为清政府的三大要政。清朝建都北京,京师官员、军队以及国库所需粮米大多需要通过运河从南方八省调运,故漕运的成败与否,事关重大。但长期以来,漕运积弊严重,吏治腐败,运河淤积不畅,漕运屡屡受阻。鉴于原漕运总督许兆椿年迈体衰,嘉庆帝遂命干练的阮元充当此任。嘉庆十七年(1812)九月,阮元抵达天津,接漕运总督印。十一月,督催空漕回至江苏淮安。十二月,赴海州阅兵。嘉庆十八年(1813)正月,赴扬州、瓜州迎盘新漕,并催督过江。二月,微山湖水浅,亲自查勘。五月,山东临清运河浅阻,奉旨赶往临清办理。该年夏,漕船顺利抵达京师。在任漕运总督的近两年期间,"回空重运一万六千余船,无一船漂失亏米者"[2],出色地完成了漕运任务。嘉庆十九年(1814)三月,奉旨迁江西巡

---

①〔清〕张鉴等撰,黄爱平点校:《阮元年谱》卷3,中华书局1995年,第92页。
②〔清〕张鉴等撰,黄爱平点校:《阮元年谱》卷4,中华书局1995年,第107页。

抚。八月,接江西巡抚印。

7.巡抚江西与河南(1814—1816)

阮元巡抚江西期间,最主要的政绩就是镇压邪教会匪活动。上任伊始,饬下属查办会匪,不久,便将朱毛俚等会匪人员缉拿归案。嘉庆帝闻后,大为称赞:"阮元到任未久,即能饬属于各地方编查保甲严密,遂将巨案立时发觉,办理迅速,实属可嘉。"①嘉庆十九年(1814)十一月,"访闻崇义县义安墟有匪徒钟体刚等纠众结天地会,奉前十六年湖北逆犯马朝柱为祖师"②,阮元饬委臬司前往督办,将会匪势力肃清。嘉庆二十年(1815)二月,又歼灭南安、赣州一带三点、边钱各会匪徒及其毗连南昌、余干等处的担匪萧烟脚余党。嘉庆二十一年(1816)六月,调补河南巡抚,时新抚未至,仍留江西。七月,改建江西贡院号舍。八月,至开封任河南巡抚。十一月,补授湖广总督。

8.总督湖广(1816—1817)

嘉庆二十二年(1817)正月,阮元正式接任湖广总督。此任虽仅有短短的八个月,但他大力兴修水利,造闸筑堤,修建了武昌江堤、江陵范家堤、沔阳龙王庙石闸,解决了江陵、潜江、沔阳、监利四州县的水患问题。在治水实践的基础上,总结出了一套筑堤防洪理论,著成《江堤说》。八月,由武昌到湖南阅兵,途次奉旨调补两广总督。

9.总督两广(1817—1826)

阮元总督两广之时,大清国势已江河日下,吏治腐败不堪,鸦片走私贸易在广东沿海十分猖獗,严重威胁着清朝统治。面对这种严峻局面,阮元在粤期间,加强军事防务,训练水师,于嘉庆二十三年(1818)四月,建成大黄窖、大虎山炮台。同时,查禁鸦片。嘉庆二十五年(1820)二月,阮元上书嘉庆帝,指出鸦片走私的积弊,主张"查拿盗匪,严禁鸦片"③。他主张对英商采取严厉的政策,"宜镇以威,不可尽以德绥"④。总之,阮元在总督两广期间,对西方洋商及其鸦片走私活动予以沉重打击。此外,阮元十分注重改善民生,于嘉庆二十四年(1819)四月修建桑园围石堤,于道光元年

---

① 〔清〕张鉴等撰,黄爱平点校:《阮元年谱》卷4,中华书局1995年,第114页。
② 〔清〕张鉴等撰,黄爱平点校:《阮元年谱》卷5,中华书局1995年,第117页。
③ 〔清〕戴均元、王引之等纂修:《清仁宗实录》卷367,中华书局1986年,第859页。
④ 〔民国〕赵尔巽:《清史稿》卷364《阮元传》,中华书局1977年,第11423页。

（1821）三月设立恤嫠公局,于道光二年(1822)六月改建贡院号舍,等等。

10.总督云贵(1826—1835)

阮元在云贵总督任上,政绩主要有三:一是整治盐政,罢免贪官污吏,加强对盐税的征收与管理。二是安戢边陲,采用"以蛮制蛮"的手段,招募傈傈人于边地开荒种地,防御蛮族的进攻。同时,挫败了越南的入侵。第三,道光十三年(1833)七月二十二日,云南发生地震,"自省城南至临安、开化十数州县同时被灾,压毙男妇大小口数千人,房屋坍损数万间"①。阮元从速组织抗震救灾活动,统计受灾人口数量及财产损失情况,发放抚恤钱粮,使民众很快度过危难时期。总督云贵期间,阮元还曾于道光十二年(1832)三月第二次充会试副总裁。

11.四供职于京师(1835—1838)

道光十五年(1835)三月,阮元奉上谕拜体仁阁大学士,回京管理刑部事务。实际上,阮元在政坛生涯的最后三年并未参与处理军国大政,只是从事了一些类似谒陵、至祭等闲杂事务。道光十八年(1838)五月十三日,阮元已七十五岁高龄,奏请解任休致,道光帝上谕云:"大学士阮元由翰林洊陟封圻,扬历中外,经朕简任纶扉,综理部务,尽心职守,清慎持躬。前因病请假,复经具折吁恳解职,朕叠予假期,俾资调养。兹复奏称老病日增,医治未能速效,力请开缺,情词肫切,若再慰留,伊心恐旷官,转难调摄,非所以示体恤。阮元著准其开缺,以大学士致仕,加恩赏给半俸,用示朕优待耆臣至意。"②至此,阮元告老还乡的请求得到道光皇帝准许,其四十九年的官宦生涯圆满地画上了句号。

（四）学术研究

阮元身为达官而不废学问,在为官从政的同时,始终坚持学术研究,在经学、史学、金石学、文学、天文、历算、书画等领域,造诣深厚,成就巨大,成为扬州学派的领军人物。同时,他整理典籍,刊刻图书,大力发展教育,奖掖人才,提携后进,对清朝中后期的文化与教育发展发挥了极大作用。正如《清史稿》所称:"身历乾、嘉文物鼎盛之时,主持风会数十年,海内学者奉为山斗焉。"③

---

①〔清〕张鉴等撰,黄爱平点校:《阮元年谱》卷7,中华书局1995年,第179页。
②〔清〕张鉴等撰,黄爱平点校:《阮元年谱》卷7,中华书局1995年,第195页。
③〔民国〕赵尔巽:《清史稿》卷364《阮元传》,中华书局1977年,第11424页。

1. 经学研究

阮元作为清代著名的经学大师、乾嘉学术的殿军，通于经而湛于理，从吴、皖两派只言小学考据的窠臼中解放出来，提倡汉宋兼采，走通经致用的道路，对昌明汉学起了总结作用。他积极汇纂、刊刻经学典籍以及经解注疏，在一定程度上总结和发展了乾嘉考据学在训诂、校勘、解经等方面的成果。正如徐世昌《清儒学案》对其评价云："乾嘉经学之盛，达官耆宿提倡之力为多。文达早跻通显，扬历中外，所至敦崇实学，编刻诸书，类多宏深博奥，挈领提纲。《揅经室集》说经之文，皆诂释精详，宜乎为万流所倾仰也。"①阮元的经学成就主要有：

①《考工记车制图解》2卷，乾隆五十二年（1787）留馆京师期间著成，次年付梓刊印。②

②乾隆五十六年（1791）十一月，充《石经》校勘官，分校《仪礼》，并于乾隆六十年（1795）四月刻成《仪礼石经校勘记》4卷。③

③《经籍籑诂》116卷，始修于嘉庆二年（1797）正月，成于嘉庆三年（1798）八月。④

④《曾子注释》4卷，成于嘉庆三年（1798）六月。⑤

⑤《经籍籑诂补遗》（卷数不详），成于嘉庆六年（1801）四月。⑥

⑥《十三经校勘记》243卷，成于嘉庆十一年（1806）十月。⑦

⑦《十三经经郛》100余卷，成于嘉庆十六年（1811）四月。⑧

⑧《十三经注疏》416卷，刻成于嘉庆二十一年（1816）秋。⑨

⑨《皇清经解》1400卷，始辑于道光五年（1825）八月，刻成于道光九年（1829）十二月。⑩

①〔民国〕徐世昌：《清儒学案》卷121《仪征学案》，中华书局2008年，第4797页。
②〔清〕张鉴等撰，黄爱平点校：《阮元年谱》卷1，中华书局1995年，第7~8页。
③〔清〕张鉴等撰，黄爱平点校：《阮元年谱》卷1，中华书局1995年，第11与14页。
④〔清〕张鉴等撰，黄爱平点校：《阮元年谱》卷1，中华书局1995年，第16与18页。《阮元年谱》卷1嘉庆三年"八月二十二日"条云："撰《经籍籑诂》一百十六卷成。"
⑤〔清〕张鉴等撰，黄爱平点校：《阮元年谱》卷1，中华书局1995年，第17页。
⑥〔清〕张鉴等撰，黄爱平点校：《阮元年谱》卷2，中华书局1995年，第44页。
⑦〔清〕张鉴等撰，黄爱平点校：《阮元年谱》卷2，中华书局1995年，第65页。
⑧〔清〕张鉴等撰，黄爱平点校：《阮元年谱》卷4，中华书局1995年，第97页。《阮元年谱》嘉庆十六年谱记云："《经郛》编录既成，计一百余卷。是书采择未周，艰于补遗，是以未刻。"
⑨〔清〕张鉴等撰，黄爱平点校：《阮元年谱》卷5，中华书局1995年，第121页。
⑩〔清〕张鉴等撰，黄爱平点校：《阮元年谱》卷6，中华书局1995年，第148与165页。

　　此外,阮元经学著作还有《论语论仁论》1 卷、《孟子论仁论》1 卷、《三家诗补遗》3 卷、《诗书古训》6 卷、《浙士解经录》5 卷、《孟子音义校勘记》1 卷、《经典释文校勘记》25 卷等。以上经学成果中,对后世影响最为深远的当属其组织编纂、汇刻《经籍籑诂》、《十三经注疏》与《皇清经解》。

　　《经籍籑诂》116 卷,荟萃了中国古代诸多的经、史、子、集旧注以及字书等方面的资料,将唐以前的训诂资料几乎网罗殆尽,极其便于人们对古代典籍文献的理解与学习。王引之对该书评价很高:"后之览是书者,去凿空妄谈之病而稽于古,取古人之传注而得其声音之理,以知其所以然。而传注之未安者,又能博考前训以正之,庶可传古圣贤著书本旨,且不失吾师纂是书之意与!"①臧镛堂亦称赞道:"可谓经典之统宗,诂训之渊薮,取之不竭,用之无穷者矣。盖非宗伯精心卓识,雄才大力,不足以兴创造之功。"②

　　《十三经注疏》始刻于南宋,历元、明、清有多种汇刻本。嘉庆二十一年(1816),时任江西巡抚的阮元校刻《十三经注疏》,对《周易》、《尚书》、《诗经》、《周礼》、《仪礼》、《礼记》、《左传》、《公羊传》、《穀梁传》、《论语》、《孝经》、《尔雅》、《孟子》等十三部儒家经典及其注、疏都一一进行了细审的校勘考订,并将校勘记附于每卷之后,共计 416 卷,世称"阮刻本"。该版本号称善本,受到学术界的广泛赞誉,张之洞曾赞誉道:"《十三经注疏》共四百一十六卷,乾隆四年武英殿刻,附考证本。同治十年,广州书局覆刻。殿本,阮文达公元刻,附校勘记本……阮本最于学者有益,凡有关校勘处,旁有一圈,依圈检之,精妙全在于此。"③

　　《皇清经解》,一名《学海堂经解》,为阮元在两广总督任上所纂刻。阮元在粤设立学海堂以课士,尽出所藏之书,选清初至乾隆、嘉庆年间经学著作 73 家,180 余种,1400 卷,于道光九年(1829)刊刻而成。正如夏修恕的《皇清经解序》所云:"我大清开国以来,御纂诸经,为之启发,由此经学昌明,轶于前代。有证注疏之疏失者,有发注疏所未发者,亦有与古今各执一说以待后人折衷者。国初如顾亭林、阎百诗、毛西河诸家之书,已收入《四

---

①〔清〕阮元:《经籍籑诂·王引之序》,《续修四库全书》第 198 册,上海古籍出版社 2002 年,第 295 页。

②〔清〕阮元:《经籍籑诂·臧镛堂序》,《续修四库全书》第 198 册,上海古籍出版社 2002 年,第 295~296 页。

③〔清〕张之洞:《书目答问·经目》,《续修四库全书》第 921 册,上海古籍出版社 2002 年,第 543 页。

库全书》。乾隆以来,惠定宇、戴东原等书亦已久行宇内,惟未能如通志堂总汇成书,久之恐有散佚。道光初,宫保总督阮公立学海堂于岭南以课士,士之愿学者苦不能备观各书,于是宫保尽出所藏,选其应刻者付之梓人,以惠士林,委修恕总司其事。……不但岭南以此为《注疏》后之大观,实事求是,即各省儒林亦同此披览,益见平实精详矣。"①《皇清经解》汇集了清初至乾嘉时期经学家考订训释成果,展示了清代中前期经学的发展转变脉络,对清代后期的经学发展影响巨大。

总之,阮元在经学上成就巨大,兼容吴、皖,调和汉、宋,是乾嘉经学的集大成者,将清代中后期的经学研究推向到一个新的高度。

2. 史学研究

在史学领域,阮元成果亦十分丰硕。乾隆三十年(1765),清廷诏修国史,唯有《儒林》、《文苑》二传由于缺少资料而搁置未修。嘉庆十五年(1810)十月,阮元主动请缨,兼国史馆总辑,修《儒林》、《文苑》二传,并于十七年(1812)八月辑成《儒林传稿》4卷。嘉庆十五年(1810),阮元又写定《畴人传》46卷,收录了上自传说中的黄帝时期、下至清代的天文、历算学家,这是中国古代第一部天文、历算学家的传记,对后世的天文、历算乃至自然科技史的发展影响深远。阮元督学浙江期间,致力于孤本秘籍的搜集工作,于嘉庆十二年(1807)十月,进献"《四库》未收经史子集杂书六十种"②。他仿照《四库全书总目提要》的体例,将每部书的作者、体例、内容、价值等举撮大凡,于嘉庆十六年(1811)六月编成《四库未收百种书提要》5卷,所收书籍172种③,编入《揅经室外集》中。

阮元亦十分重视编修方志,嘉庆七年(1802)正月,撰成《浙江图考》3卷,对《禹贡》三江及浙江所属水道予以考证,收录于《揅经室一集》卷12、卷13与卷14中。此后,阮元又先后修成《浙江通志》、《广东通志》与《云南通志稿》,成为清代方志的杰出代表。梁启超评价《浙江通志》、《广东通志》云:"大约省志中嘉道间之广西谢志(即谢启昆《广西通志》)、浙江、广东阮志,其价值久为学界所公认。"④云南学政高钊中对清代所修《云南通

---

① 〔清〕阮元:《皇清经解·夏修恕序》,上海书店 1988 年,第 1 页。
② 〔清〕张鉴等撰,黄爱平点校:《阮元年谱》卷 3,中华书局 1995 年,第 67 页。
③ 〔民国〕赵尔巽:《清史稿》卷 364《阮元传》,中华书局 1977 年,第 11424 页。
④ 梁启超:《中国近三百年学术史》十五《清代学者整理旧学之总成绩》,人民出版社 2008 年,第 334 页。

志》的各种版本做了比较,其中对阮氏《云南通志稿》评价最高:"我朝康熙三十年始修滇志,复增修于雍正七年,总督鄂文端(尔泰)告成,于乾隆元年总督尹文端(继善)以视旧志则加详矣。而纲领粲然,体裁綦善,固莫若阮文达督滇时之所修也。"①此外,阮元还撰有《两浙防护录》(不分卷)、《四史疑年录》7卷、《两广盐法志》35卷、《广陵诗事》10卷等。②《两浙防护录》八册,于嘉庆六年(1801)正月撰成。因"浙省防护古昔帝王、名臣、先贤陵寝祠墓旧册纰缪挂漏甚多,因正讹补阙,造册咨部覆准"③,故勤加防护修葺,毋许被人侵占作践,并于每年九月初旬造册送验,于是勒成《两浙防护录》。这体现了阮元非常重视对文物古迹的保护与管理。《四史疑年录》作者题为阮元,实乃阮元侧室刘文如在阮元指导下所著,主要对《汉书》、《后汉书》、《三国志》与《晋书》所载之人的生卒加以考证,辑为七卷。该书前有阮元序云:"予检钱辛楣先生《疑年录》付之,曰:'曷广求之书之?'乃由两汉迄于两晋求之,得数百人,写成七卷,……予曰南北朝以后书籍渐多,是须博览,未可但据正史,此非妇人所能,勿勉强为之,反多遗漏也。"④《两广盐法志》35卷,有关两广的盐务、盐政。《广陵诗事》10卷,嘉庆四年(1799)六月撰成,作为《淮海英灵集》的副产品,记载了清初至乾嘉时期扬州耆旧之事。

　　3. 金石学研究

　　阮元生于乾、嘉、道文物考古兴盛之世,对金石学有着强烈的嗜好,一生致力于钟鼎碑版的搜访、著录与研究。虽然没有资料明确记载其究心金石始于何时,但我们知道他和著名的金石学家孙星衍同为朱珪门生(孙星衍早阮元一科中进士),二人同在京师,交往甚密,在金石研究方面十分投缘,常有诗词唱和。"晚来倚马茶亭外,一段高情读断碑"⑤,这是阮元于乾隆五十七年(1792)二十八岁时所写的诗句,记载了与孙星衍等诸同年于出游途中读碑之事。那时,孙星衍三十九岁,于金石研究已小有成就,阮元在与其交往中,常常探讨金石之学。乾隆五十六年(1791),阮元奉诏充石

①转引自王章涛:《阮元评传》,广陵书社2004年,第359页。

②〔民国〕赵尔巽:《清史稿》卷146《艺文二》,中华书局1977年,第4300、4285、4310页。

③〔清〕张鉴等撰、黄爱平点校:《阮元年谱》卷2,中华书局1995年,第43页。

④〔清〕阮元:《揅经室二集》卷7《四史疑年录序》,《丛书集成初编》第2203册,中华书局1985年,第514页。

⑤〔清〕阮元:《揅经室集·四集诗》卷1,《丛书集成初编》第2206册,中华书局1985年,第740页。

经校勘官,利用汉石经与唐石经,再结合陆德明《经典释文》、杜佑《通典》、朱熹《经传通解》等文献,对《仪礼》进行校勘,初步显现了其在金石学领域的深厚功底。阮元督学山东期间,撰《山左金石志》24卷,督学浙江时,又撰成《皇清碑版录》20卷、《积古斋钟鼎彝器款识》10卷与《两浙金石志》18卷及《补遗》1卷,并重刻北宋王厚之的《钟鼎款识》。阮元在第三次供职于京师期间,编成《汉延熹西岳华山碑考》4卷。

《皇清碑版录》20卷,于嘉庆七年(1802)十一月撰辑完成①,阮元在该书序中云:"元数年来仿朱子《宋名臣言行录》、李幼武《续录》及杜大珪《名臣碑传琬玉录》②之例,阅文集数十百家及碑志拓本,为《皇清碑版录》数十卷。归里后,复属丹徒王柳村豫补辑之,又几十卷。兹不过随时钞录之书,是非去取、次序先后,皆无义例也。"③由序文可知,阮元乃仿照朱熹《宋名臣言行录》及李幼武《续录》与杜大珪《名臣碑传琬琰集》而撰成《皇清碑版录》,后经丹徒王豫补辑,共计百卷左右,其体例为碑传体,收录了清人的神道碑、墓志铭、行传与家传等资料。

《积古斋钟鼎彝器款识》10卷,撰于嘉庆九年(1804)八月。该书汇编诸家及阮元自藏器物、拓本,以续薛尚功《历代钟鼎彝器款识法帖》。清人周中孚对薛氏与阮氏之书做了比较,称:"薛氏所辑共四百九十三器,师所集共五百六十三器;薛氏始于夏,迄汉而止,此则托始于商,下及魏晋。凡商器二卷,周器六卷,秦及汉器二卷,而以魏器四、晋器五附于后,只释文字,不及形制,亦遵薛氏例也。书中辨识疑文,稽考古籍、国邑、大夫之名,有可补经传所未备,偏旁篆籀之字,有可补《说文》所未及。以较薛氏书,固宜并驾齐驱也。"④该书前有自序及《商周铜器说》二篇、《商周兵器》一篇,后有朱为弼序。

《两浙金石志》18卷,嘉庆十年(1805)正月撰成。关于该书的编纂过程及内容,清人周中孚云:"初吾师督学两浙凡三载,两任浙抚凡八载,年华甚盛,著述弥勤,以其余力及于浙中金石搜访、摹拓,颇穷幽远。又有赵晋

①〔清〕张鉴等撰,黄爱平点校:《阮元年谱》卷2,中华书局1995年,第50页。
②即《名臣碑传琬琰集》。
③〔清〕阮元:《揅经室二集》卷8《皇清碑版录序》,《丛书集成初编》第2203册,中华书局1985年,第525页。
④〔清〕周中孚:《郑堂读书记》卷34《史部二十·目录类三·金石下》,《续修四库全书》第924册,上海古籍出版社2002年,第397~398页。

斋魏、何梦华元锡、许周生宗彦助其搜访、考证,勒成是志。迨督粤时重加订定,并删去钟鼎钱印之不定属浙物者,计得秦汉至唐初一卷,开元丁巳至唐末二卷,五代一卷,宋九卷,元六卷,总六百五十八种。"①

《汉延熹西岳华山碑考》4卷,成书于嘉庆十六年(1811),是一部研究汉碑的力作。《汉西岳华山碑》毁于明嘉靖三十四年(1555)的大地震,世上仅存长垣、四明与华阴三拓本。阮元以其所藏四明本,与长垣本、华阴本互勘缺文,进行详细考释。《汉延熹西岳华山碑考》分四卷,卷一博采著录诸家之说;卷二论长垣本;卷三论四明本;卷四论华阴本。经学家江藩为之序云:"是编可以不为异说所惑,岂非快事哉! 至于考核精审,则出《天发神谶碑考》、《瘗鹤铭考》之右矣。"②此外,阮元还著有《积古斋藏器目》1卷③,记载了积古斋所藏之器。

阮元对自己的金石学成就颇感自得,将之总结为《金石十事记》:"数指而计之,有十事焉。余裒山左金石数千种,勒为《山左金石志》,事之一也。余裒两浙金石千余种,勒为《两浙金石志》,事之二也。余积吉金拓本五百余种,勒为《积古斋钟鼎款识》,事之三也。扬州周散氏南宫大盘,东南重宝也,岁丁卯,鹾使者献于朝。余模铸二盘,极肖之,一藏府学,一藏文选楼,事之四也。天一阁北宋石鼓拓本,凡四百七十二字,余摹刻为二,一置杭州府学明伦堂,一置扬州府学明伦堂,事之五也。余步至扬州甘泉山,得西汉中殿第廿八二石于厉王冢。天下西汉石,止此与曲阜五凤石,共二石耳,事之六也。余遣书佐至诸城琅邪台,剔秦篆于榛莽中,拓之,多得一行,事之七也。汉府门之倅大石人二,仆于野,为樵牧所残,余连车运致曲阜夔相圃中并立之,事之八也。余得四明本全拓《延熹华山庙碑》摹刻之,置之北湖祠塾,事之九也。余又摹刻《秦泰山残篆》、《吴天发神谶》二碑,同置北湖祠塾,事之十也。"④

阮元在金石学领域的成绩十分卓著,内阁中书龚自珍在为阮元六十岁生日而作《阮尚书年谱第一序》中称赞道:"在昔叔重董文,识郡国之彝鼎;

---

①〔清〕周中孚:《郑堂读书记》卷34《史部二十·目录类三·金石下》,《续修四库全书》第924册,上海古籍出版社2002年,第398页。

②〔清〕阮元:《汉延熹西岳华山碑考·序》,《丛书集成初编》第1616册,中华书局1985年,第1页。

③〔民国〕赵尔巽:《清史稿》卷146《艺文二》,中华书局1977年,第4316页。

④〔清〕阮元:《揅经室集·三集》卷3《金石十事记》,《丛书集成初编》第2204册,中华书局1985年,第603页。

道元作注,纪川原之碑碣。金石明白,其学古矣。欧、赵而降,特为绪余;
洪、陈以还,间多好事。公谓吉金可以证经,乐石可以劻史,玩好之侈,临摹
之工,有不预焉。是以储彝器至百种,蓄墨本至万种,椎拓遍山川,纸墨照
眉发,孤本必重钩,伟论在著录。十事彪炳,冠在当时。是公金石之学。"①

　　4. 其他学术研究

　　阮元除了上述经学、史学、金石学成就之外,还编著有许多诗文集、笔
记杂谈、书画著作等。

　　诗文集主要有:《揅经室集》54 卷,包括《揅经室一集》14 卷、《揅经室二
集》8 卷、《揅经室三集》5 卷、《揅经室四集》13 卷、《揅经室续集》9 卷、《揅经
室外集》5 卷,收录了阮元所撰志文、考论、墓志、行状、传说、序跋、诗歌、提要
等内容。《淮海英灵集》22 卷,嘉庆三年(1798)正月成书②,主要收录了清初
扬州、通州(今江苏南通通州区)、如皋、泰兴等地士人所写诗歌,兼记诗人生
平轶事。《两浙辀轩录》40 卷,嘉庆三年(1798)四月辑成③,收录了清初至乾
嘉时期两浙士人 3133 家,9241 首诗,同时也记载了许多琐闻轶事。④《竹
垞小志》5 卷,为清初学者朱彝尊(字锡鬯,号竹垞)的诗词集,阮元对其做
了整理,并对朱氏所居景观予以介绍。《八砖吟馆刻烛集》2 卷,阮元因藏
汉晋八砖,故题其室曰"八砖吟馆"。阮元与宾友联诗吟词,将其编为《八
砖吟馆刻烛集》。此外,还辑有《江浙诗存》6 卷,阮元、秦瀛同编⑤,汇集了
江浙学者的诗歌。阮元自著有《文选楼诗存》与《琅嬛仙馆诗略》,二者收
入《揅经室四集》和《揅经室续集》中,共 18 卷,有诗 1000 余首。⑥

　　笔记杂谈类著作主要有:《小沧浪笔谈》4 卷,嘉庆元年(1796)撰成⑦,
记载了阮元督学山东期间视学州县、会友赋诗、搜访金石、学术考证等活
动。《定香亭笔谈》4 卷,成于嘉庆五年(1800)⑧,为阮元督学浙江时随笔
所记,以记游为线索,多以诗词抒发游兴,对江南名士之佳作多有选录,间

---

①〔清〕张鉴等撰,黄爱平点校:《阮元年谱·附录三》,中华书局 1995 年,第 274 页。
②〔清〕张鉴等撰,黄爱平点校:《阮元年谱》卷 1,中华书局 1995 年,第 17 页。
③〔清〕张鉴等撰,黄爱平点校:《阮元年谱》卷 1,中华书局 1995 年,第 17 页。
④郭明道:《阮元评传》,社会科学文献出版社 2005 年,第 30 页。
⑤〔民国〕赵尔巽:《清史稿》卷 148《艺文四》,中华书局 1977 年,第 4411 页。
⑥郭明道:《阮元评传》,社会科学文献出版社 1995 年,第 398 页。
⑦〔清〕张鉴等撰,黄爱平点校:《阮元年谱》卷 1,中华书局 1995 年,第 15 页。
⑧〔清〕张鉴等撰,黄爱平点校:《阮元年谱》卷 1,中华书局 1995 年,第 29 页。

有关于经史、金石等数十篇,或记或考。

阮元善书法,尊碑抑帖,其书学理论主要体现在《南北书派论》和《北碑南帖论》①中。他力倡宗法北碑,此观念对晚清书坛影响深远,同时也奠定了其在书法史上的地位。在书画鉴赏方面,阮元也表现出了非凡的才能,著有《石渠随笔》8 卷,是乾隆五十六年(1791)奉旨纂修内府所藏书画而成《石渠宝笈》其间的随笔记录之作。他精于鉴赏,对于每幅书画,录其题咏、姓名、年月、跋语、印记、尺寸等,品评书画风格、技巧、手法、神韵等,独到精审。《石画记》4 卷,成于道光十四年(1834)云贵总督任上②。

(五) 刊刻图书

阮元以传播中国传统文化为己任,一生刊刻了大量图书,其中对后世影响最大的当属组织编纂、汇刻《经籍籑诂》《十三经注疏》与《皇清经解》三部经学巨著。对于那些存世较少而价值又极为突出的前代典籍,阮氏亦予以刊印,如嘉庆七年(1802)三月,刻印北宋王厚之《钟鼎款识》③。还有一些优秀著作,因作者困窘或离世而未能刊刻,阮元则不惜花费巨资助其刻印出版,如钱大昕(辛楣)《三统术衍》与《地球图说》、谢墉(东墅)《食物百咏》、张惠言(皋闻)《虞氏易》与《仪礼图》、汪中(容甫)《述学》、钱塘(溉亭)《述古录》、刘台拱(端临)《遗书》、凌廷堪(仲子)《礼经释例》、焦循(里堂)《雕菰楼集》、钟裦(蔎崖)《考古录》、孔广森(㲀轩)《仪郑堂集》、胡延森(西芩)《诗集》、张贵(解元)《诗集》、僧实乘(诵苕)《蔗查集》、李锐(四香)《算书》等,"不下数十家"④,都是在阮元的资助下得以刊刻出版的。阮元对于自己刊刻成果引以为豪,曾在道光十三年(1833)赴云贵总督任上写下《和香山知非篇》一诗:"回思数十载,浙粤到黔滇。筹海及镇夷,万绪如云烟。役志在书史,刻书卷三千。"⑤阮元晚年仍不遗余力地刊刻图书,如道光二十二年(1842)正月,命阮亨汇刻《文选楼丛书》32 种,488 卷。⑥阮元一生刊刻了大量文献,《清史稿》对其评价极高:

①文存《揅经室三集》卷1,《丛书集成初编》第 2204 册,中华书局 1985 年,第 553~559 页。
②〔清〕张鉴等撰,黄爱平点校:《阮元年谱》卷 7,中华书局 1995 年,第 187 页。
③〔清〕张鉴等撰,黄爱平点校:《阮元年谱》卷 2,中华书局 1995 年,第 48 页。
④〔清〕张鉴等撰,黄爱平点校:《阮元年谱》卷 2,中华书局 1995 年,第 51~52 页。
⑤〔清〕阮元:《揅经室集·续集》卷 10,《丛书集成初编》第 2211 册,中华书局 1985 年,第 286 页。
⑥〔清〕刘锦藻:《清朝续文献通考》卷 272《经籍考十六》,《续修四库全书》第 819 册,上海古籍出版社 2002 年,第 294 页。

元博学淹通,早被知遇。敕编《石渠宝笈》,校勘石经。再入翰林,创编国史《儒林》、《文苑传》,至为浙江巡抚,始手成之。集《四库》未收书一百七十二种,撰提要进御……历官所至,振兴文教。在浙江立诂经精舍,祀许慎、郑康成,选高才肄业;在粤立学海堂亦如之,并延揽通儒。造士有家法,人才蔚起。撰《十三经校勘记》、《经籍籑诂》、《皇清经解》百八十余种,专宗汉学,治经者奉为科律。集清代天文、律算诸家作《畴人传》,以章绝学。重修《浙江通志》、《广东通志》,编辑《山左金石志》、《两浙金石志》、《积古斋钟鼎款识》、《两浙辖轩录》、《淮海英灵集》,刊当代名宿著述数十家为《文选楼丛书》。自著曰《揅经室集》。①

阮元刊刻图书之举,使许多典籍文献得以保存并广泛流传开来,极大地促进了中国传统文化的传播。

(六)发展教育

阮元历官所至,振兴文教,选秀俊,育英才,培养了大批有用之才,极大地促进了清朝中后期的文化教育发展,学风为之一新。如嘉庆六年(1801)正月,阮氏于西湖旁建诂经精舍,选两浙诸生读书其中,"奉祀许叔重、郑康成两先生,并延青浦王述庵司寇、阳湖孙渊如观察先后主讲席其中"②。阮元总督两广期间,于嘉庆二十五年(1820)三月,又创办了学海堂,亦如诂经精舍,"并延揽通儒,造士有家法,人才蔚起"③。阮元兴办教育的宗旨在于培养通经致用之人,为了稽古资治。他曾云:"稽古之学,必确得古人之义例,执其正,穷其变,而后其说之也不诬。政事之学,必审知利弊之所从生,与后日所终极,而立之法,使其弊不胜利,可持久不变,盖未有不精于稽古而能精于政事者也。"④在教育内容上,"或习经传,寻疏义于宋、齐;或解文字,考故训于《仓》、《雅》;或析道理,守晦庵之正传;或讨史志,求深宁之家法;或且规矩汉、晋,熟精萧《选》,师法唐宋,各得诗笔。虽性之所近,业有殊工,而力有可兼,事亦并擅"⑤。此外,还增设自然科学与

---

① 〔民国〕赵尔巽:《清史稿》卷364《阮元传》,中华书局1977年,第11424页。
② 〔清〕张鉴等撰,黄爱平点校:《阮元年谱》卷2,中华书局1995年,第41页。
③ 〔民国〕赵尔巽:《清史稿》卷364《阮元传》,中华书局1977年,第11424页。
④ 〔清〕阮元:《揅经室一集》卷11《汉读考〈周礼〉六卷序》,《丛书集成初编》第2199册,中华书局1985年,第218页。
⑤ 〔清〕阮元:《揅经室续集》卷4《学海堂集序》,《丛书集成初编》第2210册,中华书局1985年,第147页。

技艺方面的课程,如算法、天文、地理等,这与传统教育讲解空疏义理截然不同。在教育方法上,注重培养学生的实践能力,采取质疑问难与自由研究相结合的方法。孙星衍谈到诂经精舍的教学时云:"其课士月一番,三人者迭为命题评文之主,问以十三经、三史疑义,旁及小学、天部、地里、算法、词章,各听搜讨,书传条对,以观其识,不用扃试糊名之法。暇日聚徒,讲议服物典章,辩难同异。"①所育人才,登巍科,入馆阁,"致身通显及撰述成一家言者,不可殚数,东南人才称极盛焉"②。此外,阮元于江西巡抚与两广总督任上,先后改建江西与广东贡院号舍,大大改善了考生的考试条件。

纵观阮元一生,三朝元老,九省疆吏,一代名儒,不仅"弼亮忠勤,共钦台衮",政绩卓著,誉满天下,而且"著述宏富,不愧经师"③,可谓"极三朝之宠遇,为一代之完人"④。李元度对其评价极高:"以经术文章主持风会,而其人又必聪明早达,扬历中外,兼享大年,其名位著述足以弁冕群材,其力尤足提唱后学。"⑤

第二节　《山左金石志》的参编者

清代乾嘉时期,一些学识优长的朝廷大臣或督抚学政等地方重要官员,如翁方纲、毕沅、谢启昆、阮元等,积极组织学幕对所辖地域范围内的金石碑刻加以编著,蔚然成风。阮元任职山东学政期间,意欲纂修《山左金石志》一书,力求对山东全省范围内的金石碑刻进行系统、全面地编录与考证,这不仅是一项繁重的金石资料搜集与著录工作,更是一项细审而复杂的金石考证工作。这对于政务繁忙的阮元来说,由于精力不济,以己之力难能为之,故自乾隆五十八年(1793)出任山东学政起,即积极组织幕府,

---

① 〔清〕孙星衍:《平津馆文稿》卷下《诂经精舍题名碑记》,《丛书集成初编》第 2526 册,中华书局 1985 年,第 58 页。

② 〔清〕李元度:《国朝先正事略》卷 21《名臣·阮文达公事略》,《近代中国史料丛刊》正编第 111 册,文海出版社 1966 年,第 1064 页。

③ 〔清〕张鉴等撰,黄爱平点校:《阮元年谱·附录二》,《赐谥文达前浙江学政巡抚原任太傅大学士阮公专祠录》,中华书局 1995 年,第 225 页。

④ 〔清〕张鉴等撰,黄爱平点校:《阮元年谱·附录一》,《御制晋加太傅衔致仕大学士阮元祭文》,中华书局 1995 年,第 224 页。

⑤ 〔清〕李元度:《国朝先正事略》卷 21《阮文达公事略》,《近代中国史料丛刊》正编第 111 册,文海出版社 1966 年,第 1062 页。

延请金石学者协同合作,助其完成编纂之事。他在《小沧浪笔谈序》中言及当时的幕府之盛:"余居山左二年,登泰山,观渤海,主祭阙里,又得佳士百余人,录金石千余本。朋辈觞咏,亦颇尽湖山之胜。"①这里所言"佳士百余人",有相当一部分应为阮元幕宾或为阮元所用。阮氏在《山左金石志序》中云:"元在山左卷牍之暇,即事考览,引仁和朱朗斋文藻、钱塘何梦华元锡、偃师武虚谷亿、益都段赤亭松苓为助。……六十年冬,草稿斯定,元复奉命视学两浙,舟车校试余闲,重为厘订,更属仁和赵晋斋魏校勘。"②由此可知,被阮元招揽参与《山左金石志》编修、校订工作的幕友主要有朱文藻、何元锡、武亿、段松苓、赵魏五人。除此之外,据尚小明《清代士人游幕表》考证,还有钱大昭、钱东垣、顾述等人。下面,对这些参编者做一简要介绍。

一、朱文藻

朱文藻(1735—1806),字映漘,号朗斋,浙江仁和(今杭州)人,诸生③。其先世居建宁(今福建建宁县)白眉村,至其父始徙杭州,居艮山。④ 他从小酷爱读书,渔猎百家书籍,师从沈耕寸先生,对先生极其孝敬,"业师沈耕寸先生衰疾困顿,躬汤药、视寒暖者十余年。及卒,为营丧葬,行谊类汉人"⑤。朱文藻曾在汪宪振绮堂⑥中任校雠之役,自是以后,"所学日益,文名日盛"⑦。韩城王杰大学士督学浙江时,推荐朱文藻赴京参加《四库全书》的编校工作,考异订伪,多成善本,又奉敕在南书房考校秘籍。后来,钱塘黄易招他游学山左,佐助阮元编成《山左金石志》。朱文藻曾在《金石萃编·跋》中云:"窃幸文藻毕生能窥金石之美富,殆有天焉。先是客京师,寓大学士韩城王文端公邸第,值文端充《续西清古鉴》馆总裁,得见内府储藏尊彝古器,摹本三百余种。后客任城小松司马署,得见济宁一州古今碑拓数百种,遂

---

① 〔清〕阮元:《小沧浪笔谈》卷首《阮元序》,《丛书集成初编》第2599册,中华书局1985年,第1页。
② 〔清〕阮元:《山左金石志·阮元序》,第368~369页。
③ 明清时期经考试录取而进入府、州、县各级学校学习的生员,主要有增生、附生、廪生、例生等,统称诸生。
④ 〔清〕潘衍桐:《两浙輶轩续录》卷15《朱文藻》,浙江书局光绪十七年(1891)刻本。
⑤ 〔清〕潘衍桐:《两浙輶轩续录》卷15《朱文藻》,浙江书局光绪十七年(1891)刻本。
⑥ 汪宪(1721—1771),字千陂,号鱼亭,浙江仁和人。其家富有藏书,建有藏书楼振绮堂。
⑦ 〔清〕潘衍桐:《两浙輶轩续录》卷15《朱文藻》,浙江书局光绪十七年(1891)刻本。

手自摹录,成《济宁金石志》。继客济南,赴阮中丞芸台先生之招,时视学山左,遍蒐碑碣,得见全省拓本千数百种,赞成《山左金石志》,刻以行世。"①晚年,阮元编修《两浙辅轩录》、《嘉兴府志》,朱文藻分任其役。

朱文藻学识渊博,既通史学,又精六书,"自《说文系传》、《佩觿》、《汉简》及《钟鼎款识》、《博古图》诸书,无不贯串源流,会其旨要。又能手亲摩写,非徒以形声点画,自名小学者可比。……凡合纪传、编年、纪事、通典诸书,辄能考其缺略,审其是非"②。在诗文方面,造诣亦深,"其文如澄川不波,漾漾无际,诗其绪余,然篇什极富,大旨主详述事迹,多自注,足资考证,不屑屑模范山水,蹈江湖家流派"③。王昶对其诗文评价极高:"其诗在刘梦得、张文昌之间,正如空山鼓琴,沉思独往。"④朱文藻还精通金石之学,其成果除自著《碑录》2卷外,还分别协助阮元、王昶编成《山左金石志》与《金石萃编》。职是之故,张之洞在《书目答问·集部》中将其列入金石学家。朱文藻一生著述宏富,主要有《说文系传考异》、《续礼记集说》、《碧溪草堂诗文集》、《碧溪诗话》、《碧溪丛钞》、《东轩随录》、《东城小志》、《东皋小志》、《青鸟考原》、《金箔考》、《苔谱》、《萍谱》、《厉樊榭年谱》、《金鼓洞志》、《校订存疑》、《碑录》、《杂录》、《增订欧阳文忠年谱》、《校订存疑》等。⑤ 此外,还襄助王昶纂辑《西湖志》、《大藏圣教解题》等。

朱文藻作为阮元幕中一位重要的文士,曾追随阮氏至山东、浙江等地。朱文藻在佐助阮元督学山东期间,参与《山左金石志》的资料搜集与编纂工作,正如他在《益都金石记序》中所云:"乙卯仲夏,余与益都段赤亭先生同受山东学使阮宫詹芸台先生之聘,辑《山左金石志》于济南试院之四照楼下,联榻于积古斋中。"⑥朱文藻多次外出访碑,如在嘉祥县洪山顶上访得《姜三校洪山顶题字》、《程伯常洪山顶题名》、《洪山石佛题名》、《洪山

---

① 〔清〕王昶:《金石萃编·朱文藻跋》,《续修四库全书》第886册,上海古籍出版社2002年,第451页。
② 〔清〕王昶撰,周维德校辑:《蒲褐山房诗话新编》卷上《朱文藻》,人民文学出版社2011年,第147~148页。
③ 〔清〕潘衍桐:《两浙辅轩续录》卷15《朱文藻》,浙江书局光绪十七年(1891)刻本。
④ 〔清〕王昶撰,周维德校辑:《蒲褐山房诗话新编》卷上《朱文藻》,人民文学出版社2011年,第148页。
⑤ 据潘衍桐《两浙辅轩续录·朱文藻》、刘锦藻《清朝续文献通考·经籍考》与赵尔巽《清史稿·艺文二》等史料。
⑥ 〔清〕段松苓:《益都金石记·朱文藻序》,《石刻史料新编》第一辑第20册,新文丰出版公司1977年,第14806页。

诗刻残石》等石刻,均收录在《山左金石志》中。① 对于搜得的金铭石刻,他还予以考释。如《太真观残碑》跋云:"右碑只存上半截,凡二十一行,字径一寸,朱朗斋云:'碑文有大朝启祚之语,知为元初之碑。又碑末以摄提格纪岁,知是寅年,以意揣之,当为甲寅。'"②又如《玉清宫诗刻》跋云:"在潍县玉清宫……朱朗斋考为李道元所作。"③

二、何元锡

何元锡(1766—1829),字梦华,又字敬祉,号蜻隐,钱塘(今杭州)人。生于乾隆三十一年丙戌,卒于道光九年己丑,终年六十四岁。④ 监生,候选县主簿。⑤ 关于其家世,钱大昕《何桐荪墓志铭》记载:其先世自上虞迁于杭州,高祖何裔云,康熙丙辰(1676)进士,"尝作令湖南,创议免四十二州县无名税,失大吏意,然楚人至今尸祝之。秩满行取,当授主事,即请告归,以著书终其身"。曾祖何玉梁,雍正癸卯(1723)进士,翰林院编修,文章为一时所宗仰,世称樟亭先生。祖父何熊,雍正乙卯(1735)乡荐,知广西宜山、湖南祁阳二县,皆有治声。父亲何纪堂,字山甫,一字桐荪,少而聪悟,为祖父钟爱,及长,"从吴云岩修撰学,为诗文,才思清赡。学使长洲彭公启丰取入郡庠,援例贡成均,应南北乡试,屡荐辄不售"。因父亲长期在外为官,祖母因道远不欲就养,何纪堂"在家侍奉,温清晨夕,甘旨无阙"。他"性忼慨,勇于赴人之急,而不责其偿",对于何氏族人贫不能葬者,施棺择地,序昭穆葬之。"其客山左也,有马别驾登鳌者,假贷数千金即倾囊予之,无几何,别驾殁,遗孤贫不能自存,君即焚其券。虽以此致困,终不悔也"。他精于医术,"候三部脉,处方剂,应手辄愈,愈后亦弗求报"。何纪堂卒于乾隆五十九年(1794)六月二十八日,终年六十岁。他著有《诗稿》2卷,《道枢书屋随笔》10卷,又有《续浯溪志》4卷。何纪堂有六子,即元铨、元锡、元鼎、元昌、元巨与元符。⑥

---

①分别收于《山左金石志》卷17、18、20、24。
②〔清〕阮元:《山左金石志》卷21《太真观残碑》,第88页。
③〔清〕阮元:《山左金石志》卷23《玉清宫诗刻》,第135页。
④〔清〕钱椒:《补疑年录》卷4,《续修四库全书》第517册,上海古籍出版社2002年,第252页。
⑤据丁丙《善本书室藏书志》卷1、潘衍桐《两浙辅轩续录》卷24、王昶《湖海诗传》卷44等史料。
⑥〔清〕钱大昕撰,吕友仁校点:《潜研堂集·文集》卷45《何桐荪墓志铭》,上海古籍出版社1989年,第805~806页。

　　何元锡自幼家道殷实,深受其父影响,并受到良好的文化教育,故在学术上颇有造诣。他笃志古学,富有藏书,丁丙在《善本书室藏书志》中著录其家所藏之书甚多,"家有蝶影园,储藏多旧书善本"①。例如,何元锡家藏元刻本孔元措《祖庭广记》5 册,12 卷,极其珍贵。黄丕烈跋《祖庭广记》曰:"今夏五月余自都门归,钱塘何梦华亦自山东曲阜携眷属侨寓于吴中。何固孔氏婿也,其夜赠中有元板《孔氏祖庭广记》五册,装潢古雅,签题似元人书。因出以相示,余诧为惊人秘籍。盖数年来所愿见而不得者,一旦见之而已属幸事……爰割爱投赠。"②此后,《孔氏祖庭广记》赠于黄丕烈收藏。

　　何元锡嗜金石成癖,富于收藏,"尝病狂,友人约赠以汉碑,乃服药而愈。阮中丞延之诂经精舍,校刻诸书"③。何元锡久居曲阜,后入阮元幕府,协助编纂《山左金石志》,出力极多。他不畏劳苦,经常于崇山峻岭中搜访碑石,阮元在《小沧浪笔谈》中对其称赞道:"钱塘何梦华元锡,博洽,工诗文,尤嗜金石,藏弄最富。年逾弱冠,交游遍海内。与黄小松司马同乡,尤深金石之契,山左碑版,半为二君所搜得。最后于孔林外得《永寿残碑》,又于《史晨碑》④下截得数十字,及《鲁相碑》⑤阴、《竹叶碑》⑥正面,皆旧拓所未见者。"⑦《永寿残碑》即《永寿元年孔君墓碑》,乾隆五十八年(1793)何元锡于曲阜孔林外步行时偶得,黄易为此而作《林外得碑图》。阮元有诗云"却因风木常多病,不为清狂始咏诗。一种闲情谁解得,夕阳林外读碑时"⑧;"孔林墙外夕阳明,永寿碑酬访古情。我后何君来曲阜,手摩残字得熹平"⑨。关于何元锡"于《史晨碑》下截得数十字"一事 ,阮元在

①〔清〕丁丙:《善本书室藏书志》卷1《经部一》,《续修四库全书》第 927 册,上海古籍出版社 2002年,第 162 页。

②〔清〕黄丕烈著,〔清〕潘祖荫辑,周少川点校:《士礼居藏书题跋记》卷 2,"孔氏《祖庭广记》十二卷(元刻本)"条,书目文献出版社 1989 年,第 27~28 页。

③〔清〕潘衍桐:《两浙𫐉轩续录》卷 24《何元锡》,浙江书局光绪十七年(1891)刻本。

④《史晨碑》,即《鲁相史晨祀孔庙碑》,立于东汉灵帝建宁二年(167),此碑原存孔庙同文门下,现位于曲阜汉魏碑刻陈列馆北屋西起第 16 石。

⑤《鲁相碑》,即《鲁相谒孔庙残碑》,现存于曲阜汉魏碑刻陈列馆北屋西起第 20 石。

⑥《竹叶碑》,又名《汉督邮曹史题名残碑》,因石纹如竹,故名。此碑刻立于东汉年间,具体时间不详,原存孔庙同文门下,现存曲阜汉魏碑刻陈列馆北屋西起第 21 石。

⑦〔清〕阮元:《小沧浪笔谈》卷 2,《丛书集成初编》第 2599 册,中华书局 1985 年,第 42 页。

⑧〔清〕阮元:《定香亭笔谈》卷 2,《丛书集成初编》第 2602 册,中华书局 1985 年,第 56 页。

⑨〔清〕阮元:《小沧浪笔谈》卷 2《何梦华林外得碑图》,《丛书集成初编》第 2599 册,中华书局 1985年,第 43 页。

《山左金石志》中称:"碑下一层字嵌置跌眼,向来拓本难于句读。自乾隆己酉冬,何梦华将跌眼有字处凿开,于二行下见'崇'字;三行下见'毕'字;四行下见'自'字;五行下见'孝'字;六行下见'明'字;七行下见'归'字;八行下见'祀'字;九行下见'而'字;十五行下见'鲁'字;十六行下见'经'字。"① 乾隆己酉(1789)冬,何梦华洗涤孔庙诸碑,在对《鲁相碑》与《竹叶碑》清洗后仔细辨认时,发现《鲁相碑》后碑比旧拓本多出六字,碑侧剔出唐人题名,云"门人徐泗节度掌书记、殿中侍御史、内供奉、赐绯鱼袋杜兼童、子高箐,大唐贞元七年辛未春二月八日",凡四行。"左行碑文存六十六字,较诸家所释为多"②。而《竹叶碑》亦多出数字,阮元云:"右碑(指《竹叶碑》,笔者注)向来只见碑阴题名二列,乾隆己酉冬,何梦华洗石精拓,始知阳面有字七行,漫漶殊甚,惟首行第七字是'之',二行第六字是'祖',三行第二字是'造',余皆不可辨矣。"③阮元作《何梦华涤碑图》云:"汉碑珍重涤,一字抵千金。尽见史晨迹,还分鲁相阴。挹泉浇竹叶,享帚缚松针。我洗石人二,奇文今可寻。"④又如《唐玄宗纪泰山铭》,"后刻诸王群臣题名凡四列,字径一寸四分,有方界格,皆为明人加刻,大字横贯交错,遂使湮毁无传,无有过而问者。何梦华佐余修《山左金石志》时,就空隙处细为辨出,补图记之。"⑤

乾隆六十年(1795),何元锡跟随阮元调至杭州,"侨居西湖"⑥,又参与《两浙金石志》的编纂,于嘉庆十年正月十二编成。⑦ 何氏除了参与修纂《山左金石志》与《两浙金石志》之外,还自著有《秋神阁诗钞》1卷⑧与《蝶隐庵丙辰稿》1卷⑨,并编有《竹汀先生日记钞》3卷⑩。

①〔清〕阮元:《山左金石志》卷8《鲁相史晨奏祀孔庙碑》,第486页。
②〔清〕阮元:《山左金石志》卷8,第488页。
③〔清〕阮元:《山左金石志》卷8《竹叶碑》,第488页。
④〔清〕阮元:《小沧浪笔谈》卷2,《丛书集成初编》第2599册,中华书局1985年,第43页。
⑤〔清〕阮元:《小沧浪笔谈》卷3,《丛书集成初编》第2600册,中华书局1985年,第92页。
⑥〔清〕阮元:《定香亭笔谈》卷2,《丛书集成初编》第2602册,中华书局1985年,第56页。
⑦〔清〕张鉴等撰,黄爱平点校:《阮元年谱》卷2,中华书局1995年,第60页。
⑧〔清〕丁丙:《善本书室藏书志》卷1《经部一》,《续修四库全书》第927册,上海古籍出版社2002年,第162页。
⑨〔清〕丁仁:《八千卷楼书目》卷18《集部》,《续修四库全书》第921册,上海古籍出版社2002年,第353页。
⑩〔清〕丁仁:《八千卷楼书目》卷9《史部》,《续修四库全书》第921册,上海古籍出版社2002年,第192页。

三、武亿

武亿(1745—1799),字虚谷,一字小石,自号半石山人,又号授堂,河南偃师人。[①] 据孙星衍所撰《武亿传》记载:其先世居山东聊城县,明朝时,有远祖名恂者,以指挥使驻怀庆,遂为河南人。曾祖武维翰,顺治间迁偃师县。祖父武朝龙,赠奉政大夫、吏部验封司员外郎。父亲武绍周,雍正癸卯(1723)科进士,由安徽东流县知县行取主事官,至吏部验封司郎中,监督仓场,有政绩。嫡兄三人,武修、武俊和武伸,同母兄一人武倬,弟一人武儒。武亿出生于京邸,自幼与众不同,不苟嬉戏。八九岁,"以朱墨点定明代名人制义,第其高下",父亲甚为惊喜爱之。年十二,遍览九经诸子,为文下笔千言。年十七至十九,连遭父母丧,早失怙恃,哀毁骨立。由于其父为政清廉,家中担石无储,时值伊水与洛水暴溢,宅舍尽圮,武亿架木为屋,读书其中。严冬时节,棉衣破烂,持斧外出砍木,取薪燃火,手僵斧落伤足,血流不止,忍痛而归,而读书仍不停辍。守丧期满除服后,应县试第一,入学为附生。乾隆庚寅(1770)举乡试,得举人第六名。三次参加礼部会试,均未成功。因从朱筠大学士游,时朱氏海内文望甚高,门下聚集了众多贤俊不羁之士,武亿尽与之交游,而独以文章气谊相勖励,然"性朴直,不喜干谒,惟布衣履蹿就"。经常去书肆,购异书,所得金石古文,皆为考证,益为博通之学。乾隆四十五年(1780),中庚子科进士。乾隆五十六年(1791)谒选,授山东博山县知县。莅任期间,勤政爱民,革除诸多供馈与陋习。博山县山多土瘠,民不务农,地产煤炭,然而百姓供役繁多,"前官有以石炭馈上官者,浸以成俗。亿察民运载山径中,大不便,手疏其患苦,请除之"。城郭佛寺多女尼,"常炫服作佛事,游阛阓间,聚观者猥杂生事,亿汰存其老病废疾者,余悉遣嫁之"。博山县地偏僻无驿传,"有急事,假里马以供役,转相科敛,豪者利其事",武亿禁革之。他于岁时宣讲乡约民规,"至远僻村落,因加谕教,讼事无大小,至则判决之。或呼冤不及具词状,召两造折以片言,无不得其情而去",由此奸猾胥吏不能弄权营私、残害百姓。在移风易俗的同时,捐赀于城东范文正祠旁建范泉书院,"亲临讲课,口授指画,示

---

① 〔清〕刘锦藻:《清朝续文献通考》卷258《经籍考二》,《续修四库全书》第819册,上海古籍出版社2002年,第169页。

以训诂文字,通经术,树风节之要",士子学风日盛。武亿秉公守法,清正廉洁,一煤窑户企图通过典史的关系贿之白银两千两,而典史惮畏武亿威望不敢言。武亿知道后,"因祷雨谓典史:'吾祷于神,虽贫不为墨吏也。'雷霆实闻之,时方震雷,典史惊悚,遂获澍雨"。时和珅秉持国政,遣番役曹君锡、杜成德等出京捕盗,他们倚仗和珅权势,招从恶少十余人,行至博山县,横行霸道,行纵饮博之恶,但无人敢问。武亿将之擒至堂下,"称奉要人令,不服罪,按法笞辱之"。山东巡抚吉庆闻之,以为大祸将至,"乃厚赠番役行,而假名滥刑平民劾亿"。武亿知博山县才七个月,就遭到罢官。罢官之日,博山民众千余人扶老携幼赴省乞留,吉庆及见民情,大为感动,"因入觐,约与偕行,为筹捐复",然"卒格于部议",未能捐复。武亿归往博山时,"民犹谓当复任,老弱远迎界外,告之故人,人哭失声。已而相与馆,故令家于县中,朝夕馈问"。武亿不忍妻儿家口扰累百姓,乃遣其归乡,而自己游于东昌(今山东聊城)、临清,主讲清源书院,凡五载,始返河南故里,以修县志终其身。嘉庆四年(1799),卒于邓州客馆,终年五十五岁。子三人,穆淳、景淳、盛淳。同年,和珅伏诛,诏举枉曲。同年冬,"有旨命朝臣密保内外员操守端洁、才猷兼济及平日居官事迹可据者,赴部候旨召用",武亿也在保荐中,县令捧檄至门,遗憾的是,他已经去世一月余。①

武亿博洽于学,贯通经籍,"生平深于经史,七经注疏、三史、涑水通鉴,皆能暗诵"②。在经学上,他依据汉儒师授,不蹈宋明空虚臆说之习,所著经义,"原本三代古书,疏贾、孔疑滞凡数百事"③。其自著《四书考异句续》1卷、《群经义证》8卷、《经读考异》8卷、《经读考异补》1卷、《句读叙述》2卷、《句读叙述补》1卷、《三礼义证》10卷;与王复同辑的有:《箴膏肓》1卷、《起废疾》1卷、《发墨守》1卷、《驳五经异义》1卷、《驳五经异义补遗》1卷、《郑志》3卷、《补遗》3卷。④ 在文学上,武亿撰有《授堂文钞》8卷⑤、《授堂诗

①〔清〕孙星衍:《孙渊如先生全集·五松园文稿》卷1《武亿传》,《续修四库全书》第1477册,上海古籍出版社2002年,第487~488页。
②〔清〕江藩:《国朝汉学师承记》卷4《武亿传》,中华书局1983年,第70页。
③〔清〕孙星衍:《孙渊如先生全集·五松园文稿》卷1《武亿传》,《续修四库全书》第1477册,上海古籍出版社2002年,第488页。
④〔民国〕赵尔巽:《清史稿》卷145《艺文一》,中华书局1977年,第4254、4247、4255页。
⑤〔民国〕赵尔巽:《清史稿》卷148《艺文四》,中华书局1977年,第4390页。

钞》8 卷、《授堂札记》①（卷数不详）等。武亿尤精于金石之学，喜好收藏碑版，游历所至，如嵩山泰岱，若遇有石刻，扪苔剔藓尽心摹拓，或不能施毡椎者，必手录一本。他听说偃师杏园庄民家掘井得晋刘韬墓志，急往购之，墓志长二尺有余，武亿肩扛步行四十余里以归，②其嗜金石如此。他所得各代金石，"为古人未见者数十通，因之考正史传者，又数十事"③。武亿在《金石三跋序》中叙述了其搜访金铭石刻的经历，表达了对金石学的深厚情结及远大志向：

> 亿往在京师，尝因童时所好金石遗文，益为收募。其间，出资力售而置之者，十不二三焉。时历荒崖废墟，人迹之所不至，数往返，以手为寻拓者，反十之四五。又从而间关致于四方，复有通博深奇之士，不惮千里，见遗以成其好者，亦有一二。故以其致之为甚劳，而得之又艰且远，则愈益珍秘。自十余年来，穷逐四出，授徒于远僻孤寂无人之乡，汗漫独游，冒犯江湖湍激汹涌不测之危，无不携置行箧，或庋藏失所，检觅不能猝及于目，辄废寝食，皇皇以索之，盖其积习之癖如此。既且少暇，自度放然，无所寄吾意，乃复与为究，极寻披矜。其于往事多有证明，而择其尤者札记成文。……其为前人已著录无所推阐及推阐而有谬误，不能不为之订其疏者，始见于篇。若自为搜获，则虽其事之限于穷讨不及，亦无所遗弃，资后人之所考焉。然则予之拳拳于斯，日愈其心力以掇古人之得失为可惜，而古人之迹不见史，而见予之录者，固幸有存也。故为之道其所以，以俟览者有以知予之志也。④

武亿痴爱金石及其远大的学术志向，于此可见一斑。其金石著述颇丰，著有《安阳县金石录》12 卷、《偃师金石记》4 卷、《偃师金石遗文补录》2 卷、《郏县金石志》1 卷、《宝丰金石志》5 卷、《鲁山金石志》3 卷、《金石三跋》10 卷、《金石文字续跋》14 卷⑤、《读史金石集目》（卷数不详）、《钱谱》

①〔民国〕赵尔巽：《清史稿》卷 481《儒林二·武亿》，中华书局 1977 年，第 13217 页。
②〔清〕江藩：《国朝汉学师承记》卷 4《武亿传》，中华书局 1983 年，第 71 页。
③〔清〕孙星衍：《孙渊如先生全集·五松园文稿》卷 1《武亿传》，《续修四库全书》第 1477 册，上海古籍出版社 2002 年，第 488 页。
④〔清〕土昶：《湖海文传》卷 29《金石三跋序》，经训堂道光十七年（1837）刻本。
⑤〔民国〕赵尔巽：《清史稿》卷 146《艺文二》，中华书局 1977 年，第 4317、4319 页。

（卷数不详）等①。其中，《金石三跋》为武氏代表作，周中孚对此书评价道："所跋尚不及钱竹汀四跋之多，而考证精审，实堪亚于钱氏，故王述庵师撰《金石萃编》，采入者尤夥焉。"②武亿罢官后，曾佐助阮元编纂《山左金石志》，阮氏对其评价很高："生平著述甚多，皆阐抉经术，搜索原本，不喜为词章，而词章亦尔雅醇厚，如其为人。尤精于金石学，尝佐予裒辑《山左金石志》。"③乾隆六十年（1795），武亿在给孙星衍的一封信中说："某今岁代阮学使编录此方金石，未及终局，遂各散去。中间为谬人更张，冗舛庞杂，虑为他日笑柄。阁下有少便，须以字致学使，书成亦勿遽刻也。"④由此可见，武亿在乾隆六十年参与了《山左金石志》的编修，但没有编完就离去回乡了。他对编修质量不很满意，认为"冗舛庞杂"，因此在信中请孙星衍给阮元写信，建议"书成亦勿遽刻"。其严谨求实的治学态度，由此可见一斑。武亿向阮元提供了许多自己摹拓收集的金石资料，并撰写金石按跋。如《大明禅院钟识》跋云："在东昌府治，武虚谷亿主启文书院曾手拓其文。"⑤又如，乾隆五十八年（1793），钱塘江秬香在新泰张孙庄得到西晋《任城太守孙夫人碑》，武亿考证极为精详，并载入《山左金石志》卷8《任城太守孙夫人碑》跋中。

四、段松苓

段松苓（1744—1800），字劲伯，亦字赤亭，青州府益都（今山东青州）人。据《益都县图志·儒学传》记载：其父李玉华，府学生。段松苓早失怙恃，十二岁丧母，十七岁丧父，时弟乔苓十岁，耳苓三岁，故"事祖母及继母，兼摣拄内外事"。闲暇时间，则博涉群书，研究学问，间为歌诗，特别喜欢唐代李商隐的诗歌。他性情放达，不拘旧规，"于举业颇不能屈就绳尺"，故读书多年，还仅是一童生。后来，钱塘人周嘉猷知益都县，在一次童子试

---

① 〔清〕孙星衍：《孙渊如先生全集·五松园文稿》卷1《武亿传》，《续修四库全书》第1477册，上海古籍出版社2002年，第488页。
② 〔清〕周中孚：《郑堂读书记》卷34《史部二十·目录类三·金石下》，《续修四库全书》第924册，上海古籍出版社2002年，第396页。
③ 〔清〕阮元：《小沧浪笔谈》卷1，《丛书集成初编》第2599册，中华书局1985年，第24页。
④ 〔清〕武亿：《授堂文钞·续集》卷10《致孙伯渊五》，《续修四库全书》第1466册，上海古籍出版社2002年，第168页。
⑤ 〔清〕阮元：《山左金石志》卷3《大明禅院钟识》，第422页。

中,策问题目有关青州郡县的沿革、疆域、古迹等,"通场不能置对,松苓条举件系,觏缕数百千言,试牍尽,别以他纸续焉"。周嘉猷大为惊叹,视为异才,录为榜首,遂以第一名的资格进入府学。但是不久,其祖母和继母接连病故,守孝三年。此后,段松苓放弃科考,"益肆力于古",致力于学问研究。他尤其酷爱金石学,"得一碑为前人所未录者,自携毡墨手打以归,时事姓氏,日夜钩考,必疏通证明而后已"。段松苓收藏了大量珍贵的金石资料,受到当时众多名人学士的重视与赞赏。大兴翁方纲督学山东,搜访石刻,"青州一府得之松苓者为多"。此后,阮元继任山东学政,欲与新任山东巡抚毕沅同撰《山左金石志》,"延偃师武亿、仁和朱文藻及松苓入督学幕中,乃遍访碑于岱沂诸山,西起济宁,东至临朐,探幽剔秘,多欧、赵以来未见之本"。嘉庆元年(1796),按察使孙星衍以"孝廉方正"之名举荐段松苓,但他力辞不就。嘉庆五年(1800)卒,终年五十六岁。[1]

段松苓痴心金石,学识深厚,在金石学领域成绩卓著,著有《益都金石记》、《赤亭金石跋》、《山左金志》、《山左碑目》、《山左古金志》等。[2] 其代表作《益都金石记》,是继赵明诚、李文藻之后又一部系统介绍、考证青州地区金铭石刻的著作,共4卷,光绪九年(1883)刊印。卷首有武亿与朱文藻的序文;卷1收录三代青铜器铭文,并有尺寸、形制说明与铭文内容考证;后三卷收录石刻。武亿对此书评价很高:"然予谓君之致力,先致于耳目所易及,其用志也专,其为征信也不诬,是故予于段君之书,必其无漏焉耳矣。君书起于三代,下逮金元,仿其碑之尺度,存于何所,然后征之传志,详附而类引之,盖如古史家广记备言之体。故予谓君之厚于乡也,不遗其实,俾文献有所寓焉,以劝来者。呜呼! 此君之志也。"[3]

乾隆五十九年(1794)二月,阮元延请段松苓助其搜采金石资料、纂修《山左金石志》。该年五月,阮元"命其访碑于各岳镇,因于岱顶唐摩崖碑下以隶书题名,青州、沂镇、济南、灵岩山亦因访碑题名"[4]。段松苓风餐露宿、跋山涉水,"或春粮而行,架岩涧水出之,椎脱捆载以归,虽曰山左古迹

①〔清〕法伟堂:《益都县图志》卷39《儒学传·段松苓》,光绪三十三年(1907)刻本。
②〔清〕法伟堂:《益都县图志》卷25《艺文志》与卷39《儒学传》,光绪三十三年(1907)刻本。
③〔清〕段松苓:《益都金石记·武亿序》,《石刻史料新编》第一辑第20册,新文丰出版公司1977年,第14806页。
④〔清〕张鉴等撰,黄爱平点校:《阮元年谱》卷1,中华书局1995年,第13页。

之多,亦求者之勤,有以致之也"①。阮元获悉明铁太保铉守济南抗击朱棣靖难之兵一事,旧说太保守历下时,忽有群僧助战,乃是沂山五百石罗汉。于是,嘱托段松苓赴沂山访碑,"遂拓得石佛造象记以归,应真名赞历历可考,皆天禧、乾兴、天圣年间所造。"②阮元为此作诗云:"仰天古洞响登登,五百尊名得未曾。拓向铁公祠下看,此身原是助兵僧。"③又如,"益都云门山阳石洞,有隋开皇、仁寿年间造像十四种;长清五峰山莲华洞,亦有隋时造像三十种,皆段赤亭于乾隆乙卯(1795)春亲至其地搜得之,从无著录者"④。武亿《益都金石记序》记述了段松苓搜采、编纂金石资料的过程:

> 今岁(1794)春二月,山东督学使者仪征阮公编录此方金石遗文,属益都段君赤亭为之搜采。君既任其事,由泰安抵济宁,又折而南至于临朐、沂镇,往返千有余里。所至披榛棘,携拓工,手拓数百纸,及获前人所未及收者又数十本,萃致以归。已而,自出平日所缉乡邦遗刻,录有成书,上之阮公。公悉命采撷,不没其实。噫!君之于斯道也,信所谓性而好之者与!君藏蓄积两世,多获远方异本,顾未暇校摩,而区区掇拾,仅及于此。⑤

由上面序文可知,乾隆五十九年(1794),阮元嘱托段松苓外出搜采金石资料。他由泰安至济宁,再折至潍坊、临沂,往返千有余里,摹拓拓片数百张,所获金石资料甚丰,其中不乏很多前人著述未收录者。回来后,他将之与其平日所辑金石资料汇编成书,交付阮元,阮元悉命采撷,编入《山左金石志》中。总之,《山左金石志》的纂修,段松苓功不可没。阮元曾对其评价云:"博洽多闻,淹通经史,著有《益都金石志》,考证精核。予尝谓东州宿学无过此人,修辑《山左金石志》则,引之为助。"⑥

除了众多金石学著作外,段松苓还著有《补订尧陵考》、《益都诗纪补订》、《益都先正诗丛钞》、《穆如堂诗草》等⑦。

---

① 〔清〕阮元:《山左金石志·阮元序》,第369页。
② 〔清〕阮元:《小沧浪笔谈》卷1,《丛书集成初编》第2599册,中华书局1985年,第19页。
③ 〔清〕阮元:《小沧浪笔谈》卷1,《丛书集成初编》第2599册,中华书局1985年,第19页。
④ 〔清〕阮元:《小沧浪笔谈》卷3,《丛书集成初编》第2600册,中华书局1985年,第89页。
⑤ 〔清〕段松苓:《益都金石记·武亿序》,《石刻史料新编》第一辑第20册,新文丰出版公司1977年,第14806页。
⑥ 〔清〕阮元:《小沧浪笔谈》卷4,《丛书集成初编》第2600册,中华书局1985年,第117页。
⑦ 〔清〕法伟堂:《益都县图志》卷25《艺文下》,清光绪三十三年(1907)刻本。

五、赵魏

赵魏(1746—1825),字晋斋,号菉森,一号洛生,仁和(今杭州)人,恩贡。① 家贫无食,"尝手抄秘书数千百卷,以之换米,困苦终身"②。他先游关中入毕沅幕府,在与孙星衍、钱坫、申兆定等人的学术交往中,"互相砥砺,见闻日广"③。后回杭州,入阮元幕,佐助校订《山左金石志》。正如《山左金石志序》所云:"(乾隆)六十年冬,草稿斯定,元复奉命视学两浙,舟车校试余闲,重为厘订,更属仁和赵晋斋魏校勘,凡二十四卷。"④赵魏于金石学造诣深厚,家藏碑版数量巨大,"所藏商周彝器款识、汉唐碑本,为海内第一"⑤。阮元对其评价极高:"博学,精于隶古,尤嗜金石文字,欧赵著录不是过也。"⑥"赵君,仁和廪生,好古士也,收藏金石至四千余种,近无其匹。"⑦清人钱泳更是称赞其"精于金石文字,今之赵明诚也"⑧。赵魏游幕关中时,收藏了大量的汉代瓦当,数量超过前人。清人卢文弨所作《汉瓦当字跋》云:

> 同里赵君洛生魏,笃好金石文字,自秦中归,箧中储汉瓦当凡若干件,摹其文得四十纸以诒余。其尤罕见者,一瓦十有二字,为小篆三行,曰:"维天降灵,延元万年,天下康宁。"中若星之列布者十,旁有若藻形者四,匡郭皆完好,审厥形制,其为汉时物无疑也。考瓦之著于录者,始宋敏求《长安志》,所得仅五而已。毕中丞之抚陕也,所得乃三倍之,载其文于《关中金石志》。吾乡朱排山先生辰,更得二十有余种,亦云夥矣。今洛生所得又倍蓰之。好之深,则其精诚所至,鬼神若有以相之。此非若鼎彝壶鉴之属之必待破冢而出也,不贡于朝,不登

① [清]潘衍桐:《两浙輶轩续录》卷 29《赵魏》,浙江书局光绪十七年(1891)刻本。
② [清]钱泳:《履园丛话》卷 6《耆旧·晋斋文学》,中华书局 1979 年,第 170 页。
③ [清]震钧:《国朝书人辑略》卷 6《赵魏》,《续修四库全书》第 1089 册,上海古籍出版社 2002 年,第 189 页。
④ [清]阮元:《山左金石志·阮元序》,第 369 页。
⑤ [清]潘衍桐:《两浙輶轩续录》卷 29《赵魏》,浙江书局光绪十七年(1891)刻本。
⑥ [清]阮元:《定香亭笔谈》卷 2,《丛书集成初编》第 2602 册,中华书局 1985 年,第 56 页。
⑦ [清]阮元:《山左金石志》卷 12《灵岩寺碑》跋,第 571 页。
⑧ [清]钱泳:《履园丛话》卷 6《耆旧·晋斋文学》,中华书局 1979 年,第 170 页。

于贵人之筵,为物之所不争,兹洛生所以得据而有之……①

赵魏还从西安府学中摹录出唐代《御史台精舍碑题名》1 卷、《郎官石柱题名》1 卷,前者立于唐玄宗开元十一年(723),崔湜撰文,梁升卿隶书,后者立于唐宣宗大中十二年(858),不题书人名氏。同为阮元幕友的周中孚对此称赞道:"今观二碑所列题名,较赵子函、顾亭林、朱竹垞辈所见多十之三四,盖诸家所据以考证者大抵皆工人拓本,故往往遗漏不全,断不能如晋斋亲至碑下手摹其文,而一字不遗者也。是编非特可补碑刻之阙,即自唐初至于宣宗之世,上下二百余年,三院诸司姓名、爵秩、举班班可考,其有裨于史传岂小补哉?"②此外,赵魏喜欢收藏古钱。清代古钱币收藏家倪模称:"赵氏字晋斋,多蓄古钱,余所见诸外国品及不知年代品,多拓自此公者。"③

清代著名的金石学家张廷济与赵魏交往甚密,在《桂馨堂集》中记录了二人的学术交往事迹,从中我们可以看出赵魏的金石收藏与学术研究之一斑:

> 乾隆六十年乙卯,余与仁和赵晋斋魏定交于杭州试寓。……自是后来,款余竹田里门,皆不下数十次,来必宿宿信信而后返,盖深相契也。晋斋年愈永,晤叙亦更久。住宝祐坊宝祐桥,家贫,而金石文字三千卷,则甲于东南也。④

> 生住宝祐坊宝祐桥址,邃于碑版之学,积三千余种,有《竹崦盦碑目》,虽穷老不肯易。于维扬搜得秦始皇时残度,尚存十有二字。迂道过篁里,售归于余。余八砖精舍檇李下有古顽礓,每来辄憩坐其上,因作八分书题其名。⑤

赵魏一生不隐不仕,把全部精力都投入到金石的搜集与研究上。清人

---

① 〔清〕卢文弨著,王文锦校注:《抱经堂文集》卷 16《汉瓦当字跋》,中华书局 1990 年,第 220 页。
② 〔清〕周中孚:《郑堂读书记》卷 34《史部二十·目录类三·金石下》,《续修四库全书》第 924 册,上海古籍出版社 2002 年,第 398 页。
③ 〔清〕倪模:《古今钱略》卷 32《古今收藏名氏》,《中国钱币文献丛书》第七辑,上海古籍出版社 1992 年,第 2723 页。
④ 〔清〕张廷济:《桂馨堂集·顺安诗草》卷 8《赵晋斋竹崦庵图宋芝山画石门蔡鹿宾载福寄来索咏》,《清代诗文集汇编》第 490 册,上海古籍出版社 2010 年,第 426 页。
⑤ 〔清〕张廷济:《桂馨堂集·感逝诗》,《清代诗文集汇编》第 490 册,上海古籍出版社 2010 年,第 468 页。

梅曾亮所作《赠赵晋斋》一诗云："先生不隐亦不仕,坦然世路忘崎岖。古心独抱汉阴瓮,天眼能窥汲冢书。尝惜浮云同变幻,时从缺月辨模糊。青鞋布韈访碑处,试将余意问邱墟。"①张廷济亦赋诗云："石刻三千卷,人知竹崦盦。寒毡穷不易,敝帚老逾贪。宝祐桥终住,先秦器自探。丁溪船惯泊,题字勒花南。"②这是对其人生经历、学术研究的真实写照。

赵魏还是清代著名的书法家,篆、隶、真书俱精,老有古法。同时期著名的书法家奚冈(字铁生),"喜习隶书,常往过其门而问焉"③。赵魏尝云:"南北朝至初唐碑刻之存于世者,往往有隶书遗意,至开元以后始纯乎。今体右军虽变隶书,不应古法尽亡。今行世诸刻,若非唐人临本,则传摹失真也。"④

赵魏金石著述颇多,有《竹崦盦碑目》、《华山石刻表》、《竹崦盦金石录》等。此外,赵魏还参与阮元《山左金石志》、《积古斋钟鼎彝器款识》、《两浙金石志》以及王昶《金石萃编》的编校工作。在碑帖书法学方面,赵魏编有《历朝类帖考》、《古今法帖汇目》等。此外,他还著有《小学杂缀》⑤。

六、钱大昭、钱东垣、顾述等人

(一)钱大昭

钱大昭(1744—1813),字晦之,一字竹庐,号可庐,江苏嘉定人,钱大昕之弟,清代著名的经学家、史学家。嘉庆元年(1796),举孝廉方正,赐六品服。他喜好读书,"不汲汲于荣利,名其读书之所曰'可庐',取随寓自足义也"⑥。钱氏学问渊博,精治小学,著《诗古训》10卷、《尔雅释文补》3卷、《广雅疏义》20卷、《说文统释》60卷;史学造诣亦极为深厚,"专力两汉、三国",著有《后汉书补表》8卷、《两汉书辨疑》42卷、《三国志辨疑》3卷、《补后汉书艺文志》

①〔清〕梅曾亮:《柏枧山房全集·诗集》卷2,上海古籍出版社2005年,第473页。
②〔清〕张廷济:《桂馨堂集·感逝诗》,《清代诗文集汇编》第490册,上海古籍出版社2010年,第468页。
③〔清〕震钧:《国朝书人辑略》卷6《赵魏》,《续修四库全书》第1089册,上海古籍出版社2002年,第189页。
④〔清〕震钧:《国朝书人辑略》卷6《赵魏》,《续修四库全书》第1089册,上海古籍出版社2002年,第189页。
⑤有关赵魏著述,参见〔清〕潘衍桐:《两浙辀轩续录》卷1和〔清〕震钧:《国朝书人辑略》卷6。
⑥〔清〕钱林:《文献征存录》卷8,清咸丰八年(1858)有嘉树轩刻本。

2 卷、《后汉郡国令长考》1 卷,又札记群书,成《迩言》6 卷。①

据尚小明《清代士人游幕表》考证,钱大昭于乾隆五十八年(1793)入阮元山东学政幕,并于乾隆六十年(1795)入阮元浙江学政幕。② 阮元曾在《定香亭笔谈》中云:"嘉定钱可庐大昭,辛楣宫詹之弟也,著作等身,尝助余山左、浙江两地校士之役。"③对于钱大昭参与纂修《山左金石志》的具体细节,阮元在书中并未明确记述。不过,纵览《山左金石志》全书,有数种金石按跋为钱氏所作。如秦右军戈,钱大昭考证云:"建元以前无二十四年者,建元以后惟建武、建安有二十四年,然此器篆文奇古,非东汉人所能及,当是秦器,盖祖龙之世本无年号,琅邪台、之罘刻石亦但称'维二十六年'、'二十九年'也……"④又如建安弩机,钱大昭考证云:"稽姓未审所出,《汉书·货殖传》有稽发,《广韵》云:《吕氏春秋》有秦贤者稽黄。此铭可加证矣。"⑤

(二)钱东垣

钱东垣(生卒年月不详),字既勤,钱大昭长嗣。嘉庆三年(1798)举人,先后知浙江松阳县、上虞县。钱东垣与弟绎、侗,皆潜研经、史、金石,时称"三凤"。钱东垣尝与绎、侗及同县秦鉴勘订《郑志》,又与绎、侗、鉴及桐乡金锡鬯辑释《崇文总目》,世称精本。东垣为学沉博而知要,以世传《孟子》注疏缪舛特甚,乃辑刘熙、綦毋邃、陆善经诸儒古注及顾炎武、阎若璩、同时师友之论,附以己见,并正其音读,考其异同。著《孟子解谊》14 卷、《小尔雅校证》2 卷、《补经义考》40 卷、《列代建元表》、《勤有堂文集》。

据尚小明《学人游幕与清代学术》考证,钱东垣于乾隆五十八年(1793)后入阮元幕府⑥。阮元曾云:(钱东垣)"沈潜笃学,有《历代建元表》、《孟子解义》、《小尔雅疏证》,皆能自抒心得。乾隆癸丑,随徵君在予幕中佐阅"⑦。他喜好收藏金石,阮元曾为其所收金石作跋。

(三)顾述

顾述,生卒年月及史迹均不详,江苏武进人。据尚小明《学人游幕与清

---

① 有关钱大昭著述,参见赵尔巽:《清史稿·艺文》、〔清〕佚名:《清代学人列传·钱大昭》。
② 尚小明:《清代士人游幕表》,中华书局 2005 年,第 116 页。
③ 〔清〕阮元:《定香亭笔谈》卷 1,《丛书集成初编》第 2601 册,中华书局 1985 年,第 14 页。
④ 〔清〕阮元:《山左金石志》卷 2,第 412 页。
⑤ 〔清〕阮元:《山左金石志》卷 2,第 415 页。
⑥ 尚小明:《学人游幕与清代学术》,社会科学文献出版社 1999 年,第 292 页。
⑦ 〔清〕阮元:《小沧浪笔谈》卷 2,《丛书集成初编》第 2599 册,中华书局 1985 年,第 43 页。

代学术》考证,顾述于乾隆五十八年(1793)后入阮元学幕,助阮元衡文、参校群经,并搜采金石遗文。①

本章小结

　　本章主要就《山左金石志》的编修者进行了考察。《山左金石志》虽题为"毕沅、阮元同撰",但主要是由阮元及其幕友所为。阮元作为《山左金石志》的主编者不是徒有虚名,而是实实在在地参与了金石资料的搜集与编纂,一切经其复勘而后定其是非,发挥了主编者与定稿人的作用。阮氏幕友朱文藻、何元锡、武亿、段松苓与赵魏等人,协助搜采、编辑金石资料,出力极多,而钱大昭、钱东垣、顾述等人,也发挥了一定作用,《山左金石志》之所以高质、高效完成,他们功不可没。阮元十分尊重幕友们的劳动,在《山左金石志》中指明参编人员的姓名,以示此乃集体编纂之成果,个人并无掠美之意,这充分体现了阮元非凡的人格魅力与高尚的学术道德。正是由于阮元及其幕友深厚的金石学造诣,使得《山左金石志》体例整饬,考证精详,质量上乘,成为清代优秀的金石学著作。

————————

①尚小明:《学人游幕与清代学术》,社会科学文献出版社 1999 年,第 292 页。

第二章　《山左金石志》的编修

第一节　《山左金石志》的编修背景

《山左金石志》的编修,既有满清政府文化专制与怀柔政策相结合的社会背景,又有乾嘉考据学勃兴的学术背景,还与阮元的金石志趣密切相关,下面分别予以论述。

一、社会背景

清军入关以后,满汉民族矛盾极为尖锐,统治者为了从制度上根本杜绝汉人干预清朝政府核心政权,遂实行右文稽古与文化专制双重政策:一方面推行文教,大兴科举,诏举博学鸿儒,组织编修《明史》、《古今图书集成》、《四库全书》、续三通、清三通等大部头文献图书,笼络士子;另一方面则将其困守在经史之中,钳制士人言论,勿使其干预政事,大兴文字狱。在此种背景下,士人不敢过问政治,只能埋头于故纸堆中,从事古籍整理与研究,金石学便是研究内容之一。现代历史学家柳诒徵曾云:"前代文人受祸之酷,殆未有若清代之甚者,故雍、乾以来,志节之士,荡然无存。有思想才能者,无所发泄,惟寄之以考古,庶不干当时之禁忌。"①钱穆称:"夫不为相则为师,得君行道,以天下为己任,此宋、明学者帜志也。今曰'以天下治乱为己任尤大不可',无怪乾嘉学术一趋训诂考订,以古书为消遣神明之林囿矣。"又说:"清最狡险,入室操戈,深知中华学术深浅而自以利害为之择,从我者尊,逆我者贱,治学者皆不敢以天下治乱为心,而相率逃于故纸丛碎中。"②

乾隆三十七年(1772)十一月,时任安徽学政的汉学家、金石学家朱

---

① 柳诒徵:《中国文化史》第三编《近代文化史》第八章《康乾诸帝之于文化》,上海古籍出版社2001年,第813页。
② 钱穆:《中国近三百年学术史·自序》,商务印书馆1997年,第2、3页。

筠,借乾隆下诏求书之机,上《谨陈管见开馆校书折子》,提出搜访、校录书籍的四条建议,其第四条为:

> 金石之刻、图谱之学,在所必录也。宋臣郑樵以前代著录陋阙,特作二略以补其失;欧阳修、赵明诚则录金石,聂崇义、吕大临则录图谱,并为考古者所依据。请特命于收书之外,兼收图谱一门。而凡直省所存钟铭、碑刻,悉宜拓取,一并汇送校录良便。臣梼昧之见是否可采,伏冀皇上睿鉴施行,谨奏。①

军机处经过商议,对朱筠提出的建议拟定了详细的实施办法,其中第二条为:"查自古左图右史,经纬相资,原可互为订证。其金石文字垂世最久,尤可藉以考古,而不失其真。惟阮孝绪作《七录》,始不专列图谱一门,而马氏《经籍考》于诸经部内无不咸归甄录。自不便因其与诸书体制稍殊,竟致听其沦轶。应如该学政所奏,令各该省于收书之外,凡有绘写制度名物,如聂崇义《三礼图》之类,均系图谱专家,宜并为采辑。其有将古今金石源流裒叙成书,如欧阳修、赵明诚所著者,亦宜一体汇采。仍开入书目,先行奏明,以便甄择取进。至古来金石刻文,现经流传可考者固多,其有僻在山林荒寂之所,一时难以搜寻者,若必令官为拓取,恐地方有司办理不善,转滋纷扰。所有该学政请将钟铭碑刻悉宜拓取汇送之处,应毋庸议。"②朱筠的"开馆校书"建议被采纳,促成了四库馆的开设。清廷修《四库全书》的文化举措,使金石学受到了空前重视,金石学著作如雨后春笋般大量涌现,《山左金石志》便是在这样的社会背景下诞生的。

二、学术背景

清初,顾炎武等学术大师力除明末空谈心性之风,主张经世致用,提倡重证求实,开启了一代新的学风。此后,大批文人学士承清初思想家之余绪,纷纷摒弃相对空疏的宋明理学,潜心于经史研究,经过百余年的酝酿、发展,至乾隆、嘉庆时期,以考据为特色的汉学风靡一时,形成中国学术史上独具风格的乾嘉考据学。乾嘉学者治学范围甚广,举凡经学、史学、金石、文字、音韵、天文、地理、算学等,都是其考据对象。在此学术潮流牵引

---

① 〔清〕朱筠:《笥河文集》卷1,《清代诗文集汇编》第366册,上海古籍出版社2010年,第420页。
② 〔清〕方浚师:《蕉轩随录》卷6《朱学士采访遗书条奏》,中华书局1995年,第211～212页。

下,金石收藏、鉴赏、著录与研究之风日益兴盛,出现了一大批卓有成就的收藏家、研究者和一些学术价值极高的金石学著述,金石学于元、明中衰后再次复兴并达到极盛。梁启超在《清代学术概论》一书中认为:

> 金石学之在清代又彪然成一科学也。自顾炎武著《金石文字记》,实为斯学滥觞。继此有钱大昕之《潜研堂金石文字跋尾》,武亿之《金石三跋》,洪颐煊之《平津馆读碑记》,严可均之《铁桥金石跋》,陈介祺之《金石文字释》,皆考证精硕,而王昶之《金石萃编》,荟录众说,颇似类书。其专举目录者,则孙星衍、邢澍之《寰宇访碑录》。其后碑版出土日多,故《萃编》、《访碑录》等再三续补而不能尽。
>
> 顾、钱一派专务以金石为考证经史之资料,同时有黄宗羲一派,从此中研究文史义例。……别有翁方纲、黄易一派,专讲鉴别,则其考证非以助经史矣。①

金石学成为这一时期学界的"主流话语",方家竞论,名著丛出,如钱大昕《潜研堂金石文跋尾》、武亿《金石三跋》、翁方纲《两汉金石记》、毕沅《关中金石记》与《中州金石记》、黄易《小蓬莱阁金石文字》、阮元《山左金石志》、《两浙金石志》与《积古斋钟鼎彝器款识》、孙星衍与邢澍《寰宇访碑录》、王昶《金石萃编》、洪颐煊《平津馆读碑记》、严可均《铁桥金石跋》、吴荣光《筠清馆金石文字》等,便是其中翘楚。虽然他们各自研究侧重不同,但正是这样一批金石学家将这门学问加以细化,逐渐建构成清代金石学的庞大殿宇。然而,金石学缘何于清代复兴并达到极盛? 笔者以为,主要有如下三个原因:

其一,此时文物大量出土,这是清代金石学勃兴的客观条件。

入清以后,尤其是乾嘉时期,金石文物大量出土,这为清代金石学的勃兴创造了客观条件。正如金石学家朱剑心所说:"入清以后,百年之间,海内渐定,群治朴学,而斯学乃复兴焉。于是三古遗物,应世而出,金石之出于邱陇窟穴者,既十数倍于往昔。"②以《山左金石志》所载金铭石刻为例,

①〔民国〕梁启超著,朱维铮校注:《清代学术概论》第十六《金石学、校勘学和辑佚学》,中华书局2010年,第85~86页。

②朱剑心:《金石学》第一编《通论》第五章《金石学之复兴创获及整理》,文物出版社1981年,第34页。

有很多便是在清代发掘出土的。如著名的嘉祥县东汉武氏祠石刻,不知何时因黄河泛滥而没入地下,至乾隆五十一年(1786)八月才被金石学家黄易于嘉祥紫云山访得,包括东汉建和元年(147)《敦煌长史武君之碑》、《武氏石阙铭》与《武氏祠阙画像及题字》等。阮元《山左金石志》对此事记载道:"乾隆丙午秋,黄司马小松于嘉祥县南武宅山下搜得《武斑碑》及武氏二阙,既又得武氏祠诸象,乃移《孔子见老子》一石于济宁州学,余就其地建室重砌,榜曰'武氏祠堂'。别撰碑文,其助立之人,皆仿汉碑阴例书名于后,诚一时盛举也。"[①]武梁祠石刻对于中国古代经学、史学、雕刻、绘画的研究具有极大学术价值,引起了学术界的高度重视。又如,阮元任山东学政时,曾赴高密拜谒、修复东汉经学家郑玄祠墓,在积沙中掘得金章宗承安年间(1197~1200)重刻唐万岁通天元年(696)史承节所撰碑文。关于此事,他在《小沧浪笔谈》中记载:"汉高密郑司农祠墓,在潍水旁砺阜山下,承祀式微,不能捍采樵者,潍沙乘风内侵,其深及墙,祠宇颓没。元率官士修之……是役也,掘沙之工,半于土木。赵商汉碑见于著录,今求之不得,得金承安重刻唐万岁通天史承节所撰碑。"[②]此碑的出土,为校正范晔《后汉书·郑玄传》发挥了极大的史料价值。正是由于金石文物的不断出土,为金石学研究提供了大量可资利用的文献资料,为清代金石学的勃兴创造了客观条件。

其二,当政者的爱好与提倡。

清帝多雅好文艺,尤以乾隆为最。乾隆皇帝效仿宋代御编《宣和博古图》,自乾隆十四年(1749)始,先后命儒臣将内府所藏古器汇编成著名的"西清四鉴",即《西清古鉴》、《西清续鉴甲编》、《西清续鉴乙编》与《宁寿鉴古》。上有所好,下必甚焉。当时士大夫热衷购求古器,搜访拓本,斯学遂盛。正如王国维所云:"我朝开国百年之间,海内承平,文化溥洽。乾隆初,始命儒臣录内府藏器为《西清古鉴》,海内士夫闻风承流,相与购求古器,蒐集拓本。"[③]例如,邵晋涵主持"三通"馆政,传檄天下,命各地进呈金石拓本,编成《金石略》,以补郑樵《通志·金石略》之不足。又如乾嘉时期主持文教的宗师如毕沅、阮元等人,均酷嗜金石,他们以显宦而兼学者,煽

---

①〔清〕阮元:《山左金石志》卷7《武梁石室画象三石》,第470页。
②〔清〕阮元:《小沧浪笔谈》卷4,《丛书集成初编》第2600册,中华书局1985年,第102页。
③王国维:《清代金文著录表·序》,北京图书馆出版社2003年,第1页。

其风而扬其波,分别组织幕友编成《关中金石记》、《中州金石记》与《山左金石志》、《两浙金石志》、《积古斋钟鼎彝器款识》等书。显然,乾嘉之际金石学蔚成风气,这与当政者的爱好与提倡是分不开的。

第三,乾嘉考据学的兴盛,是促使清代金石学繁盛的重要因素。

金石学作为寻求"证据"的工具,伴随着清代考据学的兴盛而复兴。清代学者以金石文献作为经史考据之资,或考订文字之异同,或补正史志之阙略与讹误。正如清代金石学家钱大昕所云:"金石之学与经史相表里……盖以竹帛之文,久而易坏,手抄版刻,展转失真,独金石铭勒,出于千百载以前,犹见古人真面目。其文其事,信而有征,故可宝也。"①亦诚如清人邹柏森所论:"金石之学本于考据小学也……遑问乎考据,更遑问乎金石。然而,金石虽小学,可以补史传之阙,可以证志乘之误,有裨于文献者亦非浅鲜。"②金石学遂藉考据学而勃然兴起,考据学资金石学而成绩卓著,二者结合,史学研究倍受其益,从而使久经风雨的金石碑刻焕发出了前所未有的光彩,发挥了不可取代的学术价值。

总之,阮元的金石整理与研究活动正和此时学术全盛期的气象与氛围息息相关,与钱大昕、翁方纲、毕沅、黄易、武亿、孙星衍、王昶等人的学术交流,使其既继承了传统的金石学治学方式,又摒弃了以往鉴藏家"居奇"、"自珍"、"秘玩"的鄙陋心态。正是在这种考据家与收藏家、金石学家与汉学家共同疑义相析的学术交流背景下,促成了阮元《山左金石志》的编修。

三、阮元的金石志趣

阮元生于乾、嘉、道文物考古兴盛之世,深受乾嘉学风的影响,对金石学有着浓厚的兴趣,一生致力于金石碑版的搜访、著录与研究。阮元接触金石学很早,虽然没有资料明确记载其究心于金石始于何时,但我们知道他和著名的金石学家孙星衍同为朱珪门生(孙星衍早阮元一科中进士),二人同在京师,交往甚密,在金石研究方面十分投缘,常有诗词唱和。"晚

---

① 〔清〕毕沅:《关中金石记·钱大昕序》,《石刻史料新编》第二辑第 14 册,新文丰出版公司 1979 年,第 10663 页。
② 〔清〕邹柏森:《严州金石录·序》,《石刻史料新编》第二辑第 10 册,新文丰出版公司 1979 年,第 7451 页。

来倚马茶亭外，一段高情读断碑"①，这是阮元于乾隆五十七年(1792)二十八岁时所写的诗句，记载了与孙星衍等诸同年于出游途中读碑之事。那时，孙星衍三十九岁，于金石研究已小有成就，阮元在与其交往中，常常探讨金石学。乾隆五十六年(1791)，阮元奉诏充石经校勘官，分校《仪礼》，关于此事，《仪礼石经校勘记序》记载：

> 乾隆五十六年冬十一月，起居注日讲官、文渊阁直阁事、南书房翰林、国史馆纂修、詹事府詹事臣阮元，奉诏充石经校勘官，臣元校得《仪礼》十七篇。臣谨案《仪礼》汉石经仅有残字，难校全经。自郑康成作注，参用今古文后，至隋末陆德明始作《释文》，校其同异。今《释文》本又多为唐宋人所乱，唐开成石经所校，未尽精审，且多朱梁补刻，及明人补字之讹。宋张淳校刻浙本，去取复据臆见。臣今总汉石经残字、陆德明《释文》、唐石经、杜佑《通典》、朱熹《经传通解》、李如圭《集释》、张淳《识误》、杨复《图》、敖继公《集说》、明监本、《钦定义疏》、武英殿《注疏》诸本，以及内廷《天禄琳琅》所收诸宋元本、曲阜孔氏宋本，综而核之，经文字体，择善而从，录成四卷，用付经馆，以待总裁加勘。②

阮元利用汉石经与唐石经，再结合陆德明《经典释文》、杜佑《通典》、朱熹《仪礼经传通解》等文献，对《仪礼》进行校勘，取得了极佳效果，初步展现出了其在金石学领域的造诣。阮元莅任山东学政伊始，便对孔庙、泰山、济宁州学等处的金石碑刻进行考察，又利用视学各州县之机，搜访金石资料，这些举动可见其金石志趣之一斑。阮氏对钟鼎彝器、金石文字的浓厚兴趣，还可以通过《山左金石志》之后不久著成的《积古斋钟鼎彝器款识序》看出。他说："余心好古文奇字，每摩挲一器，拓释一铭，俯仰之间，辄心往于数千年前，以为此器之作，此文之铸，尚在周公、孔子未生以前，何论秦汉乎？由简策而卷轴，其竹帛已灰烬矣，此乃岿然独存乎？世人得西岳一碑、定武片纸，即珍如鸿宝，何况三代法物乎？世人得世綵书函、麻沙宋板，即藏为秘册，何况商周文字乎？"③阮元关注金石之学，鉴于当时古器大

①〔清〕阮元：《揅经室集·四集诗》卷1，《丛书集成初编》第2206册，中华书局1985年，第740页。
②〔清〕阮元：《揅经室集·一集》卷2《仪礼石经校勘记序》，《丛书集成初编》第2197册，中华书局1985年，第35页。
③〔清〕阮元：《揅经室集·三集》卷3《积古斋钟鼎彝器款识序》，《丛书集成初编》第2204册，中华书局1985年，第595页。

多已经不传,即使传世的也因种种原因而难觅踪影。他并不仅仅满足于钟鼎彝器的一时收藏,而是考虑到吉金文字的长远保存问题,这就需要将之载录于书籍并刻版流传,以成为后人研究古代文字和历史的珍贵资料,诚如其所云:

> 汉代以得鼎为祥,因之改元,因之立祀。六朝、唐人不多见,学者不甚重之。迨北宋后,古器始多出,复为世重,勒为成书。南宋、元、明以来,流传不少,至我朝《西清古鉴》,美备极矣。且海内好古之士,学识之精,能辨古器,有远过于张敞、郑众者,而古器之出于土田榛莽间者,亦不可胜数。……然自古《左》、《国》、《史》、《汉》所言各器,宋《宣和殿图》无有存者矣。两宋吕大防、王俅、薛尚功、王顺伯诸书册所收之器,今亦仅有存者矣。然则古器虽甚寿,顾至三四千年出土之后,转不能久,或经兵燹之坠坏,或为水土之沉埋,或为伧贾之毁销,不可保也。而宋人图释各书,反能流传不绝,且可家守一编。然则聚一时之彝器,摹勒为书,实可使一时之器永传不朽,即使吉金零落无存,亦可无憾矣。①

当然,阮元搜藏、录存金石器铭,不仅仅是为了存古器之真,更是为了通过对金石文字的研究而另辟考经证史的新途径。他说:"钟鼎彝器,三代之所宝贵,故分器、赠器,皆以是为先,直与土地并重,且或以为重赂。其造作之精,文字之古,非后人所能及。古器金锡之至精者,其气不外泄,无青绿,其有青绿者,金之不精,外泄于土者也。古器铭字多者,或至数百字,纵不抵《尚书》百篇,而有过于汲冢者远甚。"②正是基于这一认识,阮元非常重视金石碑版的搜访与著录,并依据金石文字来补正经史。龚自珍后来曾高度赞扬阮元云:"公谓吉金可以证经,乐石可以劻史,玩好之侈,临摹之工,有不预焉。是以储彝器至百种,蓄墨本至万种,椎拓遍山川,纸墨照眉发,孤本必重钩,伟论在著录。十事彪炳,冠在当时,是公金石之学。"③

阮元正是怀着对金石碑刻至爱之情而踏上了视学兼访碑的行旅,并最

①〔清〕阮元:《揅经室集·三集》卷3《积古斋钟鼎彝器款识序》,《丛书集成初编》第2204册,中华书局1985年,第594~595页。

②〔清〕阮元:《揅经室集·三集》卷3《积古斋钟鼎彝器款识序》,《丛书集成初编》第2204册,中华书局1985年,第594页。

③〔清〕张鉴等撰,黄爱平点校:《阮元年谱·附录三》,中华书局1995年,第274页。

终将搜访到的金石资料汇编成《山左金石志》一书,成为他外放为官所从事的文化学术活动的发轫之举。从此以后,阮元的金石研究便一发不可收拾,成为乾嘉之际最负盛名的金石学家。

第二节　《山左金石志》的金石资料来源

《山左金石志》收录金石碑刻达1700余种,资料来源多元,阮元以其游幕、仕宦的经历建立起了庞大的地缘和人缘上的搜访网络,触角延伸至其幕僚、金石同好、辖地内的吏民生员等,为其金石搜访带来极大的便利。对于这一点,阮元在《山左金石志·序》中有所交代:

> 元在山左卷牍之暇,即事考览,引仁和朱朗斋文藻、钱塘何梦华元锡、偃师武虚谷亿、益都段赤亭松苓为助。兖、济之间,黄小松司马搜辑先已赅备。肥城展生员文脉家有聂剑光剡《泰山金石志》稿本,赤亭亦有《益都金石志稿》,并录之得副墨。其未见著录者,分遣拓工四出。跋涉千里,岱麓、沂镇、灵岩、五峰诸山,赤亭或春粮而行,架岩涧水出之,椎脱捆载以归,虽曰山左古迹之多,亦求者之勤,有以致之也。曲阜颜运生崇槼、桂未谷馥、钱塘江秬香凤彝、吴江陆直之绳、巨野李退亭伊晋、济宁李铁桥东琪等,皆雅志好古,藏获颇富。各郡守、州牧、县令、学博、生徒之以拓本见投欲编入录者,亦日以聚。旧家藏弄之目录,如曲阜孔农部尚任、滋阳牛空山运震等,亦可得而稽。金之为物,迁移无定,皆就乾隆五十八年至六十年在山左者为断,故孙渊如观察莅兖沂曹济,其所藏钟鼎即以入录。①

钱大昕《山左金石志·序》云:

> 其明年冬,毕尚书来抚齐鲁,两贤同心赞成此举,遂商榷条例,博稽载籍,萃十一府两州之碑碣,又各出所藏彝器、钱币、官私印章,汇而编之。……山左固文献之薮,而公使车所至,好问好察,采获尤勤,又有博闻之彦,各举所知,故能收之极其博。②

---

① 〔清〕阮元:《山左金石志·阮元序》,第368~369页。
② 〔清〕阮元:《山左金石志·钱大昕序》,第367~368页。

由以上两篇序文可知,《山左金石志》的金石资料来源渠道甚广,阮元与毕沅的搜藏,幕友朱文藻、何元锡、武亿、段松苓的搜访,颜崇榘、桂馥、江凤彝、陆绳、李伊晋、李东琪、孙星衍等金石同好间的交流,山东地方官民的提供,以及对已有文献的援引等,都是《山左金石志》重要的资料来源,下面分别予以论述。

一、阮元与毕沅的金石搜藏

(一)阮元的金石搜藏

阮元对钟鼎彝器、石刻碑版有着强烈嗜好,在任职山东学政期间,于公事之暇,遍访齐鲁金石文物。他每到一地,总是不遗余力地实地考察,对于不能亲至其地的金石碑拓,或求之于同好,或得之于师友。阮元于山东学署内设"积古斋",专门用来贮藏金石彝器,政事之余,罗列诸物,加以精心考释。其有诗云:"吉金与乐石,齐鲁甲天下。积之一室中,证释手亲写。"①阮元富有收藏,以多且精而著称于时。他曾在《秦汉六朝唐廿八名印记》中谈到自己的古印收藏:"余所藏古人名印以百数,子常生以其姓名考之列史有所见者,自汉至唐,得廿八钮,余因第而录之。"②《山左金石志》中明确提到为阮元自己所藏的金石资料很多,如长芦儒学方炉③、延祐艾虎书镇④、齐刀二十二品⑤、莒刀二十七品⑥、齐布十五品⑦、梁太平镜⑧、清素镜⑨、汉偏将军印⑩、汉左将别部司马印⑪、《泰山石刻》旧拓⑫、《赠歙州刺

①〔清〕阮元:《揅经室集·四集诗》卷1《山左学署八咏》,《丛书集成初编》第2206册,中华书局1985年,第747页。

②〔清〕阮元:《揅经室集·三集》卷3《秦汉六朝唐廿八名印记》,《丛书集成初编》第2204册,中华书局1985年,第608页。

③〔清〕阮元:《山左金石志》卷3《长芦儒学方炉》,第423~424页。

④〔清〕阮元:《山左金石志》卷3《延祐艾虎书镇》,第423页。

⑤〔清〕阮元:《山左金石志》卷4《齐刀二十二品》,第424~428页。阮元在该卷首云:"刀布今皆据元所自藏者拓摹编纂。"

⑥〔清〕阮元:《山左金石志》卷4《莒刀二十七品》,第428~430页。

⑦〔清〕阮元:《山左金石志》卷4《齐布十五品》,第431~432页。

⑧〔清〕阮元:《山左金石志》卷5《梁太平镜》,第437页。

⑨〔清〕阮元:《山左金石志》卷5《清素镜》,第440页。

⑩〔清〕阮元:《山左金石志》卷6《汉偏将军印》,第441页。

⑪〔清〕阮元:《山左金石志》卷6《汉左将别部司马印》,第442页。

⑫〔清〕阮元:《山左金石志》卷7《泰山石刻》,第457页。

史叶慧明碑》旧拓①等等。

　　提督学政作为清代各省主管教育的高级官员,每省一人,以侍郎、京堂、翰、詹、科、道、部属等进士出身的官员担任。对于其具体职掌,《清史稿》记载:"掌学校政令,岁、科两试。巡历所至,察师儒优劣,生员勤惰,升其贤者能者,斥其不帅教者。"②阮元作为山东学政,要定期到各州县巡历,察考师儒优劣,选拔俊贤之才。乾隆五十八年(1793)秋,阮元上任伊始,"首谒阙里,观乾隆钦颁周器及鼎、币、戈、尺诸古金,又摩挲两汉石刻,移亭长府门卒二石人于璺相圃。次登岱,观唐摩崖碑,得从臣衔名及宋赵德甫诸题名。次过济宁学,观戟门诸碑及黄小松司马易所得汉祠石象"③。他任职山东学政虽然只有短暂的两年时间,但按试日程安排紧密。据《阮元年谱》记载:乾隆五十八年(1793)七月二十三日到达济南后,便考济南府属。九月二十四日,出试兖州、曲阜、济宁州、沂州。乾隆五十九年(1794)正月二十一日,出试莱州,后试青州、武定。五月十五日,出试泰安。六月,试济南府。十月初一日,出试沂州。乾隆六十年(1795)正月二十一日,出试东昌、临清。三月初十日,出试青州、莱州、登州、武定四府。④阮元利用视学之机,游览泰山、岱庙、孔庙、孟庙、峄山、云峰山等齐鲁名胜,遍访金石文字。例如,试泰安毕,"登岱览其胜,又遍拓其金石文字为金石录"⑤。又如,按试莱州之后,亲临云峰山,寻访郑羲父子刻石,摹拓《中书令郑羲碑》,《小沧浪笔谈》记载此事云:"北魏永平四年《郑羲碑》,在掖县城南十五里云峰山之东,元尝亲至崖间,摩挲一过。其崖黄石坚致,笔画深劲,惟后幅七八行有石理坌起处,自右斜向左,石工只就平正处刻之,其文仍联属也。"⑥为此,阮氏赋诗《莱州登云峰山访郑光州父子石刻》云:"寒同之西岭,是曰云峰山。绝壁拔千仞,巨石堆苍顽。永平郑光州,诗刻何班班。我来蹑其顶,双阙极跻攀。坐读论经诗,手抉青苔斑。当门镌石像,冠服著古颜。古人或仙去,海鹤何年还。北望蜉蝣岛,碧镜拥翠鬟。风雨乍离合,共

①〔清〕阮元:《山左金石志》卷12《赠歙州刺史叶慧明碑》,第556~557页。
②〔民国〕赵尔巽:《清史稿》卷116《职官三》,中华书局1977年,第3345页。
③〔清〕阮元:《山左金石志·阮元序》,第368页。
④〔清〕张鉴等撰、黄爱平点校:《阮元年谱》卷1,中华书局1995年,第12~14页。
⑤〔清〕阮元:《揅经室集·二集》卷7《泰山志序》,《丛书集成初编》第2203册,中华书局1985年,第496页。
⑥〔清〕阮元:《小沧浪笔谈》卷3,《丛书集成初编》第2600册,中华书局1985年,第84页。

我归城关。静修何可得,得此逾时闲。"①再如,乾隆五十九(1794)年春,阮元按试青州,途经潍县,有一持《唐涂金造像记铜碑》来售者,铜碑高三寸五分,宽一寸二分,额作双龙饰,无趺,额四字曰"阿弥陀碑"。阮元甚是喜欢,"已定价矣,继知为诸生家物,却之,今归前临清牧张春田度"②。可见,他心里还是放不下,不然就不可能知道铜碑归了谁。同在此次按学青州之时,阮元探访到秦二世琅邪台石刻,喜不自胜,乃赋诗云:

> 我求秦石刻,若秦之求仙。求仙不可得,石刻终难湮。岱石经火毁,峄石徒再镌。之罘堕入海,海水潘为渊。夐哉琅邪台,椎筑何殷填。黔首三万户,金石三千年。石高丈五尺,怪铁炼精坚。剥落尽三面,小篆留西偏。披萝复剔藓,拓纸鸣槌毡。我来读诏颂,载籍合马迁。臣斯臣去疾,椓德名并传。笔力入石理,玉柱劲且圆。点画说偏旁,益知叔重贤。所惜颂与诗,变化随云烟。伧父磨粗沙,俗字镌长天。余此十三行,斯鼌诚可怜。特立石鼓后,屹峙五凤先。海风吹不倒,流徙悲斥权。苏公颇好事,模刻城台前。亦惟八十字,文款本未全。每见宋元碣,残暴如废砖。乃以嬴氏物,存者犹肖然。岂有鬼神护,而免列缺鞭。诚因麻石性余所见秦及西汉碑,皆麻粗石,故久,岁月无磨研。得此足以豪,神发忘食眠。更思寄同好,南北翁孙钱谓覃溪阁学、渊如比部、辛楣宫詹。③

阮元在诗中交代了秦刻石的遭遇及琅邪台石刻的现状,其对石刻文字的痴心于此诗可见一斑。诗中所提到的翁覃溪阁学、孙渊如比部、钱辛楣宫詹,即翁方纲、孙星衍、钱大昕,阮元与此三人同为金石之好,交流密切,友谊深厚。翁方纲为阮元前任山东学政,职权交接之时,曾嘱托阮元帮其搜访琅邪台刻石,正如翁氏《跋琅邪台秦篆》所云:"琅邪台秦篆,世皆称存十行耳。予以壬子夏按试青州,访诸学宫弟了,此篆刻在诸城县海滨悬厓,极难拓。有段生松苓,善毡蜡,诺为予拓之,时以夏秋,海水盛长不可往。

---

①〔清〕阮元:《小沧浪笔谈》卷3,《丛书集成初编》第2600册,中华书局1985年,第86~87页。

②〔清〕阮元:《山左金石志》卷3《涂金造像记铜碑》,第419页。

③〔清〕阮元:《揅经室集·四集诗》卷1《题秦二世琅邪台石刻》,《丛书集成初编》第2206册,中华书局1985年,第745页。

明年,予北归,以语学使阮梁伯。"①后阮元践诺,于乾隆五十九年(1794)春将琅邪台石刻拓片寄予翁方纲。

《山左金石志》中也有关于阮元金石搜访活动的记载,如唐玉台镜,"拓之于济南潭西精舍"②;《千佛山造象题字四种》,"乾隆乙卯九月,元将赴浙江,始搜得之,《县志》皆未著录"③,等等。此外,阮元在《小沧浪笔谈》、《揅经室集》中也多次谈到其外出考察、搜访活动:

> 出历城东门廿余里,至禹登山白云峰,西南入谷,即龙洞寿圣院,有范纯仁、宋齐贤题名及元丰碑。院北绝壁隐天,石色绀碧,名锦屏岩,院南壁上有洞门,约高二十余丈。余与徐惕庵太守大榕登此,秉烛入洞,洞有石佛,面泐如削,前数日梦中实见此象,亦异矣。……石壁间多唐人题名,且有隋开皇所造佛像。予尝侍家大人策马游此,月或再至,居历下者,曷因吾言访之。④

> 秋日同徐太守大榕至龙洞,遂游佛峪。还至龙洞,穿洞出,小憩寿圣院,拓《元丰顺应侯碑》。锦屏岩下扣禅关,林汲泉头看水还。得路却随支遁马,迎人都是范宽山。碑阳带墨摹官敕,洞里然灯照佛颜。既欲狂游须尽兴,城中难得一朝闲。⑤

山东作为文物繁盛之区,不乏金石收藏的名人学士,如孔尚任、牛运震等,阮元亲赴其家拓录金石,正如其所云:"旧家藏弄之目录,如曲阜孔农部尚任、滋阳牛空山运震等,亦可得而稽。"⑥

孔尚任(1648—1718),字聘之,又字季重,号东塘,别号岸堂,自称云亭山人,孔子第六十四代孙,清初著名的文学家。康熙二十三年(1684),康熙皇帝拜谒孔庙,孔尚任为其进讲《大学》,"陈书讲说克副朕怀,著不拘例"⑦,遂授

①〔清〕翁方纲:《复初斋文集》卷20《跋琅邪台秦篆》,《清代诗文集汇编》第382册,上海古籍出版社2010年,第207页。
②〔清〕阮元:《山左金石志》卷5《唐玉台镜》,第439页。
③〔清〕阮元:《山左金石志》卷10《千佛山造象题字四种》,第527页。
④〔清〕阮元:《小沧浪笔谈》卷2,《丛书集成初编》第2599册,中华书局1985年,第29页。
⑤〔清〕阮元:《揅经室集·四集诗》卷1,《丛书集成初编》第2206册,中华书局1985年,第747~748页。
⑥〔清〕阮元:《山左金石志·阮元序》,第369页。
⑦〔清〕孔继汾:《阙里文献考》卷77《子孙著闻者第十五之五》,《孔子文化大全》,山东友谊书社1989年,第1605~1606页。

国子监博士,后迁户部主事、员外郎等职。孔尚任博雅好古,喜欢收藏,"录其所藏金石、书画、古玩等为一编,题曰《享金簿》"①。在其藏品中,最为珍贵的莫过于汉代虑傂铜尺(又名建初尺),孔尚任对此尺做了精心考释,"作《汉铜尺记》、《周尺考》、《周尺辨》三篇,极精核"②。该铜尺后被收录于《山左金石志》中,阮氏在跋语中谈到铜尺的借录经过:"本为江都闵义行所藏,后归孔东塘民部尚任,今在衍圣公府中。……元于癸丑、甲寅两试曲阜四氏学,皆借此尺,置案头摩挲文字,试毕,还入圣府,特绘其式如左。"③除此之外,《山左金石志》中为孔尚任所收藏的金石还有:母乙鼎,"阙里孔农部尚任所藏"④;亚爵,"宣城举人施孝虔赠于曲阜孔农部尚任"⑤;太和钟,"岸堂农部旧藏是钟,今失,去其家,尚有拓本"⑥;三司布帛尺,"此尺亦藏孔农部尚任家,谓为华阴王山史所赠"⑦;宋都统之印,"藏孔农部家"⑧,等等。

牛运震(1706—1758),字阶平,号真谷,人称空山先生,山东滋阳(今山东兖州)人。雍正十一年(1733)进士,官秦安县知县。牛氏"博涉群书,于金石考据为最深,经义亦颇研究"⑨,著有《空山易解》4卷、《空山堂春秋传》12卷、《金石经眼录》1卷、《金石图》2卷、《空山堂诗集》6卷、《空山堂文集》12卷等。牛运震性爱金石,家有收藏,阮元将其所藏金石编录到《山左金石志》中,如日利千金鼎,"在滋阳牛运震家"⑩;汉寿光纪侯镜,"在滋阳牛运震家"⑪;汉十言镜,"镜存滋阳牛氏"⑫等。

在金石搜访的过程中,阮元凭借其官场的人际网络,得到地方官员的鼎力支持,这是普通金石学者所无法企及的。例如,阮元曾在黄县(今山东龙口)库中见一古器,"口径一尺四寸五分,腹深二寸七分强,足高四寸八分,连

①〔清〕蒋光煦:《东湖丛记》卷4《琢砚名手》,《续修四库全书》第1162册,上海古籍出版社2002年,第706页。

②〔清〕胡季堂:《培荫轩杂记》,《续修四库全书》第1447册,上海古籍出版社2002年,第368页。

③〔清〕阮元:《山左金石志》卷2《虑傂铜尺》,第413~414页。

④〔清〕阮元:《山左金石志》卷1《母乙鼎》,第400页。

⑤〔清〕阮元:《山左金石志》卷1《亚爵》,第401页。

⑥〔清〕阮元:《山左金石志》卷3《太和钟》,第416页。

⑦〔清〕阮元:《山左金石志》卷3《三司布帛尺》,第420页。

⑧〔清〕阮元:《山左金石志》卷6《宋都统之印》,第453页。

⑨〔清〕永瑢等:《四库全书总目》卷10《经部十》,中华书局1965年,第82页。

⑩〔清〕阮元:《山左金石志》卷2《日利千金鼎》,第416页。

⑪〔清〕阮元:《山左金石志》卷5《汉寿光纪侯镜》,第433页。

⑫〔清〕阮元:《山左金石志》卷5《汉十言镜》,第433页。

耳通高一尺四分,腹内作夔首饰,底有小篆文铭二字曰'五同',字径二寸……"①,此器命名为"五同鬲",收入《山左金石志》卷2中。又如,仲姜敦,"为东昌张太守官五所藏"②;永年匜,"登州蓝太守嘉瓒得之于济南市中,因借拓之"③;父丙卣,"利津县丞叶承谦得于山东,今藏其家,达官宴会每以此陈设,因借拓之"④,等等。如果阮元不是政府高官而是一普通学者,他能否进入黄县库中观赏古器?太守所藏金石器物能否提供给他?这些都是疑问。

阮元以游幕、仕宦的经历及其在金石学领域的极高声誉,广交同有金石之好的学者,如朱筠、翁方纲、钱大昕、孙星衍、王昶、黄易、武亿、钱坫、朱文藻、何元锡、段松苓、赵魏等,建立起广泛的人际关系网络,开阔了眼界,扩大了自身的发展空间。以与翁方纲交往为例,翁氏比阮氏长29岁,两人可谓忘年交。阮元在《得〈复初斋全集〉,邕州舟中读之,即寄野云山人》一诗中,以六十句的长篇记叙了与翁方纲的学术交往及深厚情谊:"我初闻苏斋翁方纲,是闻凌氏说凌氏仲子,学于苏斋,乙巳丙午间在扬州。及我入翰林,公秉学使节。山东我代公大人授山东学政,接公任,石帆亭上别。……忆昔庚辛间,袂与野云挈。红尘足不到,常向苏斋谒。谈经兼论诗,金石缘亦结。石墨书楼中,摩挲遍碑碣。有时坐诗境,清言落玉屑。有时石画轩,山云赠怡悦。……"⑤作此诗时,翁氏已经去世,阮元述及二人数十年的交往,情真意切,令人感怀。阮元与金石同好切磋经史、金石、诗画等,相互馈赠金石收藏。如《山左金石志》卷3所载延祐艾虎书镇便是段松苓赠与阮元的,段氏在《益都金石记》中记载此事云:"右书镇纵二寸,宽三寸四分,高一寸,铜范作虎伏艾叶形,重京秤十九两三钱。铭四字,正书,曰'延祐二年'。……旧藏余家,乾隆乙卯赠于阮芸台学使。"⑥

清代山东,金石器物之出于丘陇窟穴者,数倍于往昔,故当时的文物市

①〔清〕阮元:《小沧浪笔谈》卷3,《丛书集成初编》第2600册,中华书局1985年,第66页。

②〔清〕阮元:《山左金石志》卷1《仲姜敦》,第404页。

③〔清〕阮元:《山左金石志》卷1《永年匜》,第405页。

④〔清〕阮元:《山左金石志》卷2《父丙卣》,第410页。

⑤〔清〕阮元:《揅经室集·续集》卷7《得〈复初斋全集〉,邕州舟中读之,即寄野云山人》,《丛书集成初编》第2211册,中华书局1985年,第209页。

⑥〔清〕段松苓:《益都金石记》卷4《元艾叶虎书镇》,《石刻史料新编》第一辑第20册,新文丰出版公司1977年,第14881~14882页。

场非常繁盛。阮元于闲暇之时,喜好逛游古玩市肆,留心市中所卖金石器物,或购买,或拓录,为《山左金石志》搜罗到了不少资料。如史师彝,"摹之于历城肆"①;师田父敦,"摹之于历城肆中,因价昂未得购之"②;公孙吕戈,"元购之于潍县市中"③;汉朝正殿笔雀铜瓦,"元得之于济南市中"④;永兴铜釜,"器见于济南市"⑤;隋代六马双镜,"甲寅年试曹途次济宁,购于道旁小铺中"⑥;汉刘胜印,"购于济南市"⑦;汉觟阳充印,"元购于济南市"⑧,等等。

阮元除了躬亲外出搜访外,还饬拓工帮其访碑。如跋《灵岩寺碑》云"元至山左,屡饬拓工访求,未得"⑨;又如跋《石经峪金刚经残字》云"拓工以一纸拓一字,未详文义"⑩;等等。

（二）毕沅的金石搜藏

毕沅精于金石之学,喜好金石搜访,并富有收藏。乾隆五十九年(1794),毕沅巡抚山东,阮元倡议二人同编《山左金石志》,"各出所藏彝器、钱币、官私印章,汇而编之"⑪。如此看来,《山左金石志》中应该收录了不少毕沅所藏的钟鼎器物。但是,《山左金石志》中指明为毕沅所藏的仅有一例,即匋鼎,毕沅跋云:"右匋鼎,沅得之于西安,嘉定钱献之坫为作释文,时沅所纂《关中金石记》未及收录,兹携来山左署中,因即编入《山左金石志》。"⑫除此之外,书中再也不见毕氏所藏金石器物之蛛丝马迹,实在令人费解。

二、阮元幕友的金石搜访

由于阮元政务繁忙,精力不济,金石资料的搜集以一人之力难能为之,而阮氏幕中的文人学士如朱文藻、何元锡、武亿、段松苓等人,皆精于金石

①〔清〕阮元:《山左金石志》卷1《史师彝》,第403页。
②〔清〕阮元:《山左金石志》卷1《师田父敦》,第404页。
③〔清〕阮元:《山左金石志》卷2《公孙吕戈》,第411页。
④〔清〕阮元:《山左金石志》卷2《汉朝正殿瓦二器》,第416页。
⑤〔清〕阮元:《山左金石志》卷2《永兴铜釜》,第414页。
⑥〔清〕阮元:《山左金石志》卷5《隋六马双镜》,第438页。
⑦〔清〕阮元:《山左金石志》卷6《汉刘胜印》,第445页。
⑧〔清〕阮元:《山左金石志》卷6《汉觟阳充印》,第448页。
⑨〔清〕阮元:《山左金石志》卷12《灵岩寺碑》,第571页。
⑩〔清〕阮元:《山左金石志》卷10《石经峪金刚经残字》,第523页。
⑪〔清〕阮元:《山左金石志·钱大昕序》,第367页。
⑫〔清〕阮元:《山左金石志》卷1《匋鼎》,第407页。

碑版,熟于典章经制,长于文字音韵,故阮元嘱托他们协助搜集资料。

（一）朱文藻

朱文藻在佐助阮元督学山东期间,参与《山左金石志》的编纂工作,多次外出搜访金石之文,或亲自拓录,或自他人借录。如《程伯常洪山顶题名》,"宣和元年重九日刻,正书,在嘉祥县洪山顶石坡平面。……朱朗斋亲至其处拓归"①;《录事司新修厅壁记》,"旧在济宁州治,右碑原石已佚,朱朗斋借李铁桥家藏旧拓本录之"②,等等。《山左金石志》中可断为朱朗斋所搜集的金石资料共计69种,见下表:

金石名称	所在卷数	资料依据
释迦寺铁塔题字	卷3	"朱朗斋文藻曰:'字分二行……尚有四字,目力不能到矣。'"(P.421)
长安造像残碑	卷11	"朱朗斋从它处借录"。(P.549)
薛待伊造石浮图颂	卷12	"右碑朱朗斋从他处录得"。(P.575)
邹县天宝造象记	卷12	"朱朗斋从他处借录"。(P.579)
樊忠义功德碑	卷13	"右碑朱朗斋自他处借录"。(P.586)
张珂尊胜经石幢	卷13	"右幢朱朗斋自他处借录"。(P.590)
高宪神道功德碑	卷13	"右碑朱朗斋自友人处借录"。(P.592)
赵琮墓志铭	卷13	"右碑朱朗斋从他处借录"。(P.599)
宝相寺创修佛殿碑	卷15	"右碑及后经幢皆朱朗斋自他处借录"。(P.621)
宝相寺经幢	卷15	见上(P.621)
大云寺心经幢	卷15	"朱朗斋自友人处借录"。(P.622)
御制谢天书述功德碑	卷15	"右碑朱朗斋自他处借录"。(P.623)
富弼等云门山题名	卷16	"右刻朱朗斋自友人处借录"。(P.656)
灵岩寺辟支塔题名	卷16	"右刻及后二种朱朗斋自他处借录"。(P.657)
山僧守忠立愿斋僧记	卷16	见上(P.657)
宝相寺石幡竿题记	卷16	见上(P.657)

---

①〔清〕阮元:《山左金石志》卷18《程伯常洪山顶题名》,第29页。
②〔清〕阮元:《山左金石志》卷23《录事司新修厅壁记》,第136页。

金石名称	所在卷数	资料依据
龙兴寺佛经石刻	卷16	"右碑朱朗斋自他处借录"。(P. 663)
名义墩石桥记	卷17	"右碑朱朗斋云:'额刻佛象,往来人皆见之。'未及尺寸、字体,想亦从他处借录也"。(P. 3)
姜三校洪山顶题字	卷17	"朱朗斋亲至洪山绝顶拓得之"。(P. 10)
普照寺石柱题字	卷17	"朱朗斋自他处借录"。(P. 15)
济州金乡学记	卷17	"右碑未见拓本,今据朱朗斋所录者存之"。(P. 17)
李导等灵岩观音洞题名	卷17	"此刻未见拓本,朱朗斋自他处录之"。(P. 20)
程伯常洪山顶题名	卷18	"朱朗斋亲至其处拓归"。(P. 29)
灵岩功德龛题名二种	卷18	"右题名二种据朱朗斋所录存之"。(P. 36)
杜绾等灵岩观音洞题名	卷18	"从朱朗斋所录"。(P. 36)
心经石刻	卷19	"右刻未见拓本,据朱朗斋所录载之"。(P. 41)
程康年等登高题字	卷19	"右刻未见拓本,据朱朗斋所录载之"。(P. 44)
王整等登高题字二种	卷19	"右刻未见拓本,据朱朗斋所录载之"。(P. 46)
普照寺敕牒碑	卷19	"右碑据朱朗斋云:文已漫漶,不能悉辨,敕牒衔名与后大灵寺碑相同,惜住僧请敕告词存字无几,为莫考耳。"(P. 48)
普安禅院敕牒碑	卷19	"右碑未见拓本,据朱朗斋云:'敕牒形式皆同普照寺及大云寺二刻。'"(P. 48)
遇仙园诗刻	卷19	见下(P. 49)
王重阳画象诗刻	卷19	"此与上一种皆未见拓本,据朱朗斋所录存之"。(P. 49)
存留寺碑	卷19	"此据朱朗斋所录载之"。(P. 53)
三清殿碑	卷19	"此碑未见拓本,据朱朗斋所录存之"。(P. 60)
玉皇观碑	卷20	"此碑未见拓本,朱朗斋自他处录寄"。(P. 63)
段在等登高会题字	卷20	"此与后一种皆未见拓本,朱朗斋所录载之"。(P. 72)

金石名称	所在卷数	资料依据
洪山石佛题名	卷20	"朱朗斋客济宁时访得"。(P.72)
成氏先茔碑	卷20	"此与后《徐氏墓碑》皆未见拓本,据朱朗斋所录载之"。(P.77)
东海徐氏墓碑	卷20	见上(P.77)
洪福院敕牒碑	卷20	"右碑未见拓本,据朱朗斋所录存之"。(P.81)
兴国禅院敕牒碑	卷20	见下(P.83)
弥勒像赞石刻	卷20	"此与上《兴国寺碑》俱从朱朗斋所录存之,未见拓本"。(P.83)
赵世显等残碑	卷20	"右残碑未见拓本,朱朗斋云:'存字八行,文内只列衔名,别无事迹可考,似系修建刹庙之碑阴也。'"(P.85)
振衣冈题名二种	卷21	"右刻未见拓本,据朱朗斋所录载之"。(P.87)
重修慈云禅寺碑	卷21	"右碑朱朗斋自他处借录,未见拓本"。(P.91)
伏羲皇祠碑	卷21	"右碑未见拓本,据朱朗斋所录载之"。(P.95)
长生万寿宫碑	卷21	"右碑未见拓本,据朱朗斋所录载之"。(P.104)
张氏世德碑	卷22	"右碑未见拓本,据朱朗斋所载录之"。(P.108)
赵孟𬤇济南诗刻	卷22	"此碑未见拓本,据朱朗斋所录"。(P.111)
徐氏新阡碣铭	卷22	"右碑未见拓本,据朱朗斋所载录之"。(P.115)
尊经阁碑	卷22	"右碑未见拓本,据朱朗斋所载录之"。(P.115)
万户刘侯神道碑	卷23	"右碑未见拓本,据朱朗斋所录载之"。(P.128)
太师泰安武穆王神道碑	卷23	"右碑未见拓本,朱朗斋云:'文镌两面,漫漶殊甚。'"(P.134)
录事司新修厅壁记	卷23	"右碑原石已佚,朱朗斋借李铁桥家藏旧拓本录之"。(P.136)
摹刻李太白"壮观"二大字碑	卷23	"此据朱朗斋所录载之,未见拓本"。(P.139)
萌山闰九日诗刻	卷23	"右刻未见拓本,朱朗斋至其处得之"。(P.141)
盖荣妻许氏墓碑	卷23	"右碑未见拓本,据朱朗斋所录载之"。(P.141)
洪山题字	卷23	"此与后一种皆据朱朗斋所录存之,未见拓本"。(P.145)
洪山题字五种	卷23	见上(P.145)

金石名称	所在卷数	资料依据
武斌墓碑	卷 24	"右碑未见拓本,以朱朗斋所载录之"。(P. 150)
岳氏宗茔碑	卷 24	"右碑未见拓本,据朱朗斋所录载之"。(P. 151)
增修济宁路治记	卷 24	"右碑原石已佚,朱朗斋从李铁桥家借旧藏拓本录之"。(P. 155)
泰安州重修宣圣庙碑	卷 24	"右碑未见拓本,据朱朗斋所录载之"。(P. 158)
洪山诗刻残石	卷 24	"以朱朗斋访得,姑载之"。(P. 158)
泰定瑞麦图记	卷 24	"右碑未见拓本,据朱朗斋所载录之"。(P. 159)
泰安州学创塑七十子象记	卷 24	"右碑未见拓本,据朱朗斋所录载之"。(P. 161)
迤泉寺同乐记	卷 24	"右记未见拓本,据朱朗斋所录载之"。(P. 161)
杨氏祖茔碑	卷 24	"右碑未见拓本,据朱朗斋所录载之"。(P. 163)
可公塔碣	卷 24	"据朱朗斋所录存之"。(P. 172)

(二)武亿

武亿被罢黜博山知县后,曾佐助阮元编纂《山左金石志》,提供自己拓录的金石资料和所撰金石按跋。如《大明禅院钟识》,在东昌府治,为武亿主讲启文书院时所拓①;《彼岸院敕牒碑》,"右碑武虚谷官博山时曾亲见之,并为跋"②。再如《沂州普照寺碑》,武亿云"右碑断裂,书撰人名氏仅有'中尚'二字可辨……"③;《济阳县创建宣圣庙碑》,"右碑文及题衔凡二十三行,字径七分,武虚谷云:'碑已断裂,幸无大损剥……'"④上述二碑,虽并未指明为武亿提供,但是倘若不是他亲见亲录,会了解得如此详细吗?因此可断定为其录拓。另外,《山左金石志》还采录了许多武亿所撰按跋。例如,乾隆五十八年(1793),钱塘江秬香在新泰张孙庄访得《西晋任城太守孙夫人碑》,武亿对它考证得极为详细,载入《山左金石志》卷8《任城太守孙夫人碑》跋中。其跋云:

> 右碑额题"晋任城太守夫人孙氏之碑",额下有孔,文凡廿行,行

① 〔清〕阮元:《山左金石志》卷3《大明禅院钟识》,第422页。
② 〔清〕阮元:《山左金石志》卷19《彼岸院敕牒碑》,第47页。
③ 〔清〕阮元:《山左金石志》卷19《沂州普照寺碑》,第41页。
④ 〔清〕阮元:《山左金石志》卷20《济阳县创建宣圣庙碑》,第76页。

卅七字,字径寸余,惜多残剥,为撷其略书之。夫人,济南孙氏之中女也,父列卿光禄大夫、建德亭侯。夫人九岁丧母,父时未有继室。长沙人桓伯序有寡妻伏氏,魏文帝以□妻之,夫人谓父何不以尝同僚辞之。案伯序,桓阶也,《魏志·列传》:桓阶字伯绪,长沙临湘人,碑以"绪"易"序"。《尔雅》:"序,绪也",二字古义皆相通也。《阶传》言:刘表辟为从事祭酒,欲妻以妻妹蔡氏,阶自陈已结婚,拒而不受,因辞疾告退,是当为阶元配。此碑载伏氏年少,似是其继室也。阶身没而遗事可见如此,非惟裴松之未尝掇拾,近如杭大宗《三国志补注》亦未见也。碑言:伯序为侍中,父为侍郎,此为同寮。案《阶传》,魏国初建,为虎贲中郎将、侍中,而夫人之父官侍郎,亦同其时。其后,父历官渤海太守、吏部尚书,侍中则位亦显矣。然史不为立传,碑亦不书名。……①

再如,《山左金石志》卷 12《纪泰山铭》援引武亿《金石续跋》云:

《旧唐书·礼仪志》:《元(玄)宗制纪太山铭》,御书,勒于山顶石壁之上者是也。今以其文与《志》参较,"朕宅位十有四载",石本作"宅帝位";"若涉大川",石本"涉"字下多"于"字;"宰相庶尹",石本"相"作"衡";"礼莫盛于告",石本"礼"字上多"谓"字,"告"字下多"天"字……②

除以上之外,《武氏前石室画象十五石》③、《王无竞墓志残石》④、《黄石公祠记》⑤、《中书侍郎平章事景范神道碑》⑥、《灵岩寺涤公开堂疏碑》⑦等,均录有武亿的跋文。

(三)何元锡

何元锡久居曲阜,后入阮元幕,协助编纂《山左金石志》,出力极多。他不畏劳苦,经常于幽山峻岭中搜访碑石,阮元在《小沧浪笔谈》中对其称

① 〔清〕阮元:《山左金石志》卷8《任城太守孙夫人碑》,第497页。
② 〔清〕阮元:《山左金石志》卷12《纪泰山铭》,第565页。
③ 〔清〕阮元:《山左金石志》卷7《武氏前石室画象十五石》,第477页。
④ 〔清〕阮元:《山左金石志》卷12《王无竞墓志残石》,第562页。
⑤ 〔清〕阮元:《山左金石志》卷13《黄石公祠记》,第580页。
⑥ 〔清〕阮元:《山左金石志》卷14《中书侍郎平章事景范神道碑》,第612页。
⑦ 〔清〕阮元:《山左金石志》卷19《灵岩寺涤公开堂疏碑》,第59页。

赞道:"钱塘何梦华元锡,博洽,工诗文,尤嗜金石,藏弄最富。年逾弱冠,交游遍海内。与黄小松司马同乡,尤深金石之契,山左碑版,半为二君所搜得。最后于孔林外得《永寿残碑》,又于《史晨碑》下截得数十字,及《鲁相碑阴》《竹叶碑》正面,皆旧拓所未见者。"①《永寿残碑》是乾隆五十八年(1793)何元锡于曲阜孔林外偶得,兖州运河司马黄易为此而作《林外得碑图》,阮元赋诗云"却因风木常多病,不为清狂始咏诗。一种闲情谁解得,夕阳林外读碑时"②;"孔林墙外夕阳明,永寿碑酬访古情。我后何君来曲阜,手摩残字得熹平"③。《永寿残碑》后为阮元录载于《山左金石志》卷8中④。关于何元锡"于《史晨碑》下截得数十字"一事,阮元在《山左金石志》中记载:"碑下一层字嵌置趺眼,向来拓本难于句读。自乾隆己酉冬,何梦华将趺眼有字处凿开,于二行下见'崇'字,三行下见'毕'字,四行下见'自'字,五行下见'孝'字,六行下见'明'字,七行下见'归'字,八行下见'祀'字,九行下见'而'字,十五行下见'鲁'字,十六行下见'经'字。"⑤乾隆己酉(1789)冬,何元锡洗涤孔庙诸碑,在对《鲁相碑》与《竹叶碑》清洗后,经过仔细辨认,发现《鲁相碑》后碑比旧拓本多出六字,碑侧剔出唐人题名云"门人徐泗节度掌书记、殿中侍御史、内供奉、赐绯鱼袋杜兼童、子高筼,大唐贞元七年辛未春二月八日",凡四行,"左行碑文存六十六字,较诸家所释为多"⑥。而《竹叶碑》亦多出数字,阮元云:"右碑(指《竹叶碑》,笔者注)向来只见碑阴题名二列,乾隆己酉冬,何梦华洗石精拓,始知阳面有字七行,漫漶殊甚,惟首行第七字是'之',二行第六字是'祖',三行第二字是'造',余皆不可辨矣。"⑦阮元作《何梦华涤碑图》云:"汉碑珍重涤,一字抵千金。尽见史晨迹,还分鲁相阴。挹泉浇竹叶,享帚缚松针。我洗石人二,奇文今可寻。"⑧可见,何元锡的考辨成果均被阮元采纳而编入《山左金石志》中。此外,《山左金石志》中提到为何梦华所搜集的金石资料还有:

---

① 〔清〕阮元:《小沧浪笔谈》卷2,《丛书集成初编》第2599册,中华书局1985年,第42页。
② 〔清〕阮元:《定香亭笔谈》卷2,《丛书集成初编》第2602册,中华书局1985年,第56页。
③ 〔清〕阮元:《小沧浪笔谈》卷2,《丛书集成初编》第2599册,中华书局1985年,第43页。
④ 〔清〕阮元:《山左金石志》卷8《孔君碣》,第483~484页。
⑤ 〔清〕阮元:《山左金石志》卷8《鲁相史晨奏祀孔庙碑》,第486页。
⑥ 〔清〕阮元:《山左金石志》卷8《鲁相谒孔庙残碑》,第488页。
⑦ 〔清〕阮元:《山左金石志》卷8《竹叶碑》,第488页。
⑧ 〔清〕阮元:《小沧浪笔谈》卷2,《丛书集成初编》第2599册,中华书局1985年,第43页。

垂拱铜佛座,"钱唐何梦华元锡得之于曲阜"①;汉日有喜镜,"何元锡拓之于德州钱可庐大昭"②;汉乐无极镜,"何元锡得之于山东"③;晋张尹镜,"何元锡拓之于济宁"④;虫花镜,"何元锡得之于山东"⑤;唐八卦镜,"钱唐何元锡拓之于济宁"⑥,等等。

(四)段松苓

乾隆五十九年(1794)二月,阮元延请段松苓协助纂修《山左金石志》,并于该年五月,"命其访碑于各岳镇,因于岱顶唐摩崖碑下以隶书题名,青州、沂镇、济南、灵岩山亦因访碑题名"⑦。段松苓跋山涉水,风餐露宿,"或舂粮而行,架岩涧水出之,椎脱捆载以归,虽曰山左古迹之多,亦求者之勤,有以致之也"⑧。《益都金石记》卷首朱文藻、武亿所作序文以及段松苓《山左碑目·自序》也都记述了段氏的访碑过程。朱文藻《益都金石记序》云:

> 余初未至济南时,赤亭先偕一拓工,随一童,襆被遍走山左诸郡。至泰安,上泰山;至曲阜,谒孔庙;至长清,游灵岩五峰;至肥城,访郭巨石室;至东阿,访陈思王、黄石公诸碑;至淄川,访李北海碑;而以至临朐沂山仰天洞得赵德父题名四种为最乐,盖从未见于著录者。赤亭性情既与德父合,而德父题名又赖赤亭以复显于世,吾以谓赤亭殆德父后身也。……⑨

武亿《益都金石记序》云:

> 今岁(1794,笔者注)春二月,山东督学使者仪征阮公编录此方金石遗文,属益都段君赤亭为之搜采。君既任其事,由泰安抵济宁,又折而南至于临朐、沂镇,往返千有余里。所至披榛棘,携拓工,手拓数百

---

①〔清〕阮元:《山左金石志》卷3《垂拱铜佛座》,第419页。
②〔清〕阮元:《山左金石志》卷5《汉日有喜镜》,第435页。
③〔清〕阮元:《山左金石志》卷5《汉乐无极镜》,第437页。
④〔清〕阮元:《山左金石志》卷5《晋张尹镜》,第437页。
⑤〔清〕阮元:《山左金石志》卷5《虫花镜》,第438页。
⑥〔清〕阮元:《山左金石志》卷5《唐八卦镜》,第439页。
⑦〔清〕张鉴等撰,黄爱平点校:《阮元年谱》卷1,中华书局1995年,第13页。
⑧〔清〕阮元:《山左金石志·阮元序》,第369页。
⑨〔清〕段松苓:《益都金石记·朱文藻序》,《石刻史料新编》第一辑第20册,新文丰出版公司1977年,第14806页。

纸,及获前人所未及收者又数十本,辇致以归。已而,自出平日所缉乡
邦遗刻,录有成书,上之阮公。……①

段松苓《山左碑目·自序》云:

岁乙卯,昇余搜采志乘,开列其目,札致守土者毡墨邮寄焉。顾山
东碑刻之薮,除泰山、阙里而外,莫多于长清、临朐。而《灵岩志》存亡
兼收,殊觉混淆;《临朐志》更无及碑版之一语。于是,官詹又命余率
拓工亲诣长清,果得碑一百一十九种。又走济宁,偕黄司马易拓武宅
山汉画像。便道过东阿,拓陈思王墓及黄石公祠碑。过肥城,拓孝堂
山郭巨石室汉画及《陇东王感孝颂》,并搜泰山诸刻,亦间出聂剑光
《泰山金石考》。之外,属钱塘江上舍凤彝代董其事。即至淄川,偕高
明经廷谟,访欧阳率更、李北海诸残刻。孟夏,抵临朐,历东镇、仰天诸
山,得天宝以下金石刻百余种。②

由以上序文可知,乾隆五十九年(1794)二月,段松苓受阮元之托,外
出搜采金石遗文。他遍访山左古迹,登泰山,谒孔庙,游灵岩五峰,观郭巨
石室,览陈思王、黄石公、李北海诸碑,得赵明诚题名,摹得拓片数百张,所
获金石资料甚丰,其中不乏很多前人著述未收录者。回来后,段松苓将之
与其平日所辑金石资料汇编成书,交付阮元,阮元悉命采摭,编入《山左金
石志》中。《山左金石志》中指明为段松苓所搜集的金石资料有:父癸彝,
"乾隆辛亥夏,有人得之于临朐柳山寨土中,货之益都贾人,同邑廪生段赤
亭松苓摹拓数纸"③;《仰天山铁范罗汉题字》,"乾隆乙卯,益都段赤亭松苓
访碑拓来,且云此山白云洞有石罗汉数百尊,择其有铭者拓四十八尊来,又
拓来赵德父题名四种"④;汉甘士广母子孙印,"乾隆乙卯,段赤亭得于博
山"⑤;《云门山造象题字十四种》,"以上凡十四种皆段赤亭于乾隆乙卯春

①〔清〕段松苓:《益都金石记·武亿序》,《石刻史料新编》第一辑第20册,新文丰出版公司1977年,第14806页。
②〔清〕段松苓:《山左碑目·自序》,《石刻史料新编》第二辑第20册,新文丰出版公司1979年,第14816页。
③〔清〕阮元:《山左金石志》卷1《父癸彝》,第403页。
④〔清〕阮元:《山左金石志》卷3《仰天山铁范罗汉题字》,第422页。
⑤〔清〕阮元:《山左金石志》卷6《汉甘士广母子孙印》,第448页。

访得者"①;《莲花洞造象题字三十种》,"此亦假赤亭亲至五峰搜得之,皆向未著录者"②;《云门山造象题字七种》,"右造像七种,皆段赤亭亲至云门拓归者"③;《清河郡张夫人墓志铭》,"乾隆癸丑间,县人段赤亭搜得之"④;《三郎君庙残碑》,"乾隆乙卯春,段赤亭访碑泰山,于老君堂始搜得之"⑤;《仰天山应真造像记四十八种》,"乾隆乙卯春,段赤亭同季廉夫访碑至洞,择其题字可辨者拓得四十八种"⑥;《张庆等莲花洞题名》,"乾隆乙卯季夏,段赤亭亲至洞内,与隋末造象记三十种同时拓归"⑦;《仰天山李宁等造象记》,"段赤亭亲至山间拓归者,因并录之"⑧;《青州城门延祐残刻》,"右刻未见拓本,段赤亭云:'碑乃青州城东门将军石也,……'"⑨

三、金石学友及地方官民的提供

阮元督学山左期间,广交山东及寓居山东的金石学家,如曲阜颜崇槼、桂馥,济宁李东琪,巨野李伊晋,钱塘黄易、江凤彝,吴江陆绳,仁和马履泰,阳湖孙星衍等人,皆雅志好古,收藏颇富,为《山左金石志》的编修提供了大量金石资料。此外,《山左金石志》的编修也得到山东各地官民的支持,他们积极响应,纷纷提供自己所藏的金石资料。

(一)颜崇槼

颜崇槼(1741—1811),字运生,号心斋,山东曲阜人。乾隆三十五年(1770)举人。"喜考订金石,兼有墨癖,工书"⑩。同乡好友桂馥云:"吾友颜运生,才士也,穷居无聊,性独好墨。"⑪颜崇槼家藏吉金众多,清人法式善在《颜运生大令》一诗中云:"心斋读书自有乐,陋巷风流恍如昨。吉金

①〔清〕阮元:《山左金石志》卷10《云门山造象题字十四种》,第527页。
②〔清〕阮元:《山左金石志》卷10《莲花洞造象题字三十种》,第532页。
③〔清〕阮元:《山左金石志》卷12《云门山造象题字七种》,第575页。
④〔清〕阮元:《山左金石志》卷13《清河郡张夫人墓志铭》,第600页。
⑤〔清〕阮元:《山左金石志》卷14《三郎君庙残碑》,第604页。
⑥〔清〕阮元:《山左金石志》卷16《仰天山应真造像记四十八种》,第652页。
⑦〔清〕阮元:《山左金石志》卷16《张庆等莲花洞题名》,第659页。
⑧〔清〕阮元:《山左金石志》卷16《仰天山李宁等造象记》,第660页。
⑨〔清〕阮元:《山左金石志》卷23《青州城门延祐残刻》,第137页。
⑩〔清〕震钧:《国朝书人辑略》卷6,《续修四库全书》第1089册,上海古籍出版社2002年,第179页。
⑪〔清〕桂馥:《晚学集》卷7《序记传·颜氏墨考序》,《丛书集成初编》第2518册,中华书局1985年,第187页。

贞石费搜罗,签排函列何其多。"①阮元督学山东期间,与颜崇槼交往密切,经常一起吟诗作赋,切磋学问,探讨金石。阮氏曾赋诗《五日濯缨桥小集迟马秋药前辈小疾不至以诗来即和原韵》,最后两联为:"落日池上饮,赖有颜与段。展读所得碑,石墨光灿灿。"②诗中用小字注释"颜与段"云:"谓颜运生、段赤亭。"在阮元看来,颜崇槼"博学工诗,天性真率,家藏吉金最富。……因阙里邻家巷眼,见千秋法物多"③。《小沧浪笔谈》中多次提到颜崇槼所收藏的金铭器物,如卷3记载"曲阜人掘地得铜器,高寸九分,八觚,觚各阔三分……今在曲阜颜崇槼家"④;"颜运生崇槼藏唐镜,径二寸八分,鼻钮,正书七言绝句一首,曰'月样团圆水样清,好将香阁伴闲身。青鸾不用羞孤影,开匣常如见故人'"⑤等等。《山左金石志》录载了众多颜崇槼提供的金石碑刻,如乙癸钁,"器藏曲阜颜教授崇槼家"⑥;召父彝,"在滕县王氏家,仅见颜教授崇槼拓本"⑦;距末,"器藏颜教授崇槼家"⑧;宋戴公戈,"为颜教授崇槼目睹田夫自曲阜土中掘出者"⑨;君锡汝佐戈,"颜运生崇槼见之于济宁,以拓本寄来"⑩;从戍戈,"曲阜颜崇槼见之于济宁,拓本见寄"⑪;阿武戈,"藏颜运生崇槼家"⑫;建安弩机,"为颜运生家藏拓本摹出"⑬;开皇铜佛像,"曲阜颜运生家藏"⑭;汉宜君镜,"颜运生崇槼家藏"⑮;汉位至三公镜,"颜运生家藏"⑯;汉青盖镜,"颜运生家藏"⑰;龙氏镜,"颜

①〔清〕法式善:《存素堂诗初集录存》卷16《颜运生大令》,《续修四库全书》第1476册,上海古籍出版社2002年,第590页。
②〔清〕阮元:《揅经室集·四集诗》卷2,《丛书集成初编》第2206册,中华书局1985年,第754页。
③〔清〕阮元:《小沧浪笔谈》卷1,《丛书集成初编》第2599册,中华书局1985年,第15页。
④〔清〕阮元:《小沧浪笔谈》卷3,《丛书集成初编》第2600册,中华书局1985年,第62页。
⑤〔清〕阮元:《小沧浪笔谈》卷3,《丛书集成初编》第2600册,中华书局1985年,第72页。
⑥〔清〕阮元:《山左金石志》卷1《乙癸钁》,第402页。
⑦〔清〕阮元:《山左金石志》卷1《召父彝》,第403页。
⑧〔清〕阮元:《山左金石志》卷2《距末》,第409页。
⑨〔清〕阮元:《山左金石志》卷2《宋戴公戈》,第410页。
⑩〔清〕阮元:《山左金石志》卷2《君锡汝佐戈》,第411页。
⑪〔清〕阮元:《山左金石志》卷2《从戍戈》,第411页。
⑫〔清〕阮元:《山左金石志》卷2《阿武戈》,第412页。
⑬〔清〕阮元:《山左金石志》卷2《建安弩机》,第415页。
⑭〔清〕阮元:《山左金石志》卷3《开皇铜佛像》,第418页。
⑮〔清〕阮元:《山左金石志》卷5《汉宜君镜》,第436页。
⑯〔清〕阮元:《山左金石志》卷5《汉位至三公镜》,第436页。
⑰〔清〕阮元:《山左金石志》卷5《汉青盖镜》,第436页。

运生得于曲阜"①；唐青鸾镜，"颜崇槼家藏"②；唐范阳镜，"颜崇槼家藏"③；
汉新昌里印，"为颜教授崇槼所藏"④；汉奉车都尉印，"颜崇槼藏"⑤；晋率
善氏伯长印，"颜崇槼所藏"⑥；唐颜真卿印，"曲阜颜运生家藏"⑦；宋句当
公事之印，"旧藏曲阜颜教授崇槼家"⑧；宋曲阜县酒务记，"旧藏颜教授崇
槼家"⑨；鲁灵光殿砖，"嘉庆元年，颜教授崇槼自灵光殿故址掘得此砖，寄
示拓本"⑩；《孝义隽修罗碑》，"为颜运生教授拓寄"⑪；《仲思那等造硚碑》，
"为颜运生教授拓本"⑫；《曲阜佛象石幢》，"乾隆乙卯春，颜运生教授得于
白杨店，舁入城内"⑬，等等。

（二）桂馥

桂馥（1736—1805），字冬卉，号未谷，山东曲阜人。据道光《济南府
志》记载："其先贵溪人，前明以从征功授尼山卫千户，遂为曲阜人。曾祖
存正，邑庠生。祖枝茂，岁贡考，授州别驾。父正端，恩贡生，候选教谕。"桂
馥少承家学，"于书无不览，尤邃于金石六书之学"。乾隆三十三年
（1768），他以优行贡入国子监，"教习期满，选长山训导，奉委在省，监视泺
源书院，复与济南周书昌振兴文教"。⑭ 周书昌即周永年，二人于济南五龙
潭畔买地创建藉书园（一作"借书园"），"祠汉经师伏生等，聚书其中，招致
来学"⑮ 乾隆五十五年（1790），桂馥中进士，官云南永平县知县，为政宽简，
辖境称治。嘉庆十年（1805）卒于任上，时年七十岁。桂馥善隶书，工篆刻，尤

---

① 〔清〕阮元:《山左金石志》卷5《龙氏镜》，第438页。
② 〔清〕阮元:《山左金石志》卷5《唐青鸾镜》，第439页。
③ 〔清〕阮元:《山左金石志》卷5《唐范阳镜》，第439页。
④ 〔清〕阮元:《山左金石志》卷6《汉新昌里印》，第441页。
⑤ 〔清〕阮元:《山左金石志》卷6《汉奉车都尉印》，第443页。
⑥ 〔清〕阮元:《山左金石志》卷6《晋率善氏伯长印》，第451页。
⑦ 〔清〕阮元:《山左金石志》卷6《唐颜真卿印》，第452页。
⑧ 〔清〕阮元:《山左金石志》卷6《宋句当公事之印》，第453页。
⑨ 〔清〕阮元:《山左金石志》卷7《宋曲阜县酒务记》，第455页。
⑩ 〔清〕阮元:《山左金石志》卷7《鲁灵光殿砖》，第458页。
⑪ 〔清〕阮元:《山左金石志》卷10《孝义隽修罗碑》，第514页。
⑫ 〔清〕阮元:《山左金石志》卷10《仲思那等造硚碑》，第526页。
⑬ 〔清〕阮元:《山左金石志》卷10《曲阜佛象石幢》，第533页。
⑭ 〔清〕成瓘:道光《济南府志》卷38《国朝宦迹六》，《中国地方志集成·山东府县志辑》第2册，凤
　　凰出版社2004年，第223页。
⑮ 〔清〕桂馥:《晚学集》卷7《序记传·周先生传》，《丛书集成初编》第2518册，中华书局1985年，
　　第202页。

潜心于碑版考证。其著述颇多,《说文义证》50 卷、《札朴》10 卷、《晚学集》8 卷①、《缪篆分韵》5 卷、《缪篆分韵补》1 卷、《续三十五举》1 卷、《再续三十五举》1 卷、《重定续三十五举》1 卷②、《历代石经略》2 卷③、《晚学文集》8 卷、《未谷诗集》4 卷④等。《札朴》是桂氏毕生精力荟萃之作,其中"金石文字"、"乡里旧闻"、"滇游续笔"各一卷,对碑版的考订,颇见所长。

阮元与桂馥相识于乾隆五十五年(1790),《小沧浪笔谈》记载了二人相识、相知的过程:"元自出交当世学人,类皆始撷华秀,既穷枝叶,终寻根柢者也。曲阜桂进士未谷,学人也,乾隆庚戌年见之于京师,癸丑年遂常见之于历下。叩其所学者,则固芟华秀,采枝叶以至根柢者也。顾自谓所学者晚,未能治全经,成一家之说。然求之于经史、金石、声音、文字诸大端,皆博观而精核之。"⑤阮元督学山东后,二人来往更加密切,经常会于济南,切磋学问,吟诗作赋。阮元曾赋诗云:"济南亭馆傍湖开,湖上秋风且漫催。万朵荷花五名士,一时齐望使君来。"⑥阮元在诗后对"五名士"注释云:"五人谓马秋药、桂未谷、武虚谷、颜衡斋、朱朗斋。"阮元编修《山左金石志》时,桂馥提供了一些金石资料,如右军戈,"藏桂进士馥家";⑦《云峰山郑道昭题字六种》,"皆桂未谷馥摄掖县教谕时,亲登山巅迹得之⑧。《小沧浪笔谈》对此事亦有记载:"桂未谷摄掖县教谕时,亲至云峰山迹,得郑道昭题字六种:一题'云峰山之左阙也'七字,在东峰,面西;一题'荥阳郑道昭之山门也,于此游止'十三字,在东峰,面北;一题'郑公之所当门石坐也'九字,亦在东峰,面北;一题'此山有九仙之名'七字,在中峰,面西;一题'云峰山之右阙也'七字,在西峰,面东;一题'耿伏奴从驾'五字,在云峰山

---

① 〔清〕阮元:《揅经室集·续二集》卷 2,《丛书集成初编》第 2209 册,中华书局 1985 年,第 63 页。阮元把《晚学集》记为 3 卷,但《续文献通考》、《八千卷楼书目》、《清史稿》等均作 8 卷,而现存道光二十一年(1841)刻本《晚学集》亦为 8 卷,可见阮元记载有误,应为 8 卷。

② 〔清〕丁仁:《八千卷楼书目》卷 3 与卷 11,《续修四库全书》第 921 册,上海古籍出版社 2002 年,第 102、233 页。

③ 〔清〕刘锦藻:《清朝续文献通考》卷 268《经籍考十二》,《续修四库全书》第 819 册,上海古籍出版社 2002 年,第 254 页。

④ 〔清〕刘锦藻:《清朝续文献通考》卷 277《经籍考二十一》,《续修四库全书》第 819 册,上海古籍出版社 2002 年,第 352 页。

⑤ 〔清〕阮元:《小沧浪笔谈》卷 1,《丛书集成初编》第 2599 册,中华书局 1985 年,第 14 页。

⑥ 〔清〕阮元:《揅经室集·四集诗》卷 2,《丛书集成初编》第 2206 册,中华书局 1985 年,第 755 页。

⑦ 〔清〕阮元:《山左金石志》卷 2《右军戈》,第 412 页。

⑧ 〔清〕阮元:《山左金石志》卷 9《云峰山郑道昭题字六种》,第 501 页。

之阴。"①又如,《山左金石志》卷8《任城太守孙夫人碑》后,录有桂馥所撰按跋。②

（三）李东琪

李东琪,生卒年不详,字铁桥,山东济宁人。其家风好古,"以金石之学世其家"③,贮古刻本甚富。其父名鲲,字浩斋,性好金石,雍正六年(1728)曾得《郑固碑》残石于济宁泮池中。④ 李东琪克承父学,远近搜寻古碑,"遇有端倪,即与黄同知易肩舆往向,棒(榛)莽中剗苔剔藓,且模且读"⑤,"搜碑之功最著"⑥。乾隆四十年(1775)夏,李东琪从济宁学宫古树根中得《汉胶东令王君庙门碑》,阮元《小沧浪笔谈》对此事记载道:"《胶东令王君庙门碑》,载洪氏《隶续》,旧存济州,久已亡失。州人李铁桥东琪有金石之癖,一日至学宫,闲步于大成殿西阶下,见有古树根空,以片石楂柱,与树相衔不可脱,疑此石有异,洗之无所有。其内向一面,不可见,探手辨之,觉有文,遂以纸墨摹之,得隶书数十字。稽之洪氏书,即《胶东令碑》也。……铁桥好古善隶,能继家学,得此片石,足为承欢之助,士林中传为美谈。"⑦又如武梁祠画像,在嘉祥县紫云山武氏祠中,宋元以来,掩毁殆尽。乾隆五十一年(1786),李东琪实地考察,搜得武梁祠画像。李东琪与兖州运河同知黄易,"往还莫逆"⑧,同为金石之好,黄易作诗《为李铁桥画扇铭》赞颂二人友情云:"有酒同倾,有碑共赏。谁比交情,竹君石丈。"⑨二人同与阮元过从甚密,并为《山左金石志》的纂修提供了不少资料。李东琪提供的金

①〔清〕阮元:《小沧浪笔谈》卷3,《丛书集成初编》第2600册,中华书局1985年,第85页。
②〔清〕阮元:《山左金石志》卷8《任城太守孙夫人碑》,第498页。
③〔清〕翁方纲:《复初斋文集》卷13《黄秋盦传》,《清代诗文集汇编》第382册,上海古籍出版社2010年,第134页。
④〔清〕阮元:《小沧浪笔谈》卷3,《丛书集成初编》第2600册,中华书局1985年,第83页。
⑤〔清〕震钧:《国朝书人辑略》卷6《李东琪》,《续修四库全书》第1089册,上海古籍出版社2002年,第182页。
⑥〔清〕王昶:《金石萃编》卷20《武梁祠堂画象题字》,《续修四库全书》第887册,上海古籍出版社2002年,第180页。
⑦〔清〕阮元:《小沧浪笔谈》卷3,《丛书集成初编》第2600册,中华书局1985年,第83页。
⑧〔清〕武亿:《授堂文钞·续集》卷10《致伯渊四》,《续修四库全书》第1466册,上海古籍出版社2002年,第168页。
⑨〔清〕黄易:《秋盦遗稿·为李铁桥画扇铭》,《清代诗文集汇编》第408册,上海古籍出版社2010年,第1133页。

石资料,如父巳鬲鼎,"在济宁李铁桥东琪家,以拓本见寄"①;《武氏左石室画象十石》,"乾隆己酉秋,李铁桥等平治祠基时所得"②;《武氏祠东北墓间画象》,"乾隆己酉秋,李铁桥等营治祠基时得之"③;《庐江太守范式碑》,"州人李铁桥竟获原碑残石于学宫"④;《胶东令王君庙门残碑》,"乾隆乙未岁,州人李东琪于学宫松树下掘得之"⑤;《麟台碑》,"此碑李铁桥录寄,未详尺寸"⑥;《录事司新修厅壁记》,"原石已佚,朱朗斋借李铁桥家藏旧拓录之"⑦;《增修济宁路治记》,"原石已佚,朱朗斋从李铁桥家借旧藏拓本录之"⑧,等等。

（四）李伊晋

李伊晋(1737—1804),字退亭,菏泽巨野人。据清人管同撰《举孝廉方正李君墓志铭》记载:其先山西屯留人,十一世祖李纲,迁于山东巨野。曾祖李嗣沆,康熙壬子科(1672)举人。祖父李惟允,信阳训导。父亲李其彭,岁贡生。李伊晋七岁丧母,"哀毁如成人",及其丧父,"号泣于墓者逾祥而后止"。他事继母、庶母如生母,爱异母之弟娣如同母,"乡里以为难"。他初为县学附生,继补廪生,家甚贫,不足于饘粥,"而视之泊如未尝事干谒"。嘉庆元年(1796),朝廷有孝廉方正之选,管同时任兖沂曹道兼摄山东按察使,素知李伊晋,遂与众举之,"君力辞强而后可"。至嘉庆九年(1804)六月四日,病卒,时年六十八岁。李伊晋"通经学,而尤嗜古碑文,《山左金石志》君与修焉"⑨。李伊晋是否参与了《山左金石志》的纂修,值得商榷,但书中编录了其所提供的金石资料,这是不争的事实。如《山左金石志》卷10《卜道权等造象记》跋云:

> 河清二年立,正书,碑高三尺六寸,广一尺二寸,上圆下方,在巨

---

① 〔清〕阮元:《山左金石志》卷1《父巳鬲鼎》,第402页。
② 〔清〕阮元:《山左金石志》卷7《武氏左石室画象十石》,第483页。
③ 〔清〕阮元:《山左金石志》卷7《武氏祠东北墓间画象》,第483页。
④ 〔清〕阮元:《山左金石志》卷8《庐江太守范式碑》,第496页。
⑤ 〔清〕阮元:《山左金石志》卷8《胶东令王君庙门残碑》,第496页。
⑥ 〔清〕阮元:《山左金石志》卷13《麟台碑》,第582页。
⑦ 〔清〕阮元:《山左金石志》卷23《录事司新修厅壁记》,第136页。
⑧ 〔清〕阮元:《山左金石志》卷24《增修济宁路治记》,第155页。
⑨ 〔清〕管同:《因寄轩文初集》卷9《举孝廉方正李君墓志铭》,《续修四库全书》第1504册,上海古籍出版社2002年,第453页。

野县西南五十里甘泉寺。右碑额间题"大齐河清二年岁次癸未□□□□□像一伛",凡四行,两旁尚有字迹,磨泐难辨。下刻姓氏三列,亦多剥蚀。州人李退亭伊晋云:"此碑三面俱镌佛象,阳文隆起,镂刻极细,两侧佛空处字若篆隶,碑阴字凡十行,率多模糊。明时土人耕地得之,久弃道旁,多致损毁,后建寺于成化二年,始移立今所云。"①

虽然跋文中没有明确指出该碑为李伊晋提供,但是从阮元对李伊晋详细描述的转引中,我们可以断定《卜道权等造象记》为李伊晋目睹并提供给阮元的。同样又如《济州刺史任公屏盗碑》跋称:"巨野诸生李伊晋云:此碑有额,题'任公屏盗之碑'六字,碑阴题职官人名数列,拓者皆遗之。"②

(五) 黄易

黄易(1744—1802),字大易,号小松,又号秋盦,别署秋影庵主、散花滩人等,浙江仁和(今杭州)人。他精究河防事宜,出仕东河,历县倅,分刺东平,擢兰仪同知,前后两任兖州府运河同知。"君官河堰二十年,凡堤埽大工,闸门蓄泄,每伏汛、秋汛,昼夜殚力捍御,兑漕趱运诸务,筹划备至"③。其父黄树谷,称松石先生,工篆隶,通金石。黄易幼承家学,能诗、工书、善画、精篆刻,与丁敬、蒋仁、奚冈齐名,合称为"西泠四家"。阮元对黄易的篆刻极为赞赏:"书画篆隶,为近人所不及。……小松为丁敬身先生高弟,篆隶铁笔,实有过蓝之誉。尝谓刻印之法,当以汉人为宗,萃金石刻之精华,以佐其结构,不求生动而自然生动矣。又谓'小心落墨,大胆奏刀',二语可为刻印三昧。"④黄易精于博古,尤长于金石之学,四处访碑,足迹半天下。黄氏的访碑活动,实际上正与其水利河防工作密切相关,他于兖州府运河同知任上,为治理河防,遍查运河两岸县志和水系图,亲自勘查运河西岸河防状况及河道疏浚情况,深入研究黄泛区河道排水泄洪与运河的关系,这就要求他必须深入了解当地地理环境及水利沿革、历史人文等情况,

---

① 〔清〕阮元:《山左金石志》卷10《卜道权等造象记》,第514页。
② 〔清〕阮元:《山左金石志》卷14《济州刺史任公屏盗碑》,第610页。
③ 〔清〕翁方纲:《复初斋文集》卷13《黄秋盦传》,《清代诗文集汇编》第382册,上海古籍出版社2010年,第134页。
④ 〔清〕阮元:《小沧浪笔谈》卷2,《丛书集成初编》第2599册,中华书局1985年,第53页。

这对于其访碑工作极为有益。① 清人翁方纲在《复初斋文集》中有《黄秋盦传》，对黄易的金石搜访活动有所记载：

> 君精于金石六书之学，自欧阳、赵、洪所未见者，皆著于录。尝手自钩摹汉魏诸碑，附以题跋，开雕成帙，曰《小蓬莱阁金石文字》，又有《小蓬莱阁碑目》。……君在济宁升起《郑季宣》全碑，于曲阜得《熹平二年残碑》，于嘉祥之紫云山得《武斑碑》、《武梁祠堂石室画像》。适扬州汪氏所藏古拓《武梁像册》归君斋，此册自竹垞、衍斋、查田诸老辈，往复鉴赏，几疑世久无此石矣，一旦君乃兼得之。于是敬移《孔子见老子像》一石于济宁州学，而萃其诸石，即其地筑室砌石，榜曰"武氏祠堂"，立石以记之。君北抵燕赵，南游嵩洛，又四方嗜古之士所得奇文古刻，无不就正于君，以是所蓄金石甲于一时，皆不及缕数，而述其一二大者于此。君每得一旧迹，眸色炯溢颧频间。又多蓄汉印、诸吉金杂器物款识，摩挲终日不去手。②

黄易富有金石收藏，"收金石刻至三千余种，多宋拓旧本，钟鼎彝器钱镜之属，不下数百"③。他交游甚广，与同有金石之志的翁方纲、朱筠、张埙、宋葆淳、孔继涵、李东琪、李克正等人来往密切。阮元出任山东学政后，黄易又得以与阮元及其幕中好古嗜学之士交流切磋。阮元每过任城，"必留连竟日不忍去"④。黄易的著作颇多，绘有《访碑图》，著有《小蓬莱阁金石文字》、《小蓬莱阁金石目》，辑有《黄氏秦汉印谱》、《种德堂集印》，另外还有《秋盦遗稿》、《小蓬莱阁诗钞》传世。阮元编修《山左金石志》，采录了黄易的前期著录成果，"兖、济之间，黄小松司马搜辑先已赅备"⑤，"山左碑版，半为二君（何梦华、黄易，笔者注）所搜得"⑥。《山左金石志》中载录了大量黄易搜得的金石资料，见下表：

①朱琪：《黄易的生平与金石学贡献》，《重振金石学国际学术研讨会论文集》，西泠印社出版社 2010 年 8 月。

②〔清〕翁方纲：《复初斋文集》卷 13《黄秋盦传》，《清代诗文集汇编》第 382 册，上海古籍出版社 2010 年，第 134 页。

③〔清〕阮元：《小沧浪笔谈》卷 2，《丛书集成初编》第 2599 册，中华书局 1985 年，第 53 页。

④〔清〕阮元：《小沧浪笔谈》卷 2，《丛书集成初编》第 2599 册，中华书局 1985 年，第 53 页。

⑤〔清〕阮元：《山左金石志·阮元序》，第 368 页。

⑥〔清〕阮元：《小沧浪笔谈》卷 2，《丛书集成初编》第 2599 册，中华书局 1985 年，第 42 页。

金石名称	所在卷数	资料依据
亚爵	卷1	"右亚爵,黄司马易得于济宁"。(P.401)
养鬲	卷1	"黄司马易见于济宁,拓本以寄"。(P.405)
邾戈	卷2	"此戈为黄司马所藏"。(P.411)
陉字戈	卷2	"济宁黄司马拓以贻元"。(P.412)
天水剑	卷2	"钱唐黄司马易购于济宁"。(P.412)
长宜子孙钩	卷2	"黄司马得之于济宁"。(P.413)
铃二口	卷2	"黄司马易得之于济宁"。(P.413)
鹭鱼洗	卷2	"藏黄司马家"。(P.414)
永初铜洗	卷2	"黄司马见于济宁者"。(P.414)
宜子孙铎	卷2	"黄司马易得之于济宁"。(P.415)
铜炉	卷3	"右铜香炉黄司马易得于济宁"。(P.417)
永昌椎	卷3	"济宁黄司马易得一铜器,拓本见贻"。(P.417)
武平铜佛	卷3	"佛藏济宁黄司马处"。(P.418)
开皇铜佛	卷3	"右铜佛像黄司马得于济宁"。(P.418)
仁寿铜佛像	卷3	"黄司马得于济宁"。(P.418)
天宝造像铜碑	卷3	"黄氏得于济宁,今藏兖州司马黄易家"。(P.420)
汉尚方十二辰镜	卷5	"以下十八①镜皆黄小松易得之于济宁"。(P.433)
汉许氏四神镜	卷5	见上(P.434)
汉尚方四神镜	卷5	见上(P.434)
汉马氏龙虎镜	卷5	见上(P.434)
汉宜官镜	卷5	见上(P.434)
汉四神镜	卷5	见上(P.434)
汉白圭镜	卷5	见上(P.434)
汉四灵镜	卷5	见上(P.435)
汉长宜子孙镜	卷5	见上(P.435)
汉延年益寿镜	卷5	见上(P.435)
汉众神镜	卷5	见上(P.435)

①阮元所云"十八"有误,应为"十五"。

金石名称	所在卷数	资料依据
汉蝙蝠镜	卷5	见上（P.435）
汉长宜子孙镜	卷5	见上（P.435）
汉位至三公镜	卷5	见上（P.435）
汉位至三公镜	卷5	见上（P.435）
汉位至三公镜	卷5	见上（P.435）
汉游浮镜	卷5	"黄小松易得之于济宁"。（P.436）
汉王母镜	卷5	"黄小松拓于济宁"。（P.437）
孙氏镜	卷5	"黄小松拓于济宁"。（P.438）
唐临池镜	卷5	"黄小松易拓于济宁"。（P.440）
汉孔霸印	卷6	"黄司马易得于济宁"。（P.445）
汉郑崇私印	卷6	"黄司马易得之于济宁"。（P.446）
汉孔少子印	卷6	"黄司马易得于济宁"。（P.447）
武梁石室画象三石	卷7	"乾隆丙午秋,黄司马小松于嘉祥县南武宅山下搜得《武斑碑》及武氏二阙,既又得武氏祠诸象"。（P.470）
武氏石室祥瑞图二石	卷7	"小松云:'此刻石背若瓦脊,是为石室之顶,其面题刻可以仰观。'"（P.472）
武氏前石室画象十五石	卷7	"右武氏前石室画十五石,黄小松以始获时在武梁画象之前,即定为前石室"。（P.477）
武氏后石室画像十石	卷7	"右武氏后石室画象十石亦黄小松所得"。（P.479）
汶上西乡关帝庙画象四石	卷8	"右画象四石,黄小松司马于乾隆乙卯夏遣工拓得"。（P.494）
汶上城垣画象二石	卷8	"黄小松司马遣拓工访得"。（P.494）
食斋祠园	卷8	"嘉庆丙辰仲夏,黄小松司马自济宁拓寄。"（P.495）
卫尉卿衡方碑	卷8	《山左金石志》卷八收录此碑（P.485）,但没有说明其来源,而《小沧浪笔谈》卷三云:"汉建宁元年《衡方碑》,在汶上县西南十五里平原郭家楼前。……黄小松司马近始拓之,足以傲对前人矣。"（P.80~81）
郑道昭论经书诗刻	卷9	"此碑从黄小松处录寄,未详尺寸"。（P.500）

金石名称	所在卷数	资料依据
云峰山郑道昭题字六种	卷9	"此刻亦从小松处录寄,未详尺寸"。(P.501)
比邱道朏造象记	卷10	"在黄小松司马处,……小松云得于正定友人"。(P.512)
薛匡生造象记	卷10	"乾隆癸丑夏,黄小松司马得于本寺塔座内"。(P.517)
尖山摩崖十种	卷10	"此与后一石皆从黄小松处借录"。(P.522)
公孙文哲等造象碑	卷10	"此种亦黄小松录寄"。(P.523)
水牛山佛经摩崖	卷10	"右碑黄小松录寄"。(P.524)
匡喆刻经颂	卷10	"嘉庆丙辰夏,黄小松司马录寄新拓全本"。(P.524)
□□遵妻造象题字	卷10	"乾隆壬子,运河司马黄小松访得"。(P.525)
大业砖文	卷10	"黄小松司马得于济宁乡中"。(P.529)
晋阳山摩崖残字	卷10	"黄小松司马于乾隆癸丑五月,与薛子岫等题字同时拓得"。(P.532)
薛子岫等摩崖题字	卷10	见上(P.532)
梁王墓题字	卷10	"右拓本从黄小松处录寄"。(P.532)
晋阳府君精舍碑	卷11	"黄小松司马于乾隆戊申六月过此山搜得之"。(P.551)
张万迪等心经石幢	卷13	"黄小松影摹寄赠"。(P.588)
南记砖文	卷13	"黄小松得其一,以拓本寄赠"。(P.601)
观音经石刻	卷16	"右碑自黄小松处借录"。(P.656)
重修炳灵王庙碑	卷20	"此碑未见拓本,自黄小松司马处录寄"。(P.65)

(六)江凤彝

江凤彝,生卒年不详,字秬香,钱塘(今杭州)人,嘉庆三年(1798)举人。他"工汉人隶法,楷书亦深于唐人"①,清人钱泳曾云:"浙江有黄小松司马及

---

① 〔清〕陈文述:《颐道堂文钞》卷7《晋任城太守夫人孙氏碑书后》,《续修四库全书》第1505册,上海古籍出版社2002年,第658页。

江枟香孝廉,皆能以汉法自命者,而学者自此日益盛云。"①其父江清,曾为泰安令,"令泰安时,多惠政,山左金石蒐考殆遍,藏数千卷"②。受父亲影响,江凤彝对金石之学也有着浓厚的兴趣,碑版收藏甚富。乾隆五十八年(1793),他在新泰新甫山下张孙庄的草莽中访得《晋任城太守夫人孙氏之碑》,一时为乾嘉学人所重视,因为"山左金石汉魏尚多,而西晋绝少,且隶法觚棱觚楔,辛楯(楣)比之《范式》,渊如拟之《王基碑》。额篆书,绝似皇象书《天发神谶碑》,尤为可宝"③。此碑初拓本由黄小松释文,钱大昕、王昶、孙星衍、武亿、桂馥、洪亮吉、王引之、伊秉绶、陈鹤寿、翁方纲、阮元等名流亦有题记。清代学者顾广圻赋诗《题江枟香新甫得碑图次原韵》云:"泰始遗碑天下少,羡君独得任城铭。翁黄谓覃溪、小松创见心先折,欧赵重生眼亦惊。著录平津能叶扫《金石萃编》载此,孙渊如曾校而正之,披图新甫但云横。墨林一把灵光臂,剩我横增暴富情。"④《晋任城太守夫人孙氏之碑》在乾嘉学界影响之大,于此诗可见其一斑。此碑今存泰安岱庙,与《郙休碑》、《太公望表》,并称"晋代三大丰碑"。

江凤彝与阮元交往甚密,为《山左金石志》的编修提供了不少碑刻资料。《山左金石志》中所收录的唯一晋碑,即《晋任城太守夫人孙氏之碑》,便由江凤彝拓寄。对此,阮元称:"乾隆癸丑,钱塘江枟香凤彝,在新泰张孙庄得《西晋任城太守孙夫人碑》。……枟香笃古好奇,宜其获此,然尤喜补予《金石志》所未备,以此策勋,当推第一也。"⑤除《晋任城太守夫人孙氏之碑》外,《山左金石志》中为江凤彝所提供的碑刻资料还有:《孝堂山画像》,"以上石室画象凡十幅,皆前泰安令江君清次子凤彝亲至祠下手榻以归,并绘图记之"⑥;《宁阳造像残碑》,"江枟香搜得拓寄,向未见于著录也"⑦;《孝堂山石柱题字五种》,"皆江枟香录寄"⑧,等等。

---

① 〔清〕钱泳:《履园丛话》卷11(上)《隶书》,中华书局1979年,第286页。
② 〔清〕阮元、杨秉初:《两浙𫐓轩录补遗》卷7《江清》,《续修四库全书》1684册,上海古籍出版社2002年,第662页。
③ 〔清〕陈文述:《颐道堂文钞》卷7《晋任城太守夫人孙氏碑书后》,《续修四库全书》第1505册,上海古籍出版社2002年,第658页。
④ 〔清〕顾广圻:《思适斋集》卷3《诗·题江枟香新甫得碑图次原韵》,《清代诗文集汇编》第482册,上海古籍出版社2010年,第671页。
⑤ 〔清〕阮元:《小沧浪笔谈》卷3,《丛书集成初编》第2600册,中华书局1985年,第84页。
⑥ 〔清〕阮元:《山左金石志》卷7《孝堂山画像》,第461页。
⑦ 〔清〕阮元:《山左金石志》卷12《宁阳造像残碑》,第571页。
⑧ 〔清〕阮元:《山左金石志》卷13《孝堂山石柱题字五种》,第588页。

（七）陆绳

陆绳（？—1821），字直之，号古愚，江苏吴江（今苏州吴江）人。其父陆耀，字朗夫，乾隆壬申（1752）顺天举人，历任户部郎中、登州知府、济南知府、运河道山东按察使、布政使、湖南巡抚等职。陆绳为陆耀次子，嗜好金石，与阮元为金石好友。阮元曾云，"予至山左，与公（陆耀，笔者注）次嗣古愚绳为金石文字交"①，"古愚秉承家学，隶书直追汉人。流寓潭西精舍，所交皆四方名士，尤喜金石刻，尝跨蹇驴，宿春粱，遍游长清、历城山岩古刹，搜得神通寺造象题字十八种及灵岩寺诸小石记百余种，皆以祂予纂录，搜奇之勤，莫能过此。又尝刻金石款识，列为屏幅，用砑蜡法，较之毡拓施墨者，既速且易，亦巧思也"②。陆绳绘有《游艺轩吉金图识》，多列古钱，如刀布、钱范之类。《山左金石志》中收录有陆绳搜罗到的金石资料，如公子戈，"吴江陆直之绳得于济南"③；开元郑氏铜佛座，"吴江陆古愚绳得于山东"④；开元十八年铜佛座，"吴江陆古愚绳得于济南"⑤，等等。

（八）马履泰

马履泰（1746—1829），字叔安，一字定民，号菽庵，又号秋药，仁和（今杭州）人。乾隆五十二年（1787）进士，由刑部郎中考选山西道御史，累官至太常寺少卿。⑥ 他是清代著名书法家，"性潇洒，工诗画，善谐谑，爱花木，嗜生果"，所交皆一时名流，与著名书法家梁同书友善，"书宗唐人，古劲似李北海"⑦。马履泰著有《秋药庵诗集》8 卷⑧，还有《鸣和集》1 卷与《八十一吟》1 卷，为其及婿锁成、子庆孙、怡孙同撰⑨。

马履泰曾主讲于济南泺源书院，与桂馥、颜崇榘及阮元幕中诸学士，

① 〔清〕阮元：《小沧浪笔谈》卷 1，《丛书集成初编》第 2599 册，中华书局 1985 年，第 23 页。

② 〔清〕阮元：《小沧浪笔谈》卷 1，《丛书集成初编》第 2599 册，中华书局 1985 年，第 24 页。

③ 〔清〕阮元：《山左金石志》卷 2《公子戈》，第 412 页。

④ 〔清〕阮元：《山左金石志》卷 3《开元郑氏铜佛座》，第 419 页。

⑤ 〔清〕阮元：《山左金石志》卷 3《开元十八年铜佛座》，第 419 页。

⑥ 〔清〕黄叔璥：《国朝御史题名·马履泰》，《续修四库全书》第 751 册，上海古籍出版社 2002 年，第 347 页。

⑦ 〔清〕震钧：《国朝书人辑略·马履泰》卷 6，《续修四库全书》第 1089 册，上海古籍出版社 2002 年，第 188 页。

⑧ 〔清〕刘锦藻：《清朝续文献通考》卷 279《经籍考二十三》，《续修四库全书》第 819 册，上海古籍出版社 2002 年，第 371 页。

⑨ 〔清〕丁仁：《八千卷楼书目》卷 19《集部》，《续修四库全书》第 921 册，上海古籍出版社 2002 年，第 380 页。

"常相燕集于大明湖,阮公刊石纪之"①。一时间,阮元、马履泰、武亿、桂馥、颜崇槼、朱文藻、何元锡等人齐聚大明湖小沧浪亭,联诗论学。马履泰与阮元等人论学广博,其中金石学为重要论题之一。如乾隆六十年(1795)八月初五日,阮元约马履泰、朱文藻、武亿等名士在积古斋共同研讨金石碑版,次日一早,大家不约而同派使者骑马传诗,以记录昨日之游,如此往来十余次,连马仆都换了三拨,这才共同创作出了《集积古斋纪事传笺联句》一诗。②马履泰亦有金石收藏之趣,如其好友桂馥称:"马秋药比部得一铜铎,修六寸三分,口狭而横侈,体薄而声浊。"③《山左金石志》录载了一些马履泰所收藏的金石器物,如鲁公鼎,"器为钱塘马比部秋药履泰得于东昌,携至济南泺源书院"④;伯吕皇父鼎,"钱唐马比部履泰得于济南"⑤,等等。

(九)孙星衍

孙星衍(1753—1818),字渊如,号伯渊,又号芳茂山人,阳湖(今江苏武进)人,是清代著名的经学家、金石学家、校勘家、藏书家。据阮元所撰《山东粮道渊如孙君传》记载:孙星衍于乾隆五十二年(1787)中进士,授翰林院编修,充三通馆校理,后历任刑部主事、山东兖沂曹济道、山东督粮道、山东登青莱道、山东布政使等职。嘉庆十六年(1811)引疾归,此后主讲诂经精舍、钟山书院。孙星衍年少时与无锡杨芳灿,同里洪亮吉、黄景仁以文学见长,袁枚称其为"天下之奇才也",但他"不欲以诗名,深究经史、文字、音训之学,旁及诸子百家,皆心通其义"⑥。孙星衍性好聚书,"闻人家藏有善本,借抄无虚日"⑦。他藏书极富,家有藏书楼,名"平津馆",以校勘精审著称,并编有《孙氏家藏书日》。孙星衍博览群书,勒于著述,有《周易集解》

---

①〔清〕张绍南:《孙渊如先生年谱》卷上,缪氏艺风堂抄本。

②〔清〕阮元:《小沧浪笔谈》卷1《集积古斋纪事传笺联句》,《丛书集成初编》第2599册,中华书局1985年,第7页。

③〔清〕桂馥:《札朴》卷8《金石文字》,《续修四库全书》第1156册,上海古籍出版社2002年,第154页,

④〔清〕阮元:《山左金石志》卷1《鲁公鼎》,第402页。

⑤〔清〕阮元:《山左金石志》卷1《伯吕皇父鼎》,第402页。

⑥〔清〕阮元:《揅经室集·二集》卷3《山东粮道渊如孙君传》,《丛书集成初编》第2202册,中华书局1985年,第402~408页。

⑦〔清〕阮元:《揅经室集·二集》卷3《山东粮道渊如孙君传》,《丛书集成初编》第2202册,中华书局1985年,第408页。

10 卷、《尚书今古文注疏》30 卷、《集古文尚书马郑王注》10 卷、《平津馆藏书记》3 卷、《孙氏家藏书目内编》4 卷、《魏三体石经残字考》1 卷、《寰宇访碑录》12 卷、《平津馆金石萃编》20 卷,等等。① 总之,孙星衍一生编著、校勘无数,为中国古代文化的发展与传承发挥了极大的作用。

孙星衍精研金石之学,广为搜访金铭石刻,对获得的金石拓本,靡不考其源委。他在乾嘉学界极为活跃,结交广泛,与王昶、钱大昕、翁方纲、邢澍、阮元、黄易、武亿等金石学家关系密切。孙星衍与阮元既同出朱珪之门,又都在山左任职,而且志向相投,于金石均情有独钟,故二人友情极为深厚。阮元曾在《山东粮道渊如孙君传》中谈及与孙星衍的友情云:“元与君丙午同出朱文正公之门,学问相长,交最密。知君性诚正,无伪言伪行,立身行事,皆以儒术。”②乾隆六十年(1795)八月初,阮元闻孙星衍将赴山东观察兖沂曹济道任,即与朱文藻、桂馥、武亿、颜崇榘、马履泰等五人会集于济南大明湖小沧浪亭赋诗,期盼孙星衍尽快来山东上任,其诗云:“济南亭馆傍湖开,湖上秋风且漫催。万朵荷花五名士,一时齐望使君来。”③阮元访得秦二世琅邪台刻石后,便将拓片寄给了孙星衍,其《题二世琅邪台石刻》诗曰:“我求秦石刻,若秦之求仙。……更思寄同好,南北翁孙钱。”阮元在诗后用小字注释“翁孙钱”为“覃溪阁学、渊如比部、辛楣宫詹”。④ 其中“渊如比部”即为孙星衍。孙星衍为阮元编修《山左金石志》提供了许多金石资料,如伯休彝,“为乾隆乙卯十月廿四日孙观察渊如所藏,拓此铭词并作释文以寄”⑤;楚良臣余义钟,“为孙渊如观察所藏,拓铭文并释文寄元”⑥;析子觚,“亦孙渊如观察所藏”⑦;《栖霞寺造象钟经碑》,“孙渊如观察于嘉庆丙辰访得拓寄”⑧,等等。

---

① 〔清〕阮元:《揅经室集·二集》卷3《山东粮道渊如孙君传》,《丛书集成初编》第 2202 册,中华书局 1985 年,第 408 页。
② 〔清〕阮元:《揅经室集·二集》卷3《山东粮道渊如孙君传》,《丛书集成初编》第 2202 册,中华书局 1985 年,第 408 页。
③ 〔清〕阮元:《揅经室集·四集诗》卷 2《柬孙渊如同年》,《丛书集成初编》第 2206 册,中华书局 1985 年,第 755 页。
④ 〔清〕阮元:《小沧浪笔谈》卷 3,《丛书集成初编》第 2600 册,中华书局 1985 年,第 76 页。
⑤ 〔清〕阮元:《山左金石志》卷1《伯休彝》,第 405 页。
⑥ 〔清〕阮元:《山左金石志》卷2《楚良臣余义钟》,第 409 页。
⑦ 〔清〕阮元:《山左金石志》卷2《析子觚》,第 410 页。
⑧ 〔清〕阮元:《山左金石志》卷11《栖霞寺造象钟经碑》,第 548 页。

(十)地方官民的提供

《山左金石志》的编修,还得到山东地方官民的资料支持,正如阮元在《山左金石志序》中所云:"各郡守、州牧、县令、学博、生徒之以拓本见投欲编入录者,亦日以聚。"[①]如宝旅鼎,"在滕县诸生徐缙文家,拓本见寄"[②];汉日有熹镜,"乾隆乙卯孟冬,潍县令庄述祖拓寄"[③];《省堂寺残碑》,"为州牧许绍锦访得,以州境僻远,拓工难觅,手录此文寄予"[④];《资福寺舍利石椁题记》,"为夏津令蒋棣觅得,录以见贻"[⑤],等等。

四、对已有金石编著的采录

在《山左金石志》之前,已有学者对山东区域范围的金石碑刻进行编著,正如钱大昕所云:"近时,黄小松、李南涧、聂剑光、段赤亭辈,虽各有编录,只就一方,未赅全省"[⑥]。黄小松即黄易,李南涧即李文藻,聂剑光即聂鈫,段赤亭即段松苓,他们都有金石编著,但均未涵盖山东一省。如李文藻的《益都金石考》、《诸城金石考》与《历城金石考》收录、考证了益都县(今山东青州)、诸城县与历城县的金石碑刻,聂鈫《泰山金石志》收录了泰山地区的金石碑刻,段松苓《益都金石记》收录了益都县的金石碑刻。阮元编修《山左金石志》时,从聂鈫《泰山金石志》、段松苓《益都金石记》等已有金石编著中采录了许多金石资料,正如阮元《山左金石志序》所云:"肥城展生员文脉家有聂剑光鈫《泰山金石志》稿本,赤亭亦有《益都金石志稿》,并录之得副墨。"[⑦]此外,《山左金石志》还对王毅《莲湖集古铜印谱》、孔广燏《古印初集》等予以采录。下面,就《山左金石志》对已有金石编著的采录情况做一简要介绍。

(一)聂鈫及其《泰山金石志》、《泰山道里记》

聂鈫(1715—1790),字剑光,泰安人。青年时期,曾任县中小吏,不久去职,隐居泰山山麓。他性嗜山水胜迹,遍游泰山、徂徕、灵岩等山,尤喜金

---

①〔清〕阮元:《山左金石志·阮元序》,第369页。

②〔清〕阮元:《山左金石志》卷1《宝旅鼎》,第403页。

③〔清〕阮元:《山左金石志》卷5《汉日有熹镜》,第436页。

④〔清〕阮元:《山左金石志》卷11《省堂寺残碑》,第548页。

⑤〔清〕阮元:《山左金石志》卷15《资福寺舍利石椁题记》,第620页。

⑥〔清〕阮元:《山左金石志·钱大昕序》,第367页。

⑦〔清〕阮元:《山左金石志·阮元序》,第368页。

石,"岩谷险阻,向有题刻,惜为苔蔽莫辨者,近乃竖梯亲加刮摩以核之"①。其痴心金石,于此可见一斑。聂鈫历三十余载,风雨寒暑,不惮烦劳,复访诸村老,参考群籍,著有《泰山金石志》、《泰山道里记》等书。

　　《泰山金石志》又名《泰山金石考》,共 6 卷,未曾刊行,仅有稿本流传,今已不可复见,仅有少量佚文录存于《岱览》、《泰山志》等书中。近人王价藩曾辑补此书,收录在民国《泰山丛书》甲集中。阮元编修《山左金石志》时,从《泰山金石志》中征引了一些金石资料,这毋庸置疑。然而,《山左金石志》中仅有一次提到《泰山金石志》,即《山左金石志》卷 14《冥福寺陀罗尼经幢》跋云:"无年月,正书,幢高八尺八寸,在泰安县冥福寺天王殿前。……聂剑光《泰山金石考》以天福二幢录入后晋,此幢附五代末,今从之。"②与此形成鲜明对比的是,书中却多次征引聂鈫的另一史志《泰山道里记》。《泰山道里记》不分卷,全书一册,乾隆三十八年(1773)成书,同年,由杏雨山堂刊刻,另有光绪四年(1878)重刊本。聂鈫称此书云:"余又谓山水从金石中见,金石自山水中来。今是编既出,犹有《泰山金石考》六卷,凡历代遗迹、碑制方向及间有断缺者,须分别存佚,各为跋语剖晰以注之。"③该书记录了泰山山脉、道路、名胜古迹等,正如阮元所云:"近时聂剑光鈫《泰山道里记》载泰山道路碑石,旁及徂徕、灵岩诸山亦甚详,皆游箧中不可少之书。"④《山左金石志》中多处采引《泰山道里记》的金石资料,下面试举两例:

　　《山左金石志》卷 7《泰山石刻》跋云:

　　　　聂剑光鈫《泰山道里记》云:"秦篆刻石先是在岳顶玉女池上,后移置碧霞元君祠之东庑。石高四尺,四面广狭不等,载始皇铭辞及二世诏书,世传为李斯篆字,径二寸五分,宋人刘跂亲为摩拓,得字二百二十有三。近年,摹本仅存'臣斯'以下二十九字,末有明北平许□隶书跋。乾隆五年庙灾,碑遂亡。"⑤

　　我们不妨看看聂鈫《泰山道里记》的原文记载:

---

① 〔清〕聂鈫:《泰山道里记》,《丛书集成初编》第 3002 册,中华书局 1985 年,第 1 页。
② 〔清〕阮元:《山左金石志》卷 14《冥福寺陀罗尼经幢》,第 613 页。
③ 〔清〕聂鈫:《泰山道里记》,《丛书集成初编》第 3002 册,中华书局 1985 年,第 57 页。
④ 〔清〕阮元:《小沧浪笔谈》卷 4,《丛书集成初编》第 2600 册,中华书局 1985 年,第 102 页。
⑤ 〔清〕阮元:《山左金石志》卷 7《泰山石刻》,第 457 页。

又旧有秦篆刻石,先是在玉女池上,后移置祠之东庑。其石高四尺,四面广狭不等,载始皇铭辞及二世诏书,世传为李斯篆字,径二寸五分,宋人刘跂亲为摩拓,得字二百二十有二。近数年前,摩本仅存"臣斯"以下二十九字,末有明北平许□隶书跋。乾隆五年庙灾,是碣瘗置失所。①

又如《山左金石志》卷 15《御制谢天书述功德碑》跋云:

聂剑光《泰山道里记》云:"是碑有二,一勒山下,所谓阴字碑也。一勒山上,在唐磨崖碑之东,字径二寸,明嘉靖间俗吏鄞人汪坦大书题名,又汝南人翟涛题名及书'德星岩'三字并镵盖于上,每行毁三四十字不等,尚有字句可读。篆额'登泰山谢天书述二圣功德之铭'十三字,完好如初。"②

同样,我们再对照《泰山道里记》对此碑的记载:

唐磨崖东为宋磨崖碑,真宗《述功德铭》磨勒于上。高二丈六尺,宽一丈一尺六寸,额高二尺八寸,宽五尺五寸。大中祥符元年十月御制,正书,并篆额。是碑有二,一勒山上,一勒山下城南。其勒山下者,所谓阴字碑也。其勒山上者,文字径二寸,额字径八寸,明嘉靖间鄞人汪坦大书东安邵鸣岐等题名一则;又安阳人翟涛奉当事僚友同游,引汉陈、荀诸贤之象(聚),太史以德星奏一事自为题名,复书"德星岩"三大字,并镵盖以(于)上。每行约毁三四十字,下截尚有字句可读,共得字二百二十有五。篆额"登泰山谢天书述二圣功德之铭"十三字,完好如初。③

以上通过对《山左金石志》与《泰山道里记》的比照,可以看出阮书对聂书内容大体予以征引,只不过字句表达稍有变化。同时,也存有一些征引错误,如聂书为"宋人刘跂亲为摩拓,得字二百二十有二",而阮书则变成了"宋人刘跂亲为摩拓,得字二百二十有三";聂书为"安阳人翟涛奉当事僚友同游……",阮书则变成了"汝南人翟涛题名及书'德星岩'三字并镵盖于上"。

---

① 〔清〕聂钦:《泰山道里记》,《丛书集成初编》第 3002 册,中华书局 1985 年,第 17 页。
② 〔清〕阮元:《山左金石志》卷 15《御制谢天书述功德碑》,第 623 页。
③ 〔清〕聂钦:《泰山道里记》,《丛书集成初编》第 3002 册,中华书局 1985 年,第 19~20 页。

(二)段松苓《益都金石记》

《益都金石记》又称《益都金石志》,为段松苓所编著,是继赵明诚《金石录》、李文藻《益都金石考》之后的又一部系统介绍、考证益都地区(今山东青州)金石碑刻的著作。该书所录金石自三代迄元,共4卷,卷首有武亿与朱文藻的序文;卷1收录三代青铜器铭文,有铜器说明、释文及考证;卷2、3、4收录益都历代石刻。朱文藻、武亿在《益都金石记》的序文中,谈到该书的成书与内容,并有评价。朱文藻《益都金石记序》云:

> 余随宫詹将南行,赤亭傲装东归,濒行,以所著《益都金石志》四卷乞识一言于简端。是编专载益都金石现存者垂百余种,已悉摹其文,采其说,录入《山左金石志》矣。已亡者,尚五十余种,详列其目,则无可访者也。①

武亿《益都金石记序》云:

> 已而,自出平日所缉乡邦遗刻,录有成书。⋯⋯噫! 君之于斯道也,信所谓性而好之者与。君藏蓄积两世,多获远方异本,顾未暇校摩,而区区掇拾,仅及于此,殆毋已近隘。然予谓君之致力先致于耳目所易及,其用志也专,其为征信也不诬。是故予于段君之书,必其无漏焉耳矣。君书起于三代,下逮金元,仿其碑之尺度、存于何所,然后征之传志,详附而类引之,盖如古史家广记备言之体。故予谓君之厚于乡也,不遗其实,俾文献有所寓焉,以劝来者。②

朱文藻、武亿在序文中给予段松苓及其《益都金石记》很高的评价,虽然其中难免带有个人情感,但从客观上讲,《益都金石记》的确为一部记载全面、考证精审的金石汇编。由于该书直到光绪九年(1883)才得以刊印,故时称《益都金石志稿》。《山左金石志》从《益都金石记》中采录了大量金石资料,如《寿昌寺残经幢》,"右残经幢未见拓本,据段赤亭《益都金石志》录之"③;《董

---

① 〔清〕段松苓:《益都金石记·朱文藻序》,《石刻史料新编》第一辑第 20 册,新文丰出版公司 1977 年,第 14806 页。
② 〔清〕段松苓:《益都金石记·武亿序》,《石刻史料新编》第一辑第 20 册,新文丰出版公司 1977 年,第 14806 页。
③ 〔清〕阮元:《山左金石志》卷 18《寿昌寺残经幢》,第 22 页。

正封等云门山题名》,"据段赤亭《益都金石志》录之"①;《孟仲锡云门山题名》,"此碑未见拓本,据段赤亭《益都金石志》录之"②;《郑公墓记》,"右刻未见拓本,据段赤亭《益都金石志》云'额题郑公墓记四字,横列,径二寸,文十七行,字径八分,进士牟仲勘撰并书'"③;《万寿宫经幢记》,"此从段赤亭《益都金石记》录入,未见拓本"④;《创修河山寺碑》,"右碑未见拓本,据段赤亭《益都金石记》载之"⑤;《太虚宫螭首题字》,"右刻未见拓本,据段赤亭《益都金石记》载之"⑥,等等。

除了上述直接据《益都金石记》采录金石资料外,《山左金石志》还多次在跋文中援引《益都金石记》,下面试举两例:

例一:《山左金石志》卷9《郑道昭白驹谷题名》跋云:

> 益都段赤亭松苓《益都金石记》云:"案《魏书》,道昭字僖伯,少而好学,综览群言,初为中书学生,迁秘书郎,累官至秘书监、荥阳邑中丞,出为光州刺史,转青州刺史。熙平元年卒,谥文恭。又谓其好为诗赋,凡数十篇。其在二州,政务宽厚,不任威刑,为吏民所爱。此谷乃青州冰帘堂表海亭之遗爱矣,山上有康熙时马介石等游记,谓公有题名在洞中,称为'白云堂中解易老',今不见,疑为洞门所掩。白云堂在莱州天柱山,即古之光州,《北齐书·郑述祖传》谓在兖州,误。"⑦

《益都金石记》卷1《后魏郑僖伯白驹谷题名》碑跋原文为:

> 按《魏书》,道昭字僖伯,少而好学,综览群言,初为中书学生,迁秘书郎,累官至秘书监、荥阳邑中正,出为光州刺史,转青州刺史。熙平元年卒,谥文恭。又谓其好为诗赋,凡数十篇。其在二州,政务宽厚,不任威刑,为吏民所爱。此谷乃青州先冰帘堂表海亭之遗爱矣,山上有康熙时马介石等游记,谓公有题名在洞中,称为"白云堂中解易老",今不见,疑为洞口券门所掩。白云堂在莱州天柱山,即古之光州,

---

① 〔清〕阮元:《山左金石志》卷18《董正封等云门山题名》,第31页。
② 〔清〕阮元:《山左金石志》卷18《孟仲锡云门山题名》,第35页。
③ 〔清〕阮元:《山左金石志》卷20《郑公墓记》,第82页。
④ 〔清〕阮元:《山左金石志》卷21《万寿宫经幢记》,第94页。
⑤ 〔清〕阮元:《山左金石志》卷21《创修河山寺碑》,第95页 。
⑥ 〔清〕阮元:《山左金石志》卷23《太虚宫螭首题字》,第128页。
⑦ 〔清〕阮元:《山左金石志》卷9《郑道昭白驹谷题名》,第502页。

《北齐书·郑述祖传》谓在兖州,误。①

例二:《山左金石志》卷10《舍利塔下铭》跋云:

> 段赤亭《益都金石记》云:"寺在隋时名'胜福',内有宋残石幢作'广福',其地在隋属临朐。《齐乘》云:'汉置临朐县,属齐郡,以县东朐山取名。晋省入昌国县,隋开皇六年改为逢山县,大业初仍改临朐。'碑铭曰'逢山',即临朐也,今隶益都。安邱张杞园谓此碑虽佞佛祝釐之辞,而文颇雅驯,字秾劲,饶古意,非篆非隶,真八分也。新城王阮亭采入《居易录》,今验此碑,特正书,稍兼隶法耳。钱辛楣少詹《金石文跋尾》载《仁寿元年六月十三日立舍利塔诏书》,可与此刻互证也。"②

《益都金石记》卷1《隋胜福寺舍利塔下铭》碑跋原文为:

> 寺在隋名胜福,内有宋残幢作"广福",在隋属临朐。《齐乘》云:汉置临朐县,属齐郡,以县东朐山取名。晋省入昌国县,隋开皇六年改为逢山县,大业初改曰临朐。隋铭在仁寿元年,其曰"逢山",即临朐也,今隶益都,距城南十里。安邱张杞园谓此碑虽佞佛祝釐之辞,而文颇雅驯,字秾劲,饶古意,非篆非隶,真八分也。新城王阮亭采之载诸《居易录》。③

通过以上对《山左金石志》与《益都金石记》原文的对照,我们可以看出阮书对段书的征引,内容大体相同,字句表达稍作变化,甚至发生讹误。如阮书将《舍利塔下铭》中的"逢山",误记为"逢山"。除此例之外,《山左金石志》中的《刘世明造像记》④、《临淮王像碑》⑤、《比邱尼法紬造像记》⑥、《隋青州默曹残碑》⑦、《兀林答公神道碑》⑧、《胶州知州董公神道

①〔清〕段松苓:《益都金石记》卷1《后魏郑僖伯白驹谷题名》,《石刻史料新编》第一辑第20册,新文丰出版公司1977年,第14813~14814页。

②〔清〕阮元:《山左金石志》卷10《舍利塔下铭》,第529页。

③〔清〕段松苓:《益都金石记》卷1《隋胜福寺舍利塔下铭》,《石刻史料新编》第一辑第20册,新文丰出版公司1977年,第14824页。

④〔清〕阮元:《山左金石志》卷9《刘世明造像记》,第512页。

⑤〔清〕阮元:《山左金石志》卷10《临淮王像碑》,第521页。

⑥〔清〕阮元:《山左金石志》卷10《比邱尼法紬造像记》,第522页。

⑦〔清〕阮元:《山左金石志》卷10《隋青州默曹残碑》,第531页。

⑧〔清〕阮元:《山左金石志》卷22《兀林答公神道碑》,第119页。

碑》①、《平昌寺地图记》②等碑刻,跋文皆援引了《益都金石记》。

另外,笔者在对照《益都金石记》与《山左金石志》的时候,发现有些碑刻《山左金石志》虽并未指明出自《益都金石记》,但其跋文与《益都金石记》原文十分相似,应该也是采自《益都金石记》。以《驼山降御香记》为例,《山左金石志》跋此碑云:

> 大德六年十月立,正书,碑高六尺一寸,广三尺一寸,在益都县驼山玉皇殿前。右碑篆额未拓,文二十行,字径一寸四分,马骥撰并篆额,张敬书丹。碑云"大德二年岁戊戌,天使苟宗礼祇奉德音,分降御香于此"。案《元史·祭祀志》与《成宗本纪》俱不载驼山分降御香事,但言大德二年加封五岳四镇爵号及山东等处蝗旱,岂缘此而有事于兹山欤?③

我们再看看《益都金石记》的原文记载:

> 右碑在驼山玉皇殿前,东向,高六尺四寸,阔三尺四寸,字径一寸,正书,书法痴肥,共二十行。按《元史·祭祀志》与《成宗本纪》俱不载分降御香事,但言是岁加封五岳四镇爵称及山东等处蝗旱,岂缘此而有事于兹山欤?④

由此可以看出,《山左金石志》参考了《益都金石记》,但二者也存有一些不同之处。另外,《益都金石记》录有此碑文,而《山左金石志》没有录载,仅有寥寥数句说明之语。

(三) 王毂《莲湖集古铜印谱》与孔广飏《古印初集》

王毂,生卒年不详,字御辂,号东莲,安徽黟县人。他"独嗜临池,精鉴赏,访求周彝秦鼎、法帖碑版不遗余力,且复从事六书,栖情铁笔"⑤。乾隆四十二年(1777),侍御张霁见王毂书法端谨庄秀,将其荐入《四库全书》馆,后历任菏泽县丞、济宁知州等职。王毂著有《莲湖集古铜印谱》一书,不分卷,收录官印88方,私印436方,《山左金石志》中的很多印章资料便

---

① 〔清〕阮元:《山左金石志》卷22《胶州知州董公神道碑》,第118页。
② 〔清〕阮元:《山左金石志》卷24《平昌寺地图记》,第168页。
③ 〔清〕阮元:《山左金石志》卷22《驼山降御香记》,第119页。
④ 〔清〕段松苓:《益都金石记》卷4《元驼山降御香记》,《石刻史料新编》第一辑第20册,新文丰出版公司1977年,第14879页。
⑤ 〔清〕汪启淑:《续印人传》卷4《王毂传》,《续修四库全书》第1092册,上海古籍出版社2002年,第84页。

出自该书,正如阮元所云:"济宁人有印五百方,质于解库,原任济宁知州王
毂赎之,作《莲湖集古铜印谱》,后凡言见济宁者,此也。"①《山左金石志》采
录《莲湖集古铜印谱》印章共计40方,见下表:

印 名	卷数	资料依据	印 名	卷数	资料依据
汉关中侯印	卷6	"见济宁"(P.440)	汉驸马都尉印	卷6	"见济宁"(P.442)
汉副部曲将印	卷6	"见济宁"(P.442)	汉司宫长史印	卷6	"见济宁"(P.443)
汉彭城左尉印	卷6	"见济宁"(P.443)	汉东平陆马丞印	卷6	"见济宁"(P.444)
汉睢陵马丞印	卷6	"见济宁"(P.444)	汉轻车良印	卷6	"见济宁"(P.444)
汉卢水仟长印	卷6	"见济宁"(P.444)	汉刘荣印	卷6	"见济宁"(P.445)
汉李广印	卷6	"见济宁"(P.445)	汉张根印	卷6	"见济宁"(P.445)
汉尹赏印	卷6	"见济宁"(P.446)	汉张山树印	卷6	"见济宁"(P.446)
汉王武印	卷6	"见济宁"(P.446)	汉王仁印	卷6	"见济宁"(P.446)
汉张武印	卷6	"见济宁"(P.446)	汉苏章印	卷6	"见济宁"(P.446)
汉董贤印	卷6	"见济宁"(P.446)	汉刘宣印	卷6	"见济宁"(P.446)
汉张永印	卷6	"见济宁"(P.447)	汉刘敞印	卷6	"见济宁"(P.447)
汉杨政印	卷6	"见济宁"(P.447)	汉并官武印	卷6	"见济宁"(P.447)
汉黄昌印	卷6	"见济宁"(P.447)	蜀汉虎步搜捕 司马印	卷6	"见济宁"(P.448)
魏率善羌 仟长印	卷6	"见济宁"(P.449)	魏屠各率善 仟长印	卷6	"见济宁"(P.449)
魏率善氏 仟长印	卷6	"见济宁"(P.449)	晋殿中司马印	卷6	"济宁见两方" (P.449)
晋大司马印	卷6	"见济宁"(P.449)	晋殿中都尉印	卷6	"印见济宁" (P.450)
晋木工司马印	卷6	"见济宁"(P.450)	晋归义胡王印	卷6	"见济宁"(P.450)
晋归义羌王印	卷6	"见济宁"(P.450)	晋蛮夷率善 仟长印	卷6	"见济宁"(P.450)
晋率善氏 伯长印	卷6	"见济宁"(P.451)	北魏鹰扬将军印	卷6	"见济宁"(P.451)
北魏建威校尉印	卷6	"印在济宁"(P.451)	北魏张祐印	卷6	"见济宁"(P.451)

①〔清〕阮元:《山左金石志》卷6《汉关中侯印》,第440页。

孔广燨,生卒年不详,字光复,山东曲阜人。他笃喜古印,于乾隆四十八年(1783)辑成《古印初集》两卷。关于此书,罗福颐《印谱考》据日本静嘉堂《秘籍志》卷26记载:"谱共二卷,题曲阜孔广燨编次,同里桂馥、颜崇槼审定。卷首有乾隆四十八年桂馥序,略曰:'吾乡孔君光复,笃喜古印,欲仿赵吴兴为图谱,闻山阴童氏有铜印数十纽,往求不得,颓然而罢。钱唐袁简斋旧史随园所藏倍于童氏,旧史达人也,且与孔有连悉举以赠,君乃狂喜,类列官印三十有三,私印六十有七,杂印七,未识印六,隋唐以下官私印附焉,题曰初集,志始事也。'"①《山左金石志》从《古印初集》中采录了一些印章资料,如汉建义将军印:"孔广燨所藏,《古印初集》曰:'《后汉书·朱祐传》:祐字仲光,南阳宛人。世祖即位,拜为建义大将军,此所谓杂号将军也。印径七分,龟钮,白文。'"②此外,还有汉沱阳令印③、汉顿邱令印④、汉归义夷仟长印⑤、汉圌阳宰之印⑥、汉突骑王丰印⑦、汉棽叠印⑧、晋临淮太守印⑨、晋杨骏印⑩、黄神越章印⑪、宜尔子孙印⑫等,均采自《古印初集》。

总之,阮元《山左金石志》的金石资料来源渠道十分广泛,这得益于其游幕、仕宦经历所建立的庞大地缘和人缘上的搜访网络,使得金石搜访的触角延伸至幕僚、金石同好、辖地内的吏民生员等,为其金石搜访带来极大便利。同时,又充分利用黄易、聂钗、段松苓、王毂、孔广燨等人已有著录,从中也获得了不少珍贵的金石资料。正因此故,使得该书的内容极为丰富,收录金铭石刻达1700余种,大大超过此前的金石著作。

---

①罗福颐:《印谱考》卷2,上虞墨缘堂民国二十二年(1933)刻本。
②〔清〕阮元:《山左金石志》卷6《汉建义将军印》,第441页。
③〔清〕阮元:《山左金石志》卷6《汉沱阳令印》,第443页。
④〔清〕阮元:《山左金石志》卷6《汉顿邱令印》,第443页。
⑤〔清〕阮元:《山左金石志》卷6《汉归义夷仟长印》,第444页。
⑥〔清〕阮元:《山左金石志》卷6《汉圌阳宰之印》,第444页。
⑦〔清〕阮元:《山左金石志》卷6《汉突骑王丰印》,第447~448页。
⑧〔清〕阮元:《山左金石志》卷6《汉棽叠印》,第448页。
⑨〔清〕阮元:《山左金石志》卷6《晋临淮太守印》,第450页。
⑩〔清〕阮元:《山左金石志》卷6《晋杨骏印》,第451页。
⑪〔清〕阮元:《山左金石志》卷6《黄神越章印》,第452页。
⑫〔清〕阮元:《山左金石志》卷6《宜尔子孙印》,第452页。

第三节　《山左金石志》的编校与刊刻

一、编修缘起

山东作为齐鲁故国、孔孟圣人之乡，历史悠久，古迹众多，金石文物繁盛。然而，在阮元之前，并无学者对山左金石进行系统全面编录，正如钱大昕所云："国朝右文卟古，度越前代，而一时诸巨公博学而善著书。……独山左圣人故里，秦汉魏晋六朝之刻所在多有，曲阜之林庙、任城之学宫、岱宗灵岩之磨崖，好事者偶津逮焉，犹挹水于河，而取火于燧矣。近时，黄小松、李南涧、聂剑光、段赤亭辈，虽各有编录，只就一方，未赅全省，是诚艺林一阙事也。"①乾隆五十八年（1793），阮元任职山东学政，首谒曲阜阙里孔庙，观看乾隆钦颁周器及鼎、币、戈、尺诸古金，又摩挲了两汉石刻，再登泰山，观唐摩崖题名，又到济宁府学，观戟门诸碑及汉祠石像。② 在阮元看来，"山左为圣人故里，秦汉魏晋六朝之刻，所在多有，唐宋以下无论矣"③，乃慨然曰："秦汉诸刻，毕萃于兹土，山东金石讵可无著录乎？"④所以，阮元回到省城济南后，便产生了编修《山左金石志》的念头。

二、拟定编修凡例

编修史志，需先行拟定凡例。编修凡例作为史志编修的指导方针，是对史志编修对象、范围（时间与空间）、结构、体例等问题的规定与说明。《山左金石志》的编修凡例是由毕沅与阮元共同拟定的，对于此事，阮元《山左金石志序》记载："（乾隆）五十九年，毕秋帆先生奉命巡抚山东。先是先生抚陕西、河南时，曾修《关中》、《中州》金石二志。……先生遂检《关中》、《中州》二志付元，且为商定条例暨搜访诸事。"⑤《小沧浪笔谈》亦记

---

①〔清〕阮元：《山左金石志·钱大昕序》，第367页。
②〔清〕阮元：《山左金石志·阮元序》，第368页。
③〔清〕阮元：《小沧浪笔谈》卷3《仪征阮元记》，《丛书集成初编》第2600册，中华书局1985年，第59页。
④〔清〕段松苓：《山左碑目·自序》，《石刻史料新编》第二辑第20册，新文丰出版公司1979年，第14816页。
⑤〔清〕阮元：《山左金石志·阮元序》，第368页。

载："予于癸丑秋奉命视学山左,校阅之暇,咨访耆旧,广为搜索。明年冬,秋帆先生来抚齐鲁,同有勒成一书之志,遂商榷条例,博稽群籍。"①由此可知,乾隆五十九年(1794),毕沅巡抚山东,阮、毕二人同有编修《山左金石志》之志,遂共同商订编修凡例及搜访事宜。关于编修凡例的具体规定,由于没有专门的文本资料记载,笔者只能凭据阮元与钱大昕的两篇序文,再结合该书的实际情况加以推断。阮元《山左金石志序》记载:

> 金之为物迁移无定,皆就乾隆五十八年至六十年在山左者为断,故孙渊如观察莅兖沂曹济其所藏钟鼎,即以入录。石之为物罕有迁徙,皆就目验者为断,其石刻拓本并毁如峄山秦刻者,亦不入录。至于旧录有名今搜罗未到及旧未著录新出于榛莽泥土中者,惟望后人续而录之,以补今时之阙略焉。②

钱大昕《山左金石志序》记载:

> 其明年冬,毕尚书来抚齐鲁,两贤同心赞成此举,遂商榷条例,博稽载籍,萃十一府两州之碑碣,又各出所藏彝器、钱币、官私印章,汇而编之。……公又仿洪丞相之例,录其全文,附以辨证,记其广修尺寸、字径大小、行数多少,俾读之者暸然如指诸掌。③

综上序文,再结合《山左金石志》的实际情况,其编修凡例主要如下:

第一,编修对象。《山左金石志》的编修对象极广,举凡钟鼎彝器、兵器、度量衡器、刀布、铜镜、兵符、印章、金属杂器、碑碣、墓志、摩崖、造像、画像石、经幢、塔铭等实物、拓本凡耳闻目睹者,均在收录之列。由于金属器物迁移不定,所录入者以乾隆五十八年(1793)至六十年(1795)在山东境内者为断;石刻则少有迁移,以目睹者为断。对于原石及拓本并毁者,不予录入;旧录有名、今搜罗未到以及旧未著录的新出土者,留待后人续补。

第二,编修范围。时间上,《山左金石志》仿效毕沅《关中金石记》、《中

---

① 〔清〕阮元:《小沧浪笔谈》卷3《仪征阮元记》,《丛书集成初编》第2600册,中华书局1985年,第59页。
② 〔清〕阮元:《山左金石志·阮元序》,第369页。
③ 〔清〕阮元:《山左金石志·毕沅序》,第367~368页。

州金石记》,自商周迄元,明清金石不收;地域上,覆盖了山东十府二直隶州①,境外者则不予收录。

第三,篇章结构。《山左金石志》汇辑金铭、石刻于一编,分为金、刀布、镜、印、石五大类,每类分别按照时间先后顺序进行编排。

第四,编录内容。《山左金石志》仿照洪适《隶释》与《隶续》,录载金石刻辞,并附以按语,包括对金石形制、尺寸、书体、字径、行款、造刻年代、撰文与书丹者、发现地、收录存佚、拓本流传等信息的介绍以及对金石文字内容的考释。

三、《山左金石志》的编校

阮元自乾隆五十八年(1793)萌生编修《山左金石志》的念头后,便着手招募宾客襄助其事,广泛搜集金石资料,"列志乘图籍,案而求之"②,并专设积古斋加以贮藏。乾隆五十九年(1794)冬,阮元开始编修《山左金石志》,正如《阮元年谱》所云:"(乾隆五十九年)十二月十二日回省,始修《山左金石志》。"③《山左金石志》是由阮元及其幕友朱文藻、何元锡、武亿、段松苓、钱大昭、钱东垣、顾述等共同编修完成,这不仅是阮元幕府金石研究的第一次活动,也是阮元幕府第一次编纂活动。编修地点是在济南试院积古斋与大明湖小沧浪亭中,正如朱文藻《益都金石记序》所云:"乙卯仲夏,余与益都段赤亭先生同受山东学使阮宫詹芸台先生之聘,辑《山左金石志》于济南试院之四照楼下,联榻于积古斋中,共晨夕者凡四阅月。迨九月初,宫詹膺视学浙江之命,相与移榻于大明湖北渚小沧浪亭者又二十日。"④关于他们编修分工,段松苓《山左碑目·自序》有所记载:

> 岁乙卯,昇余搜采志乘,开列其目,札致守土者毡墨邮寄焉。……
> 端阳,还历下,而偃师武进士亿、仁和朱茂才文藻已集莲子湖上矣,盖

①钱大昕所云十一府两州有误,据《清史稿·地理八》记载,山东辖十府(济南、东昌、泰安、武定、兖州、沂州、曹州、登州、莱州、青州)三直隶州(临清、济宁、胶州)。需要说明的是,胶州直隶州是在光绪三十一年(1905)从莱州府划分出来的,阮元编修《山左金石志》时尚属莱州府,故应为"十府、二直隶州"。
②〔清〕阮元:《山左金石志·阮元序》,第368页。
③〔清〕张鉴等撰,黄爱平点校:《阮元年谱》卷1,中华书局1995年,第13页。
④〔清〕段松苓:《益都金石记·朱文藻序》,《石刻史料新编》第一辑第20册,新文丰出版公司1977年,第14806页。

二先生亦官詹所招,与余同纂山东金石者也。前所札致已陆续稍集,兼余所挟数百种,已斐然可观。于是,命余编次山左吉金,而二先生分录列代碑版,官詹总其成而裁定之,已有成绪。八月终,官詹膺简命,擢阁学,调任两浙。此时,余所著录者仅云藏事,而二先生所辑未能告竣。……①

由上述序文可知,段松苓负责编修吉金部分,朱文藻与武亿负责编录石刻部分,而最后由阮元总裁其成。至于何元锡、钱大昭、钱东垣、顾述等人负责何事,史料缺乏记载,不得而知。关于阮元、朱文藻等人编修工作的内容,《山左金石志》的字里行间有所透露,主要有二:

第一,判定金石文献的镌刻年代并按照时间顺序进行编排。

判定金石文献的镌刻年代,刻辞中有时间记载的自不用说,如若记载不明,如何判定呢?从书中实例来看,他们或依据刻辞内容,或依据其他文献的相关记载,或根据金石实物的色泽、文字的笔意与图案的仪容形状来判断。依据刻辞内容判断,如《隋青州默曹残碑》没有记载刻立年代,阮元对其进行考证,认定为隋代碑刻,提出四点理由:"隋承十六国之后,人名多沿其陋,内孙清丑、王莫遮、李黑鼠、韩解脱、郑须陀、孙婆罗等类,一也。《齐乘》谓:隋开皇元年,改南阳寺曰长乐,又曰道藏,碑云'作经藏一所',二也。《广福寺隋开皇造象题名》有李荒女,此有李荒,三也。钱辛楣少詹跋《敬使君碑阴》云:题名有功曹、士曹、铠曹、集曹、默曹,皆府属官,而《隋书·百官志》有墨曹,无默曹,是当时借'默'为'墨',四也。"②阮氏所做类比理由充分,说理透彻,令人信服。又如《副总将军李璟墓碑》跋云:"右碑大半残蚀,可辨者只十九行,字径一寸,立石年月无存,朱朗斋以碑文考之,附于至元七年。"③再如《宫山残碑》跋云:"碑无时代,中有弹压、提控等官,此是元制。朱朗斋据碑有中钞若干两,谓是中统钞之省文,钞始于世祖中统元年,因列此碑于中统末,今从之。"④依据其他文献相关记载进行判断,如《重摹唐夫子庙堂碑》跋云:"不详重摹时代,朱朗斋据《县志》载庙学重

①〔清〕段松苓:《山左碑目·自序》,《石刻史料新编》第二辑第 20 册,新文丰出版公司 1979 年,第 14816 页。

②〔清〕阮元:《山左金石志》卷 10《隋青州默曹残碑》,第 531 页。

③〔清〕阮元:《山左金石志》卷 21《副总将军李璟墓碑》,第 92 页。

④〔清〕阮元:《山左金石志》卷 21《宫山残碑》,第 89 页。

修于至元二十九年,遂定此刻亦在是时,附于至元二十九年之末。"①又《诸城县学加封孔子制诏碑残石》跋云:"无年月,……据《县志》云是皇庆二年九月立。"②根据金石实物的色泽、文字的笔意与图案的仪容形状来判断,如《距末》跋云:"此器翁覃溪阁学方纲据'商国'二字以为商器,元谓此字不类商铭,且色泽亦不肖商之古,此盖周器,宋人物也。"③又如《曲阜佛象石幢》跋云:"右佛幢六面,内一面边有花阑,中界三段,各镌佛像一躯,余五面中有十字界线五段,每段镌佛象二躯。虽无时代可考,观其仪状,似亦六朝人所为。"④若非有如此丰富的文物鉴赏常识与敏锐的眼光,是不可能做到这一点的。

第二,释读金石文字、考证金石刻辞内容并撰写按跋。

释读金石文字、考证金石刻辞内容并撰写按跋,是阮元等人编修工作的另一任务,也是最主要的任务。对金石文字进行释读,是考证工作的前提。如何元锡释读《唐元(玄)宗纪泰山铭后刻诸王群臣题名》,跋云:"凡四列,字径一寸四分,有方界格,皆为明人加刻,大字横贯交错,遂使湮毁无传,无有过而问者。何梦华佐余修《山左金石志》时,就空隙处细为辨出,补图记之。"⑤在释读金石文字的基础上,更进一步便是对刻辞内容的考证。如段松苓对《驼山祷雨记》的考证:"《元史》两完泽,一见列传,系土别燕氏,先世朔方人,于至元二十八年拜右丞相,卒于大德七年。而此乃东平人,又于至治二年莅青,疑即《宰相表》至大四年拜平章政事之完泽也。"⑥

朱文藻等人的编修成果最后汇而聚之,由阮元悉心加以考订,总裁其成,正如阮元从弟阮亨所云:"(阮元)择友人、弟子分任之,而亲加朱墨改订甚多。"⑦这在《山左金石志》中表现之一,就是参编者所撰写的按跋都是以阮元的口吻表达出来。如《彼岸院敕牒碑》为武亿所搜集,跋文也是由其撰写,但《山左金石志》却以阮元的口气进行表述,此碑跋云:"右碑武虚谷官博山时曾亲见之,并为跋云:'《彼岸院敕牒石刻》今在寺内,龛置前院

①〔清〕阮元:《山左金石志》卷21《重摹唐夫子庙堂碑》,第107页。
②〔清〕阮元:《山左金石志》卷22《诸城县学加封孔子制诏碑残石》,第127页。
③〔清〕阮元:《山左金石志》卷2《距末》,第408页。
④〔清〕阮元:《山左金石志》卷10《曲阜佛象石幢》,第533页。
⑤〔清〕阮元:《小沧浪笔谈》卷3,《丛书集成初编》第2600册,中华书局1985年,第92~93页。
⑥〔清〕阮元:《山左金石志》卷23《驼山祷雨记》,第138页。
⑦〔清〕阮亨:《瀛舟笔谈》卷7,嘉庆二十五年(1820)扬州阮氏刻本。

之西墙。孙文定公《颜山杂记》云:金世宗大定四年敕建,有尚书礼部牒文刻石院中,余文不可辨读者。……'"①又《赠礼部尚书晁公神道碑》跋云:"碑无年月可考,兹从朱朗斋所次,附于泰定四年之末。"②我们需要注意的是,阮元不仅仅最后总裁其成,而是实实在在地参与到编修过程中。他积极搜罗金石资料,并亲自对金石碑版进行考订,正如其所云"元在山左卷牍之暇,即事考览"③,书中的很多金石跋文便是由他撰写。如阮氏对乾隆帝钦颁孔庙十件青铜祭器做了详审考释,正如其所云:"右乾隆钦颁内府周器十事……考释款识最详,臣元于癸丑年至曲阜庙庭主祭,礼成,敬观器服,亲拓款识,敬录睿制以归。"④以第九器饕餮甗为例,其跋云:"右高一尺三分,深自口至鬲五寸一分,自鬲至底三寸四分,耳高二寸,阔一寸九分,口径八寸三分,腹围一尺九寸二分,重一百四十四两。兹器与《博古图》周雷纹饕餮甗形制相似。按《图说》云:《周礼》陶人为甗,而此悉以铜为之。考关以东谓之甗,至梁乃谓之鉹,鉹从金,则甗未必为陶器。又考《郑注》,以甗为无底甑,宋人以文从献从瓦,言鬲献其气,甗能受焉。盖甑无底者,所以言其上,鬲,献气者,所以言其下也。以兹器验之,益信。"⑤书中碑跋考证,若非己作,阮元均指明编者姓名,以示并无掠美之意,这充分体现了阮元非凡的人格魅力与高尚的学术道德。

直到乾隆六十年(1795)八月,阮元调任浙江学政,此时,段松苓负责的吉金部分刚编修完成,而朱文藻与武亿负责的石刻部分尚未完稿。阮元携草稿南下,直到该年冬天,"草稿斯定"⑥。《山左金石志》完稿后,阮元利用舟车之暇,重新厘定,"更属仁和赵晋斋魏校勘"⑦。嘉庆元年(1796)秋,"书成,凡二十四卷"⑧。

四、《山左金石志》的刊刻及版本

关于《山左金石志》的刊刻时间,《阮元年谱》记载:嘉庆元年(1796)五

---

①〔清〕阮元:《山左金石志》卷19《彼岸院敕牒碑》,第47页。
②〔清〕阮元:《山左金石志》卷23《赠礼部尚书晁公神道碑》,第141页。
③〔清〕阮元:《山左金石志·阮元序》,第368页。
④〔清〕阮元:《山左金石志》卷1,第400页。
⑤〔清〕阮元:《山左金石志》卷1《饕餮甗》,第400页。
⑥〔清〕阮元:《山左金石志·阮元序》,第369页。
⑦〔清〕阮元:《山左金石志·阮元序》,第369页。
⑧〔清〕阮元:《山左金石志·钱大昕序》,第367页。

月，"刻《山左金石志》成"①。既然钱大昕《山左金石志序》称嘉庆元年秋"书成"②，怎么可能在嘉庆元年五月刊刻？笔者查翻史志，并未见到有关嘉庆元年版本的记载，显然《阮元年谱》记载有误。《山左金石志》的现存版本是湖北省图书馆藏嘉庆二年小琅嬛仙馆刻本，《石刻史料新编》（第一辑）（第19册，新文丰出版公司1977年）、《续修四库全书》（第909～910册，上海古籍出版社2002年）、中国东方文化研究会历史文化分会编《历代碑志丛书》（第15册，江苏古籍出版社1998年）等均据此本影印，这就表明《山左金石志》刊刻于嘉庆二年，并非嘉庆元年。

需要说明的是，《石刻史料新编》与《续修四库全书》中的《山左金石志》稍有差别：《石刻史料新编》版的《山左金石志》仅有阮元的一篇序文，而《续修四库全书》版的《山左金石志》不仅有阮元的序文，还有钱大昕的序文。另外，张之洞在《书目答问·史部·金石》中提到《山左金石志》的另外一个版本——文选楼丛书本，他说："《山左金石志》二十四卷，毕沅、阮元同撰，文选楼丛书。"《文选楼丛书》是道光二十二年（1843）阮元命从弟阮亨所汇刻，刊刻图书三十二种，③其中不仅有阮元的著作，如《揅经室全集》、《小沧浪笔谈》等，也有其他人的著作，如汪中《述学》、焦循《雕菰楼集》等。笔者查翻《文选楼丛书总目》④，可是其中并无《山左金石志》一书，不知张之洞所言"文选楼丛书本"从何而来。

五、《山左金石志》编修影响

《山左金石志》不仅是著录、研究山东古代金铭石刻的一部划时代巨著，同时又是清代金石学发展史上的"启后空前之作"，对乾嘉时期及其以后山东乃至全国金石学的发展都产生了极大影响，主要体现在以下三个方面：

第一，《山左金石志》首次将山左金石文献汇于一编，是山东古代金铭石刻的集大成者。

山东作为齐鲁故国，金石遗文甚为丰富，尤其周秦两汉金石遗物，更是

①〔清〕张鉴等撰，黄爱平点校：《阮元年谱》卷1，中华书局1995年，第15页。
②〔清〕阮元：《山左金石志·钱大昕序》，第367页。
③王章涛：《阮元年谱》，黄山书社2003年，第974页。
④〔清〕阮亨辑：《文选楼丛书》第八册《文选楼丛书总目》，广陵书社2011年，第4767页。

甲于天下。自其产生伊始,便为众多学者著录、引用与研究,或训诂文字,或诠释史实,或品评书法。如西汉著名的史学家司马迁,在《史记·秦始皇本纪》中记录了七方秦刻石,其中位于山东境内的有峄山刻石、泰山刻石、之罘刻石、琅邪刻石与之罘东观刻石。在此后的一千九百年间,对山左金石的著录与研究不曾间断,如北魏郦道元《水经注》、欧阳修《集古录》、赵明诚《金石录》以及洪适《隶释》与《隶续》、郭宗昌《金石史》、顾炎武《金石文字记》、朱彝尊《曝书亭金石文字跋尾》、翁方纲《两汉金石记》、钱大昕《潜研堂金石文跋尾》等等。不过,这些金石志书并非以山东金石为唯一著录与研究对象,其中仅是收录了一小部分,数量甚为有限。而专门以山东金石为著录对象的史志,则一直到了清代乾嘉时期才得以出现。当时任职于山东的翁方纲、黄易、阮元、孙星衍以及山东籍的牛运震、聂𫐐、李文藻、桂馥、颜崇榘、段松苓等人,皆亲自实地搜访,编纂了诸多金石著述,如翁方纲《孔子庙堂碑考》、孙星衍《泰山石刻记》、聂𫐐《泰山金石考》、李文藻《诸城金石略》、段松苓《益都金石志》等。然而,这些史志仅著录了山东某一区域范围内的金石文献,未赅全省。而阮元所编《山左金石志》首次较为系统、全面地将山东古代的金石资料汇辑于一编,并加以精详考释,使得山东的金石文献较为全面地以著作的形式反映出来。正如清人汪喜孙在《济南金石志序》中所称:"山左金石自北平翁覃溪学士视学兹土,始辑《两汉金石记》,好古之士渐知向方。厥后,孙渊如观察、黄小松司马来者接踵,曲阜颜运生司马、桂未谷大令、滋阳牛阶平大令、褚千峰居士,俱各著书并行于世。至仪征阮芸台相国提学来东,始集其成,作《山左金石志》,自汉至元,吉金乐石粲然大备。"①徐宗幹《济州金石志序》云:"尝考东省金石甲于天下,而济宁金石尤甲于东省。翁覃溪学使、孙渊如观察、武虚谷大令先后来东,各有撰述。阮芸台相国《山左金石志》集厥大成,于金则商周彝器以及泉刀、镜印之属,于石则汉魏丰碑以及唐宋金元铭刻之类,粲然大备。"②尹彭寿《诸城金石志·自序》亦云:"阮文达《山左金石志》最称繁富,厥后,官吾东者南通州冯氏云鹓有《济南金石志》,徐氏宗幹有《济宁州

---

① 〔清〕冯云鹓:《济南金石记·汪喜孙序》,《石刻史料新编》第二辑第13册,新文丰出版公司1979年,第9775页。
② 〔清〕徐宗幹:《济州金石志·徐宗幹序》,《石刻史料新编》第二辑第13册,新文丰出版公司1979年,第9395页。

金石志》,详及一郡,益复精密。……"①阮元《山左金石志》著录金石数量大,类型多,范围广,校勘详,考释精,较之昔贤,可谓青出于蓝胜于蓝,对于山东古代历史乃至中国古代历史的研究,都是不可或缺的重要资料。

第二,《山左金石志》实乃清代金石学发展史上的"启后空前之作",成为后世金石学分地体的典范。

分地体是清代金石志书的一种重要体例形式,有专记一省者,有专记一府、州者,有专记一县者,还有专记一隅者。分地体的金石学著作最早始于南宋陈思《宝刻丛编》与王象之《舆地碑记目》,但此二书专录一地金石碑目,并无录文及按考。历经元明时期金石学的衰微,分地体著作至清代乾嘉时期蔚为大观。如翁方纲督学广东时,搜访粤省金石碑刻,著成《粤东金石略》11 卷;毕沅任陕西巡抚时,著《关中金石记》8 卷,任河南巡抚时,又著《中州金石记》5 卷;孙星衍在京供职期间,著成《京畿金石考》2 卷,等等。以上诸书专收一地金石,并按照时间顺序进行编排,或仅作按跋,或兼录金石文字内容,体例日趋完善。阮元《山左金石志》作为一部分地体金石之作,编录了山东一省十府二直隶州的金石碑刻,承继以往分地体优点的同时,亦弥补了其不足之处,分类更为合理,体例更加成熟。如《山左金石志》将所录金石分为金、刀布、镜、印、石五部分,每类再分别按照时间顺序进行编排,眉目清楚,井然有序,这比《粤东金石略》、《关中金石记》、《中州金石记》等不加分类地笼统地按照时间顺序进行编排更为合理。《山左金石志》不仅是著录、研究山东古代金铭石刻的集大成者,同时在清代金石学史上成为"启后空前之作"。正如冯汝玠在《续修四库全书总目提要》中所论,《山左金石志》搜罗之广、规模之大,"前此固无鸿篇巨制","实为启后空前之作"。② 阮元《山左金石志》为后世学者树立了一个成功的范例,此后金石志书的编修无不深受此书影响。正如冯云鹓在《济州金石志后序》中所云:"按金石之有书,自宋始,而金石书之入志,亦自宋始。故分之,则《博古》、《考古》之言金,《隶释》、《隶续》之言石;合之,则夹漈郑氏《通志》有《金石略》之类,是也。第其书,历元而明,至我朝而大备,如《关中》、《中州》并有成书,而《山左金石志》一书,尤为士林所奉为圭臬,后之

---

① 〔清〕叶昌炽著,王季烈辑:《缘督庐日记抄》卷 4"丁亥八月二十五日"条,《续修四库全书》第 576 册,上海古籍出版社 2002 年,第 435 页。

② 冯汝玠撰:《山左金石志提要》,《续修四库全书总目提要》第 21 册,齐鲁书社 1996 年,第 692 页。

言金石者,莫能出乎范围焉。"①正是在《山左金石志》的影响下,许多官员、学者纷纷对各自地区的金石碑刻进行整理、著录,如冯云鹓《济南金石志》、徐宗幹《济州金石志》等一批分地体的金石著作相继问世。

第三,《山左金石志》促进了清代山东金石学的发展,并掀起了一个著录金石的浪潮。

《山左金石志》问世后,受其影响,学者们纷纷对各自地区的金石碑刻进行整理、著录,在山东掀起了一个著录金石的浪潮。正如王镇《济南金石志序》所云:"以山左而论,《通志》(即《山东通志》,笔者注)金石附古迹类中,寥寥数条。迨阮芸台相国提学山东,始有《山左金石志》之刻,鼎彝、碑志粲然可观,而郡邑各志因之,如东昌、沂州、诸城、掖县,或一二卷,或三五卷。"②不仅学者,即使任职一方的地方官吏,也热衷于金石文献的编录工作,或专门编修地方金石志书,如冯云鹓《济南金石志》、徐宗幹《济州金石志》、郭麐《潍县金石志》等,或在所修方志中列有金石门类,如嘉庆《东昌府志》卷41、42《金石》、道光《长清县志》卷15《艺文·金石录遗》、道光《东阿县志》卷4《古迹·金石》、光绪《嘉祥县志》卷1《方舆·金石》、道光《重修平度州志》卷24《考二·金石》等,山东金石学大兴。

总之,阮元《山左金石志》是第一部将山左金石文献统一汇编的大型金石文字著录与考释著作,对乾嘉时期及其以后山东乃至全国金石学的发展都产生了深远影响。

第四节 阮元金石编修成就的原因分析

《山左金石志》作为阮元外放为官从事金石著录的发轫之举,此后,又相继编成《皇清碑版录》、《积古斋钟鼎彝器款识》、《两浙金石志》、《汉延熹西岳华山碑考》等,在乾嘉金石学界享有极高的声誉。阮元的金石学研究为什么会取得如此大的成就? 其成功之处在哪里? 这些问题值得思考。在笔者看来,主要有这样几个原因:

---

① 〔清〕徐宗幹:《济州金石志·冯云鹓后序》,《石刻史料新编》第二辑第13册,新文丰出版公司1979年,第9740页。

② 〔清〕冯云鹓:《济南金石志·王镇序》,《石刻史料新编》第二辑第13册,新文丰出版公司1979年,第9773页。

一、乾嘉考据学繁盛的学术背景

清初,顾炎武等学术大师力除明末空谈心性之风,主张经世致用,提倡重证求实,开启了一代新的学风。此后,大批文人学士承清初思想家之余绪,纷纷摈弃相对空疏的宋明理学,潜心于经史研究。经过百余年的酝酿、发展,至乾隆、嘉庆时期,以考据为特色的汉学风靡一时,形成中国学术史上独具风格的乾嘉考据学。乾嘉学者治学范围甚广,举凡经学、史学、金石、文字、音韵、天文、地理、算学等,都是他们考据的对象。在此学术潮流牵引下,金石收藏、鉴赏、著录与研究之风日益兴盛,出现了一大批卓有成就的收藏家、研究者和一些学术价值极高的金石学著述,金石学于元、明中衰后再次复兴并达到极盛,正如梁启超所云:"金石学之在清代又彪然成一科学也。"①金石学藉考据学而勃然兴起,考据学资金石学而成绩卓越,二者互相推动,相得益彰。金石学成为这一时期学界的"主流话语",方家竞论,名著丛出,如钱大昕《潜研堂金石文跋尾》、翁方纲《两汉金石记》与《粤东金石略》、毕沅《关中金石记》与《中州金石记》、武亿《金石三跋》、黄易《小蓬莱阁金石文字》、阮元《山左金石志》、《两浙金石志》与《积古斋钟鼎彝器款识》、孙星衍与邢澍《寰宇访碑录》、王昶《金石萃编》等,便是其中翘楚。虽然他们各自研究侧重不同,但正是这样一批金石学家将这门学问加以细化,逐渐建构成清代金石学的庞大殿宇。金石文献的搜集、整理与编录呈现出规模化与群体化的态势,无论是学者,还是地方高官,都会着意于一地金石考古成果而修书一方。阮元的金石整理与研究活动,正与此时学术全盛期的气象与氛围息息相关。他在与翁方纲、钱大昕、毕沅、黄易、武亿、孙星衍、王昶等人的学术交流中,既继承了传统的金石学治学方式,又摒弃了以往鉴藏家"居奇"、"自珍"、"秘玩"的鄙陋心态,正是在这种考据家与收藏家、金石学家与汉学家共同疑义相析的学术交流背景下,促成了阮元一系列金石学成就的取得。

二、阮元"亦官亦学"的身份

阮元身兼学者与高官双重身份,这为其金石学研究带来极大的便利,

---

① 〔民国〕梁启超著,朱维铮校注:《清代学术概论》第十六《金石学、校勘学和辑佚学》,中华书局2010年,第85页。

因为他可以借助在官场以及学术界的人际网络来进行金石碑刻的搜访与交流,而这是普通的金石学者所无法企及的。阮元外出访碑时,能够得到地方官员的鼎力支持,在接待、住宿、捶拓上给予方便,甚至可以通过官方网络来募求拓工。同时,各地府县公库中以及官员个人收藏的金石器物,阮元得以观赏、摹拓。他曾在黄县(今山东龙口市)库中见一古器:"口径一尺四寸五分,腹深二寸七分强,足高四寸八分,连耳通高一尺四分,腹内作夔首饰,底有小篆文铭二字曰'五同',字径二寸……"①此器命名为五同鬲,收入《山左金石志》卷2中。又如,仲姜敦,"为东昌张太守官五所藏"②;永年匜,"登州蓝太守嘉瓒得之于济南市中,因借拓之"③;父丙卣,"利津县丞叶承谦得于山东,今藏其家,达官宴会每以此陈设,因借拓之"④,等等。如果阮元不是政府高官而是一名普通学者,他能否进入黄县库中观赏古器,太守所藏金石器物能否提供给他,这些都是疑问。另外,也正是依靠着其官僚声望,山东地方官民积极响应,纷纷提供自己的金石收藏,正如《山左金石志序》所云:"各郡守、州牧、县令、学博、生徒之以拓本见投欲编入录者,亦日以聚。"⑤

三、阮元广泛的学术交游

阮元以游幕、仕宦的经历及其在金石学领域的极高声誉,结识了大批社会名流与学者,如朱筠、翁方纲、邵晋涵、王念孙、任大椿、孙星衍、钱大昕、王昶、黄易、武亿、钱坫、桂馥、朱文藻、何元锡、段松苓、赵魏等,建立起广泛的人际关系网络,开阔了眼界,扩大了自身学术发展空间。乾隆五十一年(1786)十月,阮元随谢墉同行入京,这是他开阔交游的重大转折点。于京师期间,与翁方纲结交,又通过翁方纲与朱筠建立了非常密切的联系。朱筠(1729—1781)字竹君,号笥河,直隶大兴人。乾隆十九年(1754)进士,曾任武英殿编修、会试同考官、顺天乡试同考官、福建乡试主考官、安徽学政、福建学政等官。朱筠奏开四库馆,提倡汉学,在士人中享有崇高威

①〔清〕阮元:《小沧浪笔谈》卷3,《丛书集成初编》第2600册,中华书局1985年,第66页。
②〔清〕阮元:《山左金石志》卷1《仲姜敦》,第404页。
③〔清〕阮元:《山左金石志》卷1《永年匜》,第405页。
④〔清〕阮元:《山左金石志》卷2《父丙卣》,第410页。
⑤〔清〕阮元:《山左金石志·阮元序》,第369页。

望,"天下士仰慕丰采,望风景附有如此。……是以天下才人学士从之者如归市"①。朱氏幕中有章学诚、邵晋涵、王念孙、汪中、洪亮吉、黄景仁、孙星衍、武亿、钱坫等人,阮元遂得以与他们结识。如与孙星衍的交往,阮元在《山东粮道渊如孙君传》中云:"元与君丙午同出朱文正公之门,学问相长,交最密。知君性诚正,无伪言伪行,立身行事皆以儒术。"②在外放为官期间,阮元又广交各地学者。如视学山东时,结交山东及寓居山东的金石学家,如曲阜颜崇槼、桂馥,济宁李东琪,巨野李伊晋,钱塘黄易、江凤彝,吴江陆绳,仁和马履泰等人。阮元在与名流学士的交游中,共同研讨经义、金石、训诂、校勘等,互为馈赠金石收藏,极大地促进了阮元的金石学研究。如孙星衍为阮元编修《山左金石志》提供了的许多金石资料:伯休彝,"为乾隆乙卯十月廿四日孙观察渊如所藏,拓此铭词并作释文以寄"③;楚良臣余义钟,"为孙渊如观察所藏,拓铭文并释文寄元"④;《栖霞寺造象钟经碑》,"孙渊如观察于嘉庆丙辰访得拓寄"⑤,等等。

四、阮元的学人幕府及其集体编修模式

清代学幕盛行,对社会各方面有着深远的影响,它既是一种政治现象,也是一种社会文化现象。当时学识优长的朝廷大臣或督抚学政等地方重要官员,如徐乾学、卢见曾、朱筠、毕沅、谢启坤、阮元等,无不将众多学人招揽于自己门下。正如全增佑在研究清代幕府时说:"于时督抚学政,颇广开幕府,礼致文人,而不尽责以公事。此等入幕之宾,其性质初不同于刑钱幕友,此种幕府不啻为一学府,其府主往往为学术界名流前辈,故人才之造就于斯为盛!"⑥幕宾在幕府中有多项工作,其中之一,就是在幕主的组织下进行学术研究。游幕学人成为当时学术成果的主要创造者,促成了清代学术文化繁荣景象的出现。

阮元作为乾嘉时期最负盛名的官僚型学者,其历官所至,广招贤士,先

---

①〔清〕江藩:《国朝汉学师承记》卷4《朱筠河先生》,中华书局1983年,第68页。
②〔清〕阮元:《揅经室集·二集》卷3《山东粮道渊如孙君传》,《丛书集成初编》第2202册,中华书局1985年,第408页。
③〔清〕阮元:《山左金石志》卷1《伯休彝》,第405页。
④〔清〕阮元:《山左金石志》卷2《楚良臣余义钟》,第409页。
⑤〔清〕阮元:《山左金石志》卷11《栖霞寺造象钟经碑》,第548页。
⑥全增佑:《清代幕僚制度论》,载《思想与时代》,1944第32期,第41页。

后招纳幕宾多达 120 余人，其中就汇聚了自乾嘉之际至道光初期的众多金石学者，如任山东学政时期的朱文藻、何元锡、武亿、段松苓、钱大昭、钱东垣、顾述等人，任浙江学政时期的赵魏、钱坫、孙星衍、江德量、陈寿祺、张廷济、朱为弼、翁树培、宋葆醇等人。大批金石学者的加入，壮大了阮氏幕府的学术实力，为其金石编著提供了智力与人力保障。阮氏先后组织幕友对山东、浙江等地的金石碑刻进行搜集、整理、著录与研究，撰成《山左金石志》、《积古斋钟鼎彝器款识》、《两浙金石志》等。以《山左金石志》为例，该书是由阮元及其幕友朱文藻、何元锡、武亿、段松苓、赵魏、钱大昭、钱东垣、顾述等人历时两年时间集体编修而成，收录金铭石刻多达 1700 余种，对于这样一部收录金石数量大、成书速度快而质量却依然上乘的金石编著，若是仅凭阮氏一己之力，恐难以为之。阮氏善于做学术组织工作，将他们分工协作，各尽所能。段松苓精于钟鼎铭文，负责编修吉金部分，朱文藻与武亿熟于石刻碑版，负责编录石刻部分。然后，编修成果汇而聚之，由阮元悉心加以考订，总裁其成。最后，由赵魏进行校勘。《山左金石志》之所以能够高质、高效完成，幕友们功不可没。又如《两浙金石志》，是阮元任官浙江期间依靠幕府文士赵魏、何元锡、许宗彦等而成，正如其在《两浙金石志序》中所云："余在浙久，游浙之名山大川殆遍，……以其余力，及于金石刻，搜访摹拓，颇穷幽远，又勒成《两浙金石志》一书。尔时助余搜访考证者，则有赵晋斋魏、何梦华元锡诸君子，许周生兵部宗彦亦多考订增益，且录全稿以去，匆匆十余年矣。道光四年，粤中有钞本十八卷，校原稿文有所删，钟鼎钱印之不定为浙物者亦多所删，然亦简明可喜。李铁桥廉访沄率浙人之官于粤者，校刻之。"①阮元十分尊重幕友的劳动成果，在《山左金石志》、《两浙金石志》文中明确指出参编人员的姓名，以示此乃集体编修之成果，个人并无掠美之意，这充分体现了阮元非凡的人格魅力与高尚的学术道德。阮元与幕友们经常互相砥砺，以学问相益，形成了浓厚的治学氛围，共同致力于历代金石碑版的整理与研究，以细致入微、严谨踏实的作风，为乾嘉时期金石学的发展做出了重要贡献。

　　与中国古代历史上的很多著作署名某一官僚而实际上是由其幕僚编

①〔清〕阮元：《揅经室续三集》卷 3《两浙金石志序》，《丛书集成初编》第 2210 册，中华书局 1985 年，第 131 页。

修而成不同,阮元的著作中无不凝聚着他的心血。以毕沅与阮元为例,二人同为官僚型学者,都依靠着幕僚力量编修有数部著作,前者如《关中金石记》、《中州金石记》、《史籍考》等,后者如《山左金石志》、《两浙金石志》、《积古斋钟鼎彝器款识》、《经籍籑诂》等,但二者有着较大的不同之处。毕氏作为主编者所发挥的作用十分有限,编修工作主要是由其幕僚完成。如乾隆五十三年(1788),毕沅于河南巡抚任上开始编撰《史籍考》①,而实际上该项工程是由章学诚主其事,凌廷堪、洪亮吉、武亿等人参与②;又如《关中金石记》与《中州金石记》,则主要是由孙星衍、严长明、钱坫、洪亮吉等人编修。而阮元则有所不同,不但亲自参与其中,而且还发挥着关键作用。如《山左金石志》的编修,从提出编修事宜到拟定编修凡例,从搜集、整理金石资料到纂写、删订、润色书稿以及最后成书并刊刻,阮元均参与其中。书虽成于众家之手,然皆经阮元复勘而后定其是非,发挥了主编者与定稿人的作用。因此,我们可以肯定地说,阮元作为清代中后期的一位学识渊博的大师鸿儒,并非空有虚名,其学术成就是实实在在的。正如张丽珠在《清代经学名臣一重镇:阮元》一文中所云:"纵观阮元之一生,他以个人之力传播学术文化,究心学术及振兴文教之功,实睥睨有清一代,终清之世罕有能与之匹敌者,故称其为乾嘉学术最后强有力的殿军,洵非过誉也。"③阮元一生中大部分时间都忙于公务,他的许多著作都是在政事之暇完成的,而非有些人想当然地认为阮元乃封疆大吏,其学术成果都是由幕友编修完成的,这对于我们实事求是地评价阮元是很有帮助的。

五、阮元自身不懈的努力与正确的治学方法

前面四点分析主要从外部条件着眼,而最根本的原因,还应在于阮元自身不懈的努力与正确的治学方法。阮氏对钟鼎彝器、石刻碑版有着强烈的嗜好,一生致力于金石的搜访、著录与研究。他作为一名封疆大吏,尽管政务繁忙,但金石研究从未间断过。以《山左金石志》为例,阮元为了尽可

---

① 此项工程一直到毕沅去世也没有完稿,章学诚、潘锡恩相继续补,最后成书三百卷。
② 尚小明:《学人游幕与清代学术》第二章《清代重要学人幕府》,社会科学文献出版社1999年,第100页。
③ 张丽珠:《清代经学名臣一重镇:阮元》,载彭林主编:《清代学术讲论》,广西师范大学出版社2005年,第193~194页。

能完整地将山左金石碑刻汇辑于一编,利用视学各州县之机,于公事之暇,不遗余力地寻访古迹,搜讨金石。他深入荒郊僻野、陡崖险谷,不辞劳苦,甚至冒着生命危险,获得了大量一手资料。如为了寻访郑羲父子刻石,亲临云峰山,不顾山崖陡峭,终将《中书令郑羲碑》摹拓下来。对搜罗到的金石碑版,"在山左卷牍之暇,即事考览"①。乾隆六十年(1795)冬,阮元调任浙江学政,携草稿南下,在旅途中不顾舟车劳顿之苦,"重为厘订"②。正是由于其自身不懈的努力,才换来丰硕的研究成果,这种孜孜以求的精神,值得我们学习。

阮元在长期的学术研究实践中,形成了一套严谨、科学的治学方法,这对其金石研究大有裨益。他不迷信古书陈说,而是从金石资料中稽古钩沉,将之与文献记载相结合、相印证,用以校勘史籍,印证史事,力求做到言必有据,孤证不立法。由于其研究建立在扎实的史料基础之上,所以得出的结论有很强的说服力,研究成果也就具有很高的学术价值。阮氏考据方法不拘一格,正如《山左金石志》所表现出的那样,除了典籍文献与金石相证法外,还有综合性的考据方法、参稽互证法、类比推理法、常识推理判断法、考而不断法等,这些方法因问题不同而灵活运用。阮元对这些方法的自觉运用,不仅反映了他具有求实证的严谨治学态度,更说明他已熟谙科学的治学途径。

本章小结

本章主要就《山左金石志》的编修背景、金石资料来源及编校、刊刻与版本、影响及阮元编修成就的原因分析等问题进行了论述。

阮元编修《山左金石志》,并非一时心血来潮,而是有着一定的背景因素。从社会背景来看,清初实行文化专制与稽古右文双重政策,使得学者只能埋头于古籍的整理与考订中。以朱筠题陈《谨陈管见开馆校书折》为契机,金石学著作受到空前重视,为《山左金石志》的编修提供了一个良好的社会背景。从学术背景来看,自清初顾炎武等学术大师力除明末空疏学风、提倡重证求实以来,经过百余年的酝酿与发展,至乾隆、嘉庆时期以考

---

① 〔清〕阮元:《山左金石志·阮元序》,第368页。
② 〔清〕阮元:《山左金石志·阮元序》,第369页。

据为特色的汉学风靡一时。在此学术潮流牵引下，金石学于元、明中衰后再次复兴，并达到极盛。金石学借考据学而勃然兴起，考据学资金石学而成绩卓越，二者互相推动，相得益彰。《山左金石志》的编修，正和此时学术全盛期的气象与氛围息息相关。从阮元个人因素来看，他对金石学浓厚的兴趣以及远大的学术志向，是其编修《山左金石志》的内在动力。正是在如此的社会背景、学术背景以及阮元的个人志趣等因素的共同作用下，《山左金石志》应运而生。

阮元《山左金石志》的金石资料来源渠道极广，这得益于其游幕、仕宦所建立起的庞大地缘和人缘的搜访网络，使得金石搜访的触角延伸至其幕僚、金石同好、辖地内的吏民生员等，为其金石搜访带来了极大的便利。他宦游所至，必寻访古迹，搜讨金石，为编修《山左金石志》积累了大量的金石资料。除此之外，毕沅的收藏，朱文藻、何元锡、武亿、段松苓等幕友的搜访，颜崇槼、桂馥、李东琪、李伊晋、黄易、江凤彝、陆绳、马履泰、孙星衍等金石同好间的交流，山东地方官民的提供，以及对聂鈫《泰山金石志》与《泰山道里记》、段松苓《益都金石志》、王毂《莲湖集古铜印谱》、孔广燨《古印初集》等已有文献的采录，都是《山左金石志》重要的资料来源。如此广泛的资料来源渠道，使得该书收录金铭石刻达 1700 多种，大大超过此前诸家。阮元的这种多渠道搜集资料的方法，值得我们肯定与借鉴。

阮元自乾隆五十八年（1793）上任伊始赴曲阜、泰安、济宁等地考察后，便产生了编修《山左金石志》的念头。乾隆五十九年（1794），毕沅巡抚山东，阮、毕二人共同商订编修凡例及搜访事宜，并于该年冬开始编修，次年初成，嘉庆二年（1797）刊刻。在此过程中，阮元的幕友朱文藻、何元锡、武亿、段松苓、赵魏等人参与了编修与校勘工作，段松苓负责编修吉金部分，朱文藻与武亿负责编录石刻部分，由阮元总裁其成，最后由赵魏进行校勘。虽然我们对阮元团队的具体分工及运作模式知之甚少，然而，从资料搜集到编修，再到付梓出版，仅有短短的两年多时间，由此可以看出其运作之高效。此种高效率的集体编修运作模式，值得我们进一步去研究。与中国古代历史上的很多著作署名某一官僚而实际上是由其幕僚编修而成不同，《山左金石志》中无不凝聚着阮元的心血，他不仅积极搜罗金石资料，而且还亲自对金石碑版进行考订，并最后总裁其成，我们将《山左金石志》归于阮元名下，可谓实至名归。《山左金石志》的通行版本为湖北省图书馆藏清嘉庆二年(1797)阮氏小琅嬛仙馆原刻本,而张之洞在《书目答问·史部·金石》中提到文选楼丛书本,后世未见流传。

《山左金石志》问世后,对当时及其以后山东乃至全国的金石学发展都产生了深远影响。它不仅是著录、研究山东古代金铭石刻的一部划时代巨著,同时又是清代乾嘉时期的一部优秀的金石学著作,在乾嘉之际乃至以后的学界都占有一席之地,受到学者们的高度评价。《山左金石志》的学术影响,主要体现在三个方面:第一,它首次将山左金石文献汇于一编,是山东古代金铭石刻的集大成者;第二,它实乃清代金石学发展史上的"启后空前之作",成为后世金石学分地(分省)著录体例的典范;第三,它促进了清代山东金石学的发展,并掀起了山东著录金石的浪潮。

阮元之所以能够取得丰硕的金石学成果,这不仅得益于乾嘉考据学繁盛的学术背景、其"亦官亦学"的身份、广泛的学术交游、幕友集体编修模式等外部条件,更重要的还在于其自身不懈的努力以及科学严谨、灵活多变的治学方法的运用。

第三章 《山左金石志》的体例与内容

第一节 《山左金石志》的体例

一、清代及其以前金石志书的体例类型

金石学自宋代成为一种专门学问后，无论是欧阳修的《集古录》、赵明诚的《金石录》、洪适的《隶释》与《隶续》，还是赵崡的《石墨镌华》、都穆的《金薤琳琅》、郭宗昌的《金石史》等金石学著作，因其收录不富，无法作更细更专的分类，编修体例也不够成熟完备。直到清代金石学的复兴与极盛，金石编著日渐增多，从而使编修体例广泛、完备起来，正如清代金石学家陆增祥所云："著录之家，本朝极盛，荟萃成书，奚啻百数。有限以时代者，有限以一省者，有限以一省并限以时代者，有限以一郡者，有限以一邑者，有限以域外者，有限以名山者，有限以一人者，有限以一碑者，有别以体者，有叙以表者，有绘以图者。其上追秦汉，下逮辽金，近自里闾，远讫海外，综括而考证之者，亦不下数十家。或宗欧赵之例，著目录加跋尾；或宗洪氏之例，具载全文；或勘前人之讹，或补前人之不足……"①清代及其以前金石志书的编修体例十分多样，有存目、跋尾、录文、分地、分代、摹图、篆字、通纂、义例、专题、概论等类，下面分别加以简要介绍。

（一）存目

存目是指按照一定的类别及顺序（时代或地区）将金石碑刻的名目编录在一起，或兼有时代、存地、撰书者及简要考证，并不录文。例如，北宋欧阳修《集古录》收录了400多篇撰有题跋的拓本，而大多数无题跋的拓本并未收录在内。为弥补这一缺憾，其子欧阳棐将家藏一千多种金石拓本无论

---

① 〔清〕陆耀遹：《金石续编·陆增祥序》，《石刻史料新编》第一辑第 4 册，新文丰出版公司 1977 年，第 2991 页。

是否撰有题跋,统一编录在一起,成《集古录目》10 卷,仅列撰书人名姓氏、官职爵位以及立碑年月,而不做任何考证评论。又如,南宋王象之撰有《舆地碑记目》4 卷,以天下碑刻地志之目分郡编次,各注其年月、姓氏大略于下,起临安,讫龙州,皆南渡后疆域。再如,明人杨慎著《水经注碑目》1 卷,将北魏郦道元《水经注》中所引汉、魏石刻名目汇编在一起。又如,清人吴式芬撰《捃古录》20 卷,编录了自三代迄元一万八千余种金石碑目,"自有目录以来,未之有也"①。他如钱大昕《潜研堂金石文字目录》8 卷、孙星衍与邢澍《寰宇访碑录》12 卷、赵魏《竹崦盦金石目录》5 卷、吴荣光《筠清馆金石文字目》2 卷、缪荃孙《艺风堂金石文字目》18 卷、罗振玉《蒿里遗文目录》,等等。

(二)跋尾

跋尾,又称"按跋"、"跋语"、"按(案)语"等,是指附在金石碑刻之后对金石有关情况加以说明与考订的文字。跋尾体的金石学著作多不录文,而重在考据,以为证经订史之资。该体例由南宋赵明诚《金石录》开其端,书中后二十卷有跋尾五百零二篇,对古器碑刻加以辨证,汇集了赵氏多年研究心得,以器物碑铭验证前史,考订典籍的讹舛之处,同时还录存了不少未见于史书的重要史料,对于补正前贤的阙失与讹误有着极大的价值。《金石录》跋尾体风一开,踵事者多。如明人赵崡著《石墨镌华》6 卷,撰跋尾凡二百五十三篇,"每碑目录之下,仿陈思《宝刻丛编》之例,各注其地。金元国书,世不多见,亦仿《集古录》摹载钟鼎之例,钩勒其文。体例颇为详备,惟所跋详于笔法而略于考证"②。又如,顾炎武著《金石文字记》6 卷,裒集所见汉代以来碑刻,以时代为次,每条下各缀以跋尾凡三百余篇,其无跋者亦具立石年月、撰书人姓名,碑字间有异者,又别为摘录于末,"亦犹洪适《隶释》每碑之后摘录今古异文某字为某之遗意"③。顾氏证据今古,辨正讹误,"较《集古》、《金石》二录实为精核"④。正如其自序云:"抉剔史传,发挥经典,颇有欧阳、赵氏二录之所未具者。"⑤洵不虚也。其后,

①朱剑心:《金石学》第一编《通论》第五章《金石学之复兴创获及整理》,文物出版社 1981 年,第35 页。

②〔清〕永瑢等:《四库全书总目》卷86《史部·目录类二》,中华书局 1965 年,第 739 页。

③〔清〕永瑢等:《四库全书总目》卷86《史部·目录类二》,中华书局 1965 年,第 741 页。

④〔清〕永瑢等:《四库全书总目》卷86《史部·目录类二》,中华书局 1965 年,第 741 页。

⑤〔清〕顾炎武:《金石文字记·序》,《石刻史料新编》第一辑第 12 册,新文丰出版公司 1977 年,第9191 页。

钱大昕撰《潜研堂金石文跋尾》20 卷,收录了自三代至元代金石碑刻 855 通,绝大多数是碑刻,少数为金器、砖文及契券等。每一金石后均附有按跋,考证历史,补充史实,王鸣盛称之尽掩欧阳修、赵明诚、都穆、赵崡、顾炎武、朱彝尊、王澍七家,"出其上,遂为古今金石学之冠。"①他如朱彝尊《曝书亭金石文字跋尾》6 卷、王澍《竹云题跋》4 卷、翁方纲《苏斋题跋》2 卷、武亿《授堂金石跋》24 卷、张廷济《清仪阁题跋》(不分卷)、严可均《铁桥金石跋》4 卷、何绍基《东洲草堂金石跋》5 卷,等等。

(三)录文

录文是指对金石之文进行著录,之后往往附有按跋。与其他体例的金石志书相比,录文体有着不可比拟的价值,因为铭文刻辞被录载下来,这既便于读者的阅读与使用,同时又利于金石之文的保存与流传。早在宋代,欧阳修、欧阳棐、赵明诚、洪适等人就已经意识到辑录碑文对于参稽经史的作用。欧阳棐在《集古录目序》中说:"盖自文武以来,迄于五代,盛衰得失,贤臣义士,奸雄贼乱之事,可以动人耳目者,至于释氏道家之言,莫不皆有,然分散零落数千百年而后聚于此,则亦可谓难矣。"②赵明诚《金石录序》亦云:"自三代以来,圣贤遗迹著于金石者多矣。盖其风雨侵蚀,与夫樵夫、牧童毁伤沦弃之余,幸而存者止此耳。是金石之固犹不足恃,然则所谓二千卷者,终归于磨灭,而余之是书有时而或传也。……是书之成,其贤于无所用心,岂特博弈之比乎!辄录而传诸后世好古博雅之士,其必有补焉。"③清人王昶在《金石萃编序》中说:"夫旧物难聚而易散也,后人能守者少,而不守者多也。使瑰伟怪丽之文销沉不见于世,不足以备通儒之采择,而经史之异同详略,无以参稽其得失,岂细故哉?于是因吏牍之暇,尽取而甄录之。"④由此可知,无论宋代或清代,金石录文的主要目的就是防止金石文字因风雨剥蚀或人为破坏而年久失传,亟需记录传世。而史书记载往往抵牾,亦亟需用金石文字加以校正,这也正是碑文存录的重要价值之一。

---

①〔清〕钱大昕:《潜研堂金石文跋尾·王鸣盛序》,《石刻史料新编》第一辑第 25 册,新文丰出版公司 1977 年,第 18731 页。

②〔清〕孙岳颁、王原祁等纂辑:《御定佩文斋书画谱》卷 91《历代鉴藏一·书一·宋欧阳棐集古录目序》,《景印文渊阁四库全书》第 823 册,上海古籍出版社 1987 年,第 129~130 页。

③〔南宋〕赵明诚撰,金文明校证:《金石录校证·金石录序》,广西师范大学出版社 2005 年,第 2 页。

④〔清〕王昶:《金石萃编·序》,《续修四库全书》第 886 册,上海古籍出版社 2002 年,第 450 页。

南宋洪适《隶释》27卷与《隶续》21卷是最早专门录载碑文的著作,二书共著录汉魏晋隶书石刻、铜铁器铭文、砖文近三百种。洪氏在书中对每一碑刻的文字都依其字画写定,再将以某字为某字注明于后,碑文之后附有跋尾,对有关史事予以考释。之后,薛尚功《历代钟鼎彝器款识法帖》亦以录文为主,共收录夏、商、周、秦、汉器物511种,皆以原器款识,依样摹写,有释文,有考说,对原器的出土地点和收藏人物也多有记载。明人陶宗仪著《古刻丛钞》1卷,著录碑刻71种,皆全录碑文,而无所考辨,然所撰诸碑传于世者甚少,非唯补金石著录之漏缺,对于读史谈艺亦有所裨益。清初顾炎武著《求古录》1卷,辑录自汉《曹全碑》至明建文《霍山碑》,共计56种碑刻,具载全文,并记其存地及刻立之由。王昶著《金石萃编》160卷,收录自秦至宋辽金时期的金石碑刻1500多种,以碑刻为主,铜器和其他铭刻仅十余则。该书于题目下注明碑刻、器物的尺寸和存处,汉以前的按原来的篆文或隶书摹写,汉以后的用楷书录文,文后附有见于各金石志书或文集中的有关题跋,最后为编者的考释或按语。《金石萃编》之后,出现了数部续作,如方履篯《金石萃编补正》4卷、王言《金石萃编补略》2卷、陆耀遹《金石续编》21卷、陆心源《金石萃编补》200卷,等等。其中,以陆耀遹《金石续编》最为著名,收录自汉至宋、辽、金、西夏的石刻文字四百余种,均为《金石萃编》所未录。而陆心源的《金石萃编补》录载了《金石萃编》以后发现的金石碑刻两千余种,也是一部规模宏大的金石通纂,惜未能刊行。此外,颇为重要的录文体金石志书还如吕大临《考古图释文》1卷、王俅《啸堂集古录》2卷、王厚之《钟鼎款识》1卷、杨慎《金石古文》14卷、都穆《金薤琳琅》20卷、吴玉搢《金石存》15卷、黄本骥《古志石华》30卷、赵绍祖《金石文钞》8卷及《续钞》2卷、张埙《吉金贞石录》5卷、冯缙《话兰堂后金石纪存》20卷、端方《陶斋藏石记》44卷,等等。

(四)分地

分地体是古代金石志书编修的一种重要体例形式,或统载寰宇,或专记一地,编排顺序则以时代先后为据。该体例的优点在于集中对某一个地区的金石碑刻进行收集整理,使人清楚地了解该地区的金石碑刻状况。分地体最早始于南宋陈思《宝刻丛编》与王象之《舆地碑记目》,但此二书专录一地金石碑目,并无录文及按考。之后,明人孙克宏《碑目》3卷、来濬《金石备考》14卷、于奕正《天下金石志》(不分卷)、赵均《金石林时地考》2

卷等,皆仿陈思《宝刻丛编》之例,统载天下碑目,分郡编次。历经元明时期金石学的衰微,分地体著作至清代乾嘉时期蔚为大观,按照地区(省、府、州、县或某一隅)分别著录。有专记一省者,如毕沅任陕西巡抚时著《关中金石记》8 卷,任河南巡抚时又著《中州金石记》5 卷;翁方纲视学广东,搜访粤省金石碑刻,撰成《粤东金石略》11 卷,之后谢启坤又编《粤西金石略》15 卷;其他如阮元《山左金石志》24 卷与《两浙金石志》18 卷、赵绍祖《安徽金石略》10 卷、张仲炘《湖北金石志》14 卷、胡聘之《山右石刻丛编》40卷,等等。有专记一府、州者,如严观《江宁金石记》8 卷、黄瑞《台州金石录》12 卷、佚名《镇江府志》1 卷、冯云鹓《济南金石志》4 卷、徐宗幹《济州金石志》8 卷,等等。有专记一县者,如武亿《安阳县金石录》12 卷与《偃师金石记》4 卷、段松苓《益都金石记》4 卷、陆心源《吴兴金石录》16 卷、李遇孙《括苍金石志》12 卷、孔祥霖《曲阜碑碣考》4 卷、叶为铭《歙县金石志》14卷、李权《钟祥金石考》8 卷,等等。还有专记一隅者,如刘喜海《苍玉洞宋人题名》1 卷、聂鈫《泰山金石志》6 卷、孙三锡《昭陵碑考》12 卷、叶封《嵩阳石刻集记》2 卷、孔昭薰《至圣林庙碑目》6 卷,等等。还有一些金石学著作,专门编录域外国家的金石碑刻,如刘喜海撰《海东金石苑》8 卷,收集了大量朝鲜古碑拓本,"穷搜自六代以来,远溯至千年而上"[1],自《新罗真兴王巡狩碑》,至《高丽彰圣寺千照熙真觉国师碑》共八十通,皆备录碑文,并附跋尾略作考证,这对研究朝鲜历史、文化、宗教、艺术等诸多领域具有重要价值。又撮《海东金石苑》之目为《海东金石存考》1 卷,其无存者列为待访目,至精至确。他如傅云龙《日本金石志》2 卷、罗振玉《海外吉金录》1卷、《海外贞珉录》1 卷与《三韩冢墓遗文目录》1 卷、容庚《海外吉金图录》(不分卷)、刘承幹《海东金石苑补遗》6 卷,等等。

(五)分代

分代是指将同一时代的金石碑刻编录在一起。如翁方纲《两汉金石记》22 卷,收录两汉时期金石碑刻 286 种,在金石学大兴的乾嘉时期开著录、研究断代金石碑版之先河。他如有马邦玉《汉碑录文》4 卷、钱泳《汉碑大观》(不分卷)、吴东发《商周文拾遗》2 卷、杨龙石《汉四皓石刻题跋集录》1 卷、吴兰修《南汉金石志》2 卷、黄本骥《元碑存目》1 卷与《隋唐石刻

---

[1]〔清〕刘喜海:《海东金石苑》,上海古籍书店 1964 年,第 18 页。

拾遗》2 卷、王懿荣《汉石存目》2 卷、王琛《汉隶今存录》1 卷、尹彭寿《魏晋石存目》1 卷、缪荃孙《辽金石存目》1 卷、黄任恒《辽代金石录》4 卷、罗振玉《秦金石刻辞》3 卷、《唐三家碑录》3 卷与《唐代海东藩阀志存》(不分卷),等等。

(六)摹图

摹图就是将金石器物及其文字摹刻并加以汇编,这可以最大限度地保留金石实物的原貌。吉金图录,自宋有之。如北宋吕大临著《考古图》10 卷,较为系统地著录了当时宫廷和私家收藏的古代铜器、玉器,卷 1 至卷 6 为鼎、鬲、簠、爵等商周器,卷 7 为钟、磬等乐器,卷 8 为玉器,卷 9、卷 10 为秦汉器,实收录 234 器。对于每器,吕氏都精细地摹绘图形、款识,记录尺寸、容量、重量等,并尽可能地注明出土地和收藏处。又如北宋王黼《宣和博古图》30 卷,著录了宋代皇室宣和殿所藏自商至唐的青铜器 839 件,分鼎、尊、罍、彝、舟、卣、瓶、壶、爵、觯、敦、簠、鬲、鍑、盘、匜、钟磬錞于、杂器、镜鉴等二十类。每器均摹绘图像,勾勒铭文,并记录器物的尺寸、容量、重量等,间附考证。再如南宋薛尚功《历代钟鼎彝器款识法帖》20 卷,以钟鼎原器款识依样摹写,共编录 496 件商周铜器及 15 件石鼓、秦玺、石磬、玉琥。他如王厚之《钟鼎款识》1 卷、王俅《啸堂集古录》2 卷,等等。吉金摹图,于清代为盛。清乾隆初,仿《考古图》、《宣和博古图》之例,编《西清古鉴》40 卷、《宁寿鉴古》16 卷、《西清续鉴》甲乙编各 20 卷,每器摹绘一图,图后以楷书系说。于是海内大夫,闻风承流。如钱坫《十六长乐堂古器款识》4 卷,仿《博古图》体例,每件古器先临摹其图形、文字,并标明尺寸大小,然后引经据史,一一加以考释。又如,冯云鹏与冯云鹓兄弟二人合编《金石索》12 卷,其中《金索》6 卷,收商周至宋元时期的钟鼎、兵器、钱币、玺印、铜镜、权量杂器等;《石索》6 卷,收历代石刻、砖瓦等。每种器物大多有器形图和铭文拓本,后面有冯氏的释文或考订。他如阮元《积古斋钟鼎彝器款识》10 卷、黄易《小蓬莱阁金文》(不分卷)、刘喜海《㧑古录金文》9 卷、潘祖荫《攀古楼彝器款识》2 卷、吴荣光《筠清馆金文》5 卷、徐同柏《从古堂款识学》16 卷、吴云《两罍轩彝器图释》12 卷、陈介祺《簠斋吉金录》(不分卷)等等。

至于摹绘石刻,前代未有,而始于清代褚峻摹图、牛运震补说《金石经眼录》1 卷。褚峻以己所亲见之碑,缩于边幅而摹勒之,自石鼓以下,迄于曲阜颜氏所藏汉无名碑阴共47通。牛运震各系以说,详其高卑广狭及所在之处,断跌残碣之形,雨蚀苔侵之迹宛然在目。后牛运震复益以魏、吴以下迄于唐六十图,改名《金石图》。此后,摹绘石刻者,如黄易《小蓬莱阁金石文字》(不分卷)、叶志诜《平安馆金石文字》(不分卷)、吴云《二百兰亭斋金石记》(不分卷)、徐渭仁《随轩金石文字》(不分卷)、丁彦臣《梅花草庵石刻钩本》(不分卷)、何澂《思古斋双钩汉碑篆额》(不分卷)、刘心源《奇觚室乐石文述》30卷,皆祖褚峻之意。

(七)纂字

所谓纂字,就是纂集文字,编次为书。如洪适《隶韵》,其书今虽不传,但据其《盘洲文集》中所存序文可知,是对两汉以来的金石碑刻中的汉隶文字加以纂集。其后,刘球编录《隶韵》10卷,以楷体为字头,其下辑录了两汉以来庙碑、墓碣、遗经残石以及镫、钲、盆、镜上的隶体字形,多寡不一,或三四个,或多达十几个,共计3275个,依韵排列,并分别注明出处。《隶韵》相当于一部汉隶字形字典,是研究汉字发展史的重要资料。刘球阐洪适之余绪,导字源之先路,为功亦匪浅。又如娄机《汉隶字源》6卷,悉依《隶释》原次,盖以补洪氏之阙。其书前列"考碑"、"分韵"、"辨字"三例,实为此书体例之简说;次《碑目》1卷,凡汉碑309种,魏晋碑31种,各记其年月地理、书人姓名,以次编列,即以其编之数注卷中碑字之下,以省繁文。如第112号为《执金吾丞武荣碑》,注云:"在济州,不见年月。碑云'遭威帝大忧戚哀陨而亡',当在灵帝时也。"后正文中遇到此中有关之隶书,即注于"一一二";再次以《礼部韵略》206部,分为上平声、下平声、上声、去声、入声等5卷,皆以楷书标目,而以采自不同碑刻之隶书,钩摹后标以碑目序号排比于楷书之下。一字若有数体,并列于后。不注音,不释义,间或作字形考辨,形体异文,随字注明出处。如"曲江"之为"曲红",引《周憬碑》;"遭罹"之为"遭离",引《马江碑》;"陂障"之为"波障",引《孙叔敖碑》等。其文字异同,亦随字附注。此书亦为研究隶书及汉字演变源流之重要资料。再如《汉隶分韵》7卷,不著撰人名氏,亦无时代。《四库全书总目》记载云:"考其分韵,以一东、二冬、三江等标目,是元韵,非宋韵矣。其书取洪适等所集汉隶,依次编纂。又以各碑字迹异同,缕列辨析。"①又如,明方仕撰《集

---

①〔清〕永瑢等:《四库全书总目》卷41《经部·小学类二》,中华书局1965年,第353页。

古隶韵》5卷,"其书以汉碑隶书分四声编次,全袭宋娄机《汉隶字源》而变其一、二、三、四等目,以《千字文》'天地玄黄'诸字编之,体例甚陋。又摹刻拙谬,多失本形"①。他如丰道生《金石遗文》、李登《摭古遗文》、朱时望《金石韵府》、释道泰《集钟鼎古文韵选》,等等。

(八)通纂

通纂是指兼具存目、跋尾、录文、摹写等体之长。如清王昶著《金石萃编》160卷,收录自三代至辽、金凡1500通金石碑刻,以时代为次,先录碑文,其文字漫漶见于他书者,则为旁注以记其全;篆隶及古文别体,则摹其点画,加以训释;凡题额、碑阴、碑侧,亦必详载;碑制之长短宽博,取建初铜尺度其分寸,并记其行字之数;诸家题跋见于金石诸书及文集所载者,悉附于下;最后则列己说。《金石萃编》续补之书,如陆耀遹《金石续编》21卷、王言《金石萃编补略》2卷、方履篯《金石萃编补正》4卷等。其他,如严可均《平津馆金石萃编》20卷、陆增祥《八琼室金石补正》130卷、刘承幹《希古楼金石萃编》10卷等,体例与《金石萃编》类同,皆为通纂类金石学著作。

(九)义例

在金石文字著录与考订以外,又有义例之学,主要对金石编修的体例加以论说,这对金石学著作的编撰及金石学的发展发挥了极大作用。金石义例之学首倡于元潘昂霄《金石例》10卷,此书非考订金石者,而示作文之式,正如潘氏在《金石例》中所云:"学力既到,体制亦不可不知,如记、赞、铭、颂、序、跋,各有其体。不知其体,则喻人无容,虽有实行,识者几何人哉?体制既熟,一篇之中,起头结尾,缴换曲折,转折反覆,照应关锁,纲目血脉,其妙不可以言尽,要须助自得于古人。"②如该书卷2《金石文之始》下,有《碑式》、《碑阴文式》、《德政碑之始》、《德政碑式》、《墓碑式》、《神道碑之始》、《神道碑式》、《家庙碑式》、《先庙碑式》、《先茔先德昭先等碑之始》、《先茔先德昭先等碑式》、《赐碑名号之始》、《赐碑名号式》等目。潘氏述碑碣墓志之原始制度,颇引古刻,如在《墓铭之始》目下,引《王戎墓铭》、《比干墓铜盘铭》等;《墓图》目下引《南阳宗资墓石刻字》。在《金石例》之后,学者多踵而为之,代有所作,尤其是清代,更是出现了多部金石义

---

① 〔清〕永瑢等:《四库全书总目》卷43《经部·小学类存目一》,中华书局1965年,第373页。
② 〔元〕潘昂霄:《金石例》卷9《论作文法度》,《景印文渊阁四库全书》第1482册,上海古籍出版社1987年,第345页。

例学著作,金石义例之学渐趋完善、兴盛。如清黄宗羲《金石要例》1卷、梁玉绳《志铭广例》2卷、严长明《汉金石例》(卷数不详)、李富孙《汉魏六朝墓铭纂例》4卷、郭麐《金石例补》2卷、吴镐《汉魏六朝志墓金石例》4卷、徐朝弼《唐人志墓例》1卷、冯登府《金石综例》4卷、梁廷枏《金石称例》4卷及《续》1卷、王芑孙《碑版广例》10卷、鲍方振《金石订例》4卷、刘宝楠《汉石例》6卷、朱记荣《续刻金石三例》6卷等,将金石义例研究推向了顶峰。光绪年间,朱记荣等人编成《金石全例》一书,囊括了上述著作,标志着清代不断发展的金石义例之学趋于完善。梁启超曾总结有清一代金石学流派云:"顾、钱一派专务以金石为考证经史之资料,同时有黄宗羲一派,从此中研究文史义例。宗羲著《金石要例》,其后梁玉绳、王芑孙、郭麐、刘宝楠、李富孙、冯登府等皆赓续有作。别有翁方纲、黄易一派,专讲鉴别,则其考证非以助经史矣。包世臣一派专讲书势,则美术的研究也。而叶昌炽著《语石》,颇集诸派之长,此皆石学也。"①诸派之中,黄宗羲开宗义例之派,其《金石要例》作为典型代表。该书罗括古人金石之例凡36则,如《书合葬例》、《妇女志例》、《书名例》、《称呼例》、《墓志无铭例》等,后附《论文管见》9则。如《书名例》云:"碑志之作当直书其名字,而东汉诸铭载其先代,多只书官,唐宋名人文集所志往往只称君讳某字某使,其后至于无考为可惜。"②黄氏《金石要例》可补潘氏《金石例》之阙遗,正如其自序所云:"元潘苍崖有《金石例》,大段以昌黎为例,顾未尝著为例之义与坏例之始,亦有不必例而例之者。如上代、兄弟、宗族、姻党,有书有不书,不过以著名不著名,初无定例,乃一一以例言之。余故摘其要领,稍为辩正,所以补苍崖之缺也。"③

(十)专题

专题是指专门对某一种或某些金石碑刻加以著录与考证,选择对象往往都是那些具有代表性的铭心绝品。例如,对石鼓文的考释,自清人刘凝《石鼓文定本》2卷以下至近时马衡《石鼓为秦刻石考》凡二十余家,不胜备

---

① 〔民国〕梁启超著,朱维铮校注:《清代学术概论》十六《金石学、校勘学和辑佚学》,中华书局2010年,第85~86页。
② 〔清〕黄宗羲:《金石要例·书名例》,《景印文渊阁四库全书》第1483册,上海古籍出版社1987年,第821页。
③ 〔清〕黄宗羲:《金石要例·序》,《景印文渊阁四库全书》第1483册,上海古籍出版社1987年,第820页。

录。又如对石经的考证,自顾炎武《石经考》1 卷以下至近代王国维《魏石经考》凡五十余家。其他专题性金石学著作,略而举之,如阮元《汉延熹西岳华山碑考》4 卷、许梿《夏承碑考》1 卷、周在浚《天发神谶碑考》1 卷、汪照《天发神谶碑续考》1 卷、吴骞《国山碑考》1 卷、瞿中溶《汉武梁祠画像考》6 卷、张弨《瘗鹤铭辨》1 卷、汪士鋐《瘗鹤铭考》1 卷、吴东发《瘗鹤铭考》1 卷、翁方纲《瘗鹤铭考补》1 卷、袁嘉谷《汉孟孝琚碑题跋》1 卷,等等。

(十一)概论

概论是指对金石之学加以概括论述。自宋以来金石著录可谓极盛,虽考证题跋,穷极博奥,然通古今寰宇而总论之作较为稀少,在这其中,最具影响的当为清末金石学家叶昌炽《语石》10 卷。叶氏自少从事碑版之学,访求逾二十载,藏碑至八千通,"上溯古初,下迄宋、元,元览中区,旁征岛索,制作之名义,标题之发凡,书学之升降,藏弆之源流,以逮摹拓装池,轶闻琐事,分门别类,不相杂厕。自首至尾,可析可并。既非欧、赵之目,亦非潘、王之例,非考释,非辑录,但示津途,聊资谈囿"①。其书卓识别裁,精通博贯,梁启超尝极称之,可谓空前绝后者。然该书仅论石刻,金铭缺如。他如方若《校碑随笔》、顾燮光《梦碧簃石言》等,虽亦近于概论之性质,而精粗纯驳。

以上对清代及其以前金石编修的体例做了简要介绍,金石学多种编修体例的出现,不仅反映了金石学者收集金石资料的繁富,同时也说明了金石学研究不只仅仅停留在金石文字的搜集层面,而是上升至深入系统研究的高度,学者们从不同视角研究金石碑版,从而更进一步推动了金石学的发展。

二、《山左金石志》的体例

《山左金石志》作为一部分地(省)体的金石学著作,其编修体例是由毕沅与阮元共同拟定的。总的来说,全书体例完备,布局合理,结构严谨,纵横交错,详略得当,一向为人所称道,成为后世金石志书编修的典范。《山左金石志》分为金②、刀布、镜、印、石(包括砖)五大类,先金后石,每类

---

① 〔清〕叶昌炽:《语石·序》,上海书店 1986 年影印本,第 7 页。
② 此处之"金",并未涵盖"金石学"之"金"的全部,是指除钱币、镜鉴、印章之外的钟鼎金属器物,如礼器、兵器、度量衡器、杂器等。

按照时间先后顺序进行编排,井然有序。对于录载的金石碑刻,指明其造型、尺寸、书体、年月、存地、收录、拓本流传等重要信息,并予以考证。对于金铭刻辞,由于字数较少,一般予以全文录载;而对于石刻,或录载全文,或仅作跋尾。具体来说,《山左金石志》的编修体例主要如下:

(一)金石合编,先金后石

《山左金石志》将金铭器物与石刻碑版合编于一书,金编排于前(卷1至卷6),石编排于后(卷7至卷24)。

(二)所录金石由商周迄元,大致按照时间顺序进行编排

《山左金石志》录有金、刀布、镜、印、石五类,每一类再分别按照时间顺序进行排列。卷1至卷3为商、周、秦、汉、曹魏、晋、北魏、北齐、北周、隋、唐、宋、金、元等代金铭,卷4为齐刀、莒刀与齐布,卷5为汉、晋、梁、隋、唐、前蜀等代铜镜,卷6为汉、蜀、曹魏、晋、北魏、北齐、唐、宋、元等代印章,卷7至卷24为秦、汉、曹魏、晋、北魏、东魏、北齐、北周、隋、唐、后梁、后唐、后晋、后汉、后周、宋、金、元等代石刻。这里需要说明的是,在商金之前还编录有乾隆钦颁孔庙的十件周代祭器,只缘其"系内府所颁,故冠于首"①,之后的金铭则按照时代编次。由于大多数刀布、镜、印没有时间记载,只能大概推断其为某代之物,而无法准确判断其具体年代,故于同一朝代内部进行编排时,只能"不分时代,以类相编"②。如卷4收录齐刀二十二品,只能判断其为东周时期的一种刀币,而不知每一件的具体铸造年代,故无法辨分时代先后,只能以类相编。有些碑刻没有刻立时间,编者只能通过对碑文内容的解读而做大概推断,从而进行编排。如《豫州从事孔褒碑》,"碑无年月可系,今以其与弟融争死事在灵帝年间,故列于熹平之前"③。还有,众多不同时代的题名汇刻一处,"因不便别出,并附录之"④。如《岱顶题名十一种》,其中前九种为宋人所刻,后两种为金人所题。

阮元《山左金石志》与毕沅《关中金石记》、《中州金石记》相同,皆以元代为断,明清金石不收,这是为什么呢? 如果说清代金石因年代较近而且不是完整一代而未收录,尚可以理解,那么,明代金石不录就令人费

---

①〔清〕阮元:《山左金石志》卷1,第400页。
②〔清〕阮元:《山左金石志》卷4《齐刀二十二品》,第424页。
③〔清〕阮元:《山左金石志》卷8《豫州从事孔褒碑》,第486页。
④〔清〕阮元:《山左金石志》卷17《岱顶题名十一种》,第14页。

解了。据笔者研究发现：明清金石学家们大多较为看重唐代及其以前的碑刻，而宋代以后的碑刻则不大重视；宋人著录金石多以唐代为下限，清人则一般延长至宋元。清末金石学家叶昌炽曾说："欧阳公《集古录》近收五季，明初距今将六百年，不啻欧公之视六朝也，岂可以近而贱之？乾嘉诸老如毕中丞、王侍郎，皆以天水①为断。至仪征阮氏、阳湖孙氏，始推广其例至元末。翁覃溪辑《粤东金石略》，兼收明碑。夫明碑诚不胜收，然必俟之罕而见珍，则杞宋无征，沧桑已易，其存者亦如缺月娟娟隐云雾，不重可惜乎？"②叶氏之言正反映出了明清碑刻不为清人所重，同时也说明了宋代及其以后金石编著的断限逐渐延伸。不过，毕中丞（毕沅）的《关中金石记》与《中州金石记》均止于元代，并非叶氏所说"以天水为断"。在笔者看来，《山左金石志》之所以以元代为断，明清金石阙而不录，主要有三个原因：一是与清代文化专制有关，不敢涉及明清碑刻及明清史；二是因《山左金石志》的编修凡例是由阮、毕二人共同拟定，遂仿照毕氏之书的先例；三是明清碑刻在形制、字体等方面与隋唐碑刻区别不大，除了一些重要的碑刻具有较高的史料与书法价值外，大多数碑刻在内容、形制与书法上都较为平平，其价值为清代学者所轻视，加之数量太多，收不胜收。

（三）收录了山东一省的金铭石刻，是分地（省）著录金石的典范

分地著录是清代金石编著的一种重要体例形式，有专记一省者，如毕沅《中州金石记》与《关中金石记》、阮元《山左金石志》与《两浙金石志》、翁方纲《粤东金石略》、谢启昆《粤西金石略》、杨守敬《湖北金石志》等；有专记一府、州者，如严观《江宁金石记》、冯云鹓《济南金石志》、徐宗幹《济州金石志》、陆心源《吴兴金石记》等；有专记一县者，如段松苓《益都金石记》、武亿《安阳县金石录》与《偃师金石记》等；还有专记一隅者，如叶封《嵩阳石刻集记》、聂鈫的《泰山金石志》等。《山左金石志》则收录了山东一省十府二直隶州的金石碑刻，是分省著录金石的重要典范。需要说明的是，乾嘉时期的山东省与今日山东省的辖区并非完全一致，如馆陶县当时隶属山东省东昌府，现在则隶属河北省邯郸市。

---

① 天水乃赵姓的郡望，如《宋史》卷65《五行志第十八》记载："天水，国之姓望也。"宋代统治者以赵为姓，故以"天水"代称赵宋一朝。

② 〔清〕叶昌炽：《语石》卷1"明一则"条，上海书店1986年影印本，第24页。

（四）正文编修的体例特点

第一类"金"：首先题写器名，而后摹录铭文并加以释读，接着说明器物的尺寸、形制、铭文位置、字数多少、所据拓本或摹本的来源，有的还说明重量，最后对器物本身或铭文内容进行考释。如对《纪侯钟》款识的辑录与考释：从右往左，先摹录款识（见左图），并把辨识后的款识"己侯虎作宝钟"标示于下。接着，说明纪侯钟的尺寸、所据摹本的来源："右钟高五寸，围一尺一寸。顶有一柄，长五寸。柄端一环，径一寸二分。腹有三十六乳，质厚五分。寿光县人得之于纪侯台下。"最后，对铭文进行考释：

> "己"、"纪"，古通用字。"虎"，纪侯之名也。"钟"字反。按《齐乘》云："寿光南三十里，春秋之纪国。《通志》曰：纪本在赣榆县，后迁剧，亦称纪。城内有台高九尺，俗曰纪台。"考《汉恩泽侯表》，陈仓亦封纪侯，但铭字奇古，必非汉物耳。①

第二类"刀布"：首先摹录刀布的图形与款识，然后对其文字进行考释。如《齐刀二十二品》中的第一品，先摹录该刀布的图形与款识（见上图），接着对款识加以考释：

> 右刀文曰"齐吉化"三字，"化"即"货"字。背有长钉，似籀文"十"字，隐隐似有圆圈围之，下有一"化"字。《前汉书·食货志》曰：太公为周立九府圜法，退又行之于齐。至管仲相桓公，通轻重之权，遂显伯名。此其遗制也。洪遵《泉志》引《嘉祐杂志》曰："王公和学士罢沂州，得银刀一，有'齐太公杏九'字"，恐"杏"字乃误认"吉"字耳。②

第三类"镜"：首先摹录款识并说明镜的尺寸、形制、纹饰，接着对铭文进行考释。如汉尚方十二辰镜，首先摹录该镜款识及十二辰篆字（见后图），之后便是对该镜尺寸、形制的介绍以及对铭文的考释：

> 右镜径六寸四分，鼻钮，篆书十二辰，八乳，四神。篆文铭五十

---

①〔清〕阮元：《山左金石志》卷2《纪侯钟》，第409页。
②〔清〕阮元：《山左金石志》卷4《齐刀二十二品》，第424～425页。

字,曰:"尚方作竟大毋伤,巧工刻之成文章。左龙右虎辟不祥,朱鸟元(玄)武顺阴阳。子孙备具居中央,湅治银锡清而明。长保二亲乐富贵,寿敝金石如侯王。"外作菱花饰。《博古图》曰:造化之本,莫先于天地,故首之以乾象。十二辰者,乾象也;乾象者,百神之主,故以四神附之。为器如是,夫然后可以歌颂其美,故次之以诗词。颂必有致养之道,故参之以牧乳,而乳者,养人之道也,有所养,则鸟兽草木莫不咸若,故又次之菱花等样,云云。按"长保二亲"句,此镜亦非供御之物。①

第四类"印":首先标明印的名称并摹录印文,然后说明印的尺寸、形制,接着对印文进行考释,最后指明所据摹本的来源。如汉新昌里印,首先标明印名"汉新昌里印",接着摹拓印章文字(见右下图),然后对该印尺寸、形制、印文、摹本来源进行说明考证:

> 右印长八分,宽五分,篆字四,曰"新昌里印",上二字白文,下二字朱文。按《汉书·地里志》,辽东郡县有新昌。《唐书·兵志》:朔方经略丰安、定远、新昌、天柱、宥州等城,曰关内道。白居易诗"听钟出长乐,传鼓到新昌",又曰"将赴银台门,始出新昌里",即谓此也。印为颜教授崇椠所藏。②

第五类"石":大多注明刻立年代、形制、尺寸、书体、存地、收录情况等,原石已佚的,则注明拓木来源,或录文,或仅有按跋。如《鲁相韩敕造孔庙礼器碑》不录碑文,仅有按跋:

> 永寿二年九月立,并阴及两侧俱八分书。碑高五尺三寸,广二尺四寸,厚六寸五分,在曲阜县孔庙同文门西侧。案此碑文辞古奥,别成一体,诸家皆考核无遗。碑末自"韩明府名敕,字叔节"八字以下三行,皆捐钱诸人名氏,与碑阴、碑侧连属,间有字体参错不齐者,皆增书也。碑阴第三列"谢伯威、高伯世"下,有"熹平三年,左冯翊池阳项伯

---

① 〔清〕阮元:《山左金石志》卷5《汉尚方十二辰镜》,第433页。
② 〔清〕阮元:《山左金石志》卷6《汉新昌里印》,第441页。

修来"八分书三行,凡十三字,笔画极细。翁阁学尝得旧拓,橅以示人。今以洗石精拓本辨之,其前后二行尚有影迹,中间"左冯翊池阳"五字则磨泐无存矣。①

又如《中书令郑羲碑》,前有刻立时间、书体、尺寸与存地:"永平四年刊,并额俱正书。崖高七尺八寸,广一丈一尺四寸,在掖县寒同山。"之后录有碑额、碑文及附带说明:"荥(荥)阳郑文公之碑额二行,左三字,右四字,径三寸。魏故中书令秘书监使持节督兖州诸军事安东将军兖州刺史南阳文公郑君之碑。公讳羲,字幼骥,司州荥(荥)阳开封人也。……永平四年岁在辛卯刊。上碑在县南卅里天柱山之阳,此下碑也。以石好,故于此刊之。"最后对此碑进行考释:"右《郑羲下碑》连标题、年月凡五十一行,千三百余字,字径二寸。……案《魏书·郑羲传》'父晔不仕',《碑》云:拜建威将军、汝阴太守,又云:羲奉使宋国,与孔道均论乐,《传》俱不载,可据此以补其阙也。……《县志》云:白云堂为郑文公遗址,旁有石龛小象,乃其子道昭为光州刺史时刻记者。道昭子述祖时年九岁,后亦为此州刺史,往寻旧迹,对之呜咽者,即此也。"②

(五)铭文解读的体例特点

《山左金石志》对铭文的解读,通常先列出前代具有代表性的考释,接着则是编者自己的考释,或补充,或辩驳,最后做出评价。如对《鲁公鼎》铭文的考释:

> 右方鼎籀文铭七字,曰:"卤公作文王尊彝。"《说文·木部》:"櫓,大盾也。"古文作"橹",是"鲁"、"卤"古字通用。《钟鼎款识》曰:"'卤'字,许慎《说文》云'从西省,象盐形',即'鲁'字也。"古之文字形声、假借,如"鄦"作"许","备"作"皋","缪"作"穆"之类是也。鲁公者,周公也;文王者,周文王也。按《史记·鲁世家》云:武王"遍封功臣同姓戚者,封周公旦于少昊之墟曲阜,是为鲁公",云云。故《钟鼎款识》以鲁公为周公,不谓伯禽。又按成王以周公为有勋劳于王室,赐鲁以天子礼乐,故鲁得郊禘。禘者,礼家以为禘文王也,乃作文王尊彝,不然诸侯不得祖天子,鲁称秉礼,岂漫犯是不韪耶?③

---

①〔清〕阮元:《山左金石志》卷8《鲁相韩敕造孔庙礼器碑》,第484页。
②〔清〕阮元:《山左金石志》卷9《中书令郑羲碑》,第498~500页。
③〔清〕阮元:《山左金石志》卷1《鲁公鼎》,第402页。

当然,《山左金石志》对每一种金石碑刻的录载与考释,并非同时具备上述各项内容,有些只是交代了某些情况,而且对各项的说明与考释的先后顺序也并非一成不变。

三、《山左金石志》的体例影响

分地体的金石学著作最早始于南宋陈思《宝刻丛编》与王象之《舆地碑记目》,但此二书专录一地金石碑目,并无录文及按考。历经元明时期金石学的衰微,分地体著作至清代乾嘉时期蔚为大观。如翁方纲视学广东时,搜访粤省金石碑刻,著成《粤东金石略》11 卷;毕沅任陕西巡抚时,著《关中金石记》8 卷,任河南巡抚时,又著《中州金石记》5 卷;孙星衍在京供职期间,收录顺天府、承德府、永平府、河间府、天津府、正定府、顺德府、广平府、大名府、宣化府等地的金石碑刻,著成《京畿金石考》2 卷,等等。以上诸书,专收一地金石,并按照时间顺序进行编排,或录有金石刻辞内容,或仅作按跋,体例日趋完善。而阮元提督山东学政时所撰《山左金石志》24 卷,编录了山东一省十府二直隶州的金石碑刻,上承《粤东金石略》、《京畿金石考》、《关中金石记》、《中州金石记》等书,下启《济南金石志》、《济州金石志》等书,在承继以往分地体优点的同时,又弥补了其不足之处,分类更为合理,体例更加成熟完备,在清代金石编纂学史上影响深远。《山左金石志》将所录金石分为金、刀布、镜、印、石五部分,每类再分别按照时间先后顺序进行编排,眉目清楚,井然有序,这比《粤东金石略》、《关中金石记》、《中州金石记》等不加分类地笼统地按照时间顺序进行编排更为合理。从编录金石数量上看,《山左金石志》比此前诸书更为丰富。《粤东金石略》11 卷,收录金石 500 余种;孙星衍《京畿金石考》2 卷,著录金石不及 600 种;关中作为汉唐旧都,号称"金石之富,甲于天下",但《关中金石记》仅有 8 卷,所录亦不过 797 种,自秦汉迄金元,以石刻为主,少量的砖瓦、金铭,正如钱大昕《关中金石记·序》所云:"关中为三代、秦汉、隋唐都会之地,碑碣之富,甲于海内。巡抚毕公以文学侍从之臣,膺分陕之任,三辅、汉中、上郡皆按部所及。又尝再领总督印,逾河陇,度伊凉,跋涉万里,周爰咨询,所得金石文字,起秦汉,讫于金元,凡七百九十七通。"①

---

① 〔清〕毕沅:《关中金石记·钱大昕序》,《石刻史料新编》第二辑第 14 册,新文丰出版公司 1979 年,第 10663 页。

《中州金石记》5卷，收录数目则更少。而《山左金石志》24卷，收录了自商周至元代山东所辖十府二直隶州范围内的金石实物、拓本等凡耳闻目睹者，共计1739种，大大超过前此诸家。因此，《山左金石志》虽然上承昔贤，但在体例与内容上，青出于蓝而胜于蓝。又如，《山左金石志》与同时期的赵绍祖所编《安徽金石略》10卷相比，二书的编排体例有所不同。赵书并不分类，而将金石砖瓦混一编排；同时，又依据府州分别对各地的金石碑刻加以编录，如卷1《安庆府》，卷2《徽州府》，卷3《宁国府》，卷4《池州府》，卷5《太平府》，卷6《庐州府》，卷7《凤阳府》，卷8《颍州府》，卷9《滁州府》，卷10《广德州》；时间起讫，各府不同，有的自唐，有的自汉魏。这种一省之内再分府州的编排方式，虽然可以清晰地了解各地金石碑刻的分布及数量，但缺乏对全省整体的把握，而且不分门类，稍显混杂。

　　《山左金石志》的编修体例对此后的金石编修影响极大，正如冯汝玠在《续修四库全书总目提要》中所论：《山左金石志》搜罗之广、规模之大，"前此固无鸿篇巨制"，"实为启后空前之作"。①《山左金石志》为后世学者树立了一个成功的范例，"按金石之有书，自宋始，而金石书之入志，亦自宋始。故分之，则《博古》、《考古》之言金，《隶释》、《隶续》之言石；合之，则夹漈郑氏《通志》有《金石略》之类，是也。第其书，历元而明，至我朝而大备，如《关中》、《中州》并有成书，而《山左金石志》一书尤为士林所奉为圭臬，后之言金石者，莫能出乎范围焉"②。正是在《山左金石志》的影响下，许多官员、学者纷纷对各自地区的金石碑刻进行整理、著录，如冯云鹓《济南金石志》、徐宗幹《济州金石志》等一批分地体的金石著作相继问世，分地体金石学著作大兴。

第二节　《山左金石志》的内容

一、《山左金石志》的内容

　　《山左金石志》收录范围广，时间上自商周讫元，地域上包括清代山东

①冯汝玠：《山左金石志提要》，《续修四库全书总目提要》第21册，齐鲁书社1996年，第692页。
②〔清〕徐宗幹：《济州金石志·冯云鹓后序》，《石刻史料新编》第二辑第13册，新文丰出版公司1979年，第9740页。

所属的十府二直隶州,举凡礼器、乐器、兵器、度量衡器、刀布、镜鉴、兵符、玺印、杂器、碑碣、墓志、摩崖、造像、画像、经幢、塔铭等实物、拓本等凡耳闻目睹者,均予以收录。

《山左金石志》共计 24 卷,卷首为钱大昕与阮元所作两篇序文,之后为全书目录,再后为正文内容。卷 1 至卷 3,为"金"部分:卷 1,首冠以《钦颁阙里周范铜器十事》,即乾隆颁赐给孔庙的十件周代青铜祭器,目的是为了"以西清之模范备东鲁之尊彝,足酬素王从周用礼之心,仰见圣帝重道崇儒之意"①,其后,收录了数件商金与一部分周金;卷 2,前半部分为周金,后半部分为秦、西汉与东汉金;卷 3 为曹魏、晋、北魏、北齐、隋、唐、宋、金、元金。卷 4 为"刀布"部分,即齐刀、莒刀与齐布。卷 5 为"镜"部分,即汉、晋、梁、隋、唐、前蜀等代镜鉴。卷 6 为"印"部分,即汉、蜀、魏、晋、北魏、北齐、唐、宋、元之印。卷 7 至卷 24,为"石"部分:卷 7 为秦、西汉与东汉部分石;卷 8 为东汉、魏、西晋石;卷 9 为北魏、东魏石;卷 10 为北齐、北周、隋石;卷 11、12、13 为唐石;卷 14 为后梁、后唐、后晋、后汉、后周石;卷 15、16、17、18 为宋石;卷 19、20 为金石;卷 21、22、23、24 为元石。

《山左金石志》对金石碑刻的取舍有一定的标准,据阮元《山左金石志序》记载,由于金属器物迁移不定,因而书中所录吉金"皆就乾隆五十八年至六十年在山左者为断"。如毕沅得曶鼎于西安,后将之携至山东,遂编入《山左金石志》卷一周金中,正如毕氏所云:"右曶鼎,沅得之于西安,嘉定钱献之坫为作释文,时沅所纂《关中金石记》未及收录,兹携来山左署中,因即编入《山左金石志》。"②而石刻因少有迁移,"皆就目验者为断",原石与拓本俱佚的石刻,不予编录;至于"旧录有名,今搜罗未到及旧未著录,新出于榛莽泥土中者"③,亦不收录,望后人续补。显然,阮元的石刻录入标准有失妥当。历史上曾存有过很多史料价值极高的碑刻(如《秦峄山刻石》),后来由于某种原因而遭损毁,虽然其原石及拓本已经佚失,但仍可以依据先前文献的记载而将其编录到《山左金石志》中。至于"旧录有名,今搜罗未到及旧未著录,新出于榛莽泥土中者",理应也收录进去,以体现该书收录的完整、全面性。然而,阮氏《山左金石志》并未录载,令人遗憾。

---

① 〔清〕阮元:《山左金石志》卷 1,第 400 页。
② 〔清〕阮元:《山左金石志》卷 1《曶鼎》,第 407 页。
③ 〔清〕阮元:《山左金石志·阮元序》,第 369 页。

尽管如此,瑕不掩瑜,《山左金石志》还是收录了很多先前金石志书并未收录的金石文献,正如钱大昕所云:"神物护持,往往晦于古而显于今,如《武梁画象》,元明人目所未睹,而今乃尽出;更有出于洪文惠之外者,《任城夫人碑》又欧、赵之所失收,若此者,古人未必不让今人也。"①又如《赠太尉韩允忠神道碑》,"允忠与其父国昌碑同在莘县,无人搜拓,今并得之,为可喜也"②。另外需要指出的是,书中所收碑刻并非完全局限于彼时山东地域范围内,如《洛州刺史刁遵墓志》曾经藏于山东乐陵刘克纶家,"元至山左时此碑已归南皮高氏矣,因旧在山左,且得旧拓本,故为录之"③。

二、《山左金石志》所收金石统计分析

(一)关于金石的分类

中国古代金石类目多种多样,学者们有着不同的分类方法。中国历史上第一部对石刻进行系统分类的专著是清代金石学家叶昌炽的《语石》,该书卷3、卷4与卷5把石刻分为石经、封禅、诏敕、符牒、书札、格论、典章、谱系、界至、诗文、墓志、塔铭、浮图、经幢、刻经、造象、画象、地图、桥柱、井栏、柱础、石阙、题名、摩崖、买地莂、投龙记、神位题字、食堂题字、医方、书目、吉语、诅盟、符箓、玺押、题榜、楹联、石人题字、石狮子题字、石香炉题字、石盆题字、石刻杂体等类,此种分法虽细,但显得过于烦琐。现代金石学家马衡在《中国金石学概要》第三、四、五章中,把金石学研究对象分为铜器、石刻与金石以外诸品三大类,每类中又作了更进一步的细致分类。其中,铜器包括礼乐器、度量衡、钱币、符玺、服御器、古兵等类;石刻包括碣、摩厓、碑、画像、造像、太学石经、释道石经、医方、格言、书目、文书、墓志、墓莂、谱系、地图、界止、题咏、题名、桥、井、阙、柱、浮图、食堂神位、墓门、黄肠、石人、石兽、器物等类,基本沿袭了叶昌炽《语石》的划分方法;金石以外诸品,包括甲骨、竹木、玉、陶(附明器瓦砖)等类。现代金石学家陆和九的《中国金石学讲义·中国金石学正编》第二章《分论》,将石刻分为碑碣、志铭、石画与刻经四类,将金类分为农器、兵器、礼器、乐器四类,该分类则显得过于笼统。现代金石学家朱剑心在《金石学》第二编《说金》中,

---

①〔清〕阮元:《山左金石志·钱大昕序》,第367页。

②〔清〕阮元:《山左金石志》卷13《赠太尉韩允忠神道碑》,第599页。

③〔清〕阮元:《山左金石志》卷9《洛州刺史刁遵墓志》,第503页。

将金类划分为礼器、兵器、度量衡器、钱币、玺印、兵符、镜鉴、杂器等类;第三编《说石》第一章《名义制度》,依据形制将石刻划分为刻石、碑碣、墓志、塔铭、浮图、经幢、造象、石阙、摩崖、地莂、杂类(桥柱、井栏、柱础、神位、食堂、石人、石狮子、石香炉、石盆);第二章《文字图象》依据文字内容将石刻划分为六经、佛经、道经、封禅、诅盟、诏敕、符牒、投龙、典章、谱系、界至、医方、书目、题名、诗文、书札、字书、格言、吉语、题榜、楹联、符篆、玺押、画象、地图、礼图等。朱剑心的划分方法是对叶昌炽《语石》与马衡《中国金石学概要》的兼采并收,对金类的划分主要依据其用途,对石类的划分则主要依据其形制,也兼顾其内容。显然,这种划分方法较为合理。

笔者在对《山左金石志》所收金石进行统计分析时,借鉴以往划分方法,同时结合书中实际收录情况,将金类分为礼器、兵器、货币、度量衡器、镜鉴、印符与杂器等七类,而将石类划分为刻石、碑碣、墓志、摩崖、经幢、造像、画像、塔铭、器物附刻等九类。这里,需要对存有歧义的"刻石"加以界定说明。一般认为,刻石是指东汉碑碣兴起以前所出现的石刻,如秦始皇东巡时在峄山、泰山、琅邪、碣石、之罘、会稽等地纪功颂德所立之石,又如西汉《五凤二年刻石》、《鲁北陛刻石》等。那么,东汉碑碣兴起以后是否还存有刻石? 刻石与碑碣有何区别? 笔者以为,东汉碑碣兴起后仍存有刻石,二者的区别主要在于两点:一是形制,二是书写格式。碑碣的形制通常(未必全是)比较规整,有碑首、碑身与碑座之分,而且石面经过打磨处理;书写遵循一定的格式,不是随心所欲。而刻石的形制较为随意、不固定,不存在碑首、碑身与碑座之分,而且石质粗粝,不甚磨治;书写并不注重格式,一任自然。但是,有些碑碣虽称"碑",但其形制也比较随意,实为刻石,故有时二者的区别并不严格。在本书中,为了便于统计,笔者仅将东汉以前(秦、西汉)的石刻界定为刻石,而将东汉以后的碑碣与刻石统一划分到碑碣中去。此外,在统计石刻类目时,笔者并非完全依照阮元《山左金石志》对石刻的命名,而是依据石刻的实际情况。如《山左金石志》卷9《中书令郑羲碑》,虽名为碑,而实为摩崖,故将《中书令郑羲碑》划入摩崖类中。

(二)《山左金石志》所收金石年代分布统计分析

《山左金石志》所收金石自商周迄元,数量、种类各代不同,只有对金石的年代分布进行细致统计分析,才能够揭示出山东地区各类金石兴衰变迁的历史规律。下面,对金铭与石刻的年代分布分别进行统计,制成表一与表二,进而在表一、表二的基础上,再对金石年代分布进行综合统计,制成表三。在每表之后,笔者都对统计结果进行分析。需要说明的是,《山左金石志》中存在一目而实为数种金石的情况,本书在统计时依实际数目计算,如《冈山摩崖佛经四种》,在统计时便以四方对待。

1.《山左金石志》所收金铭诸器年代分布统计分析

表一:《山左金石志》所收金铭诸器年代分布统计表

类目		商周	秦	汉	魏晋	萧梁	北朝	隋	唐	前蜀	宋	金	元	不详	每类数量
礼器	鼎	7		1											8
	彝①	6													6
	敦	4													4
	盨	2		1											3
	卣	2													2
	尊	2													2
	甗	1													1
	簠	1													1
	爵	2													2
	匜	1													1
	豆	1													1
	觚	1													1
	钟	2			1					1			3	1		8
兵器	距末	1													1
	戈	8	1	1											10
	剑			1											1
	弩机			1											1
	椎				1										1
货币	齐刀	22													22
	莒刀	27													27
	齐布	15													15

①彝既可以是指古代一种盛酒的器具,也可泛指古代宗庙常用的祭器,在此彝指的是前者。

续表

类目	朝代	商周	秦	汉	魏晋	萧梁	北朝	隋	唐	前蜀	宋	金	元	不详	每类数量
度量衡器	铜尺			1							1				2
	铜权												2		2
镜鉴	铜镜			28	1	1		8	6	1				1	46
印符	印章			60	17		5		6		8		1	1	98
杂器	铃			2				1							3
	铎			1											1
	钁	1													1
	带钩			1											1
	镫			1											1
	洗			3											3
	釜			1											1
	铜瓦			2											2
	铜炉				1								1		2
	铜佛						1	3							4
	铜佛座						1		3						4
	造像铜碑								2						2
	铁罗汉											1			1
	铁桶										1				1
	铁塔										1				1
	铁狮子												1		1
	书镇												1		1
各代数量		106	1	105	21	1	7	12	18	1	11	4	7	2	总计296

由上表我们可以看出:

其一,《山左金石志》收录礼器 40、兵器 14、货币 64、度量衡器 4、镜鉴 46、印符 98、杂器 30,共计 296 件。

礼器 40 件,约占金铭诸器总数(296)的 13.5%,包括鼎 8、彝 6、敦 4、鬲 3、卣 2、尊 2、甂 1、簠 1、爵 2、匜 1、豆 1、瓿 1、钟 8。其中,商、周礼器 32 件,约占礼器总数的 80%。而在礼器中,钟鼎 16 件,又成为其中最重之器。商周以后,礼器日益减少,总共才有 8 件。

兵器 14 件,约占金铭诸器总数的 4.7%,包括距末 1、戈 10、剑 1、弩机 1、椎 1。其中,商周 9、秦 1、汉 3、魏晋 1。

货币 64 件,约占金铭诸器总数的 21.6%,包括齐刀 22、莒刀 27、齐布 15,均属周代之器。

度量衡器共 4 件,约占金铭诸器总数的 1.4%,包括铜尺 2、铜权 2。

镜鉴 46 件,约占金铭诸器总数的 15.5%,包括汉镜 28、魏晋镜 1、萧梁镜 1、隋镜 8、唐镜 6、前蜀镜 1、不详年代者 1,这大体上反映出了中国古代铜镜的兴衰历史:铜镜盛行于汉,历魏、晋、六朝、隋、唐而不衰,宋、元以后,因玻璃镜的代兴,铜镜日益减少,并逐渐退出人们的生活舞台。

印符 98 件,约占金铭诸器总数的 33.1%,包括汉印 60、魏晋印 17、北朝 5、唐印 6、宋印 8、元印 1、不详年代者 1。

杂器 30 件,约占金铭诸器总数的 10.1%,包括铃 3、铎 1、镬 1、带钩 1、镫 1、洗 3、釜 1、铜瓦 2、铜炉 2、铜佛 4、铜佛座 4、造像铜碑 2、铁罗汉 1、铁桶 1、铁塔 1、铁狮子 1、书镇 1。

其二,金铭于先秦时期最为兴盛,以礼器为大宗,而秦汉以后日渐衰微,镜鉴、印符则成为了主体。

金铭于先秦时期最为兴盛,秦汉以后除印符、镜鉴等类外,便无足轻重,我们可以通过上表的统计数字看出这一点。《山左金石志》所收金铭诸器,商、周最多,共计 106 件,约占金铭诸器总数的 35.8%,而秦汉以后日渐衰微,正如上表统计结果所显示,秦 1,汉 105,魏晋 21,萧梁 1,北朝 7,隋 12,唐 18,前蜀 1,宋 11,金 4,元 7,不知年代者 2。在礼器渐衰之时,铜镜、印符等则成为金铭的主体,究其原因,由于青铜材料的缺乏,铸钱犹显不足,何况铸造青铜器具呢? 所以,秦汉以后严禁铸造铜器,继而毁器以铸钱,以至于传世诸器商周为多,秦汉魏晋次之,六朝以后最少。

2.《山左金石志》所收石刻年代分布统计分析

表二:《山左金石志》所收石刻年代分布统计表

朝代 \ 类目	秦	西汉	东汉	曹魏	西晋	北魏	东魏	北齐	北周	隋	唐	五代	北宋	金	元	每类数量
刻石	2	3														5
碑碣			24	3	1	3	1	9		7	36	13	191	98	467	853
墓志①						2	1	1		1	8		3		6	22
摩崖						16		17	15	2	10	6	58	12	15	151
经幢										1	12	7	16		1	37
造像						1	6	11		54	88		51		2	213
画像			101							1				2	2	106
塔铭										1			5	8	22	36
器物附刻 佛座											2		1			3
器物附刻 石佛											1			1		2
器物附刻 石柱											5		1			6
器物附刻 香炉												1	1			2
器物附刻 石人			2													2
器物附刻 瓷瓮															1	1
器物附刻 石樽													1			1
器物附刻 砖瓦		1								1	1					3
每代数量	2	4	127	3	1	22	8	38	15	68	163	27	328	121	516	总计1443

由上表我们可知:

第一,《山左金石志》所收刻石 5 方,碑碣 853 方,墓志 22 方,摩崖 151 方,经幢 37 方,造像 213 方,画像 106 方,塔铭 36 方,器物附刻 20 方,共计 1443 方。

第二,由上表统计数字可以看出,山东地区在中国古代历史上曾出现过几个石刻兴盛期:东汉 127 方、北朝 83 方(包括北魏 22 方、东魏 8 方、北齐 38 方、北周 15 方)、隋 68 方、唐 163 方、宋 328 方、金 121 方、元 516 方。

———

①附墓门石刻。

与之相比,秦 2 方、西汉 4 方、曹魏 3 方、西晋 1 方、五代 27 方,则反映出了这一时期山东石刻发展的衰微。

秦代处于石刻发展的早期,石刻数量不多,史籍记载也主要限于秦始皇与秦二世刻石,现存的实物更是少有,故《山左金石志》仅收录了两方秦刻石,一是《琅邪台石刻》,一是《泰山石刻》。

《山左金石志》所收西汉刻石仅有 3 方,即《五凤石刻》与《居摄坟坛二刻》,另有《鲁灵光殿砖》1,这显然与西汉王朝具有二百余年国祚极不相称,或许这与西汉崇尚质朴、反对奢靡、不提倡立石有关。不过,也有人持"王莽破坏"说,以南宋尤袤、陈槱为代表。陈槱曾云:"《集古目录》并《金石录》所载,自秦碑之后,凡称汉碑者,悉是后汉。其前汉二百年中,并无名碑,但有金石刻铭识数处耳。……余尝闻之尤梁溪先生袤云:'西汉碑,自昔好古者固尝旁采博访,片简只字,搜括无遗,竟不之见。如阳朔砖,要亦非真。非一代不立碑刻,闻是新莽恶称汉德,凡所在有石刻,皆令仆而磨之,仍严其禁,不容略留。至于秦碑,乃更加营护,遂得不毁,故至今尚有存者。'梁溪此言,盖有所援据,惜不曾再叩之。"①实际上,陈氏之说并无确切证据,不足为信。东汉以后,山东碑碣云起,形成了石刻发展的第一个高峰期,《山左金石志》收录东汉石刻 127 方。这是由于东汉树碑立传蔚然成风,个人记功、祖宗立碑成为士大夫阶层扬名显贵的嗜好,再加上山东地区经学繁盛,文化发达,官僚、地主和儒生重义崇礼,极力颂德诔墓,故东汉碑志较多。

与东汉碑碣云起形成鲜明对比的是,《山左金石志》所收曹魏碑石仅有《孔子庙碑》、《胶东令王君庙门残碑》与《庐江太守范式碑》等 3 方,西晋碑石仅有《任城太守孙夫人碑》1 方。究其原因,这与当时统治者的禁碑政策有关。东汉献帝建安十年(205),曹操"以天下雕(凋)弊,下令不得厚葬,又禁立碑"②。曹魏代汉后,延续了这一碑禁政策。西晋因袭之,亦下令禁碑,晋武帝司马炎于咸宁四年(278)下诏曰:"此石兽碑表,既私褒美,兴长虚伪,伤财害人,莫大于此。一禁断之。"③尽管如此,仍不能完全禁绝

---

①〔南宋〕陈槱:《负暄野录》卷上"前汉无碑"条,《丛书集成初编》第 1552 册,中华书局 1985 年,第 2 页。

②〔萧梁〕沈约:《宋书》卷 15《礼二》,中华书局 1974 年,第 407 页。

③〔萧梁〕沈约:《宋书》卷 15《礼二》,中华书局 1974 年,第 407 页。

立碑,故存留下来的曹魏碑与晋碑寥若晨星,所以毕沅发出"秦汉魏尚多而西晋绝少"①的感叹。十六国时期,由于山东地区政权变更频繁,战乱连年,社会混乱,所以碑碣不兴,保存下来的更是少之又少,而《山左金石志》竟然一方未收。北朝时期,由于没有禁止立碑的规定,加之佛教的盛行,摩崖刻经、造像数量大增,故该时期山东的石刻数量众多,《山左金石志》共收录了83方,包括北魏22方、东魏8方、北齐38方、北周15方。其中,造像18方,摩崖48方,占据了北朝石刻数量的一半多,这与佛教兴盛有关。

隋朝国祚虽短,但无论在经济上,还是在文化上,都较为繁盛,而且也未实行禁碑政策,再加上佛教的兴盛,故山东石刻于此时有盛无衰。《山左金石志》收录了隋代石刻共68方,其中造像就占了54方。唐朝是我国历史上最为强盛的朝代之一,政治稳定,经济繁荣,文化灿烂,在近三百年间,丰碑巨碣、造像、墓志、经幢、刻经等不可胜数。《山左金石志》所收唐代石刻163方,位居元、宋之后而名列第三,比北朝与隋代总和还要多。特别是唐代的墓志,于明清时期出土最多,虽然《山左金石志》所收数量仅有8方,但仍居各代墓志数量之首。

五代是处在唐、宋两大王朝之间的一个短暂分裂期,政治动荡,政权更迭频繁,经济萧条,山东石刻不兴,《山左金石志》收录五代碑石仅27方。此后的宋、金、元时期,统治时间较长,社会相对稳定,经济、文化繁盛,再加上距离阮元生活的年代较近,所以保留下来的石刻数量多于前代。《山左金石志》收录北宋石刻328方,金121方,元516方,三代共计965方,约占全部石刻总量的66.9%。需要指出的是,金、元虽为少数民族建立的国家政权,但各方面均深受先进汉文化的影响,碑刻文化亦不例外。另外,金元石刻还有一特色,那就是道教碑刻的兴盛。

固然《山左金石志》所录石刻数量并不能完全反映出各历史时期山东石刻的实际状况,因为有大量的石刻由于自然或人为原因而遭损毁,以及因编者主观与客观因素而造成的石刻漏载,但是《山左金石志》作为有史以来关于山东金石碑刻最为系统全面的金石汇编,其所录石刻数目多少还是能够大概反映出山东古代石刻兴衰变迁的历史轨迹的。

第三,在石刻各类中,碑碣数量最多,造像、摩崖、画像其次,经幢、塔

①〔清〕阮元:《山左金石志》卷8《任城太守孙夫人碑》,第498页。

铭、墓志、器物附刻再其次，而刻石的数量最少。

碑碣 853 方，数量最多，约占石刻总数的 59.1%，包括东汉 24 方、曹魏 3 方、西晋 1 方、北魏 3 方、东魏 1 方、北齐 9 方、隋 7 方、唐 36 方、五代 13 方、北宋 191 方、金 98 方、元 467 方。碑碣数量各代差距较大，元、北宋与金代数量较大，而北魏、西晋与东魏数量很少。所录碑碣的种类多种多样，依照内容划分，有诏诰敕牒碑、祠庙寺观碑、功德纪事碑、墓表志铭碑、题名题记碑、佛道经文碑、辞赋诗刻碑、图谱画像碑等类。

造像 213 方，约占石刻总数的 14.8%，包括北魏 1 方、东魏 6 方、北齐 11 方、隋 54 方、唐 88 方、北宋 51 方、元 2 方。由此可知，山东造像始兴于北魏，于隋唐最为兴盛。这是因为，佛教自汉代传入中原后，于南北朝时期步入兴盛期，特别是北朝时期，开窟造像的风气更是大兴，造像大量出现，并于隋、唐达到鼎盛。五代以后，造像的传统依旧不绝如缕，但数量已大大减少。

摩崖 151 方，数量仅次于碑碣与造像，约占石刻总数的 10.5%，包括北魏 16 方、北齐 17 方、北周 15 方、隋 2 方、唐 10 方、五代 6 方、北宋 58 方、金 12 方、元 15 方。据此可见，山东摩崖兴盛于北朝时期，这主要与该时期佛教摩崖刻经的兴盛有关，如泰山、铁山、冈山、尖山、葛山、水牛山等处都分布有北朝摩崖刻经。隋、唐、宋、金、元诸代，山东摩崖题刻久兴不衰，泰山、灵岩山、云峰山、天柱山、大基山、仰天山、云门山、沂山等处摩崖题刻数量巨大。

画像 106 方，约占石刻总数的 7.3%，包括东汉 101 方、隋 1 方、金 2 方、元 2 方。由此可知，山东石刻画像于东汉时期最为兴盛，主要有长清孝堂山画像①、嘉祥武氏祠画像、金乡朱鲔石室画像、济宁普照寺画像、李家楼画像，等等。

经幢 37 方，约占石刻总数的 2.6%，包括隋 1 方、唐 12 方、五代 7 方、北宋 16 方，元代 1 方。隋唐与北宋的经幢数量较多，这与此时山东佛教的兴盛有关。

塔铭 36 方，约占石刻总数的 2.5%，包括隋 1 方、北宋 5 方、金 8 方、元 22 方。

---

①清代属肥城，今则属济南市长清区。

墓志 22 方,约占石刻总数的 1.5%,包括北魏 2 方、东魏 1 方、北齐 1 方、隋 1 方、唐 8 方、北宋 3 方、元 6 方。《山左金石志》所收墓志始于北朝,这是由于魏晋统治者禁止立碑,原立于墓前的巨碑转变为置于墓中的墓志,并于北朝时期渐成风气。从存世的实物来看,唐代墓志数量最多,这于《山左金石志》中亦可见其一斑。

器物附刻 20 方,约占石刻总数的 1.4%,包括佛座 3、石佛 2、石柱 6、香炉 2、石人 2、瓷瓮 1、石椁 1、砖瓦 3。

由于刻石被界定为东汉碑碣兴起之前的石刻,历史久远,保存下来的寥寥无几,故在石刻中数量最少,仅有 5 方,约占石刻总数的 0.3%,包括秦 2 方、西汉 3 方。

3.《山左金石志》所收金石年代分布综合统计分析

表三:《山左金石志》所收金石年代分布综合统计表

类别 朝代	金	石	每代合计
商	4		4
周	102		102
秦	1	2	3
西汉	105①	4	236
东汉		127	
曹魏	8	3	11
蜀	1		1
西晋	12	1	13
北魏	5	22	27
东魏		8	8
北齐	2	38	40
北周		15	15
萧梁	1		1
隋	12	68	80
唐	18	163	181
五代	1②	27③	28

①其中镜 28 种,印 60 方,《山左金石志》并未指明是西汉,还是东汉。

②即前蜀写眉镜 1 种。

③其中,后梁石 6 方,后唐石 6 方,后晋石 7 方,后汉石 1 方,后周石 7 方。

续表

类别 朝代	金	石	每代合计
宋	11	328	339
金	4	121	125
元	7	516	523
不详年代	2①		2
每类合计	296	1443	总计 1739

由上表统计结果,我们可以看出:

第一,《山左金石志》收录金石总量为 1739 种。

《山左金石志》所收金石数量远远大于同时期其他的金石著作,阮元自称:"较之《关中》、《中州》,多至三倍。"②钱大昕亦云:"金石之多,无如中原。然雍、豫无西汉以前石刻,而山左有秦碑三,西汉三;雍、豫二记著录仅七八百种,此编多至千有三百。昔欧、赵两家,集海内奇文,欧目仅千,赵才倍之,今以一省而若是其多,谁谓今人不如古哉。"③毕沅在《山左金石志》中也曾提及所收金石数量:"沅等搜访山左金石得一千七百余种,勒为志书。"④由上表统计结果可知,《山左金石志》所收金石数量共计 1739 种,足以证明毕沅说法的可靠性。

第二,《山左金石志》所收金石数量各代不同,元、宋、汉、唐、金等代较多,而三国、晋、秦、商等代较少。

《山左金石志》所收元代金石数量最多,为 523 种,约占总数的 30%。其次是宋代,为 339 种,约占总数的 19.5%。之后,汉代为 236 种,约占总数的 13.6%;唐代为 181 种,约占总数的 10.4%;金代为 125 种,约占总数的 7.2%;周代为 102 种,约占总数的 5.9%;隋代为 80 种,约占总数的 4.6%;北齐为 40 种,约占总数的 2.3%;五代为 28 种,约占总数的 1.6%;北魏为 27 种,约占总数的 1.6%;北周为 15 种,约占总数的 0.9%;西晋 13

---

① 一为《山左金石志》卷 6《清素镜》,跋云"似金元之物";一为《山左金石志》卷 6《泰安天仙照鉴玉印》,跋云:"形色古朴,实为宋以前物。"

②〔清〕阮元:《山左金石志·阮元序》,第 368 页。

③〔清〕阮元:《山左金石志·钱大昕序》,第 367~368 页。钱大昕所云"千有三百"有误,应为"千有七百"。

④〔清〕阮元:《山左金石志》卷 8《任城太守孙夫人碑》,第 498 页。

种,约占总数的 0.7%;曹魏 11 种,约占总数的 0.6%。其余,商、秦、蜀、东魏、萧梁与不详年代者,共计 19 种,约占总数的 1.1%。

第三,山东于三代以上有金无石,秦汉以后石盛金衰。

山东金铭诸器盛于三代,秦、汉以后除印符、镜鉴、钱币等类外便无足轻重,我们可以通过表一与表三的统计数字看到这一点。金铭诸器共计 296 种,其中商周最多,计 106 种,约占金铭总数的 35.8%,而商周石刻的数量为零。秦、汉以下,石盛而金衰。正如上表统计结果显示,秦金 1 种,汉金 105 种,曹魏金 8 种,蜀金 1 种,西晋金 12 种,北魏金 5 种,北齐金 2 种,萧梁金 1 种,隋金 12 种,唐金 18 种,五代金 1 种,宋金 11 种,金金 4 种,元金 7 种,不详年代金 2 种。在这其中,包括由汉迄元的铜镜 46 种、印符 98 种,而汉代镜、印数量最多,分别为 28 种与 60 种。由此可见,镜鉴与印符成为汉代以后吉金的主流。与金铭诸器衰微相比,石刻则愈益兴盛。秦石 2 方,西汉石 4 方,东汉石 127 方,曹魏石 3 方,西晋石 1 方,北魏石 22 方,东魏石 8 方,北齐石 38 方,北周石 15 方,隋石 68 方,唐石 163 方,五代石 27 方,宋石 328 方,金石 121 方,元石 516 方,共计 1443 方,约是金铭诸器总量的五倍。可见,三代以上有金无石,秦汉以后石盛金衰。正如宋代学者郑樵所云:"三代而上,惟勒鼎彝,秦人始大其制而用石鼓,始皇欲详其文而用丰碑,自秦迄今,惟用石刻。"[1]朱剑心亦云:"器物之传于世者,三代之间,有金而无石;秦汉以后,石多而金少,而金亦无足甚重。故欲究三代之史莫如金,究秦汉以后之史莫如石。"[2]

第四,山东三代金铭与秦汉石刻较他省为多。

山东金石中最具影响的莫过于三代金铭与秦汉石刻,正如阮元所云:"山左兼鲁、齐、曹、宋诸国地,三代吉金甲于天下。东汉石刻,江以南得一已为巨宝,而山左有秦石二,西汉石三,东汉则不胜指数。"[3]钱大昕称:"金石之多,无如中原,然雍、豫无西汉以前石刻,而山左有秦碑三,西汉三。"[4]段松苓《山左碑目·自序》亦云:"秦汉诸刻,毕萃于兹土。"[5]正如表三所显示,《山左金石志》所收三代金铭诸器 106 件,秦汉石刻 133 方,这远远大于

---

①〔南宋〕郑樵:《通志·金石略序》,中华书局 1987 年,第 841 页。

②朱剑心:《金石学》第一编《通论》第三章《金石学之肇始与演进》,文物出版社 1981 年,第 13 页。

③〔清〕阮元:《山左金石志·阮元序》,第 368 页。

④〔清〕阮元:《山左金石志·钱大昕序》,第 367~368 页。

⑤〔清〕段松苓:《山左碑目·自序》,《石刻史料新编》第二辑第 20 册,新文丰出版公司 1979 年,第 14816 页。

《关中金石记》、《中州金石记》、《京畿金石考》、《粤东金石略》等其他省份金石编著所载三代金铭诸器与秦汉石刻的数量。由此可见,清代山东的三代金铭与秦汉石刻数量较他省为多,即便今天,山东现存汉碑数量仍居全国之首。

(三)《山左金石志》所收石刻地区分布统计分析

对《山左金石志》所收金石进行年代分布统计分析,虽然可以清晰地凸显出山东古代金石发展演变的历史轨迹,但对于金石在山东不同地区、不同地理条件、社会文化氛围中所显示出的文化特色及其横向联系难以揭示。所以,本书还对金石的地区分布进行统计分析。如此,有纵有横,纵横结合,不仅可以揭示山东金石的源流与历史发展变迁,同时还有助于探明金石的地区分布特点与规律。由于金铭诸器迁移不定而难以统计,而石刻迁移相对较少,故本书仅对石刻的地区分布进行统计分析。对《山左金石志》所收石刻的地区分布统计,是以府县为基本单位,这就涉及清代乾嘉时期山东的行政区划问题,下面先作一介绍。

1. 清代山东省的行政区划

据《清史稿·地理八》记载,清代山东省包括十府(济南府、东昌府、泰安府、武定府、兖州府、沂州府、曹州府、青州府、莱州府、登州府)、三直隶州(临清直隶州、济宁直隶州、胶州直隶州)。需要说明的是,胶州直隶州于光绪三十一年(1905)设立,阮元编修《山左金石志》时尚隶属莱州府,故当时山东行政区划应为十府二直隶州。

①济南府(辖1散州15县,治历城县):历城县、禹城县、平原县、齐河县、长清县、德平县、临邑县、陵县、新城县、邹平县、长山县、齐东县、章丘县、济阳县、淄川县、德州。

②兖州府(辖10县,治滋阳县):滋阳县、滕县、峄县、曲阜县、泗水县、邹县、汶上县、寿张县、阳谷县、宁阳县。

③沂州府(辖1散州6县,治兰山县):兰山县、沂水县、日照县、费县、郯城县、蒙阴县、莒州。

④东昌府(辖1散州9县,治聊城县):聊城县、馆陶县、清平县、恩县、冠县、堂邑县、茌平县、博平县、莘县、高唐州。

⑤武定府(辖1散州9县,治惠民县):惠民县、乐陵县、商河县、利津县、阳信县、海丰县、沾化县、蒲台县、青城县、滨州。

⑥登州府(辖1散州9县,治蓬莱县):蓬莱县、福山县、荣成县、文登

县、黄县、招远县、栖霞县、莱阳县、海阳县、宁海州。

⑦青州府(辖11县,治益都县):益都县、安丘县、昌乐县、临朐县、博山县、高苑县、诸城县、寿光县、博兴县、乐安县、临淄县。

⑧莱州府(辖1散州5县,治掖县):掖县、昌邑县、潍县、高密县、即墨县、平度州。

⑨泰安府(辖1散州6县,治泰安县):泰安县、新泰县、莱芜县、肥城县、东阿县、平阴县、东平州。

⑩曹州府(辖1散州10县,治菏泽县):菏泽县、定陶县、观城县、范县、曹县、城武县、单县、郓城县、巨野县、朝城县、濮州。

⑪临清直隶州(辖3县):丘县、夏津县、武城县。

⑫济宁直隶州(辖3县):鱼台县、嘉祥县、金乡县。

2.《山左金石志》所收石刻地区分布统计分析

该统计是以府县为单位,以实物或拓本的原刻所在地为准,制成表四,进而再制成表五。

表四:《山左金石志》所收石刻地区分布统计表①

府县	朝代	秦	西汉	东汉	曹魏	西晋	北魏	东魏	北齐	北周	隋	唐	五代	北宋	金	元	合计
济南府	历城						2				5	21		16	1	17	62
	平原														1	4	5
	齐河															2	2
	长清										30	4		48	22	45	149
	德平															2	2
	临邑											1		1		1	3
	陵县											1		1		1	3
	新城											1					1
	邹平											1	1			11	13
	齐东															4	4
	章丘											1		2	1	5	9
	济阳														1	10	11
	淄川										6	2		5	5	18	36
	德州					1	1										2

①没有石刻收录的州县,则此表不再编列。

续表

府县 ＼ 朝代		秦	西汉	东汉	曹魏	西晋	北魏	东魏	北齐	北周	隋	唐	五代	北宋	金	元	合计
东昌府	聊城														1		1
	馆陶															3	3
	清平															2	2
	恩县															1	1
	冠县															3	3
	堂邑															3	3
	茌平															2	2
	博平													1		1	2
	莘县											2			1	2	5
	高唐											1				5	6
泰安府	泰安	1						1	4			5	11	78	10	22	132
	新泰			1		1								1		2	5
	莱芜													1	1	9	11
	肥城			1					1			5			1		8
	东阿								1		1	1		2			5
	平阴														2	4	6
	东平			1										4		8	13
武定府	惠民														1	3	4
	乐陵						1									1	2
	利津															2	2
	阳信															1	1
	海丰															5	5
	青城															3	3
	滨州															1	1
兖州府	滋阳					1			1			8	2	4	2	16	34
	滕县											1	1	1	6	4	13
	峄县										1						1
	曲阜		4	18	1		1	1	1			2	6	1	16	47	101
	泗水								1					1	1	3	6
	邹县			1					11	15	1	1		4	4	20	57
	汶上			7								1	1	3			12
	宁阳								2			1	1		1		5

府县	朝代	秦	西汉	东汉	曹魏	西晋	北魏	东魏	北齐	北周	隋	唐	五代	北宋	金	元	合计
沂州府	兰山			1											1		2
	日照														1	2	3
	费县													2			2
	蒙阴											1		1			2
	莒州											1					1
曹州府	菏泽													2		3	5
	观城													1		1	2
	范县													2			2
	曹县													1		5	6
	城武			1										2	1	6	10
	郓城											1				4	5
	巨野								2			1	1	2	3	2	11
	朝城													1		3	4
	濮州															2	2
青州府	益都						1	1	5		18	35	4	19	7	17	107
	安丘													1		1	2
	昌乐													1		2	3
	临朐										1	29		67	7	35	139
	博山													9	1	3	13
	诸城	1		1			1		1					5		20	29
	寿光								1					1			2
	乐安															5	5
	临淄						1									3	4
莱州府	掖县						15		3					2	7	26	53
	昌邑											3			1		4
	潍县												1	3	1	10	15
	平度								1							1	2
	高密														1	3	4

续表

府县＼朝代		秦	西汉	东汉	曹魏	西晋	北魏	东魏	北齐	北周	隋	唐	五代	北宋	金	元	合计
登州府	蓬莱													1			1
	福山														2	3	5
	文登														1	13	14
	黄县												1	1		6	8
	栖霞															2	2
	莱阳							1		1						2	4
	宁海														1	2	3
临清州	夏津													1			1
济宁州	鱼台											2				2	4
	嘉祥			62					1	1		3		8	9	11	95
	金乡			1								3		1		1	6
	州治			32	2				3		6	15	1	4	12	26	101
存地不详														1	1	1	3
合计		2	4	127	3	1	22	8	38	15	68	163	27	328	121	516	1443

表五：《山左金石志》所收石刻地区分布综合统计表

府州	数目	具体分布情况
济南	302	历城62、平原5、齐河2、长清149、德平2、临邑3、陵县3、新城1、邹平13、齐东4、章丘9、济阳11、淄川36、德州2
东昌	28	聊城1、馆陶3、清平2、恩县1、冠县3、堂邑3、茌平2、博平2、莘县5、高唐6
泰安	180	泰安县132、新泰5、莱芜11、肥城8、东阿5、平阴6、东平13
武定	18	惠民4、乐陵2、利津2、阳信1、海丰5、青城3、滨州1
兖州	229	滋阳34、滕县13、峄县1、曲阜101、泗水6、邹县57、汶上12、宁阳5
沂州	10	兰山2、日照3、费县2、蒙阴2、莒州1
曹州	47	菏泽5、观城2、范县2、曹县6、城武10、郓城5、巨野11、朝城4、濮州2

府州	数目	具体分布情况
青州	304	益都 107、安丘 2、昌乐 3、临朐 139、博山 13、诸城 29、寿光 2、乐安 5、临淄 4
莱州	78	掖县 53、昌邑 4、潍县 15、高密 4、平度 2
登州	37	蓬莱 1、福山 5、文登 14、黄县 8、栖霞 2、莱阳 4、宁海 3
临清	1	夏津 1
济宁	206	鱼台 4、嘉祥 95、金乡 6、济宁州治 101
存地不详	3	

由表四与表五统计结果,我们可以看出:

第一,以府(直隶州)为单位,石刻数量最多的当属青州府 304 方,约占《山左金石志》所收石刻总数(1443 方)的 21.1%;其次是济南府 302 方,约占 20.9%;兖州府 229 方,约占 15.9%;济宁直隶州 206 方,约占 14.3%;泰安府 180 方,约占 12.5%;莱州府 78 方,约占 5.4%;曹州府 47 方,约占 3.3%;登州府 37 方,约占 2.6%;东昌府、武定府、沂州府、临清直隶州以及存地不详的石刻共计 60 方,约占 4.2%;而禹城、长山、商河、沾化、蒲台、寿张、阳谷、沂水、郯城、定陶、单县、高苑、博兴、荣成、招远、海阳、丘县、武城、即墨等十九县,则无石刻收录。当然,无石刻收录并不意味着该县不存有石刻,这是由编者因素造成的,不过,仍可以说明这些地区石刻存量较少。

山东石刻的地区分布为什么会有这么大的差距呢? 在笔者看来,造成差距的因素主要有二:其一,自然地理因素。石刻众多的地区,往往多山,取石便捷,刻立容易,如长清、泰安、临朐、历城、掖县、邹县等即是。反之,平原地区,石质材料缺乏,需要长途运输,刻立费用高昂,石刻数量自然不多,如曹州府、东昌府、武定府、临清直隶州即是。此外,武定与东昌二府石刻存量不多,还与屡遭黄河泛滥有关,众多石刻被掩埋在泥沙之中。正如清末学者江标所云:"武定、东昌两属,滨临大河,迁嚣迁耿,不常厥居,古刻多沦入波涛。"[1]其二,历史文化因素。一地的历史文化状况也会对石刻的数量产生重要影响,如济宁、曲阜、邹县等地石刻众多,这与儒学氛围浓厚、人们尊孔崇儒有关;长清、历城、泰安、掖县等地石刻数量较大,则与佛教、

---

①〔清〕叶昌炽:《语石》卷 2"山东五则"条,上海书店 1986 年影印本,第 28 页。

道教的兴盛相关。关于这些问题,后面将会涉及。

第二,山东石刻有几个相对集中的分布区:长清县、临朐县、泰安县、益都县、曲阜县、济宁直隶州治、嘉祥县、邹县、历城县、掖县等。正如叶昌炽在谈到山东石刻分布时所说:"唐以前碑,济宁聚于州学,亦如西安之郡庠,《景君》《鲁峻》为最著;长清聚于灵岩寺;泰安聚于岱岳观;沂州聚于琅邪书院,即右军祠堂也;潍县百里以内古刻,皆为陈寿卿太史所收,《君车》一石尤为镇库奇珍;嘉祥紫云山则有武梁祠堂;肥城孝堂山则有郭巨石室;邹峄之间,徂徕、匡铁诸厓,北朝佛经皆摩厓擘窠大字;玉函、千佛两山及黄石厓,并在历下。此外,如济宁之晋阳山、东平之白佛山、益都之驼山、云门山、临朐之仰天山、宁阳之石门房山,万壑千岩,莲龛涌现,皆隋唐间造象也。"① 段松苓亦曾云:"顾山东碑刻之数,除泰山、阙里而外,莫多于长清、临朐。"② 下面,对长清县、临朐县、泰安县、益都县、曲阜县、济宁州治、嘉祥县、邹县、历城县、掖县等石刻分布状况做一简要介绍。

长清县(今济南市长清区)隶属济南府,《山左金石志》收录该县石刻149方,包括隋30方、唐4方、北宋48方、金22方、元45方,主要分布于泰山西北麓灵岩山脚下的灵岩寺。灵岩寺历史悠久,佛教底蕴深厚,据《灵岩寺碑》记载,其始建于"晋宋之际"③,自唐代起便与天台国清寺、南京栖霞寺、当阳玉泉寺并称"海内四大名刹"。寺内僧徒众多,香火旺盛,成为达官贵人、文人学士、普通民众礼佛游览的胜地。正因此故,灵岩寺留下了大量石刻,有敕牒、题名、题记、诗刻、塔铭、经幢、佛龛题字等类型,如《山左金石志》所记载的《灵岩寺功德龛佛座题字》(卷13)、《灵岩寺经幢》(卷15)、《灵岩塔院尊胜经幢》(卷16)、《灵岩寺敕牒碑》(卷16)、《李公颜游灵岩题记》(卷17)、《苏子瞻诗刻》(卷17)、《定光禅师塔铭》(卷19)、《妙空禅师塔铭》(卷19)、《灵岩寺下院圣旨碑》(卷22),等等。

临朐县隶属青州府(今隶属潍坊市),《山左金石志》收录该县石刻139方,包括隋1方、唐29方、北宋67方、金7方、元35方,主要集中于仰天

① 〔清〕叶昌炽:《语石》卷2"山东五则"条,上海书店1986年影印本,第28页。
② 〔清〕段松苓:《山左碑目·自序》,《石刻史料新编》第二辑第20册,新文丰出版公司1979年,第14816页。
③ 〔清〕阮元:《山左金石志》卷12《灵岩寺碑》,第570页。

山①与沂山。仰天山石刻于白云洞（又名罗汉洞）、观音洞、文殊寺、大佛寺等处多有分布，有画像、造像题字、摩崖题名、经幢、塔铭、碑碣等类型，而以摩崖题名数量最多。《山左金石志》所载仰天山石刻，如《仰天山画象》（卷10）、《仰天山大佛寺经幢》（卷15）、《仰天山应真造像记四十八种》（卷16）、《仰天山李宁等造象记》（卷16）、《仰天山罗汉洞题字二种》（卷17）、《梁子谅仰天山题名》（卷17）、《赵德甫等水帘洞题名》（卷18）、《赵璧白云洞题名》（卷18）、《文殊寺敕牒碑》（卷20）、《仰天山大佛寺石幢》（卷21）、《仰天山辉公塔铭》（卷23），等等。沂山又名东泰山，不仅风光秀丽，而且历史文化底蕴极其深厚。西汉太初三年（公元前102年），汉武帝亲临其下，命礼官祭祀沂山之神，并创修祠庙。此后，历代统治者俱加以封祀。据（嘉靖）《青州府志》记载："魏文帝瘗沉圭璋。随（隋）制取近侧巫一人，主知洒扫。唐加王爵，年别一祭，牲用太牢。国朝削去封号，称东镇'沂山之神'，有司春秋致祭，有事则遣廷臣祭告。"②清雍正四年（1726），封沂山庙神为"佑民捍御之神"③。由于朝廷御祭，加之沂山雄伟秀丽，名人学士纷至沓来，祭拜览胜之余，留下了许多石刻。如南宋著名金石学家赵明诚（字德甫）曾来沂山游览，留下《赵德甫等沂山题名三种》（卷18）。沂山石刻主要分布于东镇庙院内外，因碑刻丛蠹如林，故素有"东镇碑林"之称。如《东镇庙加封诏词碑》（卷22），立于元成宗大德二年（1298），为元成宗加封沂山神"东镇元德东安王"的诏书。

泰安县（今泰安市泰山区与岱岳区）隶属泰安府，《山左金石志》收录该县石刻132方，包括秦1方、东魏1方、北齐4方、唐5方、五代11方、北宋78方、金10方、元22方，主要分布于泰山、岱庙等地。泰山作为五岳之首，历代统治者对其莫不崇拜封祀。早在公元前219年，秦始皇东巡郡县，登临泰山，刻石纪功，这便是《山左金石志》中所收录的最古石刻——《泰山石刻》。此后，秦二世、汉武帝、光武帝、汉章帝、汉安帝、隋文帝、唐高宗、唐玄宗、宋真宗、清圣祖、清高宗等十一位帝王，皆亲临泰山，或举行封禅大

①仰天山清代属临朐，今属青州。
②〔明〕冯惟讷：《青州府志》卷6《山川》，《天一阁藏明代方志选刊》第41册，上海古籍书店1982年，第13页。
③〔清〕嵇璜、刘墉：《清朝文献通考》卷105《群祀考》，《景印文渊阁四库全书》第634册，台湾商务印书馆1986年，第357页。

典，或仅朝拜祭祀。泰山作为神灵信仰杂会之所，祠庙林立，神祇众多，尤其是道教与民间信仰格外兴盛。此外，历代官僚吏民、文人墨客对泰山均情有独钟，并且以在泰山铭文刻石为荣。在上述因素共同作用之下，泰山石刻便随之而生，不仅数量大，分布广，而且类型多样，有刻石、摩崖题刻、碑碣、石阙、墓志、经幢、造像、画像等类。不过，数量最多、影响最大的当属摩崖题刻。泰山摩崖题刻有数千处，最著名的有三处：一在经石峪，为北齐时期镌刻的《金刚经》，是我国现存规模较大的佛教摩崖刻经之一。经文刻于面积约两千平方米的缓坡石坪上，自东而西，镌刻后秦高僧鸠摩罗什所译《金刚般若波罗蜜经》节文，自"如是我闻，一时佛在舍卫国祇树给孤独园"起，至"应恭敬作礼围绕，以诸华香而散其处"止，44行，满行125字，共刻2799字，字径50~60厘米，以隶书为主，兼有楷、行、篆书各种笔意。因年月久远，加之溪水冲刷，沙石磨损，现仅存一千余字。二在大观峰，为唐开元十四年(726)唐玄宗所撰写的《纪泰山铭》，隶书，24行，满行51字，连额"纪泰山铭"共约一千字。三在岱顶德星岩，为宋大中祥符元年(1008)宋真宗撰书《御制谢天书述功德碑》(俗称宋摩崖)，正书，现存1143字。此三方摩崖题刻，书法劲朗，气势恢宏，分别收录在《山左金石志》卷10、卷12与卷15中。此外，泰山还有不计其数的摩崖题名，如《泰山振衣冈题名三种》(卷17)、《岱顶题名十一种》(卷17)，等等。岱庙坐落于泰山南麓，又称东岳庙，是历代帝王祭祀泰山神(东岳大帝)的地方，庙内碑碣林立，如《天贶殿碑》(卷15)、《东岳天齐仁圣帝碑铭》(卷15)、《会真宫诗题跋二石》(卷16)、《重修东岳庙碑》(卷18)、《徐世隆诗刻》(卷21)，等等。

益都县(今青州市)隶属青州府，《山左金石志》收录该县石刻107方，包括北魏1方、东魏1方、北齐5方、隋18方、唐35方、五代4方、北宋19方、金7方、元17方。益都县的石刻较为分散，在云门山、驼山、北峰山、广福寺、平昌寺以及士人李文世、李文藻家都有，最为著名的当属北峰山(今称玲珑山)《郑道昭白驹谷题名》(卷9)。

清代曲阜县、嘉祥县与邹县，今天均隶属济宁市，是山东省乃至全国石刻的重要聚集地之一。最具影响的是，济宁地区是发现和保存汉代石刻最多的地区，目前已知的汉碑、刻石多达40多种，再加上画像石，汉代石刻的数量在全国绝无仅有，因而有"中国汉碑半济宁"之说。究其原因，汉代时期,济宁地区经济富庶,经学繁盛,文化发达,官僚、地主和儒生重义崇礼,极力颂德谀墓,大兴树碑之风。济宁地区石刻种类多种多样,而以碑碣、刻石、画像为主,主要分布于曲阜孔庙、济宁州学、邹城孟庙、嘉祥武氏祠等处。

曲阜县(今曲阜市)隶属兖州府,《山左金石志》收录该县石刻101方,包括西汉4方、东汉18方、曹魏1方、北魏1方、东魏1方、北齐1方、隋2方、唐6方、五代1方、北宋16方、金3方、元47方。曲阜石刻中的精品,当属其西汉刻石与东汉碑碣。《山左金石志》卷7收录了3方西汉刻石,尽在曲阜,分别是《五凤石刻》与《居摄坟坛二刻》。曲阜的东汉碑碣不仅数量多,而且史料价值与书法价值极高,如《孔庙置百石卒史碑》(卷8)、《鲁相韩敕造孔庙礼器碑》(卷8)、《泰山都尉孔宙碑》(卷8)、《鲁相史晨奏祀孔庙碑》(卷8)、《博陵太守孔彪碑》(卷8)、《竹叶碑》(卷8)等,都是汉碑中的名品。曲阜石刻主要分布于孔庙与孔林,而在孔府、颜庙、周公庙、少昊陵、寿丘、尼山书院等处也有分布。石刻类型主要有碑碣、石阙、画像、墓志等类,而以碑碣居多。依据曲阜碑碣所记载的内容,又可分为奏疏、诏敕、牓牒等公文碑、祭文、谒记、题记与题咏碑、建修祠庙碑、墓碑、法帖刻石等类。孔子作为儒家学派的创始人,历代统治者对其竞相进行封谥与祭拜,以示尊崇,故孔庙中有不少封祀孔子的“御碑”,如唐高宗《赠泰师孔宣公碑》(卷11)、宋真宗《敕修文宣王庙牒碑》(卷15)、金章宗《重修文宣王庙碑》(卷20)、元武宗《曲阜县孔庙加封制诏碑》(卷22)、元仁宗《祭告宣圣庙碑》(卷22)等。上到帝王、官员,下到普通百姓,都把到曲阜祭拜视为一生之荣幸,“远者数千里,近者数百里,往往不惮其劳,必伏谒庙下,徘徊历览”①,以此表达慕圣之情。所以,孔庙中的祭文、谒记、题记与题咏碑很多,如《徐休复祷孔庙碑》(卷15)、《孔道辅祭文碑》(卷16)、《察罕帖木尔祭孔庙碑》(卷24),等等。祭文是祭祀孔子时所诵读的祷祝之辞,谒记、题记、题咏是来曲阜拜谒孔子者留下的记述与诗赋。随着统治者尊儒祭孔活动的制度化与常规化,社会各界越来越重视对孔庙的增修扩建,故留下了很多建修孔庙碑,记述了主持者、出资人及修建始末,如魏黄初元年(220)

---

①《王元庆等谒庙题名碣》,参见骆承烈:《石头上的儒家文献——曲阜碑录》,齐鲁书社2001年,第212页。

《孔子庙碑》(卷8)、隋大业七年(611)《陈叔毅修夫子庙碑》(卷10)、唐开元七年(719)《修阙里孔子庙碑》(卷12)、元大德五年(1301)《曲阜县重建文宣王庙碑》(卷22)等。孔林作为孔氏家族的墓地,墓碑林立,但其作为死者标记千篇一律,故《山左金石志》收录的墓碑并不多,仅有卷23所录的《孔若愚墓碑》、《孔端立墓碑》、《孔琥墓碑》、《孔之厚墓碑》、《孔浣墓碑》等五方墓碑。

济宁州治(今济宁市市中区与任城区)作为济宁直隶州署所在地,《山左金石志》收录该地石刻101方,包括东汉32方、曹魏2方、北齐3方、隋6方、唐15方、五代1方、北宋4方、金12方、元26方。济宁州治的石刻最具影响的莫过于东汉碑石,不仅数量多,而且价值也高,主要分布于济宁州学,如《北海相景君碑》(卷7)、《孔子见老子画象》(卷7)、《郎中郑固碑》(卷8)、《执金吾丞武荣碑》(卷8)、《司隶校尉鲁峻碑》(卷8)、《尉氏令郑季宣碑》(卷8)、《朱君长题字》(卷8),等等。除此之外,在其他地方也有分布,如普照寺、铁塔寺、李家楼、晋阳山、两城山等。

嘉祥县隶属济宁直隶州,《山左金石志》收录该县石刻95方,包括东汉62方、北齐1方、隋1方、唐3方、北宋8方、金9方、元11方。嘉祥县的石刻以画像与摩崖题刻为主,兼有碑碣、墓志、经幢等类型。石刻画像主要分布在嘉祥县武宅村北的武氏祠。武氏祠始建于汉桓帝元嘉元年(151),是对东汉晚期武氏家族墓地祠堂、双阙的总称,包括武梁石室(武梁祠)、武氏前石室(武荣祠)、武氏后石室(武开明祠)、武氏左石室(武斑祠)、武氏东西石阙等建筑。武氏祠画像石刻有人物鸟兽、花草虫鱼、宫室器具等图案,内容丰富,形象生动,雕刻精美,艺术价值高,是研究东汉社会历史及雕刻艺术的重要史料。《山左金石志》中收录的武氏祠画像,如《武氏东西石阙画象》(卷7)、《武梁石室画象三石》(卷7)、《武氏前石室画象十五石》(卷7)、《武氏后石室画象十石》(卷7)等。此外,嘉祥的石刻画像在七日山、华林村、焦城村、刘村、随家庄、汤阴山、纸房集等地也有分布,如《嘉祥七日山画象二石》(卷8)、《嘉祥华林村画象二石》(卷8)、《嘉祥焦城村画象四石》(卷8)、《嘉祥刘村画象三石》(卷8)、《嘉祥随家庄画象二石》、《嘉祥汤阴山画象》(卷8)、《嘉祥纸房集画象二石》(卷8)等。嘉祥的摩崖题刻主要分布于洪山,如《洪山嘉祐题字》(卷16)、《姜三校洪山顶题字》(卷17)、《洪山诗刻残石》(卷24)等。

邹县(今邹城市)隶属兖州府,《山左金石志》收录该县石刻57方,包括东汉1方、北齐11方、北周15方、隋1方、唐1方、北宋4方、金4方、元20方,主要分布于孟庙、孟府、孟子林、孟母林、子思书院、尖山、铁山、冈山、葛山等地。邹县石刻有两大特色:一是与孟子相关的石刻数量多,二是北朝佛教摩崖刻经影响大。孟子作为儒家学派重要的代表人物,被尊为"亚圣",千百年来,人们出于对孟子的景仰,一直在保护、创建与其有关的遗址,如孟庙、孟府、孟子林、孟母林、子思书院等。伴随着这些创修活动以及年年岁岁的祭祀与拜谒,便产生了大量碑石,如《山左金石志》所载录的《加封孟子敕牒碑》(卷17)、《重修孟子庙牒碑》(卷17)、《孟子墓碑》(卷22)、《孟母墓碑》(卷22)、《孟庙加封孟子父母制词碑》(卷23)、《加封孟子亚圣公制词碑》(卷23)、《孟庙兴造记》(卷24)等。邹县的北朝佛教摩崖刻经,主要分布于尖山、铁山、冈山与葛山等处,四山海拔不高,却山石峭立,崖壁间镌刻有北齐、北周以来佛教刻经。对此,朱剑心曾云:"刻经有三:其一摩厓,其一经碑,其一即经幢也。摩厓皆大字,齐鲁间最多。……邹峄之间,尖山亦武平中刻,前述葛山、冈山、小铁山诸经,皆周大象中刻,世谓之四山摩厓。其字径尺,在石经中为最伟矣。"①尖山摩崖刻经位于城东的大佛岭上,刻于北齐武平六年(575),在四山摩崖中纪年最早、文字最大,其内容可分为三类:一是佛号"大空王佛",二是《文殊般若经》、《波罗蜜经》摘录,三是《韦子深等刻经题记》、《唐邕妃刻经题记》、《韦伏儿等刻经题记》等题名七种。令人遗憾的是,1960年,尖山摩崖刻经由于民工采凿石料而遭破坏,今已荡然无存,仅有拓片流传下来,但不完整。铁山摩崖刻经位于城北的铁山上,刻于北周时期,有隶书近千字,内容主要包括三类:一是《大集经·穿菩提品》经文,二是《匡喆刻经颂》,三是众多题记。冈山摩崖刻经位于城北的冈山上,刻于北周大象二年(580),镌刻《佛说观无量寿经》与《入楞伽经》,还有佛主、比丘僧尼、经主题名等。葛山摩崖刻经位于城东北葛山上,刻于北周大象二年(580),在四山摩崖刻经中年代最晚,镌刻《维摩诘经》之《见阿閦佛品第十二》。对于这些摩崖刻经,《山左金石志》卷10《尖山摩崖十种》、《匡喆刻经颂》、《小铁山摩崖残字八种》、《岗(冈)山摩崖佛经四种》、《葛山摩崖二

①朱剑心:《金石学》第三编《说石》第二章《文字图象》,文物出版社1981年,第186~187页。

种》有着较为详细的记载。

历城县(今济南市历城区)隶属济南府,《山左金石志》收录该县石刻62 方,包括东魏 2 方、隋 5 方、唐 21 方、北宋 16 方、金 1 方、元 17 方。历城县石刻主要分布于龙洞山、神通寺、千佛山等地,以佛教造像与摩崖题刻居多,这与此地隋唐以后佛教的兴盛有关。龙洞山位于今济南市东南郊,这里不仅有着优美的自然景观,而且佛教文化底蕴极其深厚,是古代民众游览、祭拜的胜地。龙洞山的石刻主要集中于龙洞、龙洞东崖、圣寿院、佛峪、独秀峰等处,以佛教造像与摩崖题刻为主,间有碑碣、经幢,如《山左金石志》所录载的《龙洞韩铎题字三种》(卷 17)、《范纯仁龙洞题名》(卷 17)、《间邱孝修等龙洞题名》(卷 17)、《元丰敕封顺应侯牒碑》(卷 17)、《王有道等龙洞题名》(卷 18)、《张劢祷雨题记》(卷 18)、《报恩塔记》(卷 18)、《寿圣院经幢》(卷 24)等。神通寺位于今历城区柳埠镇青龙山麓,始建于前秦皇始元年(351),是山东佛教的发祥地,《山左金石志》录有该寺石刻如《杨显叔造象记》(卷 9)、《神通寺造象题字十八种》(卷 11)、《神通寺四门塔造象记》(卷 11)、《郑秉德等神通寺题名》(卷 17)等。千佛山位于今济南市区南部,隋开皇年间开始在山崖上开凿佛窟,镌刻造像,此后各代屡加凿修扩建。随之而来,此地造像题字、摩崖题刻日益增多,千佛山遂成为石刻的渊薮,如《山左金石志》所收录的隋开皇年间《千佛山造象题字四种》(卷 10)、元代《察罕普华千佛山题名记》(卷 24)等。

掖县(今莱州市)隶属莱州府,《山左金石志》收录该县石刻 53 方,包括北魏 15 方、北齐 3 方、北宋 2 方、金 7 方、元 26 方,主要分布于云峰山、大基山以及县内各处的道教宫观庙宇(如长生观、灵虚宫、太微观、通仙观、青罗观、东海神庙等)。掖县石刻最为显著之处有二:一是北魏郑道昭的"云峰刻石"①,二是道教石刻。郑道昭(455—516),字僖伯,自号中岳先生,北魏荥阳人。据《魏书·郑羲传》记载:郑道昭"少而好学,综览群言"②,于孝文帝时开始步入仕途,历任秘书郎、主文中散、员外散骑侍郎、秘书丞兼中书侍郎、中书郎、通直散骑常侍、国子监祭酒、秘书监、荥阳邑中正、光州刺史兼平东将军、青州刺史、秘书监等职。熙平元年(516)卒,赠

---

① 关于云峰刻石,参见赖非著《齐鲁碑刻墓志研究》,齐鲁书社 2004 年,第 21~84 页。
② 〔北齐〕魏收:《魏书》卷 56《郑羲传》,中华书局 1974 年,第 1240 页。

镇北将军、相州刺史,谥文恭。郑道昭在光州(治所掖县)、青州(治所益都)期间,政务宽厚,"不任威刑,为吏民所爱"①。他工书法,是魏碑体的鼻祖,与王羲之齐名,有"南王北郑"之誉。其书法笔力圆劲苍健,结构严谨宽博,运笔娴熟自然,气韵雄豪,有汉隶遗意,创一代书风。郑道昭生性闲适散逸,喜游山水,好摩崖题刻,掖县云峰山、大基山、平度天柱山、益都玲珑山等地都留下了他的书迹,总称"云峰刻石"。其中,以《中书令郑羲碑》(俗称《郑文公碑》)最为著名。《中书令郑羲碑》刻于北魏永平四年(511),主要颂扬了父亲郑羲的事功业绩,情谊深长,令人感怀。铭文分刻于两处,称为上、下碑,上碑在平度州(今平度市)天柱山绝顶,郑道昭刻成后因嫌石质太差,难以存留长久,故又在掖县云峰山镌刻下碑。二碑内容相同,上碑字小漫漶,下碑字大而清晰,保存基本完好。此外,还有《郑道昭论经书诗刻》、《郑道昭观海岛诗刻》、《云峰山郑道昭题字六种》、《云峰山题字三种》、《郑道昭大基山诗刻》等,均收录于《山左金石志》卷9中。郑道昭之子述祖(字恭文),重游云峰山、天柱山,往寻父亲旧迹,也留有数方石刻,如《山左金石志》卷10所载《郑述祖重登云峰山石刻》、《郑述祖题云居馆石刻》、《郑述祖天柱山铭》等皆是。掖县石刻另一特色,就是道教石刻众多,究其原因,这与金、元时期该地道教兴盛有关。金初道士王重阳创立全真道后,在胶东地区的掖县、文登、宁海一带广泛传教,如全真道第四任掌教刘处玄(字通妙,号长生)即为掖县人。第五任掌教丘处机,掌教时间长达二十四年,积极发挥全真道的社会、政治影响,受到金、元二代统治者的青睐,使全真道发展至鼎盛时期。掖县境内山林密布,道观祠庙林立,王重阳、刘处玄、丘处机等众多道人都曾在此修炼,并留下很多石刻。如《山左金石志》收录有《刘长生大基山诗刻》(卷20)、《刘长生灵虚宫倡和诗刻》(卷20)、《王重阳挂金灯词石刻》(卷20)、《太真观残碑》(卷21)、《兴仙观碑》(卷21)、《王重阳悟真歌石刻》(卷21)、《灵虚宫改额加号记》(卷21)、《重建太微观碑》(卷21)、《长春子青天歌石刻》(卷21)、《长春子梨花诗词石刻》(卷21)、《青罗观王重阳诗词石刻》(卷22)、《披云真人道行碑》(卷22)、《神山牛讲师碑》(卷23)、《灵虚宫褒封刘真君碑》(卷24)等,这些碑刻都见证了金、元时期掖县道教的兴盛。

①〔北齐〕魏收:《魏书》卷56《郑羲传》,中华书局1974年,第1242页。

本章小结

　　本章主要对《山左金石志》的体例与内容进行了探析。《山左金石志》的体例较为完备,作为一部分地(省)体的金石学著作,金石合编,先金后石,按照时间顺序进行编排。对于所录载的每一种金石,指明其造型、尺寸、书体、年月、存地、收录、拓本流传等信息,并予以考释。对于金铭刻辞,由于字数较少,大都予以全文载录,而对于石刻,或载录全文,或仅作跋尾。《山左金石志》的内容十分丰富,收录了自商周至元代山东所辖十府二直隶州范围内的礼器、乐器、兵器、度量衡器、刀布、镜鉴、印符、杂器、碑碣、墓志、摩崖、造像、画像石、经幢、塔铭等实物、拓本等凡耳闻目睹者,共计1739种。为了对《山左金石志》的内容作更深一步的解读,笔者对金石的年代分布与地区分布进行统计分析,制成五张表格。从年代分布上看,山东于三代时期有金无石,秦汉以后石盛金衰;金石数量各代不同,金铭诸器于三代最为兴盛,而秦汉以后日益衰微,而石刻于元、北宋、金、唐、隋、东汉等代较为繁盛,其他朝代则较为衰微。从地区分布上看,山东石刻主要分布于长清县、临朐县、泰安县、益都县、曲阜县、济宁直隶州治、嘉祥县、邹县、历城县、掖县等地。石刻数量、类型及特色因时代、地区不同而不同,这既与自然地理因素相关,又与地域文化密切相连。

第四章 《山左金石志》的学术价值

关于金石文献的学术价值,从宋代开始人们就有了比较充分的认识,北宋刘敞《先秦古器记》就曾指出其三大价值,即"礼家明其制度,小学正其文字,谱牒次其世谥"①。其实,金石文献的学术价值不仅体现在研究礼制、语言文字、谱牒等方面,诸凡经学、史学、文学、音韵学、书学等古代学术门类无不需要借助其以扩大取证范围。金石文献最显著的学术价值,就在于既可以订正史志的讹误,又可以对史志的所阙或所略提供恰当的增补。《山左金石志》收录了山东自商周讫元1700多种金石文献,再加上阮元等人的精详考释,成为我们研究中国古代典章经制、地理沿革、人物史事、文化教育、经济发展、语言文字等不可或缺的重要资料,价值极大,本章对其学术价值略作管窥。

第一节 《山左金石志》正史志之讹误

历代史志,尤其是正史,多为后人撰写,记载讹误在所难免。一些史籍虽然可与他书相校勘,但一时又难以决断孰是孰非,尤其是某些史书已无法找到相与校对的书籍,讹误之处难以发现,以至以讹传讹,长期不被人发觉。而金石文字多为时人所撰,可信性极大,所以对历代史志讹误的校订,有着不可取代的价值。正如南宋金石学家赵明诚在《金石录·序》中所说:"盖窃尝以谓《诗》、《书》以后,君臣行事之迹悉载于史,虽是非褒贬出于秉笔者私意,或失其实,然至其善恶大节有不可诬,而又传之既久,理当依据。若夫岁月、地理、官爵、世次,以金石考之,其牴牾十常三四。盖史牒出于后人之手,不能无失,而刻词当时所立,可信不疑。"②清代学者钱大昕在《山左金石志·序》中亦云:"盖尝论书契以还,风移俗易,后人恒有不及

———————

① 〔北宋〕刘敞:《公是集》卷36《先秦古器记》,《丛书集成初编》第1904册,中华书局1985年,第437页。

② 〔南宋〕赵明诚撰,金文明校证:《金石录校证》,广西师范大学出版社2005年,第1~2页。

见,古人之叹文籍传写久而踳讹,唯吉金乐石流转人间,虽千百年之后,犹能辨其点画而审其异同,金石之寿实大有助于经史焉。"①阮元亦极其重视金石文献的价值,曾云:"吉金可以证经,乐石可以助史。"②在《山左金石志》中,利用金石文献纠正史志之误,主要体现在以下几个方面:

一、正年代之误

考论史事,辨明年代尤为关要,史书中的时间记载差误时有发生,《山左金石志》每及于此,多有辨析之文。

我们知道,在封建正史之中,《元史》成书最为仓促,两次编修不过一年时间,再加上成于众人之手、元代文献资料的匮乏,以及主持修史的宋濂、王祎本非史才,遂不可避免地存有许多讹舛疏漏之处,历来遭到学者们的批评与指责。正如清代学者钱大昕所云:"古今史成之速,未有如《元史》者,而文之陋劣,亦无如《元史》者。"③阮元在《琅琊郡公王氏先德碑》跋中亦云:"《元史》于宰执拜罢,多掇拾简牍书之,简牍未详者阙之,自不必信史而疑碑矣。"④《山左金石志》依据碑刻文献纠正了众多《元史》年代记载之讹。

例如,曹元用是元代中期政治舞台上的一位重要人物,据《元史·曹元用传》记载,他历任国史院编修、御史台掾史、中书省右司掾、应奉翰林文字、礼部主事、尚书省右司都事、尚书省右司员外郎、太常礼仪院经历等多个官职,并参与仁宗、英宗《实录》的编修。关于曹元用任职太常礼仪院经历的时间,《元史·曹元用传》记载"延祐六年,授太常礼仪院经历"⑤,而《山左金石志》依据曹元用在《延祐庚申祭孔庙碑》中题衔以及立碑时间"延祐七年七月立"的记载,从而纠正《元史》记载"延祐六年"之误:"碑文撰书、题额,皆曹元用一人兼之。元用,字子贞,世居阿城,后徙汶上。史称元用由礼部主事改尚书省右司都事,转员外郎及尚书省,罢退居任城,久之。延祐六年,授太常礼仪院经历,属英宗躬修祀事,仪注率所裁定。撰书

①〔清〕阮元:《山左金石志·钱大昕序》,第367页。
②〔清〕张鉴等撰,黄爱平点校:《阮元年谱》附录三《阮尚书年谱第一序》,中华书局1995年,第274页。
③〔清〕钱大昕:《十驾斋养新录》卷9《元史》,上海书店1983年,第195页。
④〔清〕阮元:《山左金石志》卷23《琅琊郡公王氏先德碑》,第148页。
⑤〔明〕宋濂:《元史》卷172《曹元用传》,中华书局1976年,第4027页。

之时,正官太常经历之岁,而碑衔仍称右司员外郎,则其官太常经历非延祐六年明矣,似当据碑以正史也。"①此碑为当事人所立,碑中题衔自比《元史》所记更为可信。

又如,据《元史·刘国杰》记载:元初名将刘国杰,字国宝,女真本姓乌古伦,后改姓刘,山东益都(今青州)人,在灭宋及平定元初各地叛乱战争中功勋卓著,历任益都新军千户、管军总管、湖广省右丞、湖广行枢密院副使、湖广行省平章政事等职。元大德八年(1304)二月病死,朝廷赠推忠效力定远功臣、光禄大夫、司徒、柱国,封齐国公,谥武宣。②刘国杰曾于至元年间北征叛王脱脱木儿,关于此事的具体时间,《元史·世祖本纪》记载:至元十五年,"夏四月乙卯,命元帅刘国杰将万人北征"③,而《山左金石志》依据《兀林答公神道碑》④所载"十四年",从而纠正了《元史·世祖本纪》之误:"《世祖本纪》:至元十五年,命元帅刘国杰北征,所谓签院即国杰也。碑称'十四年',与《国杰传》同,此盖《本纪》之失。"⑤关于刘国杰的死亡时间,《兀林答公神道碑》与《元史》有着不同记载。《山左金石志》跋《兀林答公神道碑》云:"大德七年三月立"⑥。既然《元史》云刘国杰病死于大德八年,《兀林答公神道碑》怎么会预先立于大德七年呢? 是《兀林答公神道碑》本身有误,还是《元史》出错,抑或《山左金石志》记载错误? 一般而言,神道碑多为墓主的至亲僚属所刻立,了解死者的身世,不会把墓主死亡时间记错的,更何况刘国杰作为元初重臣,所以《兀林答公神道碑》本身出错的可能性不大。此碑拓收入《北京图书馆藏中国历代石刻拓本汇编》第48册,碑文虽漫漶,但仍可识读出立碑时间为大德七年三月。由此可见,《山左金石志》并未记错,是《元史》把刘国杰的死亡时间记错了。此外,孙星衍、邢澍《寰宇访碑录》与段松苓《益都金石记》均收录此碑,孙书记载,"方回撰,张珪正书,大德七年三月,山东益都"⑦;段书记载:"大德七年岁次癸卯三月朔,宣武将军上千户男兀林答徽□

①〔清〕阮元:《山左金石志》卷23《延祐庚申祭孔庙碑》,第136~137页。
②〔明〕宋濂:《元史》卷162《刘国杰》,中华书局1976年,第3807~3812页。
③〔明〕宋濂:《元史》卷10《世祖本纪七》,中华书局1976年,第199页。
④刘国杰于元大德八年(1304)病死,葬于益都,其墓前立《兀林答公神道碑》。兀林答公即刘国杰,《元史》称其姓为"乌古伦",此处为"兀林答",系蒙汉译音多有不同。
⑤〔清〕阮元:《山左金石志》卷22《兀林答公神道碑》,第119页。
⑥〔清〕阮元:《山左金石志》卷22《兀林答公神道碑》,第119页。
⑦〔清〕孙星衍、邢澍:《寰宇访碑录》卷11《云门山兀林答公神道碑》,《续修四库全书》第904册,上海古籍出版社2002年,第572页。

立石。右碑在云门山前卧龙洞北,南向,高一丈一尺,阔三尺二寸,行书……"①

再如,《山左金石志》据《真相院舍利塔铭》纠正《东坡年谱》记载苏轼撰《真相院舍利塔铭》时间之误:"案《东坡年谱》及《纪年录》:元丰八年五月,复朝奉郎知登州,八月十七日得旨,十月十五日到登州,二十日台为礼部员外郎。其过济南长清真相院,《年谱》不载在何时,而但系作塔铭于元祐元年。今案碑文,是二年,则非元年矣。"②

史志中众多的年代讹误,遂凭据碑刻文献得以纠正。

二、正职官之误

中国古代的职官设置极为庞杂繁细,加之一人一生中历任多个官职,史志记载、传抄之误时有发生。而碑刻中多署撰文、书丹、篆额者的官衔爵位以及对某人一生为官行迹的记载,还有印章中的官职爵号,比之史书更为准确,故阮元等人充分利用山左金石文献资料以纠正史书对职官记载的讹误。

如北魏时期著名的匈奴首领刘库仁,关于其职衔,《北史·刘库仁传》记载:"建国三十九年,昭成暴崩,道武未立,苻坚以库仁为陵江将军、关内侯。"③《山左金石志》依据《北魏凌江将军印》,以正《北史》误"凌江将军"为"陵江将军",其跋曰:"《北史》:刘库仁,字没根,建国三十九年,昭成暴崩,道武未立,苻坚以库仁为陵江将军、关内侯。史作'陵',误。"④又如,北宋名吏祝惟岳,《宋史》无传,但据《成武县志·乡贤传》记载:祝惟岳,字同甫,咸平中中明法科,出任陵州司理参军,因明断秀州盗掠官粟案而名声大噪,后任秦州观察推官、大理寺丞知河中府龙门县。死后,封赠银青荣禄大夫、户部尚书。《成武县志》的记载本于《尚书祝惟岳神道碑》,但将祝惟岳的字、生前官职及卒赠官爵记错,一是误"字周辅"为"字同甫",二是误"陵州司法"为"陵州司理参军",三是误"银青光禄大夫"为"银青荣禄大夫、户部尚书"。对此,《山左金石志》加以辨正:"案《县志·乡贤传》云:祝惟岳字同甫,咸平中中明法科,为陵州司理参军。秀州盗掠官粟,捕盗十余人,

①〔清〕段松苓:《益都金石记》卷4《元兀林答碑》,《石刻史料新编》第一辑第20册,新文丰出版公司1977年,第14881页。
②〔清〕阮元:《山左金石志》卷18《真相院舍利塔铭》,第31页。
③〔唐〕李延寿:《北史》卷20《刘库仁传》,中华书局1974年,第732页。
④〔清〕阮元:《山左金石志》卷6《北魏凌江将军印》,第451页。

论死,趋就刑,惟岳察其言貌举止,疑非真盗,争不肯决。既而,真盗果获十余人,乃得全活。……卒赠银青荣禄大夫、户部尚书。……志乘所载大略多本于碑,今验拓本,惟岳字周辅,景德二年中明法科,为陵州司法,秀州监捕盗四十余人,卒赠银青光禄大夫。子谘,为太常少卿,皆与志异,当据碑以正之。"①再如,元代中后期著名的政治家、史学家、文学家张起岩,在四十年仕宦生涯中先后担任过地方与中央的多个要职。在《山左金石志》中,阮元依据张起岩所撰《李氏先茔碑》,纠正了史志对张起岩任职记载的讹误:"起岩,章邱人,其结衔以史考之,乃顺帝嗣位之初,迁翰林侍讲学士、知制诰兼修国史、修三朝实录、加同知经筵事。碑与史异者,惟'知经筵事',不加'同'字耳。"②

三、正舆地之误

对于史书中舆地记载之讹误,阮元等人利用金石文献予以考正,亦目光如炬,每有抉微。

例如,《山左金石志》根据《赠徐州都督房彦谦碑》纠正史志误"东清河"为'南清河',其跋云:"文云:彦谦七世祖谌,燕太尉掾,随慕容氏南度,寓于齐土。宋元嘉中,分齐郡之西部置东冀州东清河郡绎幕县,仍为此郡县人。……此云'东清河郡',而志有'南清河太守',当是'东'字讹也。"③再如,据《金史·地理上》记载:"沈州,昭德军刺史,中。本辽定理府地,辽太宗时置军曰兴辽,后为昭德军,置节度。明昌四年改为刺史,与通、贵德、澄三州皆隶东京。"④而《山左金石志》据《刘长生灵虚宫倡和诗刻》碑阴所记"前显德军节度使兼沈州管内观察使"一语,纠正《金史·地理志》误"显德"为"昭德",其跋云:"《金史·地里志》:沈州后为昭德军,置节度使。此碑列衔称'显德军节度使兼沈州管内观察使',则沈州军额当作'显德',《志》作'昭德',误也。潞州既名昭德军⑤,若沈州亦作'昭德',是重名矣。"⑥又如,关于

---

① 〔清〕阮元:《山左金石志》卷16《尚书祝惟岳神道碑》,第665页。
② 〔清〕阮元:《山左金石志》卷24《李氏先茔碑》,第151页。
③ 〔清〕阮元:《山左金石志》卷11《赠徐州都督房彦谦碑》,第537页。
④ 〔元〕脱脱:《金史》卷24《地理上》,中华书局1975年,第555页。
⑤ 〔元〕脱脱:《金史》卷26《地理下》:"潞州,上。宋隆德府上党郡昭德军节度使。天会六年,节度使兼潞南辽沁观察处置使。"中华书局1975年,第638页。
⑥ 〔清〕阮元:《山左金石志》卷20《刘长生灵虚宫倡和诗刻》,第64页。

金代穆陵县的设置,《山左金石志》依据《东镇庙禁约碑》的结衔,纠正了《金史·地理志》记载之误,其跋云:"碑下截有记一层,漫漶更甚。最末,结衔'穆陵关捉□□□董孝忠'。《金史·地里志》:'穆陵,贞祐四年四月升临朐之穆陵置'。是穆陵旧为关,至贞祐始为县,故大安中此碑犹于穆陵置员。据此,则志文当云'升临朐之穆陵关置',今志脱'关'字,于文为不备。"①

四、正人物记载之误

中国古代史籍中记载了大量人物,但因编修者的考证疏忽,或抄刻错误,致使其姓、名、字、号、排行、籍贯、史事等记载存在讹误。对此,阮元充分挖掘金石文献中相关信息,加以订正。

(一)正姓氏名号之误

1. 正姓氏之误

关于孔子夫人的姓氏,后世文献或记载为"亓官氏",如《元和姓纂》记载,"仲尼三岁父卒,十九岁娶宋亓官氏"②,又如《阙里文献考》记载,"十九岁,娶于宋亓官氏"③;或记载为"并官氏",如《孔子家语》记载,"孔子三岁而叔梁纥卒,葬于防。至十九,娶于宋之并官氏"④;或记载为"丌官氏",如《文献通考·学校考四》记载,宋真宗大中祥符元年(1008),"诏封叔梁纥齐国公,颜氏鲁国太夫人,丌官氏郓国夫人"⑤;或记载为"井官氏",如《广韵》记载:"孔子妻井官氏。"⑥《山左金石志》依据《韩敕造礼器碑》与《汉并官武印》,认定孔子夫人应作"并官氏",其跋云:"右印曰并官武,白文,见济宁。考孔子娶于宋并官氏,《汉韩敕礼器碑》作'并官',宋祥符、元至顺并有《追封孔圣夫人诏》,俱作'并官'。《家语》作'丌官',《广韵》引《鲁先贤传》'孔子妻井官氏',皆非也。此并官武即其族,据此印文可证板本传写之误。"⑦孔子夫人的姓氏之误,由此得以澄清。这里需要指出的是,《孔

①〔清〕阮元:《山左金石志》卷20《东镇庙禁约碑》,第83页。
②〔唐〕林宝:《元和姓纂》卷6,《景印文渊阁四库全书》第890册,台湾商务印书馆1986年,第634页。
③〔清〕孔继汾:《阙里文献考》卷2《世系第一》,《孔子文化大全》,山东友谊书社1989年,第55页。
④〔曹魏〕王肃注:《孔子家语》卷9《本姓解》,上海古籍出版社1990年,第100页。
⑤〔元〕马端临:《文献通考》卷43《学校考四》,中华书局2011年,第1267页。
⑥〔宋〕陈彭年:《新校宋本广韵》卷1《上平声·桓第二十六》,台北洪叶文化事业有限公司2001年,第125页。
⑦〔清〕阮元:《山左金石志》卷6《汉并官武印》,第447页。

子家语》并非阮氏所云"丌官",而是"并官"。

2. 正人名与封号之误

如关于西汉石洛侯刘敬,据《史记·建元已来王子侯者年表》记载:石洛侯,"城阳顷王子,(元狩)元年四月戊寅,侯刘敬,元年"①。《汉书·王子侯表》无石洛侯,却有原洛侯敢,并注云:"城阳顷王子,(元鼎元年)四月戊寅封,二十六年,征和三年,坐杀人弃市。"②由此可知,《史记》中的石洛侯刘敬与《汉书》中的原洛侯刘敢应该是同一个人。那么,究竟名"敬",还是名"敢"呢? 封号为"石洛侯",还是"原洛侯"呢?《山左金石志》以《汉石洛侯黄金印》为据,从而纠正了《汉书》记载之误,其跋云:"《史记·王子侯表》'石洛侯刘敬,城阳顷王子,元狩元年四月戊寅封',则是石洛侯乃高祖五世孙,武帝所封者。《汉书》始封年月皆合,惟以'石洛'为'原洛','刘敬'为'刘敢','元狩'为'元鼎',盖传写而异,据此足正班氏之误,金石之有裨史学如此。"③又如,《山左金石志》依据《长芦儒学方炉》铭文,纠正《阙里志》误"克中"为"克修",其跋云:"铭曰'元至元己卯孟冬,长芦儒学奉大都、河间等路都转运盐使司置监造,学工孔克中、姑苏领匠钟宗铸',凡三十九字。……又按《阙里志·闻达子孙传》,五十五代'克'字辈,正当元之末,造内有任长芦学正者,名克修,字久夫,不名'克中',然'克中'之名与字却相符,殆志亦有误耶,然则金石所关岂浅鲜哉。"④再如,《山左金石志》依据《岱岳观题名碑》与《兖公颂碑》,纠正了《新唐书·宰相世系表》书"敬骞"为"敬骞"及"孔璲芝"为"孔璲之"之误。《岱岳观题名碑》跋云:"敬骞见《唐书·宰相世系表》,骞,建州刺史,书'骞'为'骞',《表》误也。"⑤《兖公颂碑》跋云:"末题'邠王文学文宣公孔璲芝',考阙里世系,孔子三十五代孙璲之,字藏晖,开元五年袭封褒圣侯,授国子监四门博士、邠王府文学、蔡州长史。二十七年,诏谥孔子文宣王,进封璲之为文宣公兼兖州长史。又《唐书·宰相世系表》亦作'璲之',当以石刻为正。"⑥

3. 正字之误

---

①〔西汉〕司马迁:《史记》卷21《建元已来王子侯者年表第九》,中华书局1959年,第1109页。

②〔东汉〕班固:《汉书》卷15上《王子侯表第三上》,中华书局1962年,第471页。

③〔清〕阮元:《山左金石志》卷6《汉石洛侯黄金印》,第441页。

④〔清〕阮元:《山左金石志》卷3《长芦儒学方炉》,第423~424页。

⑤〔清〕阮元:《山左金石志》卷11《岱岳观题名碑》,第541页。

⑥〔清〕阮元:《山左金石志》卷12《兖公颂碑》,第570页。

如北宋著名道士、画家、诗人种放,《宋史》有传,云:"种放字明逸,河南洛阳人也。……"①《山左金石志》依据《会真宫诗题跋二石》,对《宋史》之误予以纠正,其跋云:"《宋史·种放传》'放字名逸',跋称'明逸先生',殆史讹也。"②石刻题跋较史书记载更为可信,可见,种放字"明逸",而非《宋史》所谓"名逸"。又如,路伯达是金世宗时期颇具影响的一位政治人物,《金史》和《中州集》对其都有记载。《金史·路伯达传》记载:"路伯达字仲显,冀州人也。……"③而《中州集》却记载:"仲显,字伯达,冀州人。……"④究竟"伯达字仲显",还是"仲显字伯达"呢?《山左金石志》依据《王玝、路伯达等灵岩诗刻》,辨明"伯达"是名,"仲显"是字,从而纠正了《中州集》之误:"路伯达见《中州集》,云:'仲显字伯达,冀州人,正隆五年进士,明昌初授武安军节度使。'据《金史》本传,伯达字仲显,与《中州集》称字伯达者异。今诗刻为其自题,不宜署字,是名伯达无疑尔。"⑤

(二)正排行之误

所谓排行,是指兄弟姐妹长幼排列的次序。据金石文献正排行之误,如元初名将刘国杰,关于其排行,《元史·刘国杰》记载:"国杰行第二,因呼之曰刘二霸都而不名。"⑥然而,这与《刘氏先茔碑》记载相左,《山左金石志》对此指正云:"赐名曰'霸都',史曰:'国杰行第二,因呼之曰刘二霸都,而不名。'武宣,实行第四,云'第二'者,史之失也。"⑦

(三)正籍贯之误

石刻题名中往往记有人物的郡望乡里,字数虽少,但多为本人题刻,故价值极大。如《山左金石志》依据《泰山振衣冈题名》,纠正《宋史》记载上官均的籍贯之误:"一题'京兆上官均以使事抵奉高,同靖恭杨升游岳顶,观日出,揽历代遗迹,绍圣二年十月七日'……案《宋史·上官均传》,元祐末,提点河北东路刑狱。绍圣初,召拜左正言,以忤章惇,怒,迁工部员外

---

①〔元〕脱脱:《宋史》卷457《种放传》,中华书局1977年,第13422页。中华书局点校本在校勘记中云:"明逸,原作名逸,据《隆平集》卷一三、《东都事略》卷一一八本传改。"

②〔清〕阮元:《山左金石志》卷16《会真宫诗题跋二石》,第666页。

③〔元〕脱脱:《金史》卷96《路伯达传》,中华书局1975年,第2138页。

④〔金〕元好问:《中州集》卷8《路冀州仲显》,《四部丛刊初编》第328册,上海书店1989年,第8页。

⑤〔清〕阮元:《山左金石志》卷20《王玝、路伯达等灵岩诗刻》,第68~69页。

⑥〔明〕宋濂:《元史》卷162《刘国杰传》,中华书局1976年,第3808页。

⑦〔清〕阮元:《山左金石志》卷21《刘氏先茔碑》,第100页。

郎,寻提点京东淮东刑狱。此碑以绍圣二年使事抵奉高,遂游岱顶,当是提点京东刑狱之时,惟史称均为'邵武人',此云'京兆',应以碑为正也。"①由此可见,《宋史》记载上官均籍贯有误,并非"邵武",而是"京兆"。

(四) 正人物史事之误

《山左金石志》依据金石之文正人物史事之误的成功典型,当属据出土的《重刻唐史承节郑公祠碑》校勘《后汉书·郑玄传》记载之讹。阮元任职山东学政期间,曾赴高密拜谒东汉大经学家郑玄祠墓,在对祠墓修复的过程中,于积沙中掘得金章宗承安年间(1197—1200)重刻唐万岁通天元年(696)史承节所撰碑文。对于此事,他在《小沧浪笔谈》中记载:"汉高密郑司农祠墓,在潍水旁砺阜山下,承祀式微,不能捍采樵者,潍沙乘风内侵,其深及墙,祠宇颓没。元率官士修之,……是役也,掘沙之工,半于土木。赵商汉碑见于著录,今求之不得,得金承安重刻唐万岁通天史承节所撰碑。拓其文读之,知承节之文,乃兼取谢承诸史,非蔚宗一家之学,其补正范书、昭雪古贤心迹,非浅也。"②阮元遂利用碑文,校勘《后汉书·郑玄传》之误。其跋云:

> 元以范书《郑康成列传》校之,《传》"先始通京氏《易》",碑无"先"字;《传》"东郡张恭祖",碑作"钦祖";《传》征为大司农及与袁绍之会数事,碑并次于《与子益恩书》前;《传》"故太山太守应中远",碑作"太山守";《传》所注《周易》、《尚书》、《毛诗》、《仪礼》、《礼记》、《论语》、《孝经》,碑多《周官》,无《论语》;《传》"答临孝存",碑作"孝庄";《传》"不为父母群弟所容",碑无"不"字;《传》"获觐乎在位通人,处逸大儒,咸从捧手,有所受焉",碑省其文作"大儒得意,有所受焉";《传》"乃归供养",碑作"乃归乡";《传》"遇阉尹擅势坐党禁锢",碑载其事入铭辞中;《传》"举贤良方正",碑作"方正贤良";《传》"公车再召",碑作"再征";《传》"其勖求君子之道",碑无"其"字;《传》"末所愤愤者",碑作"凡某所愤愤者";《传》"亡亲坟垄未成",碑作"吾亲"。凡此异同,比而核之,可释学者积疑盖有三焉:司农《戒子益恩书》乃归老疾笃时事,故宜在汉公车征为大司农及袁绍邀至冀州诸事后,而范书反载

---

① 〔清〕阮元:《山左金石志》卷17《泰山振衣冈题名三种》,第11页。
② 〔清〕阮元:《小沧浪笔谈》卷4,《丛书集成初编》第2600册,中华书局1985年,第102页。

书文于前,使事迹先后倒置,一也;所注《仪礼》《周官》《礼记》,范书无《周官》。案司农《周官注》完善无缺,世所共学,而范书遗之,二也;"为父母群弟所容"者,言徒学不能为吏,以益生产,为父母群弟所含容,始得去厕役之吏,游学周秦,故《传》曰:"少为乡啬夫,得休归,常诣学官,不乐为吏,父数怒之。"夫父怒之而已,云为所容,此儒者言也。范书因为父怒,而妄加"不"字,与司农本意相反,三也。至于易"恭祖"为"钦祖"者,金避显宗"允恭"讳也。"孝存"作"孝庄"者,唐碑本行书,石或剥落,金时不省而误"存"为"庄","庄"为汉讳,未有不避者。其他异同,与范书可互校正。故急表而录之,以告同志。①

由此可见,阮元据《重刻唐史承节郑公祠碑》纠正了《后汉书·郑玄传》的数处讹误。二者对郑玄生平史事的记载,既存在用字措辞上等无关紧要的差别,也存有事实上的根本歧异与史事编辑先后顺序的不同。为了明了起见,笔者将《后汉书·郑玄传》与《重刻唐史承节郑公祠碑》所载差别较大之处,制成下表:

《后汉书·郑玄传》	《重刻唐史承节郑公祠碑》
"师事京兆第五元先"	"师事京兆第五元"
"东郡张恭祖"	"东郡张钦祖"
征为大司农及与袁绍之会数事皆次于《与子益恩书》后	征为大司农及与袁绍之会数事皆次于《与子益恩书》前
注《周易》、《尚书》、《毛诗》、《仪礼》、《礼记》、《论语》、《孝经》	注《周易》、《尚书》、《毛诗》、《仪礼》、《礼记》、《孝经》、《周官》
"答临孝存"	"答临孝庄"
"不为父母群弟所容"	"为父母群弟所容"
"未所愤愤者"	"凡某所愤愤者"
"亡亲坟垄未成"	"吾亲坟垄未成"

由以上可见,阮元以碑正史,纠正了范书中的讹误,同时也解释了学者的几个疑虑:其一,郑玄作《戒子益恩书》乃归老疾笃时事,应该在郑玄公车征为大司农及袁绍邀至冀州诸事后,而范晔《后汉书·郑玄传》反载之

---

① 〔清〕阮元:《山左金石志》卷20《重刻唐史承节郑公祠碑》,第79~80页。

于前，使事迹先后倒置；其二，关于郑玄所注之书，《后汉书·郑玄传》无《周官》，而事实上，郑玄的《周官注》世所共学，而《后汉书·郑玄传》却将其遗漏；其三，《后汉书·郑玄传》："少为乡啬夫，得休归，常诣学官，不乐为吏，父数怒之。"父亲数怒之而已，云"为所容"，这是儒者之言，而范晔却因为父怒而妄加"不"字，与郑玄本意相反；其四，将"恭祖"改为"钦祖"，是金人因避显宗"允恭"之讳；其五，"答临孝存"之所以作"答临孝庄"，是因为唐碑本为行书，碑石可能剥蚀，金朝重刻时不省而误"存"为"庄"。阮氏此论，得到学者们的一致肯定，如陈鳣《简庄缀文》卷3《元本〈后汉书〉跋》[1]、钱泰吉《曝书杂记》卷1"郑康成戒子书衍字"条[2]等，均是依据阮元的考证而加以论定的。

五、正他书记载，考释金石之误

对于他书对山东金石文献记载与考释之误，《山左金石志》亦予以纠正。

(一) 正他书记载之误

正形制及相关情况记载之误，如《孔谦碣》跋云："《隶续》云：'此碣甚小，一穿微偏左，有晕一重，起于穿中，复有两晕在右，其一甚短，与他碑小异。'今以碑证之，文后尚余两行，穿在正中，不知洪氏何以谓其微偏也？碑中磨灭者，惟'谦让'二字，余皆可辨，《县志》云'不存一字'，殊未然矣。"[3]

正存地之误，如《灵岩寺碑》跋云："国朝徐坛长集云：李北海书《灵岩寺碑》，在长清县长白山寺中，尚完好，云云。案长白山在长山县境，距灵岩尚远，此必有误。"[4]

正刻立时间之误，如《龙兴寺陀罗尼经幢》立于开元九年(721)六月，而康熙《济南府志》对此记载错误，《山左金石志》对此纠正云："《府志》以此幢为唐开元二年立者，误也。"[5]

正书丹者之误，如《孔庙置百石卒史碑》跋云："碑立于是时，去钟繇甚

①〔清〕陈鳣《简庄缀文》卷3《元本后汉书跋》，心矩斋民国十五年(1926)据抱经堂版补刻。
②〔清〕钱泰吉：《曝书杂记》卷1"郑康成戒子书衍字"条，《续修四库全书》第926册，上海古籍出版社2002年，第18页。
③〔清〕阮元：《山左金石志》卷8《孔谦碣》，第483页。
④〔清〕阮元：《山左金石志》卷12《灵岩寺碑》，第571页。
⑤〔清〕阮元：《山左金石志》卷12《龙兴寺陀罗尼经幢》，第560页。

远，宋张稚圭题为'后汉钟太尉书'，何其不审耶。"①又《赠歙州刺史叶慧明碑》，赵明诚《金石录》记载："《唐赠歙州刺史叶慧明碑》，韩择木撰并八分书，开元五年七月。"②阮元据此碑中"江夏李邕、□国子监太学生"题名，以正《金石录》之误："元藏旧拓本，文二十行，行五十字，径一寸三分。次行标题下有'江夏李邕、□国子监太学生阙'，则撰、书明是二人，赵明诚《金石录》以为韩择木撰并八分书者，误也。"③

正语言文字、书体之误，如《灵岩寺国师法旨碑》跋云："按聂鈌《泰山道里记》称：'灵岩寺千佛殿前后壁勒宋元明碑，有元蛇儿年《国师法旨碑》，蒙古字。'今验此碑是西僧梵书，非蒙古字。"④又《太白酒楼记》跋云："此碑篆法遒整，可见一班（斑），王渔洋《秦蜀驿程记》谓是大篆，乃纪载之讹耳。"⑤

（二）正他书考释之误

如《山左金石志》依据《汉鲑阳充印》，纠正郑樵《通志·氏族略》考释"鲑阳"之误："郑樵《氏族略》云：'鲑氏，音圭，以居鲑阳，改为鲑氏。《后汉书》有鲑阳鸿，为少府，传孟氏《易》。'按《后汉书·儒林传》：'中山鲑阳鸿，字孟孙。'鲑从'角'，不从'鱼'，注云'姓鲑阳，名鸿，不姓鲑，音胡瓦反'，不音圭，且云：'其字从角字，或作鲑从鱼者，胡佳反。'姓名私印无考者，原不载，以鲑阳氏除鸿以外，惟得此一人，且以证郑氏之误。"⑥又《齐刀二十二品》第十八跋纠正朱枫《古金待问录》考释之误："朱枫《古金待问录》释'安阳'二字，朱氏又谓：'刀布凡有阳字者，悉属高阳氏之币。'据此实不然，但汉之安阳，《地理志》及《水经注》谓隶宋州，在春秋时属宋国，似不属齐，而面有'即墨'二字，是齐或别有安阳矣。况刀布太公一行之于周后，惟管仲相齐行之，宋为二王之后，不改其轨物，安得有此刀布乎？"⑦

综上可见，《山左金石志》依据金石文献对史志的讹误作了大量具体的校正，为后世的经史研究提供了更为准确的史实，使我们对整个历史有

---

①〔清〕阮元：《山左金石志》卷8《孔庙置百石卒史碑》，第483页。

②〔南宋〕赵明诚撰，金文明校证：《金石录校证》卷5《目录五》，广西师范大学出版社2005年，第85页。

③〔清〕阮元：《山左金石志》卷12《赠歙州刺史叶慧明碑》，第557页。

④〔清〕阮元：《山左金石志》卷24《灵岩寺国师法旨碑》，第151页。

⑤〔清〕阮元：《山左金石志》卷22《太白酒楼记》，第109页。

⑥〔清〕阮元：《山左金石志》卷6《汉鲑阳充印》，第448页。

⑦〔清〕阮元：《山左金石志》卷4《齐刀二十二品》第十八，第427页。

了较为全面、客观的认识。

第二节 《山左金石志》补史志之阙略

史实记载的阙略是一种客观存在的现象,因为任何史志也无法穷尽繁杂而多彩的历史画卷。金石文献是古代历史文献的丰富宝藏,多属原始资料,尤其对那些缺少史籍的时代弥足珍贵。所以,阮元等人极为重视利用金石文献资料增补史志阙略。

一、补年代之阙略

考论史事,辨明年代尤为重要,而史志对于一些史事年代时有阙载,造成后人认识不清。而金石文献中多有这方面的记载,《山左金石志》每及于此,多有补阙之文。

如宋人卢士宗,《宋史》有传,其先后任职审刑院详议、编敕删定官、天章阁侍讲、龙图阁直学士、天章阁侍制、青州知府与沂州知府,熙宁元年(1068)以礼部侍郎致仕。而对于卢士宗知青州府的具体时间,《宋史》缺乏记载,阮元正是凭据云门山摩崖题名得以增补:"一题'治平丙午四月念(廿)六日,东路安抚使知青州卢士宗、提点刑狱度支外郎蔡延庆、太常少卿直史馆田谅、通判职方郎中杨申同游',云云。……案《宋史》列传,卢士宗,字公彦,潍州昌乐人,举五经,历审刑院,授天章阁侍讲,进龙图学士,以论仁宗祔庙添展一室事,与礼官孙汴不合,出知青州。……丙午为英宗嗣位之三年,二公莅青,史皆不记年月,得此可补其阙。"①

又如元代中期著名的史学家、文学家张起岩,曾主持《宋史》、《辽史》、《金史》及国史的编修事务,仕宦生涯长达四十余年,历任地方与中央多个要职,如登州知事、集贤修撰、国子监丞、翰林学士承旨、御史中丞等。对于任职翰林学士承旨、御史中丞的年代,《元史》阙而未载,《山左金石志》据《淄川县重修庙学碑》加以增补:"按史称:张起岩仕顺帝朝,拜翰林学士承旨、知制诰兼修国史、知经筵事,俄拜御史中丞,修《辽》、《金》、《宋》三史,复命入翰林为承旨,充总裁官,而不详何年。以此碑证之,则初拜承旨等官

①〔清〕阮元:《山左金石志》卷16《云门山题名四种》,第659页。

是至正六年事,而其拜御史中丞是至正六年以后事也。"①

再如,《元史·地理一》记载了元代临朐县的废置沿革,至元三年并入益都县,至元十五年又复置临朐县,至于其复置的具体月日,《元史》不书。《山左金石志》据《临朐县复立县事碑》而断为"至元十五年六月初二",其跋云:"案《元史·地理志·益都路》,益都县倚郭,至元三年,并临淄、临朐二县入焉。十五年,割临淄、临朐复置县,而不详临朐县之复置月日,得此断碑乃知临朐复县事在至元十五年六月初二日也。"②阮元《山左金石志》考释之细,由此可见一斑。

二、补典章官制之阙略

中国古代的典章官制极其庞杂繁细,加之典册散亡与史籍记载的疏漏,造成许多制度、职官后世湮没不彰。阮元从金石文字中钩稽出很多关于典章官制的记载,对史志阙略加以增补。

(一) 补典章之阙略

如《山左金石志》依据金石文献增补史志对中国古代僧官制度记载的疏略。为了有效管理佛教事务,中国古代政府专门设置了一套僧官制度,此举始于北魏时期,此后各朝相沿不断,而代有变革。如唐代的僧官制度,初承隋制,后屡有改易,据《旧唐书·职官二》记载:唐代佛教管理的最高机构为祠部,设郎中一人,员外郎一人,主事二人,令史五人,书令史等其他官职若干人,"掌祠祀、享祭、天文、漏刻、国忌、庙讳、卜筮、医药、僧尼之事。……凡天下寺有定数,每寺立三纲,以行业高者充。……每寺上座一人,寺主一人,都维那一人"③。《驼山造像题字十五种》中有"沙门都"的称谓,但《旧唐书》并无此名,《山左金石志》据此补唐史之阙:"一题'像主乐安郡沙门都僧盖'二行,……'沙门都'当如元魏《释老志》'沙门统'之谓,唐史无文,可藉以补之。"④关于金代的僧官制度,《大金国志·浮图》记载:都城设有管理全国僧尼事务的最高僧官——国师,帅府设有僧录、僧正,列

---

①〔清〕阮元:《山左金石志》卷24《淄川县重修庙学碑》,第159页。

②〔清〕阮元:《山左金石志》卷21《临朐县复立县事碑》,第94页。

③〔后晋〕刘昫:《旧唐书》卷43《职官二》,中华书局1975年,第1831页。

④〔清〕阮元:《山左金石志》卷11《驼山造像题字十五种》,第550页。

郡设都纲,县设维那,以德高学博的僧人充任。① 然而,金代博州的建制并非一县,而《大明禅院钟识》却称"博州维那",《山左金石志》据此补《大金国志》记载之疏漏:"又称博州维那,《大金国志》:'浮图之教,在京师曰国师,帅府曰僧录、僧正,列郡曰都纲,县曰维那'。今博州亦称维那,志失载也。"②

又如,山左金石文献中有关元代教育与选举制度的记载,可增补《元史》之《百官志》、《选举志》记载的阙略。关于元代的学官设置,《元史·百官七》记载:诸路总管府设儒学教授一员、学正一员、学录一员,其散府、上中州亦设教授一员,下州设学正一员。③ 据《长芦儒学方炉》铭文记载:"元至元己卯孟冬,长芦儒学奉大都、河间等路都转运盐使司置监造,学工孔克中、姑苏领匠钟宗铸"。由此可知,长芦盐场也设有儒学。然而,关于盐场设置儒学之事,《元史》缺乏记载,《山左金石志》据此加以增补:"元制,设儒学官,诸路总管府设教授一员、学正一员、学录一员,其散府、上中州亦设教授一员,下州设学正一员,是县亦不置校官矣。今曰'长芦儒学',似是卤籍遵请置山长、学录之例,选商人子弟之秀者,补入为博士弟子员也。即此一铭,可补《元史》地里、百官、学校、盐法之所未备矣。"④元代实行民族歧视政策,在科举取士制度上也不例外,凡中选的举人和进士都分列二榜:蒙古、色目人一榜,称右榜;汉人、南人一榜,称左榜。《山左金石志》依据《锦州同知李之英墓志铭》中对左、右榜的有关记载,增补《元史·选举制》之阙略:"甲科为右榜,乙科为左榜,亦《选举志》所不详,是皆可以补史也。"⑤

(二)补官制之阙略

史志对中国古代官制记载的阙略,主要有两种情况:一是对某一职官记载的完全阙遗,二是虽有记载,但对其职掌记载有所疏略。对于这二种情况,《山左金石志》均依据金石文献予以增补。

印章在中国古代官制研究中价值极大,所记职官为史书不载者往往多

①〔宋〕宇文懋昭著,崔文印校证:《大金国志校证》卷36《浮图》,中华书局1986年,第517页。
②〔清〕阮元:《山左金石志》卷3《大明禅院钟识》,第422页。
③〔明〕宋濂:《元史》卷91《百官七》,中华书局1976年,第2316页。
④〔清〕阮元:《山左金石志》卷3《长芦儒学方炉》,第423~424页。
⑤〔清〕阮元:《山左金石志》卷24《锦州同知李之英墓志铭》,第153页。

有,故受到阮元的极大重视。如据《汉睢陵马丞印》补史志记载汉代县丞专知马政之阙略:"据此与(东)平陆马丞印①,知汉时县丞专知马政,可以补史之缺略矣。"②又据《唐金陵男典书丞印》补《唐书·百官志》记载之阙略:"《百官志》:宏文馆、秘书监俱有典书丞,而王府官有典签,无典书,又不详五等爵所属何官,得此可补《唐书》职官之所未备。"③

五代十国时期,由于战乱不止,政权更迭频繁,职官设置变化无常。当阮元敏锐地发现《陈渥书陀罗尼经幢》衔名中有称"牵拢军使"者为史志所不载时,颇感新异,究其原因,认为"当时国事繁促,职官多随事命名,非有定制"④。正因此故,造成史志对许多职官记载的阙漏,而金石文献中的相关记载,正可以予以增补。如《山左金石志》据《高里山总持经咒幢》中题衔"节度押衙前岱岳镇使、新充副镇权知镇李丰"与"武宁军同节度副使、前察固镇副兵马使、充岱岳镇都虞候王训",知后晋时镇之设官,遂补史志记载之阙漏:"案岱岳镇者,即今县治,本宋乾封县县城故址,创于开宝五年,后晋时犹为岱岳镇,其镇有正、副二使及都虞候等官,皆可补志乘之失。"⑤

金代作为女真族建立的一个政权,虽然崇尚文治,重视文化建设,但毕竟自身文化水平不高,加之连年战火破坏等原因,造成有金一代史志资料流传于后世者较少,致使许多职官不为后人所知。对此,阮元借助金石文献予以增补。如《山左金石志》依据《神农黄帝祠堂碑》补《金史·百官志》对"军学经谕"一职的漏载,其跋云:"前军学经谕朱昺撰文并书,文辞鄙陋,无可称述,惟系衔军学有经谕,未见《金史·百官志》,盖金立国初依宋制,地有军名,至后尽升为州,于是官亦裁易,而史文不备多矣。"⑥又据《彼岸院敕牒碑》补《大金国志》对"武功将军"记载之阙:"又有称武略将军、武功将军者,征诸史志,武阶从六品下曰武略将军,而不见有武功。及检《大金国志》,亦不载于是,又知此记足补金制所未备也。"⑦再如,据《福胜院敕

---

①此印之前是《汉东平陆马丞印》,此处漏了一"东"字。

②〔清〕阮元:《山左金石志》卷6《汉睢陵马丞印》,第444页。

③〔清〕阮元:《山左金石志》卷6《唐金陵男典书丞印》,第452页。

④〔清〕阮元:《山左金石志》卷14《陈渥书陀罗尼经幢》,第606页。

⑤〔清〕阮元:《山左金石志》卷14《高里山总持经咒幢》,第607页。

⑥〔清〕阮元:《山左金石志》卷19《神农黄帝祠堂碑》,第44页。

⑦〔清〕阮元:《山左金石志》卷19《彼岸院敕牒碑》,第47页。

牒碑》补《金史·兵志》对都统记载之阙："案都统之制,见于《兵志》者,收国元年及天辅五年并称司,天会元年始易称府。今此碑有都统府,又有都统所,当是府之次,而未收于《志》。"①还如,据《济阳县创建宣圣庙碑》补史志对主簿、丞尉并兼管勾常平仓记载之阙："又后题衔者四人,宣武将军、行县尉、骑都尉、金源县开国男、食邑三百户完颜丑奴,征事郎、行主簿兼管勾常平仓事苑汝霖,从事郎、守县丞兼管勾常平仓事杨浚,定远大将军、行县令□②管勾常平仓事、轻车都尉、广平郡开国伯、食邑七百户孛术鲁□。案常平仓,本以州府官及县官提举,此又主簿、丞尉并兼管勾矣,皆志文所失载。"③

金石文献对元代官制的增补,价值亦极大。以元代山东盐官设置为例,据《元史·百官一》记载:山东设置山东东路转运盐使司,设置运判一员,所属盐场一十九所,每场设司令一员,从七品;司丞一员,从八品;管勾一员,从八品。④《山左金石志》依据《西由场新建庙学碑》中"盐使司判官"、"同管勾"、"副管勾"等题衔,增补《元史·百官一》记载之阙略:"案《元史·百官志》,山东东路都转运盐使司辖运判止一员,盐场一十九所,每场设司令一员,司丞一员,管勾一员。……又碑与史异者,如运判止一员,而碑末列名称盐使司判官者三人,且加以胶、莱、莒、密之衔。如每场管勾止一员,而碑阴管勾之下有同管勾、副管勾,此皆官制随时增损,史家所未及备也。"⑤又如,元代在各地设置达鲁花赤一职,作为元政府在各地的最高监治长官,《山左金石志》据《武略将军总管达鲁花赤先茔神道碑》对《元史·百官志》所载达鲁花赤的官秩、官阶称谓予以增补:"达鲁花赤,秩正三品,其阶曰昭武大将军、昭勇大将军、昭毅大将军,今碑乃称武略将军,则是从五品阶矣,殆当时制有参差,《百官志》载之未备也。"⑥再如,据《重修岳庙神门碑》增补《元史·百官志》对莱芜铁冶提举司所辖各监记载之阙略:"阴内有宝成、通利、富国、昆吾、元固等监,皆莱芜铁冶提举所辖,而

---

① 〔清〕阮元:《山左金石志》卷19《福胜院敕牒碑》,第48页。
② 此阙字应为"兼"。
③ 〔清〕阮元:《山左金石志》卷20《济阳县创建宣圣庙碑》,第76~77页。
④ 〔明〕宋濂:《元史》卷85《百官一》,中华书局1976年,第2135页。
⑤ 〔清〕阮元:《山左金石志》卷22《西由场新建庙学碑》,第115页。
⑥ 〔清〕阮元:《山左金石志》卷23《武略将军总管达鲁花赤先茔神道碑》,第146页。

《百官志》不备,皆可据碑以资考证也。"①

三、补舆地之阙略

地方行政建制沿革,史志多有失载,可据金石文献的相关记载加以增补。如《山左金石志》依据《赠徐州都督房彦谦碑》,增补《宋书》与《元和郡县图志》对东冀州记载的阙略,其跋云:"文云:'彦谦七世祖谌,燕太尉掾,随慕容氏南度,寓于齐土。宋元嘉中,分齐郡之西部,置东冀州东清河郡绎幕县,仍为此郡县人。'案《宋书·州郡志》:文帝元嘉九年,分青州立历城,割土置郡县。《文帝本纪》:九年六月,分青州置冀州《元和郡县志》同此,皆不载东冀州。"②又如,据《旧唐书·地理二》记载:"武德四年,平窦建德,置博州,领聊城、武水、堂邑、荏平,仍置莘亭、灵泉、清平、博平、高唐凡九县。"③由此可知,唐代时,高唐设县,隶属博州。而《山左金石志》依据《唐高唐州陈公去思碑额》题额"高唐州",认为"高唐县属博州,高唐之有州名,疑为藩镇僭此土者妄易之,而史失载欤"④,从而增补《旧唐书》记载的阙失。再如,金灭宋后,为了便于对中原地区的统治,于天会八年(1130)扶植叛宋降金的济南知府刘豫建立"大齐"政权,年号"阜昌"。"伪齐"政权统治期间,地理建制多有变革,而史志亦多有漏载。如《山左金石志》依据《显武将军张琪墓表铭》中"阜昌八年七月中,差充河南府翼县巡检"的记载,对翼县作了考证:"案河南府,金时无翼县,殆是为齐权设,中罢,史不悉录与。"⑤从而增补史志对翼县记载之阙漏。

四、补人物记载之阙略

中国古代史志中虽然记载了大量的历史人物,但毕竟不能穷尽对所有人物的记载,仍有一些重要的历史人物被遗漏,正如阮元在《亚禄山宇文公碑》跋中对《北齐书》、《魏书》缺乏对宇文氏先世及其子孙族属任光州刺史者记载而发出"史传阙略甚多"⑥的感慨。再有,史志虽然为某个历史人物

---

①〔清〕阮元:《山左金石志》卷24《重修岳庙神门碑》,第156页。

②〔清〕阮元:《山左金石志》卷11《赠徐州都督房彦谦碑》,第537页。

③〔后晋〕刘昫:《旧唐书》卷39《地理二》,中华书局1975年,第1495页。

④〔清〕阮元:《山左金石志》卷13《高唐陈公去思碑额》,第600页。

⑤〔清〕阮元:《山左金石志》卷20《显武将军张琪墓表铭》,第72页。

⑥〔清〕阮元:《山左金石志》卷10《亚禄山宇文公碑》,第523页。

立传,但对其记载过于简略,于史事颇有漏脱。对于史志对人物记载的阙与略,阮元《山左金石志》充分挖掘金石文献中相关信息,均加以增补。

(一)补人物记载之阙

如据《公孙吕戈》铭文"卫公孙吕之造戈",从而增补《左传》对公孙吕记载之阙,其跋云:"按《左氏传》,卫公族以公孙为氏者五人,公孙弥牟、公孙免余、公孙无地、公孙臣、公孙丁,而无公孙吕,得此可补《左氏》之所未载。"①又如,据《鲁郡太守张猛龙碑》记载:北魏鲁郡太守张猛龙,任职曲阜期间,克循祖父之教,发展教育,修圣人之学,使讲习之音再闻于阙里。②然而,对于张猛龙这样一个大兴文教之人,《魏书》并未为其立传,《山左金石志》遂据此碑增补《魏书》之阙。再如,清人孔继汾所编《阙里文献考》记载了孔子世系、林庙祀典、三氏学堂、礼器乐章、孔氏著述、圣门弟子、从祀贤儒、子孙著闻者等众多内容,然而,其对孔氏子孙记载多有阙漏。阮元依据《阙里孔庙祭器碑》,对《阙里文献考》漏载孔子五十三世孙孔淑予以增补:"碑叙孔子五十三世孙孔淑,以江南行台照照磨,官微力薄,毅然去官,而涉苏杭,求助僚友为祖庙造祭器至千七百有三之数,往返四月,其勤敏有足嘉者。顾《阙里文献考》不列其名于《子孙著闻》之中,何其略耶。"③还如,据《尚书祝惟岳神道碑》补《宋史》对祝惟岳记载之阙:"志乘所载大略多本于碑……《宋史》不为惟岳立传,即《曹玮传》亦无一字及惟岳,得此可补其阙矣。"④据《兀林答公神道碑》补《金史》、《元史》对兀林答四世记载之阙:"兀林答四世皆不见于金、元史,亦不载查剌温火儿下邳州事,皆可补史之阙。"⑤诸如此类例子,不胜枚举。

(二)补人物记载之略

有些历史人物史志虽有记载,但过于简略,《山左金石志》亦凭据金石文献予以增补。

1.补名号记载之略

补人名之略。如唐人李栖筠,《新唐书》有传,《山左金石志》依据《黄

①〔清〕阮元:《山左金石志》卷2《公孙吕戈》,第411页。
②〔清〕阮元:《山左金石志》卷9《鲁郡太守张猛龙碑》,第505~507页。
③〔清〕阮元:《山左金石志》卷22《阙里孔庙祭器碑》,第110页。
④〔清〕阮元:《山左金石志》卷16《尚书祝惟岳神道碑》,第665页。
⑤〔清〕阮元:《山左金石志》卷22《兀林答公神道碑》,第119页。

石公祠记》中"赵郡李卓即今台长栖筠"一语,补《新唐书·李栖筠传》对其名"卓"之略:"《传》称李栖筠,代宗时拜为御史大夫,碑阴立于大历八年,故以台长目之,而栖筠前名卓,史失纪矣。"①

补字之略。如北魏光州刺史郑述祖,《魏书》未给其立传,仅在《郑羲传》中稍有提及。《山左金石志》依据《郑述祖重登云峰山石刻》中郑述祖自题"使持节都督光州诸军事、□□大将军仪同三司、光州刺史郑述祖,字恭文",从而增补《魏书》对其字记载的阙失:"述祖字恭文,《魏书》失载。"②

补自号之略。如金代著名书法家党怀英,工篆籀,其书迹遍山左,《山左金石志》据《党怀英书王荆公诗刻》所题"竹溪党怀英书",以补《中州集》与《金史·党怀英传》记载党怀英自号之阙略:"第一石首行之右,小八分书,题'竹溪党怀英书'六字,极清劲。竹溪当是承旨自号,《中州集》及《金史》本传皆不及之。"③

补尊号之略。如元文宗皇后弘吉剌·卜答失里,据《元史》记载,宁宗即位后,被尊为皇太后,后至元元年(1335)十二月,"奉玉册、玉宝,上太皇太后尊号曰'赞天开圣徽懿宣昭贞文慈佑储善衍庆福元太皇太后'"④。至于其尊为皇太后时所上尊号,《元史》阙而未书。《山左金石志》据《沂山代祀碑》补《元史》记载之阙:"案宁宗即位之初,尊文宗皇后为皇太后。顺帝至元元年八月,尊为太皇太后,十二月,奉册宝上尊号曰'赞天开圣徽懿宣昭贞文慈佑储善衍庆福元太皇太后',盖十八字尊号也。此碑云'赞天开圣仁寿徽懿宣昭',只十字,殆是初尊皇太后所上之尊号。皇太后册宝是至元元年二月所上,尊号十字史无明文,得此可以补阙。"⑤

补爵号之略。如北宋真宗朝大臣王旦、陈尧叟与王钦若,《宋史》有传,然而对于他们的封爵,《宋史》均缺乏记载。不过,在他们各自所撰的《封祀坛颂碑》、《封禅朝觐坛颂碑》与《禅社首坛颂碑》题衔中,记有其爵号,《山左金石志》据此增补《宋史》之阙略。《封祀坛颂碑》跋云:"右碑文及标题、年月凡四十四行,径七分,所纪礼节始末,多与《宋史·礼志》合,

①〔清〕阮元:《山左金石志》卷13《黄石公祠记》,第580页。
②〔清〕阮元:《山左金石志》卷10《郑述祖重登云峰山石刻》,第514与515页。
③〔清〕阮元:《山左金石志》卷20《党怀英书王荆公诗刻》,第71页。
④〔明〕宋濂:《元史》卷38《顺帝本纪一》,中华书局1976年,第830页。
⑤〔清〕阮元:《山左金石志》卷24《沂山代祀碑》,第150页。

惟《王旦传》不载太原郡开国公。"①《封禅朝觐坛颂碑》跋云："尧叟官阶与《宋史》本传同,独未载封颍川郡开国公。"②《禅社首坛颂碑》跋云："右碑文及题衔凡五十一行,字径五分,王钦若撰文,系衔皆与《宋史》本传合,惟封太原郡开国公,传未载也。"③

补谥号之略。如《山左金石志》据《济南郡公张宓神道碑》补《元史》记载张荣、张邦宪及张宓谥号之阙:"《元史·张荣传》'荣字世辉,历城人',历官与此碑同,而不载追封济南王,谥忠襄。子七人,第七子邦宪,但言官淮安路总管,而不载追封济南郡公,谥甫毅。孙四十人,但称宏袭邦杰爵,改真定路总管,而不载宓官谥,则据此碑以补史阙者正多也。"④

2. 补任职记载之略

一人一生中往往历任多个官职,而史志漏载现象时有发生,或对其任职只字未记,或对其某些任职有所阙遗。金石文献多记有某人一生的为官行迹,如印章中的官职爵号,碑刻中所署撰文、书丹、篆额者的官衔爵位以及对某人一生为官行迹的记载,较史书更为丰富、准确。对此,阮元《山左金石志》充分发挥金石碑刻的补阙价值,从金石文字中钩稽出不少被史志漏载的官职、爵位。此类补阙在《山左金石志》中当属最多,举不胜举。

史志对某人任职只字未记者,如据《宋史·外国三》记载:元丰六年(1083),高丽国王徽去世后,北宋政府派遣杨景略、王舜封等人赴高丽祭奠。⑤ 然而,对于杨景略与王舜封的官职,《宋史》只字未提。不过,二人赴高丽途中曾拜谒孝堂山,留有题记,其中就记载了此二人的官职,正可补《宋史》之阙略:"一题'左谏议大夫河南杨景略康功,礼宾使太原□舜封长民,奉使高丽,恭谒祠下,元丰六年',三行,字径二寸。案《宋史》,高丽国王徽嗣立,是为文王,元丰六年卒,闻讣,诏遣杨景略、王舜封祭奠,钱勰、宋球吊慰,云云。据此'舜封'上所阙,乃'王'字也。史不书二人官阀,藉此详之。"⑥由此可知,杨景略的官职是左谏议大夫,王舜封的官职是礼宾使。

---

① 〔清〕阮元:《山左金石志》卷15《封祀坛颂碑》,第638页。
② 〔清〕阮元:《山左金石志》卷15《封禅朝觐坛颂碑》,第642页。
③ 〔清〕阮元:《山左金石志》卷15《禅社首坛颂碑》,第646页。
④ 〔清〕阮元:《山左金石志》卷24《济南郡公张宓神道碑》,第167页。
⑤ 〔元〕脱脱:《宋史》卷487《外国三·高丽》,中华书局1977年,第14047页。
⑥ 〔清〕阮元:《山左金石志》卷13《孝堂山石柱题字五种》,第588页。

　　史志漏载某人的某些任职,此类例子很多。如《龙兴寺铜钟》铭刻了唐代樊泽、崔器等众多人名及其职衔,《山左金石志》据此铭辞补《旧唐书》、《新唐书》遗漏樊泽、崔器二人担任北海参军的记载。其跋云:"钟上所刻姓名,惟樊泽、崔器新、旧《唐书》俱有传,略云:泽字安时,河中人,为尧山令,举贤良方正,擢左补阙,仕至仆射,赠司空,谥曰成。为参军于北海,应在举贤良方正之际,故衔内称'前县令'也。器在《酷吏传》,略曰:器,深州安平人,有吏干,然性阴刻乐祸。天宝中举明经,为万年尉,逾月,擢御史中丞。宋浑为东圻采访使,引为判官,寻罢,为奉先令。二京平,为三司使,终于吏部侍郎、御史大夫。然则彼参军于北海,应在罢判官之后,故曰'前殿中侍御史'也。史俱不言其为北海参军者,殆略之也。"①又如,《山左金石志》依据《陈叔毅修夫子庙碑》,增补《阙里文献考》记载孔子第三十二代孙孔嗣悊任职"吴郡主簿"之阙略:"碑云:'孔子三十二世孙前太子舍人吴郡主薄嗣悊,封绍圣侯。'案《阙里文献考·世系表》载:嗣悊,隋文帝时应制登科,授泾州司兵参军,迁太子通事舍人,炀帝大业四年十月,诏封绍圣侯,不言曾为'吴郡主簿',可据此以补其阙也。"②再如,阮元结合《旧唐书·文苑传》与《修阙里孔子庙碑》对唐代书法家李邕的任职进行考证,发现《旧唐书》漏载其任"渝州刺史"一职。其跋云:"案《旧唐书》邕本传云:开元三年,擢为户部郎中,左迁括州司马,后征为陈州刺史。十三年,元(玄)宗车驾东封回,云云。据碑立于开元七年,邕署衔为渝州刺史,当由左迁括州司马时,已转渝州,而史失书也。"③还如,《山左金石志》据《徐世隆诗刻》补《元史》漏载徐世隆任"知制诰同修国史"一职:"徐世隆,《元史》有传,至元十四年官至山东提刑按察使,十五年移淮东,十七年召为翰林学士,又召为集贤学士,皆以疾辞,年八十卒。此刻结衔云'翰林集贤学士、知制诰同修国史',传未载制诰国史之职。"④类似例子还有很多,此不再赘述。

　　3.补事迹记载之略

　　一人一生中行事无数,史志或有漏载在所难免,鉴于此,《山左金石

<hr>

①〔清〕阮元:《山左金石志》卷3《龙兴寺铜钟》,第420页。
②〔清〕阮元:《山左金石志》卷10《陈叔毅修夫子庙碑》,第530页。
③〔清〕阮元:《山左金石志》卷12《修阙里孔子庙碑》,第560页。
④〔清〕阮元:《山左金石志》卷21《徐世隆诗刻》,第95页。

志》依据金石文献予以增补。如北魏永平四年(511),光州刺史郑道昭为了纪念父亲郑羲,先于平度天柱山立《中书令郑羲碑》,后发现掖县云峰山石质较佳,又再重刻,二者内容、书风大致相同,为区别二碑,称天柱山之碑为"上碑",云峰山为"下碑"。阮元依据此碑以增补《魏书·郑羲传》记载郑羲事迹之阙略:"案《魏书·郑羲传》'父晔不仕',《碑》云'拜建威将军、汝阴太守',又云'羲奉使宋国,与孔道均论乐',《传》俱不载,可据此以补其阙也。"①又如,《山左金石志》依据《李仲琁修孔子庙碑》,增补《魏书·李仲璇传》漏载李仲琁修建孔庙及塑立陪祀十哲之事,其跋云:"《传》但言仲琁修改孔庙墙宇,不言庙庭配食弟子,据《碑》知孔庙之升祔十哲及十哲之有素像,皆自仲琁始。"②再如,据《保义校尉房公墓铭》"进士阙里子乙瑭"的篆额,增补《阙里文献考》对孔瑭进士出身一事的漏载:"末题'进士阙里子乙瑭篆额',子乙瑭即孔瑭,以'孔'字析为二也。《阙里文献考》云:至圣四十九代孙瑭,字德纯,将仕郎,莱州招远主簿,而不详其进士出身,可据此碑以补之。"③还如宋人王临,其生平事迹见载于《宋史·王广渊传》,然而并未言及其善书之事,《山左金石志》据王临所书《灵岩道境石刻》补《宋史》记王临能书之阙漏:"左题'元丰庚申,尚书兵部郎中、直昭文馆、知军州事、上柱国王临,毡笔正书'……《宋史》列传:王广渊,字才叔,大名成安人。弟临,字大观,起进士,元丰初自皇城使擢为兵部郎中、直昭文馆,后尝知齐州,而无一语及其能书,亦史文之略也。"④

五、补史事记载之阙略

在中国古代历史上,因史家疏忽与无知,甚或史家的"阙漏之笔"故意所为,致使某些事实漏载未书,对于这些阙失,金石文献中却有着很多有价值的记载,阮元《山左金石志》据此予以增补。

如《山左金石志》收录了很多佛教碑刻,记载了诸多佛教史事,有裨于增补史志记载之阙略。唐代后期,由于寺院经济过分扩张,影响了唐政府国库的收入,崇信道教的唐武宗遂于会昌五年(845)下令拆毁寺院,

①〔清〕阮元:《山左金石志》卷9《中书令郑羲碑》,第499~500页。
②〔清〕阮元:《山左金石志》卷9《李仲琁修孔子庙碑》,第511页。
③〔清〕阮元:《山左金石志》卷20《保义校尉房公墓铭》,第64页。
④〔清〕阮元:《山左金石志》卷17《王临书灵岩道境石刻》,第2页。

销毁佛像,还俗僧尼,此即唐武宗灭佛事件。《新唐书·武宗本纪》记载此事云:"八月壬午,大毁佛寺,复僧尼为民。"①对于所毁寺院与还俗僧尼的数目及以后寺院的重建问题,却只字未提。而唐宣宗大中八年(854)所立《牟珝证明功德记》对此有所记载:"会昌五年,毁去佛□,天下大同,凡有额寺五千余所,兰若三万余所,丽名僧尼廿六万七百余人。……大中五年,奉旨许于旧踪,再启精舍。"②《山左金石志》遂据此碑补《新唐书》记载之阙略:"案《新唐书·武宗本纪》'会昌五年八月壬午,大毁佛寺,复僧尼为民',不言毁有额寺至五千余所、兰若至三万余所、复僧尼至廿六万七百余人,皆史略也。大中五年,奉旨许于旧踪,再启精舍,亦史所未及。"③金世宗在位期间,对佛教亦实行抑制政策,原因与唐武宗相似,都有节约财用、发展经济之意。在金世宗看来,"闻愚民祈福,多建佛寺,虽已条禁,尚多犯者,宜申约束,无令徒费财用"④。立于大定二十年(1180)的《存留寺碑》,记载了金世宗《圣旨令》除毁佛寺但有所存留之事,从而补《金史》之阙略:"碑载大定二十年《圣旨令》:'寺观无名额及无神佛像者,悉令除去,听易与俗人居住;其有神佛像者,不忍并毁,特许存留。此华严堂因有泗州大圣及十六罗汉像,准与存留,给据收执。'额所谓'敕赐存留'者,以此世宗毁寺观,史无明文,惟《本纪》载:大定十九年三月,上谓宰臣曰'人多奉释老,意欲缴福,朕夙(早)年亦颇惑之,旋悟其非',云云。想嗣是即命刑部行下州县点检,分别去留,而史不载也。"⑤

宋元时期,由于印刷技术的进步,寺院刻印佛经日益繁盛,碑刻对于此类史事也有记载。如《灵岩寺广公提点寿碑》记载了普宁寺印经之事,《棣州三学资福寺藏经碑》记载了白云宗印经所之事,可资增补史志记载之阙漏。《灵岩寺广公提点寿碑》跋云:"案碑云'广公前往杭州南山普宁寺印经一大藏'。考杭州《西湖志》载'普宁寺,在雷峰塔下'。《武林旧事》云'又名白莲寺'。咸淳《临安志》云'周广顺元年建,宋大中祥符初改今额,

①〔北宋〕欧阳修:《新唐书》卷8《武宗本纪》,中华书局1975年,第245页。
②〔清〕阮元:《山左金石志》卷13《牟珝证明功德记》,第587页。
③〔清〕阮元:《山左金石志》卷13《牟珝证明功德记》,第587页。
④〔元〕脱脱:《金史》卷7《世宗本纪中》,中华书局1975年,第161页。
⑤〔清〕阮元:《山左金石志》卷19《存留寺碑》,第53页。

有铁塔一,石塔二'。秦少游《龙井题名》云:航湖至普宁,遇道人参寥,策杖并湖而行,出雷峰,度南屏,得支径,上风篁岭,正其处也。今湖堤遗墟尚存,止见石塔院宇尽毁,云云,而总不详元代之兴废。以此碑证之,则至元末年尚有藏经板可印,其寺之盛可知,然普宁印经事,仅见于此,可为武林梵刹增一掌故也。"①《棣州三学资福寺藏经碑》跋云:"文中载杭省有白云宗印经所,今杭省惟西湖玛瑙寺及昭庆寺为印经之所,询以白云宗,无一人知者,是可补武林梵刹之轶事也。"②

碑刻对于祀典史事的增补,亦有着极大的价值。东镇沂山,作为"四镇"之一,西汉太初三年(前102),汉武帝亲临其下,祭祀沂山之神,并创修祠庙。此后,历代统治者俱加以封祀。据《沂山神祐宫碑》记载,元大德二年(1298),元成宗加封沂山神为"元德东安王",始与岳渎并祀。然而,《元史》对此不载,据此碑可补《元史》之阙略。其跋云:"案四镇加封事,在大德二年二月,自是岁时,与岳渎并祀,盖以前祀典之所不及也。加封沂山‘元德东安王',遣官祀奠,《本纪》不载,此碑详焉,可补史之未备。"③元仁宗延祐六年(1319),派遣魏必复、必阇赤伯帖木儿祭祀沂山等岳镇海渎,对于此事,《元史》不书,据《魏必复等致祭东镇庙碑》补此阙漏:"文称‘皇元延祐己未,皇帝特遣承乏集贤臣魏必复、必阇赤伯帖木儿,致祭遍于东岳、东海、东镇,季春二十八日癸未,赍擎御香、织金旛二、白金香盒一、中统钞五锭,俾供岁时香火之费',云云。后书‘魏必复拜手记'。案延祐六年三月,遣使祭告岳镇海渎,《元史·仁宗本纪》不书,乃史家漏略也。"④山东境内的另一名山——驼山,亦为元代统治者祭祀,同样《元史》漏而不书,《山左金石志》据《驼山降御香记》加以增补:"碑云‘大德二年岁戊戌,天使苟宗礼祗奉德音,分降御香于此'。案《元史·祭祀志》与《成宗本纪》俱不载驼山分降御香事,但言大德二年加封五岳四镇爵号及山东等处蝗旱,岂缘此而有事于兹山欤?"⑤

元代建立后,沿袭前代崇儒尊孔做法,加封孔子为"大成至圣文宣

---

① 〔清〕阮元:《山左金石志》卷22《灵岩寺广公提点寿碑》,第110页。
② 〔清〕阮元:《山左金石志》卷22《棣州三学资福寺藏经碑》,第121~122页。
③ 〔清〕阮元:《山左金石志》卷23《沂山神祐宫碑》,第138页。
④ 〔清〕阮元:《山左金石志》卷23《魏必复等致祭东镇庙碑》,第136页。
⑤ 〔清〕阮元:《山左金石志》卷22《驼山降御香记》,第119页。

王"，并对其不遗余力地进行祭祀。《元史·武宗本纪》对加封孔子之事有所记载，但未详"大成至圣文宣王"为何人预议、草制。《山左金石志》据《德平县学加封孔子制诏碑》记载而断定是阎复所为，可补《元史》之阙略："案《元史·武宗本纪》，大德十一年七月辛巳，封至圣文宣王为大成至圣文宣王，不详预议者何人，草制者又何人。今案此碑，乃知皆阎复为之。"①孔庙众多碑刻记载了元代统治者的祭孔史事，《山左金石志》据此增补《元史》记载之阙略。如《延祐庚申祭孔庙碑》跋云："案仁宗延祐七年正月崩，三月英宗即位，乃遣说书王存义诣鲁，以太牢祠孔子，手香加额以授之，五月丁亥成礼，七月立碑。稽之《元史·英宗本纪》，不书其事，史之略也。"②《曲阜县孔庙御赐尚醞释奠碑》跋云："案碑云：后己卯正月，皇帝田于柳林，以上丁在迩出，上尊酒释奠于阙里，遣御史从事臣高元肃驿致之。稽之《元史》本纪，二事皆不书。"③

还如，据《徽宗赐辟雍诏书碑》④补《宋史》记载宋徽宗赐辟雍诏书之阙，据《济阳县学田记》⑤补《元史·成宗本纪》记载元成宗诏书十四事之阙，等等，此不再赘述。

六、补他书载录金石文献之阙

在金石文献的搜集与编录过程中，或由于编者耳目未能及，或因疏忽，或因金石碑刻当时并未出土等众多原因，致使一些金石文献未被编录，在这方面，《山左金石志》亦可补他书载录之阙。如铸造于金章宗承安二年（1197）的大明禅院钟，存于东昌府治，然而，《东昌府志·金石》并未将此钟识编录进去。武亿主讲启文书院时，拓录其文，为阮元收于《山左金石志》卷3中。对此，阮氏感叹云："《东昌府志》列《金石》一门，此反佚不备载，益叹采访之疏，在耳目所及尚有未备，况其僻弃于远者与？"⑥又如《豫州从事孔褒碑》，雍正二年（1724）始出土于曲阜周公庙旁，故此前的金石志书没有载录，而阮元将之编入《山左金石志》卷8中。其跋云："雍正二

①〔清〕阮元：《山左金石志》卷22《德平县学加封孔子制诏碑》，第124页。
②〔清〕阮元：《山左金石志》卷23《延祐庚申祭孔庙碑》，第136页。
③〔清〕阮元：《山左金石志》卷24《曲阜县孔庙御赐尚醞释奠碑》，第153页。
④〔清〕阮元：《山左金石志》卷17《徽宗赐辟雍诏书碑》，第15~16页。
⑤〔清〕阮元：《山左金石志》卷22《济阳县学田记》，第120页。
⑥〔清〕阮元：《山左金石志》卷3《大明禅院钟识》，第422页。

年始出土,故欧、赵、洪及近时亭林、竹垞皆未著录。"①此外,还如《孔子见老子画象》,"洪氏《隶续》失载"②;《鲁王墓二石人题字》,"牛空山《金石图》未备者"③;《千佛山造象题字四种》,"乾隆乙卯九月,元将赴浙江,始搜得之,《县志》皆未著录"④;《莲花洞造象题字三十种》,"此亦段赤亭亲至五峰搜得之,皆向未著录者"⑤;《淄川县学讲堂诗刻》,"此诗为有元初兴学校时所作,而府县志乘皆略焉不书,为可慨也"⑥,等等,这些金石碑刻均被阮元收录在《山左金石志》中,可补他书载录金石之阙。

综上可见,《山左金石志》在校补史志记载之讹误与阙略方面发挥了极大价值,很多被史籍误载、漏载的史实由此得以辨明与增补,从而为读者展现出了一幅更加清晰、完整的历史画卷。

本章小结

本章主要对《山左金石志》的学术价值做了简要论述,由于该书丰富的金石资料内容,再加上阮元等人的精审考证,使其具有辨误、补遗、存史之功能,对于中国古代的典章经制、人物事迹、山川地理、州郡沿革、文字音韵等研究,都是不可或缺的重要资料,可以补正史籍文献所记年代、典章官制、舆地、人物、史事等阙略与讹误。笔者在文中所举实例仅是从书中筛选出来的一小部分,不可能包罗殆尽,不过我们仍可从中窥见其学术价值之一斑。

①〔清〕阮元:《山左金石志》卷8《豫州从事孔褒碑》,第486页。
②〔清〕阮元:《山左金石志》卷7《孔子见老子画象》,第470页。
③〔清〕阮元:《山左金石志》卷8《鲁王墓二石人题字》,第489页。
④〔清〕阮元:《山左金石志》卷10《千佛山造象题字四种》,第527页。
⑤〔清〕阮元:《山左金石志》卷10《莲花洞造象题字三十种》,第532页。
⑥〔清〕阮元:《山左金石志》卷21《淄川县学讲堂诗刻》,第91页。

第五章　从《山左金石志》看阮元的金石考据及金石学思想

金石考据作为史学研究所采用的一种重要方法,是指依据金石文献资料对史志典籍或历史问题进行考核、证实与说明。北宋欧阳修《集古录》是第一部金石考据专著,此书在订正史志讹误、补充史传阙略、考索典制渊源、品评人物史事等方面贡献突出,它的问世,将摩挲玩赏古玩引向考据史事,金石考据由此产生。南宋赵明诚沿袭欧阳氏治学之传统,也多着意于考证,他说:"余自少小喜从当世学士大夫访问前代金石刻词,以广异闻。后得欧阳文忠公《集古录》,读而贤之,以为是正讹谬,有功于后学甚大。"①欧、赵等人开创的金石之学是作为历史研究的一门辅助学科而出现的,其主要作用和中心内容就是考证史实,以正史传之谬阙,考经籍之得失。阮元继承了欧阳修、赵明诚等宋代学者开启的"可与史传正其阙谬"②的学术传统,将金石考据与经史研究紧密结合,使金石考据成为其治学的重要手段之一。本着这种认识,阮元在具体的治学实践中,一贯注重金石文献与传世文献的互证互释,一方面借助金石文献对真伪难辨、疑信参半的传世文献进行考实或证伪;另一方面则利用传世文献对金石文献进行考释说明,从而大大提高了金石文献的学术效用。阮元在《山左金石志》中运用金石考据的方法取得了很大的成绩,为其史学研究开拓了新领域。下面,对阮氏的金石考据与金石学思想进行探讨。需要说明的是,在对阮元金石考据及金石学思想进行考述时,严格区分阮元与参编者所撰按跋,避免将一切考论成果都归于阮氏名下,从而得出更为客观、可靠的结论。

---

① 〔北宋〕赵明诚撰,金文明校证:《金石录校证·金石录序》,广西师范大学出版社 2005 年,第 1 页。
② 〔北宋〕欧阳修:《欧阳文忠公集·居士集》卷 41《集古录目序》,《中华再造善本·唐宋编》第 344 册,北京图书馆出版社 2005 年,第 10 页。

第一节　阮元金石考据的内容

阮元的金石考据主要包括两方面内容:其一,对金石本身的考证;其二,对金石文字等相关问题的解读与考释。下面,加以论析。

一、对金石本身的考证

阮元研治金石之学,首先便是对金石本身做一些基本的考证工作,如金石的真伪、造刻年代、撰文者、书丹者、形制、发现与流迁、拓本以及金属器物的功用等。

(一)对金石真伪的考辨

金石考据所依据的钟鼎碑铭资料,无论是实物,还是拓片,其内容的可靠性对于考证工作至关重要。因为历史上不乏存有为某种目的而伪造金石碑版的现象,对于此类伪造金石之文,即便花费再大力气进行考释,也毫无意义。所以,在对金石文字内容考释之前,需要先对金石碑版的真伪进行考辨。对此,清代学者陆增祥专门撰有《金石祛伪》一书,对碑版赝品进行考证辨别。对金石碑版的真伪做出准确判断,需要有扎实的学术功底及丰富的碑版鉴定经验,而阮元作为一位学术造诣深厚的金石学家,正具备这些条件,故其在这一方面的有关论述大都精当难驳。如《陈德残碑》,一般被认定为褚峻(字千峰)伪造,而阮元凭借多年研治金石的经验,又从常理进行推断,认为:"近人以此为千峰伪造,并云褚尝亲说其伪造之事,无论字之古质,非千峰所能作,且使假托汉碑,旋即自吐,亦何所乐而为此乎?揆之于理,必无其事,故为辨之,以谂好古者。"①从而认定《陈德残碑》不可能由褚峻伪造。

(二)对金石造刻年代的考证

对金石造刻年代的考证,是阮元金石考据的一项重要内容,金石刻辞中存有年代的自不用说,对于那些本身不记有年代的,他力求考证出其刻立年代。如《隋青州默曹残碑》未载刻立年代,阮元对其进行考证,认定为隋代碑刻,提出四点理由:"隋承十六国之后,人名多沿其陋,内孙清丑、王

---

① 〔清〕阮元:《山左金石志》卷8《陈德残碑》,第486页。

莫遮、李黑鼠、韩解脱、郑须陀、孙婆罗等类,一也;《齐乘》谓:隋开皇元年,改南阳寺曰长乐,又曰道藏,碑云'作经藏一所',二也;《广福寺隋开皇造象题名》有李荒女,此有李荒,三也;钱辛楣少詹跋《敬使君碑阴》云:题名有功曹、士曹、铠曹、集曹、默曹,皆府属官,而《隋书·百官志》有墨曹,无默曹,是当时借'默'为'墨',四也。"①阮氏理由充分,说理透彻,令人信服。又如,对汶阳铁钟铸造年代进行考证,根据钟上所刻"泰和"二字,从"汶上"、"汶阳"之名沿革变迁着眼,认定为金代泰和年间所铸。他说:"按'泰和'必金之泰和,何以知之?汶上县在唐名中都,宋因之,金初改为汶阳,泰和八年又改为汶上,故此钟定为金泰和也。"②再如,对《灵岩寺敕牒碑》刻立年代的考证。碑文中的刻立年代已经磨泐,仅有"熙"字,阮元抓住这一关键信息,又结合该碑中王安石、韩绛二人的题衔与《宋史》对王、韩二人历官的记载,从而将此碑的刻立时间定为熙宁三年四月至十二月间。他说:"牒文下半残阙,后有'熙'字,当是熙宁年号。又有王、韩二参政列衔,以《宋史·宰辅表》考之,熙宁二年二月庚子,王安石自翰林学士、工部侍郎兼侍讲除右谏议大夫、参知政事,三年四月己卯,韩绛自枢密副使除兼参知政事,是年十二月,两公皆同平章事,则此碑当立于四月以后、十二月以前也。"③还如,对汉日有憙镜制造年代的考证:"定以为汉镜,何以明之?古'喜'字亦作'憙',《说文》:'憙,说也。'《史记·周本纪》:'无不欣憙。'《汉书·郊祀志》'天子心独憙',颜师古读'憙'为'喜'。《刘宽碑阴》:'河东郡闻憙。'班氏《地理志》、司马氏《郡国志》并作'闻喜'。此铭明作'憙'字,故定为汉。"④

　　此外,阮元还根据金石实物的色泽、文字的笔意与图案的仪状来判断其造刻年代。如《距末》跋云:"此器翁覃溪阁学方纲据'商国'二字以为商器,元谓此字不类商铭,且色泽亦不肖商之古,此盖周器,宋人物也。"⑤又如《曲阜佛象石幢》跋云:"右佛幢六面,内一面边有花阑,中界三段,各镌佛像一躯,余五面中有十字界线五段,每段镌佛象二躯。虽无时代可考,观

---

①〔清〕阮元:《山左金石志》卷10《隋青州默曹残碑》,第531页。
②〔清〕阮元:《山左金石志》卷3《汶阳铁钟》,第422页。
③〔清〕阮元:《山左金石志》卷16《灵岩寺敕牒碑》,第662页。
④〔清〕阮元:《山左金石志》卷5《汉日有憙镜》,第435~436页。
⑤〔清〕阮元:《山左金石志》卷2《距末》,第408页。

其仪状,似亦六朝人所为。"①阮元若非有如此丰富的史学知识与敏锐的眼光,是不可能做到这一点的。

(三)对碑刻撰文者、书丹者、篆额者及撰文时间的考释

阮元十分重视对碑刻撰文者、书丹者与篆额者及撰文时间的考释,在《山左金石志》中,若非字迹磨损难辨,对其必予以考释。如《重修东岳庙碑》为杨伯仁撰文、黄久约书丹、党怀英篆额,可谓金代著名的"三绝碑"之一。阮氏对此三人予以考证说明,其跋云:

> 杨伯仁奉敕撰文,黄久约书,党怀英篆额。案《金史》列传,杨伯仁字安道,藁城人,仕世宗朝,由滨州刺史入为左谏议大夫,迁侍讲兼礼部侍郎。久在翰林,文词典丽,世宗尝称赏之。黄久约字弥大,东平须城人,擢进士第,历官至礼部员外郎兼翰林修撰,升待制。党怀英字世杰,冯翊人,由汝阴县尹除国史院编修官、应奉翰林文字,工篆籀,当时称为第一。史于久约之善书独阙而不书,观此碑结体展拓,笔格秀整,真不愧为大手笔。三人之能萃于一碑,当与《博州庙学记》并论也。②

对碑刻撰文时间的考释,如《张齐贤等祀文宣王庙题名碑》跋云:"真宗以大中祥符元年十月封禅泰山,十一月初一日戊午幸曲阜,谒文宣王庙,特以太牢致祭,则张齐贤奉命行礼即在真宗谒庙之日,越四日辛酉,孔勖乃作此记也。"③

(四)对金石形制的揭示

对于每一件金石碑刻,阮元都对其形制予以说明。如介绍纪侯钟的形制:"钟高五寸,围一尺一寸,顶有一柄,长五寸,柄端一环,径一寸二分,腹有三十六乳,质厚五分。"④又如,对《王双虎等造像记》形制的说明:"高二尺五寸,广一尺七寸,厚约三寸,上锐下平。"⑤另外,阮氏还对金石形制的某些时代特征加以揭示。如《泰山都尉孔宙碑》跋论汉碑形制云:"元又案汉碑多有穿晕者,此沿周制也。……其晕左垂者,右碑也;右垂者,左碑也。"⑥这些

①〔清〕阮元:《山左金石志》卷10《曲阜佛象石幢》,第533页。
②〔清〕阮元:《山左金石志》卷19《重修东岳庙碑》,第57页。
③〔清〕阮元:《山左金石志》卷15《张齐贤等祀文宣王庙题名碑》,第633页。
④〔清〕阮元:《山左金石志》卷2《纪侯钟》,第409页。
⑤〔清〕阮元:《山左金石志》卷9《王双虎等造像记》,第511页。
⑥〔清〕阮元:《山左金石志》卷8《泰山都尉孔宙碑》,第485页。

内容虽说与金石文献内容没有直接关系,但是对后世学者辨别碑版时代以及真伪颇有裨益。正是凭借着对这方面知识的掌握,阮元将《孙村造象残碑》断为唐碑,其跋云:"右碑文全泐,额间镌佛象,两旁题'上为皇帝供养,上为皇后供养'等字,惟唐刻有之,因附于末。"①

(五)对金石实物发现、流迁的介绍及对拓本的考辨

对金石发现、流迁的介绍,如《庐江太守范式碑》跋介绍该碑发现始末:"乾隆丙申岁,胶州人崔儒视初得是碑篆额于济宁龙门坊水口,遍求碑身未得。越五年,黄司马易得泰安赵相国家藏宋拓本,双钩付梓。又六年,州人李铁桥竟获原碑残石于学宫,虽存字不及宋拓本之半,而碑阴四列,即洪氏所误载之《鲁峻》断碑阴也。数百年沉薶之迹一旦复出于世,实为快事。"②对拓本的考辨,如《重摹峄山碑》跋云:"案宋欧阳修云:今俗传《峄山碑》,《史记》不载,其字迹大不类秦,盖峄山本无此篆,存者皆出后人传刻。今陕西有淳化四年郑文宝所刻徐铉写本,结体分行,实非秦旧。此碑似又从陕本重摹,更不足取,以琅邪、泰山二刻校之,真赝可立辨也。"③

(六)对金属器物功用的考证

对于金属器物的功用,阮元亦予以考证。如对长宜子孙钩的考证:"乃革带钩也。……《晋语》:'乾时之役,申孙之矢集于桓钩。'《左氏传》:'管仲射桓公,中带钩。'古人为之以铜,著于胸腹之间,非徒以为饰,且以捍矢。"④可见,此钩即带钩,是用来戴于腰间以防弓矢的。又如对铜铃用途的考证:"按古人器物多用铃铎,《左氏传》曰:'锡鸾和铃,昭其声也。'故古人重之,而后世遂以为装饰之具。王勃《乾元殿颂》'雷渚翔英,扰龙铃于高席',又似可施于帷帐。今观其铭,一曰'宜子孙',一曰'宜子大吉',为撒帐之用事或有之。"⑤如此看来,该铜铃作为撒帐之器。再如,对宜子孙铎用途的考证:

> 按古人以木铎振文教,以金铎奋武卫。《礼记》"夹振"之注谓:"夹舞者,振铎以为节。"《南史·齐郁林王传》:"入阁奏胡伎,鞞铎之

---

①〔清〕阮元:《山左金石志》卷13《孙村造象残碑》,第601页。

②〔清〕阮元:《山左金石志》卷8《庐江太守范式碑》,第496页。

③〔清〕阮元:《山左金石志》卷21《重摹峄山碑》,第104页。

④〔清〕阮元:《山左金石志》卷2《长宜子孙钩》,第413页。

⑤〔清〕阮元:《山左金石志》卷2《铃二口》,第413页。

声,响振内外。"是铎又为雅部、夷部通用之乐器。《周书》:长孙绍远命太常造乐器,惟黄钟不调,因退朝,经韩使君佛寺,浮图三层之上有鸣铎焉,雅合宫调,是铎又为佛寺之饰。而此铎铭曰"宜子孙大吉利",似非发号令饬军旅、饰佛寺所宜言,而其器不过三寸,又何足振之以为节,且响彻于内外乎? 盖古人殿阁往往设铃,如梁简文帝诗"垂铃鸣书轩",韩昌黎诗"趨跄阁前铃",愚以为此特殿阁所饰之铃耳。[1]

二、对金石文字及音韵的考释

金石文字在小学研究中发挥着极大的学术价值,其文字异同、古字借用,古俗字简化等,皆为文字、音韵研究提供了宝贵资料,可补《说文解字》、《广雅》等所未及者。阮元素精于文字、音韵之学,注重将金石碑刻与文字、音韵研究相结合,以达到真解、精解与通经致用的目的。虽并无皇皇巨著,但在《山左金石志》跋识之中,间涉此道,以金石论小学,颇有见识,这是阮氏研治金石的一大特色。我们知道,自商周铜器到秦砖汉碑,再到魏晋隋唐以来的墓志、摩崖、经幢、塔铭、造象题记等,在此期间,汉字经过了多次重大演变,给后人的识读带来诸多困难,再加上金石刻辞遭受千百年来的风雨剥蚀与人为原因的破坏,残泐严重,不能辨识,也给金石文字研究者增添了不小的麻烦。尤其需要指出的是,金石刻辞中变体字、俗体字、讹体字、通借字等大量存在,诡异纷繁,更是使考文辨字者望而兴叹。正因此故,阮元在《山左金石志》中对金石文字做了大量详审的考释工作,包括对金石文字残缺情况的说明、对残泐文字的补正、金石文献与纸本书献的对照以及对字义、碑别字、音韵的考释。

(一)对金石文字残缺情况的说明及对残泐文字的补正

对于金石考证者来说,所依据的金石文献的完整性对于论证的充分展开及正确结论的得出是至关重要的。不过,由于年代久远,大多数金石碑刻并非完整无损,都或多或少地存有泐损。对于这种情况,阮元在《山左金石志》中均予以说明,并尽可能地依据史志记载对残泐文字加以辨认、补正,实在无法补正的,则用相同数目的符号"□"代替所阙原文。

对金石文字残泐情况的说明,如《豫州从事孔褒碑》跋云:"此碑剥蚀

---

[1]〔清〕阮元:《山左金石志》卷2《宜子孙铎》,第415页。

几尽,只存百数十字,雍正二年始出土,故欧、赵、洪及近时亭林、竹垞皆未著录。"①又如,对《洪福寺陀罗尼经幢》残泐情况的说明:"右幢前刻经文,后题施主姓名,字多漫灭,惟中一行有'大唐开元九年岁次辛酉',字极明显。"②

对残泐文字的补正,如唐玄宗御书《纪泰山铭》,由于年代久远,至乾嘉之时已经严重残损,阮元正是凭借着深厚的唐史研究功底,对该摩崖刻辞中的残损之字予以辨识、补正。其跋云:

> 碑后刻诸王群臣题名,凡四列,字径一寸四分,有方界格,皆为明人加刻,大字横贯交错,遂使湮毁无传,兹就空隙处细为审辨,补图于右,庶使后之览者得有依据。上列"开府仪同"下有"宪"字,以《唐书》传纪证之,宪为睿宗长子让皇帝宪也。"岐王臣范"者,睿宗第四子,本名隆范,后避元(玄)宗双名,改称范,睿宗践祚,进封岐王。"太子"下空五格,存"业"字,业,睿宗第五子,本名隆业,后改单名,睿宗时进封薛王,开元八年迁太子太保,是缺处当作"太保薛王臣"也。"司空邠",案章怀第二子,名守礼,神龙中遗诏进封邠王,先天二年迁司空,后以开元二十九年薨。"司空邠"下,字虽残阙,为"守礼"无疑。《元(玄)宗纪》:开元十三年,改豳州为邠州,此刻于十四年,故从新改作"邠"。"阝王臣涓",即鄂王涓,元(玄)宗子,初名嗣初,后改名瑶。"亻王臣氵",恐是"仪王臣潍",元(玄)宗子璲,初名维。"永王□",案元(玄)宗子璘,封永王,初名泽,殆及其人。"□王臣清",元(玄)宗第十八子瑁,初名清,封为寿王也。"延王臣"下只存"氵"旁,案元(玄)宗第二十子玢,初名洄,封延王。"盛王臣沐",元(玄)宗第二十一子沐,封盛王,改名琦。"嗣韩王臣讷",《宗室世系表》有嗣韩王太仆卿讷。以上诸王名号,皆与史传合。后段姓名可辨者,惟卢从愿、卢龙秀二人。龙秀附见《唐书·桓彦传》,中宗时官监察御史,《传》作"袭秀",当依石刻为正。次列可辨者,庭珪、李仁德。庭珪阙姓,殆即张庭珪也。三列姓名皆残毁。四列有李元纮、孙元庆、陆去泰、尉大雅、王敬之、谭崇德诸衔名。案《本纪》:十四年四月丁巳,户部侍郎李元纮,同中书门下平章事。碑称

---

①〔清〕阮元:《山左金石志》卷8《豫州从事孔褒碑》,第486页。
②〔清〕阮元:《山左金石志》卷12《洪福寺陀罗尼经幢》,第560页。

"遥知造碑使"者,似非扈从之臣。陆去泰附见《唐书·儒学·褚无量传》,历官左右补阙内供奉,今衔名存"左补"二字,正相合也。①

若是某一石刻存有不同时期的拓本或录文,阮元还将它们的完缺情况进行对比,指出彼此的差异,从而为后人留下了判断的依据。如唐代著名书法家虞世南撰文并书丹的《夫子庙堂碑》,至乾嘉时期已不见踪影,后世留有北宋王彦超摹刻本、元代成武县学摹刻本以及清代乾隆五十八年(1793)曲阜县学翁方纲摹刻本,阮元对后二者的录文进行对照,从而发现它们之间的不同之处。《夫子庙堂碑》跋云:

> 翁覃溪阁学云:"《庙堂碑》陕本已泐,而城武本至正间始出,未能据以考唐刻也,曾以宋拓本补其缺字,摹勒于曲阜学舍,凡三石,三百三十六字。"今以城武本互校,"偃息乡"下补"党栖"二字,"若斯之□者"下补"也"字,"夫子膺"下补"五纬"二字,"道济天下"上补"中"字,"而晦明"下补"匪一"二字,"平壹区字纳"下补"苍"字,"而御六辩"下补"兆"字,"无思不服"下补"憬"字,所补者凡十一字,余皆城武本所有。②

此类比较、说明的文字,对于金石校勘帮助极大,同时,在研究方法上对后世学者也有所启迪。

(二)金石文献与纸本文献的对照

有些金石刻辞在纸本文献中也有记载,阮元将二者进行对照,以便找出其中的不同之处。例如,《常山祠重摹苏东坡雩泉记碑》中刻有苏轼的《雩泉记》,此《记》亦载于苏轼本集,但二者内容有所出入,《山左金石志》对其进行比较:"碑文与东坡本集校之,互有不同。如'祷雨于兹山',《集》无'雨'字;'十余步',《集》作'十五步';'斫石',《集》作'琢石';'为井下',《集》多'其深七尺、广三之二'八字;'之诗'下,《集》无'六章'二字;'司其昧',《集》作'尸其昧',是也。"③又如,《刘氏先茔碑》与《元史·刘国杰传》对元初名将刘国杰都有记载,但二者有所不同,阮元指出其相异之处:"如《碑》谓其姓'乌古论',《史》谓其姓'乌古伦',盖以华言译国语,原

①〔清〕阮元:《山左金石志》卷12《纪泰山铭》,第565~566页。
②〔清〕阮元:《山左金石志》卷21《重摹唐夫子庙堂碑》,第107~108页。
③〔清〕阮元:《山左金石志》卷21《常山祠重摹苏东坡雩泉记碑》,第96页。

无定字;襄阳所擒矮张都统,《史》谓宋将张贵也;扬子桥所擒张都统,《史》谓宋将张林也。"①再如唐玄宗御书《纪泰山铭》,《旧唐书》、《岱史》、《泰安志》等文献中都有载录,但与该碑拓本有较大出入之处,阮氏对此予以指明:

> 此文《唐书》所载不全,《岱史》及《泰安志》亦有驳异,今悉从拓本录之。……今以其文与志参较,"朕宅位十有四载",石本作'宅帝位';"若涉大川",石本"涉"字下多"于"字;"宰相庶尹",石本"相"作"衡";"礼莫盛于告",石本"礼"字上多"谓"字,"告"字下多"天"字;"震叠九寓",石本作"震叠";"以至岱宗",石本"至"下多"于"字;"实万物之始",石本作"实惟天帝之孙,群灵之府,其方处万物之始";"为苍生而祈福",石本"而"作"之";"呼万岁",石本"呼"作"千";"庆合欢同",石本"合"作"答";"乃陈诚以德",石本无"乃"字;"懿尔幼孙",石本"尔"作"余";"刻金石",石本"石"作"记";"冀后人之听词而见心",石本无"冀"字;"又作后之人卫我神主",石本"卫"作"衍";"中宗绍运,旧邦惟新",石本于此下多"睿宗继明,天下归仁"二句;"或禅亭亭",石本"亭亭"作"弈弈";"儒书不足",石本"不足"作"龌龊"。案文之异者,容所据见或有不同。若铭列祖而独遗睿宗,则下文"恭己无为",正以睿皇禅位为词,若接属中宗,义便不相属。又"儒书龌龊",盖指议封禅儒生所录,故以"龌龊"鄙之,作史者嫌其过诋儒书,遂删易以"不足",当之斯不达其旨矣。②

将金石文献与纸本文献参互对照,体现了阮元的求实精神,为其金石考证提供了更加客观的史料依据。

(三)正金石之讹字、衍字、脱字与倒字

1. 讹字

金石文辞刻错时常发生,对于此类舛误,阮元予以校正。如《省堂寺残碑》,第二十二行有"不敷春秋,不落秋冬"等语,阮氏对此订正云:"所录皆审正无讹,惟'不敷春秋,不落秋冬',上句重一'秋'字,当是'夏'字之

讹。"①又如,对《禅社首坛颂碑》中的讹字加以纠正:"其中讹字,如'弋绨'作'弋绨';'苍璧'作'苍壁';'祯祥'作'祯详';'咸蒐阙典','咸'作'感';'平视太虚','平'作'乎';'焕乎天经','焕'作'焕';'觐礼'作'勤礼';'玺绶'作'玺缓';'恢复'作'恢复';'宗祐'作'宗祐';'簜簜'作'簜虚';'东壁'作'东璧';'恻然'作'测然';'天祐'作'天祐',皆是。"②还如,《福胜院敕牒碑》跋云:"进义校尉,碑结衔皆作'进议',误。"③《胶州知州董公神道碑》跋云:"碑讹'柜门关'为'鬼门关'耳。"④等等。

2. 衍字

所谓衍字,是指金石文辞中刻有多余的字词,对于此类错误,阮元加以指正。如《赠徐州都督房彦谦碑》碑文的最后两句为:"义高表墓,道贵扬名。式故昭文物,用纪哀荣。"显然,"式故昭文物,用纪哀荣"不够对仗,阮氏对此纠正云:"末行'式昭文物'句,多一'故'字。"⑤又如,《驼山造像题字十五种》之九,"像主乐安郡"中多一"郡"字,阮氏对此指正云:"一题'像主乐安郡沙门都僧盖'二行,正书,径寸三分,在南洞佛像下。……案《旧唐书·地里志》:'乐安,隋县,武德二年属乘州,州废属青州。'此称'乐安郡'者,庸僧不谙掌故,妄以千乘有乐安之名,遂加'郡'字也。"⑥

3. 脱字

在金石镌刻过程中,漏脱文字现象时有发生,对于此类问题,阮元予以增补。如对《孔庙从祀先贤先儒赞碑》中漏脱的"袋"字的增补,其跋云:"颜哙、孔忠二赞,撰人皆赐绯鱼袋,碑脱'袋'字,盖摹刻之失也。"⑦又如,增补《龙兴寺三门记碑》中所脱"于"字,其跋云:"'持直心于觉路','心'下脱'于'字。"⑧等等。

4. 倒字

所谓倒字,是指金石文字的前后顺序颠倒,对于此类错误,阮元亦加以

---

①〔清〕阮元:《山左金石志》卷11《省堂寺残碑》,第548页。
②〔清〕阮元:《山左金石志》卷15《禅社首坛颂碑》,第646页。
③〔清〕阮元:《山左金石志》卷19《福胜院敕牒碑》,第51页。
④〔清〕阮元:《山左金石志》卷22《胶州知州董公神道碑》,第118页。
⑤〔清〕阮元:《山左金石志》卷11《赠徐州都督房彦谦碑》,第537页。
⑥〔清〕阮元:《山左金石志》卷11《驼山造像题字十五种》,第550页。
⑦〔清〕阮元:《山左金石志》卷15《孔庙从祀先贤先儒赞碑》,第632页。
⑧〔清〕阮元:《山左金石志》卷15《龙兴寺三门记碑》,第616页。

指正。如纠正《徽宗赐辟雍诏书碑》中"校学"为"学校"云"诏内'建置校学',应是'学校'之误"①,等等。

(四)对金石文字义的疏释

阮元凭借着深厚的语言文字功底,对金石文字进行疏释,许多在前人眼里似乎扞格难通的文字,经过他的疏释而变得豁然无滞,文义明晰。例如,阮氏依据《说文解字》,对《司隶校尉鲁峻碑》中"弸中独断"之"弸"字进行解释:"碑云'弸中独断',《说文》'弸,弓强貌',言中有强毅之性,故遇事能断也。"②又如,阮氏在《孔子庙碑》跋文中,援引文献,探根溯源,对"揖"、"辑"二字进行考辨,从而纠正了唐代以后《尚书》讹本误"揖"为"辑"。其跋云:

> 碑中假借、变体字具载诸家著录,惟"揖五瑞"与今《尚书》"辑五瑞"不同。段若膺大令《尚书撰异》云:"揖,唐石经以下作'辑',当是卫包改也。"王肃《尚书注》:"揖,合也。"《五帝本纪》作"揖",《正义》曰:"揖,音集。"《汉书·郊祀志》"揖五瑞",字从"手",凡揖训合,凡辑训和,似同实别。《玉篇》、《广韵》皆曰"辑,和也",不言聚也。案此说甚精,今诸家出此碑,"揖"字与"辑"同,是不知"揖"、"辑"二字绝不相通,且不知《尚书》本作"揖"字,其作"辑"者,唐以后讹本也。③

再如,阮氏对《荡阴令张迁碑》中"既且"的解释:

> "惟爱既且于君","既且"二字,顾宁人以为"暨"字之分,遂疑是碑为后人摹刻,殊属非是。元案:既,终也,且,始也。《诗》:"终风且暴","终温且惠","终和且平","终其永怀,又窘阴雨","终"皆当训"既"。《诗·郑风·溱洧》:"女曰观乎,士曰既且,且往观乎。""既且"即终始之谊(意),与此可相证也。④

阮元对"既且"的解释,富有说服力,他专门撰有《释且篇》,收于《揅经室一集》卷1中。还如,阮元对宋戴公戈铭文"蚋王商戴公归之告"的考释:

①〔清〕阮元:《山左金石志》卷17《徽宗赐辟雍诏书碑》,第16页。
②〔清〕阮元:《山左金石志》卷8《司隶校尉鲁峻碑》,第487页。
③〔清〕阮元:《山左金石志》卷8《孔子庙碑》,第495~496页。
④〔清〕阮元:《山左金石志》卷8《荡阴令张迁碑》,第487页。

　　今释其文曰"朝王商戴公归之造□"。何以知为"朝"字也？
《诗》："怒如调饥。"《释文》作"輖"，今作"调"者，字形相近而误。
"輖"音"周"，"周"、"朝"一声之转，古字通借。此戈借为"朝觐"之
"朝"，犹《毛诗》借为"朝夕"之"朝"矣。其右旁近"舟"，古钟鼎"舟"、
"周"，每同字也。谓商戴公为宋戴公者，《春秋传》、《礼记》凡有三证，
详铜距末跋。宋人本其古国而称商，犹晋诗之称为唐风也。《檀弓》：
孔子曰"某殷人也"，皆同此例矣。按《史记》，戴公为微子八世孙，当
幽王之世。释"归"字者，石鼓文作"歸"，从"辵"，是其证也。谓"屮"
为"造"者，古戈"造"字多作"屮"。《说文》："造，古文作艁。"此作
"告"者，"艁"之省也，非"吉"字。……此戈乃戴公朝于平王归后所
作，至子武公时，始加铭追记。作戈时乃朝王之后，故称讳也。戈造于
先，铭勒于后，故文凿而非铸。①

　　阮元对"輖"的训释正与清代训诂学家陈奂、朱骏声不谋而合。如《诗
经·周南·汝坟》云："怒如调饥。"唐陆德明《经典释文》对此句中的"调"
解释云："调，又作輖。"②陈奂《诗毛氏传疏》解释说："李焘《五音韵谱》引
《诗》作'怒如輖饥'，《毛诗》作輖，或作调，其义训朝，谓即朝之假借字。"③
朱骏声《说文通训定声·孚部》云："輖，假借为朝。"④当代著名文字学家徐
中舒主编的《汉语大字典》，也认为"輖"和"朝"通假。阮元对戴公戈的铭
文训释引证有据，精审合理，值得肯定。后人正是借助此类疏解而阅读金
石原文，不仅大大减少了文字障碍，而且还能获得许多通例性的认识。

　　（五）对碑别字的考释

　　首先，需对碑别字的概念做一简要说明。所谓碑别字，就是相对于正
字而言的的，是指古代碑、碣、摩崖、墓志、造像记、经幢、石阙、塔铭等石刻中
的别俗异构字，即古人通常指称为异体字、变体字、别字、别体字、讹体字、
讹字、俗字、俗体字、通借字、通用字等，我们泛称之为碑别字。其实，这些
别称所指的文字现象彼此间并不完全对等，而是存有不同程度的交叉关
系。其中，异体字、变体字、别字、别体字、讹体字与讹字，名称虽然不同，但

---

①〔清〕阮元：《山左金石志》卷2《宋戴公戈》，第410页。
②〔唐〕陆德明：《经典释文》卷5《毛诗音义上》，中华书局1983年，第55页。
③〔清〕陈奂：《诗毛氏传疏》卷1，中国书店1984年，第29页。
④〔清〕朱骏声：《说文通训定声·孚部》，世界书局1966年，第211页。

实际上都指的是那些字形发生改变的字,或增减笔画部件,或变换结构,但字音与字义并未改变,我们可通称为异体字,诸如《山左金石志》卷9《路文助等造像记》中"像"作"鎵"、"躯"作"鏂"、"弟子"作"苐子"①便是。文字学家裘锡圭先生在《文字学概要》中曾给异体字下过一个的定义:"异体字就是彼此音义相同而外形不同的字。严格地说,只有用法完全相同的字,也就是一字的异体,才能称为异体字。但是一般所说的异体字往往包括只有部分用法相同的字。严格意义的异体字可以称为狭义异体字,部分用法相同的字可以称为部分异体字,二者合在一起就是广义的异体字。"②而对于俗字或俗体字,虽然现代各种辞书对其解释不尽一致,但都肯定两点:一是通俗流行或民间流行,二是不合规范或相对于正字而言。张涌泉在《敦煌俗字研究导论》中对俗字名义及俗字范围进行了新的界定:"汉字史上各个时期与正字相对而言的主要流行于民间的通俗字体称为俗字。"③俗字与异体字的区别在于,俗字最基本的条件是通俗流行,而许多异体字属于特例或偶尔出现的,并不通俗,没有得到普遍认可。另外,也有人认为:"异体字里包含俗字,但俗字只能是异体字中的一部分。"④所谓的通借字或通用字,就是通假字,是中国古代的用字现象之一,即用读音相同或者相近的字代替本字。由于某种原因,书写者没有使用本字,而是借用了音同或音近的字来替代,其实就是古人所写的白字。通假字大量存在于中国古代石刻中,是造成刻辞难读难解的重要原因之一。实际上,异体字、俗体字与通借字都不能包含碑刻中错综纷繁的异体别构现象,因为异体字、俗字或通借字通常是被人们认可了某字的其他写法,具有相对的稳定性,而碑刻中的变体字中除了异体字与俗字之外,多数是形形色色的偶尔出现的讹体字或随意增减笔画及改变结构的字,还有误刻、漏刻笔画而形成的字。因此,本书对碑志中纷繁的异体别构文字现象不取异体字或俗字之称,而是沿用"碑别字"这一传统的学术术语。

　　阮元十分注重对碑别字的考释,在《山左金石志》跋文中多次提到过

---

①〔清〕阮元:《山左金石志》卷9《路文助等造像记》,第511页。
②裘锡圭:《文字学概要》,商务印书馆1988年,第205页。
③张涌泉:《敦煌俗字研究导论·绪论》,新文丰出版公司1996年,第2页。
④欧昌俊、李海霞:《六朝唐五代石刻俗字研究》第一章《俗字》第三节《俗字与异体字》,巴蜀书社2004年,第9页。

变体字、俗体字、通借字、讹体字、别体字、异体字等称谓,并不厌其烦地一一指明、考释。碑版之别构字,历代多有,其间尤以北朝及唐代为甚,正如阮氏在《赠齐州刺史高湛墓志铭》跋中所云:"六朝人好异,故变其体耳。"①所以,他对北朝、隋唐碑别字考释用力尤多。如著名的《中书令郑羲碑》,其中碑别字很多,阮氏一一指明,并对别体字"蕰"作了考释:

> 碑多别体字,如写"彳"为"亻","亻"为"彳","兖"作"兖","稟"作"稟","颖"作"頳","牢"作"牢","学"作"學","式"作"戜",皆是。以"纵容"为"从容",以"瞻事"为"詹事",此亦写者好异,故增益其偏旁耳。惟"八索"作"八素",尚存古意。《左氏·昭十二年传》:"八索九丘。"陆德明释文云:"索,所白反,本或作素。"又《文选·闲居赋》"傲坟素之场圃",李善注引贾逵曰:"八索,素王之法。"是《左传》古本作"八索②"也。……"蕰斯文于衡泌","蕰"字或以为"蕴"之别体,非是。案《说文》"艸"部无"蕴"字,有"蕰"字,云:"积也,从艸温声。"《春秋传》曰:"蕰利生孽。"又案隐公三年《传》"蘋蘩蕰藻之菜",六年《传》"艾夷蕰崇之绝",其本根皆不作"蕴",可知"蕴"字为后人所增,故《广韵》以为俗字。"隰"作"隰",乃省文,犹汉人"濕阴"作"漯阴"。③

再如,对《李仲琁修孔子庙碑》中碑别字的考释:

> 如"扶疏"作"扶蔬","赫"作"赫",营作"營","举"作"舉","爽"作"爽","学"作"學","眺览"作"眺覽","然"作"燃","聘"作"騁","像"作"傻","从"作"從","武"作"武",皆别体。以"潭"为"覃",以"婵"为"蝉",以"百刃"为"百仞",以"良木"为"梁木",以"熟"为"孰",以"啚"为"图",皆通用字。"祖述"作"祖习","宪章"作"献章",与今本《中庸》异。至"焕爛"之"爛",乃正字,今省作"烂"。"雕素"之"素",或以为"塐"之别体,不知"塐"本俗字,古只作"素"。钱辛楣少詹云:《唐青莲寺碑》有"素画弥勒佛"之语,是

---

①〔清〕阮元:《山左金石志》卷9《赠齐州刺史高湛墓志铭》,第509页。
②疑当作"素"。
③〔清〕阮元:《山左金石志》卷9《中书令郑羲碑》,第500页。

其证也。①

又如，对《郑述祖天柱山铭》中的碑别字的考释：

　　以"扶寸"为"肤寸"，"誷谘"为"畴咨"，"享鱼"为"烹鱼"，"哥谣"为"歌谣"，"蕃邸"为"藩邸"，"常佰"为"常伯"，皆古通用字。惟"郦食其"作"丽其"，为省文。"规"作"頍"，"禋"作"禋"，"冤"作"冤"，"标"作"橝"，乃增减异体也。②

还如，对《临淮王像碑》中碑别字的考释：

　　"爽鸠"见《左氏传》，未闻有读其"鸠"者，此乃字讹耳。"擘"字，《韵会》谓古文"率"字。案《说文》，"率"作"率"，"捕鸟毕也，象丝网上下其竿柄也。"今内从"言"，安得谓之古文？"突髻"之"突"，《金石文字记》曰："《广韵》'肉'俗作'突'，《越绝书》'飞土逐突'，正作'突'，乃俗书也。"……元又案"奸轨斯逃"，"奸轨"即"奸宄"。《尚书》"寇贼奸宄"。《周礼·司刑》，《正义》引作"奸轨"。"猓"字与《说文》同，今皆作"夥"，"侠侍"之"侠"，与"夹挟"同义。《公羊传》注："滕薛侠毂。"《士丧礼》："妇人侠床东西。"《前汉书·叔孙通传》："殿下郎中侠陛。"《季布传》："任侠有名。"师古曰："以权力侠辅人也。"碑盖本此。"妙质则囧若珠明"，"囧"，明貌也。《说文》云："囧，窗牖丽廔，闿明，象形，读若犷。贾侍中说读与明同。""玉"作"王"，与篆文合。至"窃"作"窃"，"逵"作"逵"，"藤"作"藤"，"扶疏"作"芙蔬"，"算"作"笇"，"衮"作"衮"，"聪"作"怱"，皆俗体也。③

阮元对碑别字的考释，不仅为后世学者借助《山左金石志》研读碑刻原文提供了帮助，也给后人留存了一份珍贵的语言文字资料，为我们研究中国古代文字发展演变提供了重要依据。

（六）对音韵的考释

阮元对于音韵学亦十分精通，在《山左金石志》中对金石文字的音韵问题进行考释，取得了一些成就。如唐青鸾镜上铭刻七言诗一首，云："月

---

① 〔清〕阮元：《山左金石志》卷9《李仲璇修孔子庙碑》，第511页。
② 〔清〕阮元：《山左金石志》卷10《郑述祖天柱山铭》，第516页。
③ 〔清〕阮元：《山左金石志》卷10《临淮王像碑》，第521页。

样团圆水漾清,好将香阁伴闲身。青鸾不用羞孤影,开匣常如见故人。"阮氏参照段玉裁《六书音均表》对该诗的声韵予以考证:

> 按段若膺《四声音均表》,"清"在第十一部,"身"、"人"在第十二部,然《易》象、象传"天"、"命"、"渊"、"贤"、"信"、"民"、"人"、"宾",与"形"、"成"、"贞"、"宁"、"生"、"正"、"平"、"精"、"清"等字并用,是二部古有相合字,唐人首句押韵虽不必拘拘,然未有无故牵入者,此"清"字可补其未备。①

对于这样一面普普通通的唐代铜镜,阮元能够敏锐地发现其中所蕴含的音韵问题,并弥补段玉裁《四声音均表》所未备,这足以体现了其非同一般的学术功底。类似例子,又如对《隋六马双镜》铭文音韵的考证:"铭二十九字曰:'周仲作竟四夷服,唯贺国家人民息。□虏□灭天下复,风雨时节五谷熟。长保二亲得天力,吴造阳里。'元按此隋镜,汉人于古音不少假借,'服'、'息'、'力'入声职德部,'复'、'熟'入声沃烛部,势不可紊,六朝人始多通用。"②再如,对《执金吾丞武荣碑》中"诵"字读音的考释:"碑末'万世讽诵','诵'字宜读如'容',始与上句'远近哀同'叶韵。《诗·小雅》:'家父作诵,以究王讻。'又《楚辞·九辨(辩)》:'自厌按而学诵。''信未远③乎从容。'皆是也。"④

阮氏正是凭借着对音韵的娴熟掌握,将之运用于金石器物镌刻年代的判断上。如通过对《唐八卦镜》铭文音韵的考证,认定此镜为唐代所造,他说:"铭三十字曰:'天地成,日月明。五岳灵,四渎清。十二精,八卦贞。富贵盈,子孙宁。皆贤英,福禄并。'何以知其为唐镜也?'明'、'英'通阳,'灵'通真文,不与'精'、'清'为韵,汉人分之甚晰,此唐人不知古音者所作之铭也。"⑤

总之,阮元论学首重以古训发明义理之意,究明文字、音韵、训诂,然后由字通词,由词通句,由句通经,由经达道,贯通古今。他在文字、音韵学上造诣深厚,以此研治金石之学,取得了极大成就。

---

① 〔清〕阮元:《山左金石志》卷5《唐青鸾镜》,第439页。
② 〔清〕阮元:《山左金石志》卷5《隋六马双镜》,第438页。
③ 应为"达",阮书误。
④ 〔清〕阮元:《山左金石志》卷8《执金吾丞武荣碑》,第485页。
⑤ 〔清〕阮元:《山左金石志》卷5《唐八卦镜》,第439页。

三、对金石刻辞行文惯例的揭示

除了对金石文字及音韵考释之外,阮元还对金石刻辞的行文惯例予以揭示,后人在熟悉了这些惯例之后再去研读金石原文,自能提纲挈领,举一反三。

如关于汉碑的行文惯例,阮元在《泰山都尉孔宙碑》、《卫尉卿衡方碑》跋文中云"此碑有额,而首行复作标题,汉刻中仅见也"①;"文内采石镌碑之人,不书于阴,而附文后,且不书故吏之名,皆汉碑中变例也"②。阮氏之论,涉及了汉碑的两点行文惯例:其一,汉碑的标题一般刻在碑额,正文首行不再镌刻标题;其二,汉碑中的门生故吏姓名与刻工姓名,一般刻于碑阴。又如,关于唐代经幢的行文惯例,阮氏在《张珂尊胜经石幢》跋文中引用钱大昕之言云:"唐刻《尊胜陀罗尼经》,多不著年月及书者姓名,是碑皆有之,为可珍也。"③由此可知,唐代所立的《尊胜陀罗尼经》经幢一般不刻写立碑年月与书者姓名。又如,《孙村造象残碑》跋揭示唐代造像碑的镌刻格式云:"额间镌佛象,两旁题'上为皇帝供养,上为皇后供养'等字,惟唐刻有之,因附于末。"④再如,对于书写碑文者的交代,往往称"某某书丹",而《文宣王庙新门记》却云"前义王府仓曹参军裴平下丹并篆额"⑤。为此,阮元指出:"裴平书碑,不曰'书',而曰'下丹',又题碑之一例也。"⑥还如,关于元碑结衔的书写格式,阮氏在《孔颜孟三氏免粮碑》跋中称:"结衔自左而右,尚书四人,侍郎二人,郎中二人,员外郎四人,皆不署姓,下有押者仅四人,亦见当时之制如此。"⑦古代碑刻大多数自右往左竖书,而元代的诏旨碑多自左往右横书。又在《阿鲁欢等云门山题名》跋文中谈到古代题名的格式:"题名六人,末一人姓名不可辨,每人大书里居、姓名,其衔以小字分注于下,此亦题名中创见也。"⑧阮氏所言极是,古代碑刻题名的

---

①〔清〕阮元:《山左金石志》卷8《泰山都尉孔宙碑》,第484页。

②〔清〕阮元:《山左金石志》卷8《卫尉卿衡方碑》,第485页。

③〔清〕阮元:《山左金石志》卷13《张珂尊胜经石幢》,第590页。

④〔清〕阮元:《山左金石志》卷13《孙村造象残碑》,第601页。

⑤〔清〕阮元:《山左金石志》卷13《文宣王庙新门记》,第581页。

⑥〔清〕阮元:《山左金石志》卷13《文宣王庙新门记》,第582页。

⑦〔清〕阮元:《山左金石志》卷22《孔颜孟三氏免粮碑》,第114~115页。

⑧〔清〕阮元:《山左金石志》卷19《阿鲁欢等云门山题名》,第53页。

格式,一般姓名与官衔为大字,而里居以小字分注其下,而《阿鲁欢等云门山题名》这种姓名与里居大字而官衔小字的格式极其少见。

经过如此申述,阮元把古代金石刻辞的一些行文惯例揭示出来,不仅为读者当下释疑解惑,还为释读其他文献提供了预备知识,而且对后世学者辨别金石文献的真伪与年代先后也有借鉴价值。

四、对金石刻辞内容的考释

运用金石文献从事学术研究,自然应该从阐释金石刻辞内容入手。阮元深谙此理,对于所论每一种金石,无论完缺与否,总是想方设法将其内容考释清楚,充分挖掘出其中蕴含的史料价值,或正史志记载之讹误,或补史志记载之阙略。在纠谬补阙的同时,阮氏还依据史书文献对金石碑刻中的溢美及失实之处予以订正。他考证的范围十分广博,凡氏族、人物、史事、年代、典章、官制、舆地、谥法、避讳等,均在考释之列。纵观《山左金石志》对金石刻辞内容的考释,主要包括以下三个方面:

(一)对金石刻辞有关背景知识的说明

在考释过程中,阮元并不满足于对金石刻辞内容做简单、笼统的概述,而是凭借着其深厚的学术功底,对金石刻辞所涉及的各种背景知识进行全面深入地笺释,从而将其中所承载的信息更加明了地揭示出来。因此,后人以此为前提再去阅读金石刻辞内容,往往能够取得豁然贯通、事半功倍的效果。

例如,《云门山功德记》记载了吴越国前摄金吾卫引驾、长史彭仁福、吴越国延恩院队使、银青光禄大夫、捡校国子祭酒兼御史大夫、上柱国汤仁□、吴越国大□院队使、银青光禄大夫、捡校国子祭酒兼御史大夫、上柱国李□□等吴越国官员重修云门山佛窟之事,这不仅让读者产生疑问:吴越国的官员为何跑到山东修造佛窟呢? 对此,阮元在考释《云门山功德记》内容之前,首先对其中的历史背景作了交代:

> 案周显德三年,其时吴越国钱俶已奉正朔,据欧公《五代史》载:吴越自唐末有国,而杨行密、李昇据有江淮,吴越贡赋朝廷,遣使皆由登莱泛海,常有飘溺之患。至显德五年,王师征淮,克静海军,始就陆路。此碑在广顺三年,贡赋尚须海运,碑中彭、汤、李三人或即吴越使

臣,泛海至青州,故有此功德也。①

由此可知,彭、汤、李三人为吴越使臣,由海路至青州,出使后周,从而在云门山修造佛窟。可以说,如果没有阮氏的背景说明,不熟悉五代历史的读者就不能准确理解碑文的内容。又如,《平章中丞祀曲阜宣圣庙记》:"案《元史·顺帝纪》,至正二十一年正月,遣使往谕察罕帖木儿罢陇蜀兵。三月,察罕帖木儿调兵讨永成县,又驻兵宿州。六月,察罕帖木儿总兵讨山东,发晋宁②,下井陉,出邯郸,过磁、相、怀、卫,逾白马津,发其军之在汴梁者继之,水陆并进。七月,平东昌,复冠州。八月,遣其子扩廓帖木儿、闫思孝等,会关保、虎林赤等,将兵由东河造浮桥以济,拔长清,讨东平。遣使招谕田丰,降,东平平。令丰为前锋,从大军东讨。棣州俞宝降,东平王士诚、东昌杨诚等皆降,鲁地悉定。进兵济南,刘珪降,遂围益都。史文如此,《碑》叙其事皆合也。既定鲁地之后,乃遣官诣曲阜,以太牢祀孔子,俨然以王师专征自命,而撰文者犹能以奉诏提师拯民为辞,则立言有体矣。"③阮元在按跋中对平章中丞察罕帖木儿剿灭红巾军、匡复山东的经过做了简要交代,从而令人了解其遣官曲阜祭祀孔子的历史背景。

(二)对金石刻辞所记史实的考证

阮元所处的时代,考证之风极其盛行,他本人又是一位熟悉传世典籍、谙于考证之道的学者,这就注定了其金石研究工作最终会落实到对传世文献的订讹正误与拾遗补阙,此问题本书第四章已有专门论述,此不再赘言,仅就阮氏对金石刻辞所记史实考证的内容做一简要介绍。

其一,对氏族、人物的考释

研究历史,考证史志,需要考明氏族、人物,否则会造成很多混乱。有鉴于此,阮元在《山左金石志》的跋文中对历史人物的族属、姓氏、世系、里居、官爵、年齿等做了大量考证。如在《登州刺史淳于公神道碑》跋文中对淳于公的族属及"淳于"的考释:"案淳于为姜姓之后,登州望族也。密州安邱县,即古淳于之国,以国为氏者。《通志·氏族略》云:唐时避宪宗嫌名,改称于氏,故唐代无淳于入史传者。"④淳于公的家世及"淳于"的由来

---

①〔清〕阮元:《山左金石志》卷14《云门山功德记》,第608页。
②"宁"字误,应为"军",据《元史》卷46《顺帝本纪》正。
③〔清〕阮元:《山左金石志》卷24《平章中丞祀曲阜宣圣庙记》,第170页。
④〔清〕阮元:《山左金石志》卷14《登州刺史淳于公神道碑》,第604页。

变迁,遂得明晰。又如《魏屠各率善仟长印》跋对匈奴部种"屠各"的考释:
"右印曰'魏屠各率善仟长',按'屠各',乃北方种落之名。《后汉书·公孙
瓒传》:瓒子续为屠各所杀。《晋书·载纪》:王延骂靳准曰:'屠各逆奴'。
《十六国春秋·刘粲传》:李矩曰:'刘渊屠各小丑'。"①阮氏援举数例,以证
"屠各"乃北方匈奴种族部落之名。再如《兖公颂碑》跋文对孔门七十二贤
之一的宓不齐(字子贱)的考释:"密贱,即宓贱。案《颜氏家训》云:'宓子
贱,即虙羲之后,俗字为宓,或复加山。'今兖州永昌郡为古单父地,东门有
《子贱碑》,汉时所立,乃云济南伏生即子贱之后,知'虙'之与'伏'古来通
用,误以为'宓'耳。"②由此,阮元纠正了以"宓"为"虙"之误。又如,对《汉
青盖镜》之"青"加以考证,从而认为乃作镜者的姓氏,其跋云:"按青盖,天
子车饰,与铭文无当。《广韵》:青姓出何氏。《姓苑》、《通志·氏族略》:青
是姓,青阳氏之后,宋有青杰,《秦汉印统》有青世,然则是作镜者姓
名矣。"③

关于人物行迹,阮氏亦多有考见,如《尖山摩崖十种》跋考韦贤及韦子
深事:

> 案韦贤字长孺,其五世祖韦孟,家本彭城,为楚元王孙戊傅,去位
> 徙家于邹,贤遂为鲁国邹人。笃志于学,通《礼》、《尚书》,以《诗》教
> 授,号称邹鲁大儒。仕至丞相,乞骸骨归,事详《前汉书》,盖韦氏世居
> 邹县久矣。《北齐书》列传只有韦子粲,称:为京兆人,兄弟十三人,子
> 侄亲属阖门百口,悉在西魏。此碑子深,疑是其兄弟行也。武平六年,
> 为齐后主嗣位之十一年,逾年亡国,韦氏诸人安居东土,奉佛刊经,若
> 不知有兴亡之事者。④

又如,《汉孔霸印》跋考孔子十三世孙孔霸云:"按《阙里文献考》:十三
代霸,字次孺,从夏侯胜治《尚书》。昭帝征为博士,宣帝时授太子经,迁詹
事,出为高密相。元帝即位,拜太师,赐爵关内侯,号褒成君,给事中。帝欲
致之相位,陈让至三,乃止,上书求奉先圣祀,卒赠列侯,谥曰烈君。"⑤再

---

① 〔清〕阮元:《山左金石志》卷6《魏屠各率善仟长印》,第449页。
② 〔清〕阮元:《山左金石志》卷12《兖公颂碑》,第570页。
③ 〔清〕阮元:《山左金石志》卷5《汉青盖镜》,第436页。
④ 〔清〕阮元:《山左金石志》卷10《尖山摩崖十种》,第522页。
⑤ 〔清〕阮元:《山左金石志》卷6《汉孔霸印》,第445页。

如，《耶律文正公茔碑》跋考耶律有尚云："案《元史》列传载耶律有尚，字伯强，辽东丹王十世孙。祖父在金世尝官于东平，因家焉。累官集贤学士，大德八年葬父还乡里，已而朝廷思用老儒，复起昭文馆大学士兼国子祭酒，阶中奉大夫。既以年老，力请还家，卒，年八十六，赐谥'文正'。考有尚乃许衡之高第，至元八年，衡奏为国子监斋长，其时年可四十，史传无至大年号，则终于大德之世可知矣"。①

其二，对史事的考释

对金石刻辞涉及的史事进行考证，是阮元金石考据的一个重要内容，《山左金石志》题跋中便有不少关于史事的考释。如关于孟庙始建及孟子奉祀之事的由来，阮元在《加封孟子敕牒碑》的题跋中做了考释："宋景祐四年，龙图阁学士孔道辅知兖州，访孟子墓，得于邹县东四基山，因于墓旁建庙，荐孟子四十五代孙孟宁，授邹县主簿，孟子奉祀自此始。"②又如，阮元援引《宋史》，对《故奉国上将军郭建神道碑》中所言"十三年留公守淮阳，以抗世忠"之事进行考证："《宋史·韩世宗（忠）传》：世忠'屯淮阳，会山东兵拒敌。粘罕闻世忠扼淮阳，乃分兵万人趋扬州，自以大军迎世忠。战世忠不战③，夜引归。'碑云'十三年留公守淮阳，以抗世忠'，必此时事也。"④再如，《褒崇祖庙记》跋对碑文中"癸巳，当京城之变"以及孔元措"迁于博，再迁于郓"等事的考证，其跋云："碑云'癸巳，当京城之变'，癸巳为金哀宗天兴二年，是时元兵围汴京，哀宗殉国。衍圣公孔元措时官太常卿于京师，元太宗遂命元措还东平，仍袭衍圣公，主祀事。碑所云'迁于博，再迁于郓'是也。"⑤又如，对《尖山摩崖十种》第一种所谓"天降车迹四辙，地出踊泉一所"之事的考证："碑云：'天降车迹四辙，地出踊泉一所。'案《北齐·后主本纪》：武平四年四月癸丑，祈皇祠坛壝蒸之内忽有车轨之辙，案验旁无人迹，不知车所从来'，碑即纪此事也，踊泉事未详"。⑥ 类似事例还有很多，总之，经阮氏考释后，碑中史事变得清晰明了。

其三，对年代的考释

①〔清〕阮元：《山左金石志》卷22《耶律文正公茔碑》，第123页。

②〔清〕阮元：《山左金石志》卷17《加封孟子敕牒碑》，第3页。

③"战"字，《宋史》作"敌"。

④〔清〕阮元：《山左金石志》卷19《故奉国上将军郭建神道碑》，第60页。

⑤〔清〕阮元：《山左金石志》卷21《褒崇祖庙记》，第86页。

⑥〔清〕阮元：《山左金石志》卷10《尖山摩崖十种》，第522页。

考论史事,辨明年代尤为关要。阮元每见及此,多有辨析之文,金石刻辞中已有时间记载的自不用说,如若缺乏记载或记载不实,则其必做考辨。如《小蓬莱题名五种》之一题为:"运句龚□□、巡山李元英、主簿颜志道、县尉陈圣微同观,辛未改元后二日题。"题记中的"辛未"究竟是何年,语焉不详,不得而知。对此,阮氏考释云:"考宋金元,无辛未改元者,惟后梁开平时,辛未改元乾化,此当属后梁也。"①含糊的问题,遂得以辨明。又如,《□文眷陀罗尼经幢》末题刻立年月为"光启四年四月",光启为唐僖宗年号,四年二月已改元文德,为何此仍称"光启"呢? 对此,阮氏解释说:"于时王敬武据淄青等处,群雄迭相吞噬,两河阻绝,宜乎新命未至,乡曲犹用旧号也。"②再如,梁太平镜铭文曰:"太平元年五月丙午,时□□□道始兴,造作明竟,百涑正铜,上应星宿,下达□□。"阮元对此铜镜的制作年代"太平元年五月丙午"进行考释云:

> 按以太平纪元者,自唐以前凡四见:一为吴废帝,一为北燕王冯跋,一为梁敬帝,一为楚帝林士宏。今定为梁镜,五月丙午铸物,义取以火制金,故古镜钩铸曰"某年五月丙午日造"者。以史推之,往往其月无丙午日,侍御江秋史德量二汉铜钩,皆言五月丙午,不合于史,未可疑为伪也。此镜铭曰"五月",而梁太平改元在九月,即汉钩例也。何以订为梁太平? 以"正"字避"真"知之,梁敬帝小字'法真',六朝人忌讳甚密,即小字,臣下想亦必谨避之矣。③

由此可见,阮元正是凭借着丰富的史学知识而将此铜镜断为梁镜,如若不知六朝人避讳梁敬帝小字"法真"甚严,那就无法做出准确判断了。

其四,对典章官制的考释

阮元素究心于历代典章官制,于《山左金石志》中考释古代礼制、官制等,用力极多,解决了不少疑难问题。

对古代礼制的考释,如洗为中国古代的一种盥洗之器,其功能不单是盛水之用,而且被视为礼乐规范的象征,具有标示使用者身份、等级与权力

①〔清〕阮元:《山左金石志》卷14《小蓬莱题名五种》,第602页。
②〔清〕阮元:《山左金石志》卷13《□文眷陀罗尼经幢》,第600页。
③〔清〕阮元:《山左金石志》卷5《梁太平镜》,第437页。

的作用,即"明贵贱,辨等列"①。阮元在《长宜子孙洗》跋文中对古代洗器享用礼制做了考证:"按《仪礼·士冠礼》:'设洗直于东荣。'郑康成注曰:'洗,承盥洗者弃水器也,士用铁。'贾氏疏曰:'谓盥手洗爵之时,恐水秽地,以洗承盥,洗水而弃之,故云弃水器。'汉礼器制度,洗之所用,士用铁,大夫用铜,诸侯用白银,天子用黄金。"②又如《汉石洛侯黄金印》跋对古代印章使用制度的考证:"案汉制,天子、诸侯王皆为玺,三公、列侯以下俱为印。天子玉玺,诸侯王金玺,惟太师、太傅、太保、丞相、太尉、列将军、列侯皆用金印,而御史大夫不与焉,成帝更名大司空,始用金印,其他则或银或铜矣。"③古代洗器与印章使用礼制,经阮氏考释后,昭然若揭。

对古代官制的考释,如阮元依据汉都亭侯印对汉代都亭侯进行考证:"光武中兴,大县侯视三公,小县视上卿,乡亭视中二千石。都亭者,城内亭也,其城外者,为离亭。"④寥寥数语,既说明了汉代县侯与乡亭侯的品秩,又对都亭做了考释,充分显示了其渊博的学识和深厚的功力。又如,《小铁山摩崖残字八种》之六跋考"搜扬好人"之职云:"一刻'搜扬好人平越将军周、任城郡主薄大都维那间长嵩'凡二十一字,分三行,在东岭僧之右。搜扬好人乃北齐所设官,即征求遗逸之意。《唐房彦谦碑》云:'开皇初,频诏搜扬人物',是隋初犹沿此制也。"⑤由此可知,搜扬好人乃设于北齐,隋代沿袭,专门职掌隐士、遗才的搜访与举荐。再如,对于选官制度,阮元也有着详审的考证。《石门房山造像题字二十九种》跋考唐代常选制度云:"中称'佛弟子兵部常选上柱国韩嘉昕',案常选之名,见《唐书·宰相世系表》:窦氏令琇、令璨,并兵部常选;令瑜,吏部常选;下又有汪涣,并兵部常选。《孙志廉墓志铭》有'文林郎行文部常选上柱国韩献之'。《张希古墓志铭》:'子,长曰行瑾,次曰崇积,并武部常选。'又《百官志》:酬功之等,有见任、前资、常选,曰上资。盖应选士人隶文选,则为吏部常选;隶武选,则为兵部常选。于时犹未注官也,然勋已为上柱国,竟至十有二转视从二品,名爵之滥于斯甚矣。"⑥

①〔战国〕左丘明:《左传·隐公五年》,上海古籍出版社1997年,第30页。
②〔清〕阮元:《山左金石志》卷2《长宜子孙洗》,第415页。
③〔清〕阮元:《山左金石志》卷6《汉石洛侯黄金印》,第440~441页。
④〔清〕阮元:《山左金石志》卷6《汉都亭侯印》,第440页。
⑤〔清〕阮元:《山左金石志》卷10《小铁山摩崖残字八种》,第525页。
⑥〔清〕阮元:《山左金石志》卷12《石门房山造像题字二十九种》,第572~573页。

在考订历代官制的基础上,阮元又进一步将历代官制上下贯穿,说明其源流与变迁,并集中阐释了历史上不同时期中央和地方官职的称谓、职能等问题,详细地揭示了该官职的缘起及演变。如《晋大司马印》跋对汉晋以来“大司马”一职演变的考证:

> 按《续汉书·百官志》:初,武帝以卫青数征伐有功,以为大将军,欲尊宠之。以古尊官惟有三公,将军始自秦晋,以为卿号,故置大司马官号以冠之。其后,霍光、王凤等皆然。成帝绥和元年,赐大司马印绶,罢将军官。世祖中兴,吴汉又以大将军为大司马。……魏大司马、大将军各自为官位,在三司上。晋受魏禅,因其制。①

其五,对舆地的考释

地理环境是人类历史得以展开的舞台,一切史实无不与之相关,故对舆地的研究成为治史的前提基础。阮元深谙此道,对舆地问题极其重视,结合正史中的《地理志》、《郡国志》以及《水经注》等众多历史地理文献,对金石刻辞中的舆地做了大量的考释工作。如《汉寿光纪侯镜》跋对“纪”地的考释:

> 纪,春秋时国名,至汉为亭名。《郡国志》“剧有纪亭”,属北海国剧县。按剧,即今之寿光地,而《郡国志》之寿光反属乐安国,不属北海。西汉《地理志》:寿光属北海郡,又不属东莱,是亭与县、县与郡全不副矣。谛思之,寿光在东汉属乐安国,西汉无乐安,故属北海。剧是侯国名,若设立亭侯为纪,即不复属剧,乡侯、亭侯不得称国,所食之邑舍寿光奚属乎?惟两汉志,寿光不属东莱郡,但莱之平度、当利与寿光接壤,古人郡县犬牙相制,变置无常,安知寿光不曾隶东莱?班、范二史偶未之及乎?②

由此可知,纪在春秋时期为纪国,至汉代为纪亭,属北海国剧县。又如《汉圜阳宰之印》跋考“圜阳”云:

> 西河郡圜阳县,师古曰:“此县在圁水之阳。”又圜阴县,莽曰方阴。师古曰:“‘圜’字本作‘圁’,县在圁水之阴,因以为名也。”王莽改

①〔清〕阮元:《山左金石志》卷6《晋大司马印》,第449页。
②〔清〕阮元:《山左金石志》卷5《汉寿光纪侯镜》,第433页。

为方阴,则是当时已误为'圜'字,今有银州、银水即是。旧名犹存,但字变耳。《水经·河水》云:"又南过西河圜阳县东。"郦注云:"圁水出上郡白土县圁谷,东迳其县南。"《地理志》曰:"圁水出西,东入河,王莽更曰'黄土'也。"圁水又东迳圁阴县北,汉惠帝五年立,王莽改曰方阴矣。《汉书·武帝纪》:太初元年,正历以正月为岁首,色上黄,数用五。张晏曰:汉据土德,土数五,故用五,谓印文也。若丞相曰丞相之印章,诸卿及守相印文不足五字者,以之足之。按此印五字,乃西汉制,小颜谓"圁水当时已误为圜",得此可据。①

阮氏援引《水经注》及《汉书·地理志》,对"圜阳"、"圜阴"之"圜"做了考证,从而认定"圜"字本应为"圁",即指圁水,"圜阳"即在圁水之阳。再如,阮元对齐刀第十八品铭文"安阳"之地的考证:"朱枫《古金待问录》释'安阳'二字,朱氏又谓:'刀布凡有阳字者,悉属高阳氏之币。'据此实不然,但汉之安阳,《地理志》及《水经注》谓隶宋州,在春秋时属宋国,似不属齐,而面有'即墨'二字,是齐或别有安阳矣。况刀布太公一行之于周后,惟管仲相齐行之,宋为二王之后,不改其轨物,安得有此刀布乎? 故凡有'安阳'字样者,悉附于齐。"②由此可知,此刀币之"安阳",并非宋地之"安阳",而隶属齐地。

阮元还对州县的建置沿革加以考证。如《荡阴令张迁碑》跋考东阿县建置沿革云:"考东汉时,东郡置谷城、东阿二县,北齐省谷城为东阿,宋时凡三迁,明时乃迁于谷城镇,即今东阿县治。今东阿属泰安府,在唐宋元皆隶东平府。"③又如《岱庙铁桶》跋考奉符县的建置沿革:"兖州奉符县,奉符本汉之乾封县,《宋史·地理志》:乾封,大中祥符元年改曰奉符,属袭庆府。然袭庆乃政和八年升,故建中靖国仍曰兖州也。《志》称'袭庆属泰宁军',此乃称'永静军'。按永静之称,相沿自唐,泰宁之改应与袭庆同时,但史偶略之耳。"④东阿县、奉符县的建置沿革遂得以明悉。

其六,对避讳的考释

避讳是中国古代社会的一种特殊的文化现象,始于周代,终于清末,由

①〔清〕阮元:《山左金石志》卷6《汉圜阳宰之印》,第444~445页。
②〔清〕阮元:《山左金石志》卷4《齐刀二十二品》第十八,第427页。
③〔清〕阮元:《山左金石志》卷8《荡阴令张迁碑》,第487页。
④〔清〕阮元:《山左金石志》卷3《岱庙铁桶》,第421页。

于它要求在文字上不得触犯当代帝王及所尊者的名、字、号等,故古代典籍中的人名、姓氏、官名、地名以及史书中的文字、词语等均有因避讳而被改动的,对学者读书治史带来了诸多困难。因此,陈垣先生曾说:"不讲避讳学,不足以读中国之史也。"①避讳改动的形式多样,或改用同音字、音近字、意近字,或缺笔等。阮元对历朝避讳有着深入了解,能够十分娴熟地把避讳学知识广泛地运用于金石考证中,用以排疑释难,一些聚讼纷纭的问题往往得以涣然冰释。

如阮元对梁太平镜镌刻年代的考证,正是凭借着对梁敬帝小字"法真"的熟悉掌握,从而断为萧梁太平年间,其跋云:"篆文铭三十一字,字多反写,曰:'太平元年五月丙午,时□□□道始兴,造作明竟,百涷正铜,上应星宿,下达□□。'……何以订为梁太平? 以'正'字避'真'知之。梁敬帝小字'法真',六朝人忌讳甚密,即小字,臣下想亦必谨避之矣,其为梁器无疑。"②如若不知六朝人避讳梁敬帝小字"法真"甚严,那么就无法判断其铸造于萧梁太平年间。又如《重修舜帝庙碑》跋对金代避讳的考释:

> 案《帝王世纪》具录帝舜事迹,自耕稼陶渔以至为帝。……"尧"字凡五见,皆缺画,崇山"崇"字下"示"作"未"。案睿宗讳"宗尧",《金史·孙即康传》:上问即康,参知政事贾铉曰:睿宗庙讳改作"崇"字,其下却有"本"字,若依《兰亭帖》写作"未"字,云云。即康奏曰:睿宗庙讳上字从"未",下字从"垚",是其事也。但《传》云作"垚",而书者又于"垚"字缺画,以见当时曲避,非尽由式也。"兄友弟敬",依《史记》,"敬"当作"恭",而文若此者,亦避显宗庙讳"允恭"故也。至前引"渔于雷泽,渔者皆让渊",今《史记》作"让居",疑唐之校书者避讳,转改"渊"作"居",不如此文之实。③

阮氏在《重修舜帝庙碑》跋文中对该碑刻辞因避讳而发生改变的情况做了解释说明,我们由此可知:"尧"字之所以五次出现并缺笔,以及"崇山"之"崇"字的下部改"示"作"未",都是为了避金睿宗名"完颜宗尧"以及庙讳"崇"之讳;之所以改"兄友弟恭"为"兄友弟敬",是为了避金显宗庙

---

① 陈垣:《通鉴胡注表微·避讳篇第五》,商务印书馆2011年,第70页。
② 〔清〕阮元:《山左金石志》卷5《梁太平镜》,第437页。
③ 〔清〕阮元:《山左金石志》卷20《重修舜帝庙碑》,第82页。

号"允恭"之讳;清代《史记》之所以将"渔者皆让渊"记为"渔者皆让居",是因为唐人校书《史记》时,为避唐高祖李渊之讳而改"渊"为"居",此改动一直为后世承袭。阮元对此碑中避讳的考释,透彻而明了,令人信服。总之,阮元把避讳这一专制制度下的文化糟粕,变成考史、治史的工具,澄清了文献中很多文字上的混乱,功不可没。

除了以上内容之外,阮元在《山左金石志》中考释的问题还有很多,诸如不同朝代权衡单位之间的换算比较。如《羊子戈》跋云:"以侧布按汉法准之,重十九两六钱四分九厘,重今等八两三钱,视郑氏注云'三锊为一斤四两'者,不足者三钱五分一厘。援长今营造尺四寸八分,内长二寸四分,胡长三寸六分,而所谓'内倍之,胡三之,援四之'皆与经合,惟其广二寸,则以周尺度之,财寸微强。聂崇义《三礼图》曰:'广二寸,谓胡也',其实援亦广二寸,今度以周尺,皆不及。"①还如《岱庙铁桶》跋对宋代物价的说明:"孙向母应亦施钱伍贯造范者,'伍'字下偶轶'贯'字,铁桶二只,计钱一百六十五贯,亦可以知尔时物价之低昂也。"②

总之,阮元凭借着其广博的学识,对金石刻辞中的史实做了精审考释,从氏族、人物、史事、年代,到礼制、官制、舆地、避讳等,无所不考,内容十分广泛。同时,对传世文献予以纠谬订讹、补缺拾漏,取得了很大成就。

(三)对金石刻辞阙略与讹误的补正

阮元不仅以金石补正史籍之阙略与讹误,而且还用史籍来补正金石之阙略与讹误。金石之文虽然有不易篡改之优点,大多固然可信,但也不能过于盲从,因为金石刻辞也常存有讹误。一方面,因书碑者个人情感而造成的夸耀不实之词,甚至因个人好恶而捏造,屈服于权势而曲诬,溺于私情而讳饰。另一方面,或因写碑人抄刻不精而错讹,或因石工学识浅陋而舛误,等等。不管是无意失真,还是有心虚构,都使得金石文献的史料价值大为降低。另外,金石刻辞所记史实,有时会存有阙略。针对这些情况,阮元在《山左金石志》中细察明辨,对金石刻辞的讹误、阙略予以补正。

正碑刻记年代之误。如《朱岱林墓志》记载:朱岱林于"大齐武平二年岁次辛卯二月乙卯朔六日甲申葬于百尺里东五里"③,阮元对北齐武平二

---

①〔清〕阮元:《山左金石志》卷2《羊子戈》,第410页。
②〔清〕阮元:《山左金石志》卷3《岱庙铁桶》,第421页。
③〔清〕阮元:《山左金石志》卷10《朱岱林墓志》,第518页。

年二月的干支纪月作了考证,认为是己卯月,并非乙卯月,从而纠正了碑文错误,其跋云:"二月乙卯朔六日甲申,乙卯乃己卯之讹。"①又如,《醴泉寺志公碑》跋对景龙二年干支讹误的纠正:"碑云'景龙二年岁次景午',案中宗神龙二年是丙午,若景龙二年为戊申,不知碑何以致误也。"②再如,对《棣州三学资福寺藏经碑》中所记年代讹误的纠正,其跋云:

> 碑中所纪年月多讹,"元帅田公,大德七年为浙江行省理问官,施藏经于三学寺,越明年癸卯,琅函成"。案大德七年为癸卯,若越明年当为甲辰。又云:"大德六年辛丑,田公同夫人史氏施大藏经文。"以六年为辛丑,自当以七年为壬寅,八年为癸卯矣,而十一年为丁未,则又不误者何也? 撰文者或一时记忆偶误,而文敏书碑亦仍沿之,所未解也。③

正碑刻记皇帝尊号之误。如《邓村造塔记》跋云:

> 案记云"维大唐景龙三年岁次己酉五月丁巳朔二十三日己卯,诸邓村老幼咸愿普皈争解之心,敬造五级石塔一所,并弥勒像一铺,上为膺天皇帝陛下",云云。考《唐书·中宗纪》:神龙元年十一月戊寅,上尊号曰"应天皇帝",景龙元年八月丙戌,上尊号曰"应天神龙皇帝"。记文在景龙三年,不书四字尊号。又"应天"讹作"膺天",皆乡人无知者所为也。④

正碑文刻辞倒互之误。如《太师泰安武穆王神道碑》跋对碑文倒互之误加以辨正:"今取《县志》与碑互证,录出如右。铭词内'由贼叩轮'与上句'无矢不仁'叶韵,是当与下句'懋功是创'倒互,志已改正,今仍碑文之旧而辨其误如此。"⑤

除了正碑刻之讹误外,阮氏还对碑刻之阙略予以补充。如《綦元帅先茔碑》跋补碑文记载綦公直事迹之阙略:

> 公直,《元史》有传。……史称:"公直从丞相伯颜进战于洪水山,

---

①〔清〕阮元:《山左金石志》卷10《朱岱林墓志》,第519页。
②〔清〕阮元:《山左金石志》卷12《醴泉寺志公碑》,第556页。
③〔清〕阮元:《山左金石志》卷22《棣州三学资福寺藏经碑》,第121页。
④〔清〕阮元:《山左金石志》卷11《邓村造塔记》,第552页。
⑤〔清〕阮元:《山左金石志》卷23《太师泰安武穆王神道碑》,第134页。

败之，追击浸远，援兵不至，第五子瑗力战而死，公直与妻及忙古台俱陷焉。二十四年，忙古台奔还，授定远大将军、中侍卫亲军副都指挥使，改湖州炮手军匠万户。讨衢州山贼有功，加昭勇大将军，泰后终于宁海州。"此皆碑所未及载也。①

总之，阮元将金石文献与史志典籍稽参互证，一方面以金石补正史志之阙误，另一方面又以史志补正金石之阙误，重视金石文献的价值但不盲信，这体现了其严谨的治学态度。

（四）据金石之文发表评论

阮元并没有把自己的金石考据局限于对金石自身及金石刻辞内容中个别史实的考订，而是既考又论，结合金石考证来评判历史事件，评论历史人物，同时借古喻今，闪烁着鉴古知今、察往思来的经世思想，其中不乏真知灼见。

阮氏评论人物有不少笔墨，如《鲁郡太守张猛龙碑》跋评张猛龙云："元魏佞佛尤甚，猛龙独能绳其祖武，重道隆师，洵守土之贤者矣。"②张猛龙重教兴学，获此赞颂，毫不为过。又如《宋慈圣御笔印》跋对宋仁宗皇后曹氏进行评论云："按慈圣曹后，乃赠韩王彬之孙女，景祐元年册为皇后，后神宗立尊为太皇太后。慈圣者，谥也。后谏青苗法，拟黜王安石，垂死犹免苏轼兄弟以诗得罪之祸，可谓贤矣。"③

阮元对史事时加评论，显示了其独到的眼光。如《张行久石幢记》跋评张行久"装塑释迦牟尼佛并阿难、迦叶及观音、世志菩萨及护法神王供养等"一事云："行久当时为知温副使，意必代为掊克，沾其余润者，而乃佞佛祈祐，且及乡党姻眷，然唐祚二年即亡，不数年，青州杨光远叛，符彦卿以兵讨之，自夏至冬，城中人相食殆尽，所谓福利者，果安在哉？"④又如，《临淮王像碑》跋引钱大昕之语对北齐娄定远信佛却被杀一事评论云："定远以是年六月造像成，立碑明季为穆提婆所诬缢死，事佛之福安在哉？"⑤这都体现了阮氏对神佛迷信的怀疑与否定。再如，《陈渥书陀罗尼经幢》跋

---

① 〔清〕阮元：《山左金石志》卷21《綦元帅先茔碑》，第98页。
② 〔清〕阮元：《山左金石志》卷9《鲁郡太守张猛龙碑》，第507页。
③ 〔清〕阮元：《山左金石志》卷6《宋慈圣御笔印》，第455页。
④ 〔清〕阮元：《山左金石志》卷14《张行久石幢记》，第603页。
⑤ 〔清〕阮元：《山左金石志》卷10《临淮王像碑》，第521页。

对后唐将领杨光远叛乱、杀人等劣迹进行评论云："此幢建于天福六年，越三年光远叛晋，苻（符）彦卿东讨光远，婴城固守，自夏至冬，城中人相食几尽，其子承勋囚之以降，帝使李守贞杀之。光远死，后汉高祖称帝，又赠为尚书令，封齐王，命中书舍人张正撰光远碑铭，即以其子承勋为平卢节度使，刻石于青州。碑石既立，雷击碎之，而此碑光远姓名亦残毁，是天不欲留恶人之迹欤。"①与《张行久石幢记》不同，此论则体现出了阮氏天谴恶人的思想。再如，《元丰大观诏书碑》跋对宋神宗与宋徽宗二朝政治弊病的指责："二帝法制纷更，权奸用事，其是非固不待论，然朝廷设官，各有分守，出位越职，原紊官常，非治世之所宜。"②评论切中时弊，极具卓识。

阮元评论史籍之讹谬与史家之曲直，也有可取之处。如《琅琊郡公王氏先德碑》跋文评论《元史》云："《元史》于宰执拜罢，多掇拾简牍书之，简牍未详者阙之，自不必信史而疑碑矣。"③阮氏对《元史》的批评不无道理，因为在封建正史之中，质量最差的当属《元史》，究其原因，除了编修仓促、成于众人之手外，还有一个重要原因，那就是资料问题。经过元末长期战乱，史籍大量散佚，一时难以征集，对于已经收集到的资料，限于翻译条件，也没有得到充分利用。所以，《元史》编修所采用的史料多是一些残书断简，随得随抄，前后重复，失于剪裁，又不彼此对校、考定异同，多有抵牾。因此，《元史》不可避免地存有一些讹舛疏漏之处，遭到学者们的非议。所以，我们在利用《元史》时一定要审慎，"自不必信史而疑碑"。

阮元对建墓、立碑之缘起与用意，也有评论。如《梁王墓题字》跋评峄县修建梁王墓云："峄县之为兰陵始于荀卿适楚，楚以为兰陵令，即此地也。六朝时地属北魏，不归萧梁，安得复分子弟于故里、没而葬此乎？山左古墓大率出于傅会，惟查邑志载南北朝萧静之性好道，举进士不第，因绝粒炼气，不知所终。后人或以其与梁王同姓，谬袭崇称，而又以好道之故，遂题'玉虚擒阳'之额。"④梁王墓系后人附会伪造，阮氏之论令人信服。又《李氏祖茔碑》跋评李氏祖茔立碑用意云："碑言李氏远祖讳令琛，旧为卢台郡

①〔清〕阮元：《山左金石志》卷14《陈渥书陀罗尼经幢》，第607页。
②〔清〕阮元：《山左金石志》卷18《元丰大观诏书碑》，第24~25页。
③〔清〕阮元：《山左金石志》卷23《琅琊郡公王氏先德碑》，第148页。
④〔清〕阮元：《山左金石志》卷10《梁王墓题字》，第532页。

人。唐初一日,衣带纯白,御大风而来,不远千里至大郝村辄止,因家焉。其事甚诞,而以之书于碑,其亦逞异闻者欤?"①其论即是,李氏后人不过是为了故弄玄虚,吸引别人眼球罢了。

另外,阮氏还对碑刻文辞进行评论。如评论《徐休复祷孔庙碑》云:"碑文则休复自撰,词句鄙劣不足存也"。②

综观阮元据金石之文所发史论,受金石刻辞具体内容限制而多局促琐碎,缺乏纵通宏论。不过,他本于实物而后论,一事一议,实事求是,不乏真知灼见,应该值得肯定。

五、对金石文字书体的介绍及书法评析

阮元十分关注金石文字的书体,在《山左金石志》题跋中大都有介绍说明。如《仁寿铜佛像》跋云"铭刻附左右及后匡,正书"③;《鲁相韩敕造孔庙礼器碑》跋云"并阴及两侧俱八分书"④;《鲁郡太守张猛龙碑》跋云"并阴及额俱正书"⑤;等等。又如,阮元在《敕赐升元观牒碑》跋中援引《老学庵笔记》的记载,对北宋"敕"字书写风格及演变做了考察:

> 陆游《老学庵笔记》云:"自唐至本朝,中书门下出敕,其'敕'字皆平正浑厚。元丰后,敕出尚书省,亦然。崇宁间,蔡京临平寺额作险劲体,'來'长而'力'短,省吏始效之,相夸尚,谓之'司空敕',亦曰'蔡家敕',盖妖言也。京败,言者数其朝京退送及公主改帝姬之类,偶不及蔡家敕,故至今'敕'字蔡体尚在。"此碑"敕"字正所谓蔡体也。⑥

又如,阮元对飞白书创发始末的考证。飞白书亦称"草篆",是由东汉书法家蔡邕受到工匠用扫把蘸石灰刷墙启发而创造,至于飞白书用什么材料的笔书写,史书未有记载。阮氏依据《王临书灵岩道境石刻》所题"元丰庚申,尚书兵部郎中、直昭文馆、知军州事、上柱国王临毡笔",知为毡笔所书,其跋云:"案张怀瓘《十体书断》谓:蔡邕待诏鸿都门,见垩帚成字,归作

①〔清〕阮元:《山左金石志》卷20《李氏祖茔碑》,第70页。
②〔清〕阮元:《山左金石志》卷15《徐休复祷孔庙碑》,第620页。
③〔清〕阮元:《山左金石志》卷3《仁寿铜佛像》,第418页。
④〔清〕阮元:《山左金石志》卷8《鲁相韩敕造孔庙礼器碑》,第484页。
⑤〔清〕阮元:《山左金石志》卷9《鲁郡太守张猛龙碑》,第505页。
⑥〔清〕阮元:《山左金石志》卷18《敕赐升元观牒碑》,第27~28页。

飞白,是垩帚为飞白笔之始也。唐宋诸家能飞白书者,皆不言用何笔,此云毡笔,可补见闻未及。"①

除了对金石文字的书体介绍之外,还对书法进行评析鉴赏。如评《郑述祖天柱山铭》云"碑述祖父遗轨,抒写孝思,词旨凄恻,而文采华整,书法有汉魏规矩,为郑氏诸碑之冠"②;评《赠齐州刺史高湛墓志铭》云"碑字秀劲,为唐时虞、褚诸家所本"③;评《曹望憘造象记》云"碑字秀劲,已开唐人法脉"④;评《任城桥亭碑》云"碑书字颇肥劲,大似史惟则一派,亦开元时风尚也"⑤,等等。阮元称赞书法优秀者的同时,对粗俗者亦予以批评。如批评《谭清等崇圣寺造象记》云"文庸字劣,皆村俗所为也"⑥;批评《东海徐氏墓碑》云"文既俚鄙,字犹粗劣,殊不足观也"⑦,等等。

以上对阮元金石考据的内容做了简要阐述,当然,其考证也不无可作商兑之处,下面试举一例。如《龙兴寺铜钟》跋云:"按《唐书·地理志》,改青州为北海郡,无明文,惟《齐乘》云:唐武德元年置青州总管府,七年改为都督府,天宝元年罢都督府,改为北海郡。钟上所刻姓名惟樊泽、崔器,新、旧《唐书》俱有传,略云:泽字安时,河中人,……器,深州安平人,有吏干,然性阴刻乐祸,天宝中举明经,为万年尉,逾月擢御史中丞。宋浑为东圻采访使,引为判官,……"⑧阮氏考释之误有三:其一,关于改青州为北海郡,《旧唐书·地理一》有明文记载,"天宝元年,改青州为北海郡。乾元元年,复为青州"⑨,并非阮氏所云"无明文";其二,《齐乘》云"唐武德二年,置青州总管府"⑩,并非阮氏所云"武德元年";其三,据《旧唐书·崔器传》记载:"崔器,深州安平人也。……天宝六载,为万年尉,逾月拜监察御史。中丞宋浑为东畿采访使,引器为判官。"⑪可见,阮氏误"东畿采访使"为"东圻采

①〔清〕阮元:《山左金石志》卷17《王临书灵岩道境石刻》,第2页。
②〔清〕阮元:《山左金石志》卷10《郑述祖天柱山铭》,第516页。
③〔清〕阮元:《山左金石志》卷9《赠齐州刺史高湛墓志铭》,第509页。
④〔清〕阮元:《山左金石志》卷9《曹望憘造象记》,第508页。
⑤〔清〕阮元:《山左金石志》卷12《任城桥亭碑》,第569页。
⑥〔清〕阮元:《山左金石志》卷16《谭清等崇圣寺造象记》,第657页。
⑦〔清〕阮元:《山左金石志》卷20《东海徐氏墓碑》,第77页。
⑧〔清〕阮元:《山左金石志》卷3《龙兴寺铜钟》,第420页。
⑨〔后晋〕刘昫:《旧唐书》卷38《地理一》,中华书局1975年,第1452页。
⑩〔元〕于钦著,刘敦愿等校释:《齐乘校释》卷3《郡邑》,中华书局2012年,第239页。
⑪〔后晋〕刘昫:《旧唐书》卷115《崔器传》,中华书局1975年,第3373页。

访使"。

综上可见，阮元金石考据的内容极其广博，包括对金石自身的考证、对金石文字及音韵的考释、对金石刻辞行文惯例的揭示、对金石刻辞内容的考释、据金石之文发表评论以及对金石文字书体的介绍与书法评析等众多问题。阮氏以金石文献为资料，以考据为手段，以史实为考据对象，取得了极大的成就，史料来源得以扩大，史学研究领域得到不断开拓。阮元的金石考据对后世影响很大，近代王国维所倡导的"二重证据法"，正是在吸收了阮元等乾嘉学者金石考据的基础之上，再借鉴近代历史研究的科学方法后，才得以科学、系统地提出。

第二节　阮元金石考据的方法

正如上文所述，阮元的金石考据取得了丰硕的成果，显示出了极高的水平，究其原因，这得力于其金石研究所采用的科学而严密的思维方式与治学手法。阮氏不仅为我们留下了近五十万字的《山左金石志》，同时也为我们提供了不少成功的金石考据方法。据笔者研究发现，阮氏考据方法不拘一格，因问题不同而灵活运用。下面，就其影响较大、效果较显著的几种考据方法作一简要介绍。

一、综合性的考据方法

阮元在对每一种金石碑刻进行考证时，总是凭借着其深厚的学术修养与广博的文化积累，充分运用经学、史学、文学、文字学、舆地学等多学科的知识和方法，借助经史文献、文学典籍等多种资料，利用乾嘉学派的"正文字，辨音读，释训诂，通传注"的方法，对金石刻辞中的史实进行全面、细致的考察。如对《鲁公鼎》铭文的考释：

右方鼎籀文铭七字，曰："卤公作文王尊彝。"《说文·木部》："櫓，大盾也。"古文作"楯"，是"鲁"、"卤"古字通用。《钟鼎款识》曰："'卤'字，许慎《说文》云'从西省，象盐形'，即'鲁'字也。"古之文字形声、假借，如"鄄"作"许"，"咎"作"皋"，"缪"作"穆"之类是也。鲁公者，周公也；文王者，周文王也。按《史记·鲁世家》云：武王"遍封功臣、同姓戚者，封周公旦于少昊之墟曲阜，是为鲁公"，云云。故《钟

鼎款识》以鲁公为周公,不谓伯禽。又按成王以周公为有勋劳于王室,
赐鲁以天子礼乐,故鲁得郊禘。禘者,礼家以为禘文王也。乃作文王
尊彝,不然诸侯不得祖天子。鲁称秉礼,岂漫犯是不韪耶?①

又如《党怀英书王荆公诗刻》跋云:

> 右诗刻四石,每石四行,字径三寸。第一石首行之右小八分书,题
> "竹溪党怀英书"六字,极清劲。"竹溪"当是承旨自号,《中州集》及
> 《金史》本传皆不及之。第四石末行之左题小楷,书"明昌六年四月旦
> 日,济州普照禅寺住持传法嗣祖沙门智照立石,古任李绅刊"一行。钱
> 辛楣少詹云:"怀英以篆隶擅名一代,此诗用古文篆,尤精妙可爱。"其
> 云"黄菊分香骫路尘",盖借"骫"为"委"字。《汉书·淮南王传》"皇
> 帝骫天下正法",扬雄《长杨赋》:"骫属而还。"师古曰:"骫,古'委'
> 字。"《张表碑》"旌命骫任",亦以"骫"为"委"也。云"卧看蜘蛛紒网
> 丝",借"紒"为"结"。《仪礼·士冠礼》:"将冠者,采衣紒。"注:"紒,
> 结发,古文'紒'为'结'。"《诗毛氏传》"象弭所以解紒",《疏》云:"紒
> 与结义同。"碑后有"智照立石"题字,照卒于明昌六年八月,其塔铭亦
> 怀英八分书。②

利用综合性的考据方法,这完全得力于阮氏渊博的知识与卓著的学
识,否则是很难做到这一点的。

二、将典籍文献与金石碑刻相结合——二重证据法的先声

阮元在金石考据的过程中,注重典籍文献与金石碑刻资料相结合,取
其相同的部分作为依据,以备征引,而将其有歧义的部分当作问题,再予以
深入探究。应该说,这种将传世文献与金石文献互证互释的方法宋代即
有,欧阳修的《集古录》和赵明诚的《金石录》就是以金石证史的先例。然
而,至清代乾嘉时期,经过阮元、钱大昕等人的成功运用而得到极大的加强
与完善。在此基础上,又经过王国维的归纳、总结,从而提炼为二重证据
法。因此,从学术文化积淀与传承的角度来看,阮元的这种将典籍文献与
金石碑刻相结合的研究方法,完全可以视为王国维二重证据法的一种前

①〔清〕阮元:《山左金石志》卷1《鲁公鼎》,第402页。
②〔清〕阮元:《山左金石志》卷20《党怀英书王荆公诗刻》,第71页。

奏、先声。20世纪20年代，国学大师王国维正式提出二重证据法，即运用地下出土的新材料与古文献的记载相印证，以考证古史。他说："吾辈生于今日，幸于纸上之材料外，更得地下之新材料。由此种材料，我辈固得据以补正纸上之材料，亦得证明古书之某部分全为实录，即百家不雅驯之言亦不无表示一面之事实。此二重证据法惟在今日始得为之。"①显然，王国维先生在系统、明确地提出二重证据法之时，是吸收、借鉴了包括阮元在内的乾嘉诸老的学术成果与研究方法。在《山左金石志》中，阮元运用金石碑刻考证古制、纠正史误的最为典型、成功的例子，当属利用新出土的《重刻唐史承节郑公祠碑》来校勘《后汉书·郑玄传》，从而解决了长期困扰后人的学术问题。此例在第四章已有论述，此不再赘述。又如，阮氏利用李仁煜所藏，出土于诸城的《汉石洛侯黄金印》，以正《汉书》记载之误："《史记·王子侯表》：'石洛侯刘敬，城阳顷王子，元狩元年四月戊寅封。'则是石洛侯乃高祖五世孙，武帝所封者。《汉书》始封年月皆合，惟以'石洛'为'原洛'，'刘敬'为'刘敢'，'元狩'为'元鼎'，盖传写而异。据此足正班氏之误，金石之有裨史学如此。"②

　　总之，以阮元为首的乾嘉考据学者，提倡利用金石碑刻与史籍相结合进行考证，这种方法是清代考据学取得巨大成果的一个重要原因，实开近世王国维二重证据治史方法之先河，在学界产生极大影响。诚如郭沫若所言："欲尚论古人，或研讨古史，而不从事考据，或利用清儒成绩，是舍路而不由。"③

三、参稽互证法

　　参稽互证法是指通过钩稽大量相关资料，参互比证，以求得史实的真相。阮元在《山左金石志》中充分运用此种方法，既有史籍与金石的参稽互证，又有金石之间及史籍之间的参稽互证，下面分别举例予以说明。

（一）史籍与金石参稽互证法

　　史籍与金石参稽互证法是乾嘉考据学者在史学研究中经常运用的一种考据方法，是指为了考证史实的真实可靠，往往把史籍文献与记载同一

①王国维：《古史新证·总论》，《王国维全集》第十一卷，浙江教育出版社、广东教育出版社2009年，第241~242页。
②〔清〕阮元：《山左金石志》卷6《汉石洛侯黄金印》，第441页。
③郭沫若：《读随园诗话札记·考据家与蠹鱼》，北京古籍出版社2003年，第274页。

史实的金石碑刻相比较,然后考证出彼此的异同及对错是非。阮元在《山左金石志》中充分运用此种方法,他既不轻信史籍记载,也不盲从金石刻辞,而是将史籍记载与金石刻辞相互考证,互相弥补对方记载的不足,以求将史实考释得更为翔实、清楚、可靠。如阮氏将《太师泰安武穆王神道碑》与《元史》记载进行参稽互证:

　　　碑与传所载大致皆同,所不同者,碑作"畏答",而史作"畏答儿";碑云"易名'屑廛',约为按答,盖明炳几先,与友同生死之称",史云"更名'薛禅',约为按达,薛禅者,聪明之谓也,按达者,定交不易之谓也";碑云"曷剌真",史作"哈剌真";碑云"兀彻带",史作"术彻台";碑云"只里吉",史作"只里吉实";碑云"忙各",史作"忙哥";碑云"博罗谨",史作"博罗欢";碑云"阿里不各",史作"阿里不哥";碑云"赐骒马四百匹",史作"四十匹";碑云"虎各赤",史作"爱哥赤";碑云"先真",史作"线真";碑云"别帖兀而",史作"别帖木儿";碑云"石湫",史作"石秋";碑云"益封桂阳州",史作"益封桂阳德庆二万一千户";碑云"只里干带",史云"只里斡台";碑云"应昌",史作"德昌";碑云"曷剌斯、博罗斯、干罗罕、薛连干",史作"哈剌斯、博罗思、斡罗罕",而无"薛连干";碑云"月列鲁",史作"月鲁那演";碑云"老底",史作"老的";碑云"岳术忽",而史作"药术忽儿"。大抵字音相近,随宜通用,其有传闻互异者,碑与史所载不同,自当以碑为正也。①

　　通过比较,发现二者存有许多不同之处,在阮元看来,"大抵字音相近,随宜通用",对于传闻记载的不同,当以碑刻为准。如若没有勘对,就会使读者感到淆乱不清,无所适从。又如《济宁路总管府记》中有对元皇室公主、驸马的记载,阮元将之与《元史·公主表》互校:

　　　案碑中所列公主、驸马之名,以《元史·公主表》校之,间有互异者。《表》云:鲁国大长公主也速不花,睿宗女也,适皇国舅鲁忠武王案嗔那颜子斡陈驸马;鲁国公主薛只干,太祖孙女,适斡陈弟纳陈驸马;鲁国长公主完泽,适斡陈男斡罗真驸马;鲁国大长公主囊家真,世祖女,适纳陈子帖木儿,再适帖木儿弟蛮子台。碑与史表互校,更得

──────────

①〔清〕阮元:《山左金石志》卷23《太师泰安武穆王神道碑》,第134~135页。

其详。①

经过碑史互校,公主、驸马记载更得其详。再如,对于《旧唐书》记载唐乾封元年(666)正月唐高宗封禅泰山、拜谒孔庙一事,阮元依据《赠泰师孔宣公碑》与之相证,二者记载吻合,足以证明《旧唐书》记载的可信。其跋云:

> 《旧唐书·高宗本纪》:乾封元年正月,"丙戌发自泰山,甲午次曲阜县,幸孔子庙,赠追太师,增修祠宇,以少牢致祭,其襃圣侯子孙并免赋役",与碑合。是年正月戊辰朔甲午次曲阜在廿七日,而诏以廿四日下,盖未至曲阜之前也。祭告文云"皇帝遣司稼正卿扶余隆",考《旧唐书·职官志》,龙朔二年二月甲子,改百司及官名,以司农为司稼,卿为正卿,亦与碑合。乾封元年诏令三品一人致祭,司稼正卿即三品也。②

阮元不仅以碑证史,还以史证碑。如《张宣慰登泰山记》,碑中并未指明"东平府路宣慰张公"的姓名与籍贯,鉴于此,阮元将碑刻所记张公事迹与《元史·张德辉传》互证,二者记载相同,这就证明张宣慰就是张德辉。其跋云:

> 碑称宣慰张公,不详名字、里居,以史考之,即张德辉也。史传称:德辉字辉③卿,冀宁交城人,世祖即位,起为河东南北路宣抚使,寻迁东平路宣慰使。春旱,祷泰山而雨。至元三年秋,参议中书省。事皆与碑文合。④

(二)金石参稽互证法

金石参稽互证法,是指将记载同一史实的不同金石碑刻进行比较,以考明史实的真相。《山左金石志》中多次运用这种方法,并取得了不错的考证效果。如《镇抚张仁神道碑》跋云:"碑载张氏先世事迹,与《进义碑》大略相同,彼碑叙仁事,但略云'察罕爱其勇锐,赐之银盂,以拔突目之';

---

① 〔清〕阮元:《山左金石志》卷21《济宁路总管府记》,第102页。
② 〔清〕阮元:《山左金石志》卷11《赠泰师孔宣公碑》,第546页。
③ 此"辉"字,《元史·张德辉传》作"耀"。
④ 〔清〕阮元:《山左金石志》卷21《张宣慰登泰山记》,第90页。

此碑则云'银盂上镌写金字曰:察罕那颜赐济南张拔突去金帐子里要饭吃休当者',不惟较详于前,且可见元初鼓励将士之制如此,史家所不能详也。"①通过对《镇抚张仁神道碑》与《进义碑》的比较,史实变得更加详明。又如,阮元在对《东华帝君碑》的书者张仲寿的题衔考证时,与同为张仲寿书丹的大德九年《昆嵛山东华宫碑》相比照:"张仲寿,史不为立传,据大德九年《昆嵛山东华宫碑》亦仲寿书,彼碑结衔云'嘉议大夫、前泉府卿中尚太监',至是晋官两阶,职居词翰,殆亦以善书之故也。"②如此一来,读者对张仲寿的历官更加清楚。

（三）史籍参稽互证法

史籍参稽互证法,就是把记载同一史实的两部或多部文献相比较,以揭明历史的真相。这种方法,阮元在《山左金石志》中也有运用。如《孟子庙碑》的撰文者由于字迹磨灭而难以辨明,阮氏将县志、府志以及相关史传相比较,从而判定撰文者为孙傅。其跋云:"县志载撰文为孙傅,府志又作孙复,今碑中姓名已磨灭,惟衔存'朝奉郎监察御史',证之史传,当以孙傅为近。"③

总之,经过参稽互证,史实被考释得更为翔实清楚,史籍文献变得更加真实可信。

四、类比推理法

类比推理法,是指根据两个事物在某些属性上相同或相似,从而推出其他属性也相同或相似的推理方法。阮元在考据中常用此法,这是极具睿智的,在他的视野中,某一石刻不应是孤立的存在,而需结合相类石刻进行对比审视。如《莲花洞造象题字三十种》无镌刻年月,但阮氏把它与《隋张洪亮造象记》相类比,从而判断出其亦镌刻于隋代。其跋云:"内有'妻'字作'妻',及称'清信女',皆与《隋张洪亮造象记》同,遂据此附于隋末。"④类似例子还如《元家楼造象残碑》,其跋云:"碑无年月可考,因《章仇禹生

①〔清〕阮元:《山左金石志》卷22《镇抚张仁神道碑》,第116页。
②〔清〕阮元:《山左金石志》卷22《东华帝君碑》,第126页。
③〔清〕阮元:《山左金石志》卷18《孟子庙碑》,第32~33页。
④〔清〕阮元:《山左金石志》卷10《莲花洞造象题字三十种》,第532页。

等造象》亦有邑子姓名,与此同,遂附隋碑之后。"①

五、常识推理判断法

常识推理判断法,是指借助常识对某些问题进行推理判断。有些问题难以找到其他证据却又是常识性的,就可以采用这种常识推理判断法,往往会取得不错的效果。以称谓、名、号、字等为例,它们均具有强烈的地域性与时间性,比如元朝人称"元"为"大元",明人绝不这样称;清代史籍中多改"玄"为"元",乃是为避康熙讳,他朝则不这样,等等,这些都可以用来考证古史。阮元在《山左金石志》中有不少考证便运用此法,来判定某些金石碑刻的造刻年代。如对《隋青州默曹残碑》刻立年代进行考证,认定其为隋代碑刻,提出四点理由,其中首条为:"隋承十六国之后,人名多沿其陋,内孙清丑、王莫遮、李黑鼠、韩解脱、郑须陀、孙婆罗等类。"②又如,对距末铸造年代的考证,根据宋国人自称为商人的常识,从而断其为商代之物。其跋云:"此器翁覃溪阁学方纲据'商国'二字以为商器,元谓此字不类商铭,且色泽亦不肖商之古,此盖周器宋人物也,宋人每称宋为商矣。"③再如,依据唐代避唐太宗"民"字之讳的常识,从而断定《隋六马双镜》必非唐人所造:"内不讳'民'字,又知非唐人所造。"④阮氏还依据常识对金石文字进行补正,如对《省堂寺残碑》中"不敷春秋,不落秋冬"一句以及"永"字下所空之字进行考证云:"案所录皆审正无讹,惟'不敷春秋,不落秋冬',上句重一'秋'字,当是'夏'字之讹。又'永'下空一字,唐以'永'纪号者凡六,永徽、永隆、永淳、永昌、永泰、永贞,惟永隆元年是庚辰,此碑元年下有'庚'字,为永隆无疑也。"⑤当然,常识推理判断法需要有丰富的史学知识作为前提,否则该方法就难以使用。

六、考而不断法

考而不断法,是指对某些问题存有疑问或分歧,但凭借着现有资料又

---

① 〔清〕阮元:《山左金石志》卷10《元家楼造象残碑》,第532页。
② 〔清〕阮元:《山左金石志》卷10《隋青州默曹残碑》,第531页。
③ 〔清〕阮元:《山左金石志》卷2《距末》,第408页。
④ 〔清〕阮元:《山左金石志》卷5《隋六马双镜》,第438页。
⑤ 〔清〕阮元:《山左金石志》卷11《省堂寺残碑》,第548页。

难以定其是非或建立新说，最好的办法便是经过一定考证后不做结论，留
待以后解决。阮元在《山左金石志》中对遇到的难以解决的问题，在没有
足够的论据加以否定或肯定之前，暂时不下断语，留待以后或后人研究，这
充分体现了其实事求是的治学精神。如对《汉朝正殿瓦二器》的制作年代
进行考证云："右铜瓦二，元得之于济南市中。'朝正殿笔雀'字俱不可考，
详其笔画，必是刘渊、李寿、刘龑、刘智远、刘旻诸汉时物，断非两汉时制。
因无证验，姑附于末，以俟知者。"①又《汉张武印》跋云："右印曰'张武之
印'，白文，见济宁。按武，张敞之弟，官梁相。又东汉吴郡由（有）拳人张
武，尝举孝廉，遭母丧，哀恸绝命，未知孰是。"②再如《幽栖寺重摹范公忠智
碑》跋云："案其碑制、字体或是唐人原刻，朱朗斋据《县志》有'大定元年重
修幽栖寺'语，遂定此碑为金时重刻。今姑仍之，俟考。"③

　　以上对阮元在《山左金石志》中运用得较为广泛、效果较为显著的六
种金石考据方法做了简要介绍，当然，所用方法不限于此，其他兹不再赘
述。阮氏之所以能够取得丰硕的金石考据成果，这完全得益于其严谨的治
学态度以及科学、多元的考据方法的运用，我们应该给予充分肯定。

第三节　阮元金石考据的学术意义及评价

一、学术意义

　　阮元的金石考据无论对后世的金石学研究，还是历史考证学的研究，
都有着极大的学术意义。在《山左金石志》中，阮氏详确地考释了诸多深
涩难懂的金石文本内容，揭示了诸多金石文献的行文惯例，考辨了某些金
石文献的真伪，进而利用金石文献的考证成果补正传世典籍的阙误等，取
得了重大的成就。在对金石文献进行释读考证时，他十分重视对由金石文
字内容而引发的一系列带有普遍意义的学术问题进行深入细致的分析研
究，由此得出的结论往往会超出金石文献本身问题的范围，能够辐射到更
广阔的学术空间。正缘于此，《山左金石志》不仅具有重要的参考价值，而

①〔清〕阮元：《山左金石志》卷2《汉朝正殿瓦二器》，第416页。
②〔清〕阮元：《山左金石志》卷6《汉张武印》，第446页。
③〔清〕阮元：《山左金石志》卷20《幽栖寺重摹范公忠智碑》，第65页。

且还具有一定的导向作用与典型意义,被后世学者奉为金石学的经典代表,对之后金石学的传承、发展、改造、转型与创新等,都产生了深刻影响。

阮元的金石考据不仅对于金石学研究具有重要意义,而且对于深化历史考证学的研究也具有重要价值。他利用金石文字考证历史,不仅扩大了史料范围,引起人们对于金石资料的重视与研究,同时也为后世开辟了一条新的研究途径,开近代王国维"二重证据法"之先河。此种研究方法是阮氏取得丰硕成果的一个重要原因,至今仍然具有着旺盛的生命力,为学者们广泛使用。尤其值得一提的是,元代金石碑刻的史料价值正是经阮元、钱大昕等人发掘和利用后,才引起后世中外学者的高度重视,大量的元碑遂被当作重修《元史》、考证元代史实的重要依据,使得许多元史问题藉此而得以澄清、解决。

总之,阮元的金石考据,不仅以其精密的见解丰富了清代学术的研究成果,而且因其研究方法的合理与高效推动了清代金石考证学、历史考证学的长足发展,对后世的学术进步产生了积极而深远的影响,二百多年来,深受后世学者的尊敬与称赞。

二、对阮元金石考据的评价

对于阮元的金石考据,我们可以用三个"有"来评价,即有价值、有特色、有局限,下面做一简要论说。

(一)有价值

阮元凭借着其经学、史学、文学、文字学、音韵学、地理学等广博学识,研治金石之学,释读金石文字,又以金石文字考证历史,补正史志阙误,解决了许多存有争议的历史问题(如据《重刻唐史承节郑公祠碑》正《后汉书·郑玄传》记载之讹),具有很大的学术价值。他提倡利用金石文献与史志典籍相结合来考证历史,扩大了史料来源,开拓了史学的研究领域,促使了金石考据在乾嘉时期的山东乃至全国的兴盛。尽管这种将金石文献与传世文献互证互释的方法并非始自阮元,但却因为他的成功运用而得到一定程度的加强与完善,为王国维等近代学者指明了一条研究古史的新途径。当然,对其价值既不可过于夸大,更不能抹煞。

(二)有特色

阮元的金石考据有四个显著特色:

　　第一，注重史实考证。在阮元之前的金石学研究，大多停留在举列目录、描摹形制、考释文字、鉴赏书法等层面上，此即叶昌炽所谓"评骘书品，第其高下，拓本先后，析及毫芒，犹为赏鉴家而非考据家"①。即便涉及史事，也不过限于考订撰书人名氏、刻立时间而已，而很少发掘金石刻辞中隐含之史实。而阮元则不然，他充分利用金石文献以裨史学研究，其金石考据已不复局限于金石形制与金石之文，而是由表及里，由微知著，或从历史大势下来照观一隅之金石文字，或从金石文字解读历史大局，从而取得补史之阙、正史之误、发史之隐的作用。

　　第二，探本溯源，穷极隐微。

　　阮元研究名物典章制度不纠缠于事物名称的孤立考证，而是着眼于古代礼制演变之大体情形，加以动态的、综合的考察，即便纯粹的文字音义考究，亦能探究源流，揭示由来。所以，阮元每论述一个问题，必记其始末，穷极隐微，探源析流，详其原委，从而给读者以全面系统的知识。如《晋大司马印》跋对汉晋以来"大司马"一职演变的考证："按《续汉书·百官志》：初，武帝以卫青数征伐有功，以为大将军，欲尊宠之。以古尊官惟有三公，将军始自秦晋，以为卿号，故置大司马官号以冠之。其后，霍光、王凤等皆然。成帝绥和元年，赐大司马印绶，罢将军官。世祖中兴，吴汉又以大将军为大司马。……魏大司马、大将军各自为官位，在三司上。晋受魏禅，因其制。"②大司马一职的演变，一目了然。

　　第三，注重用比较的方法来考证史实。阮元研究历史问题，不是孤立地考证，而是着眼于历史发展，即把自己的研究对象置于一定的历史空间中加以探究，既有纵向考察，又有横向比较。如《虑傂铜尺》跋对东汉虑傂铜尺与历代铜尺之间大小的比较及换算："建初铜尺与周尺同，当古尺一尺三寸六分，当汉末尺八寸，与唐开元尺同，当宋省尺七寸五分，当浙尺八寸四分，当明部定官尺七寸五分弱，当今工匠尺七寸四分，当今裁尺六寸七分，当今量地官尺六寸六分，当今河北大布尺四寸七分。"③各代铜尺大小及换算，经阮氏的纵向比较而变得清晰明了。

　　第四，融史考与史论为一体。阮元研治金石之学，不仅进行考证，还有

①〔清〕叶昌炽：《语石》卷10"著录一则"条，上海书店1986年影印本，第175页。
②〔清〕阮元：《山左金石志》卷6《晋大司马印》，第449页。
③〔清〕阮元：《山左金石志》卷2《虑傂铜尺》，第413~414页。

评论,融史考与史论为一体,使得立论更加鲜明。虽说在这几方面顾炎武已开启其端,但阮元后出而转精,做得更好。经过阮元的努力,使金石学层面的研究遂超越义例、鉴别、书势诸研究流派,一举发展成研治金石学之正统派、生力军。

(三) 有局限

阮元的金石考据虽然有着极大的价值与显著的特色,但不可否认也存有许多不足之处。其金石考据虽然解决了一些历史问题,但总的来说,基本上都是局限于对经史个别文句的考订以及对具体历史问题的解决,基于有什么样的金石文献资料,就考订什么样的历史问题,所解决的历史问题有限,而且是点点滴滴,较为琐碎,缺乏系统性,无法反映历史的全貌及其发展进程。同时,阮氏的金石考据也存有不少错误之处,诸如引文讹误,《汉董贤印》跋误"董贤字圣卿"为"董贤字舜卿"[①];考释讹误,如《武平铜佛》跋误"齐武平五年为周建德二年"为"齐武平五年为周建德三年"[②],等等。此类问题在第六章有详细论述,兹不再赘叙。

第四节　阮元的金石学思想

阮元不仅在金石考据上取得了丰硕成果,而且在金石学思想理论方面的成就也很突出。他十分重视利用金石碑刻来考证古史,并在考证过程中始终贯彻"金石与经史相表里"这一经脉,在清代金石学研究中特色鲜明。阮氏编修《山左金石志》时年仅三十岁,此时他的金石学思想还不成熟、定型,其"器者所以藏道"、"器者所以藏礼"、钟鼎彝器"重与九经同之"等著名论说尚未明确提出,不过这些思想理论已在《山左金石志》中有所显现,足见此时的金石研究实践对其以后金石学思想发展影响之大。本书以《山左金石志》为主要依据,仅对阮元编修《山左金石志》时所体现出来的金石学思想进行探讨,而不将之扩大化。

一、对金石文献的推崇

对于史学研究者来说,占有可资凭证的历史资料是进行史学研究的前

---

①〔清〕阮元:《山左金石志》卷6《汉董贤印》,第446页。
②〔清〕阮元:《山左金石志》卷3《武平铜佛》,第418页。

提基础。在中国古代，不少史家把目光都集中到各类纸本文献上，而忽略了对金石文献的利用。然而，阮元在历史考据时却不徒局限于纸本文献，于金石碑刻亦极为重视，并认定在存世的各种史料中，尤以金石文字最古。他说："刻石之制，先于漆书，七十二代，先于典诰，又何论于诸史乎?"①与时人多视金石碑刻为艺术鉴赏之属不同，阮氏对其史学价值却有着明确允当的认识："吉金可以证经，乐石可以勘史。"②他在《论钟鼎文绝句十六首》中高度称赞钟鼎铭文的史料价值："铸器能铭古大夫，一篇款识十行余。《尚书》二十九篇外，绝胜讹残汲冢书。""德功册赏与勋声，国邑王年氏族名。半订传讹半补逸，聚来能敌左邱明。"③在他看来，商周青铜器铭文虽然字数不多，纵使不抵《尚书》百篇，肯定远远超过汲郡墓中出土的数十车竹书的价值，其中所记先秦时期的国邑氏族之名等，史料价值极高，可与左丘明的《左传》相媲美。阮氏还在《商周铜器说》中提出其著名论说：钟鼎彝器"其重与九经同之"，"器者，所以藏礼"，"欲观三代以上之道与器，九经之外，舍钟鼎之属，曷由观之?"④阮元这一卓越见解，主张以金证经，金文与九经并重，突破了传统视钟鼎彝器为神器或玩器的庸俗看法，认为钟鼎彝器是古代保存礼制的重要工具，应根据其铭文来研究古制，这在当时确实是了不起的事。这固然是对乾嘉学派治经方法的一个发展，同时也应认识到，自章学诚倡言"六经皆史"以来，乾嘉考据学者基本上都认同经学即史学的观点，而阮元开拓金文与经学的关系，也就意味着正式开通了金文与史学的通道。其实，从后来发现的甲骨文所提供的史料和揭示出的史实，证实九经无法解析的历史事件当由三代铜器去完成这种学术使命。虽然阮元的钟鼎彝器"其重与九经同之"的论说并未在《山左金石志》中提出，但通过该书中众多金石考证的事例以及字里行间所流露出的对金石文字的推崇来看，其实这一思想早已存在，只是没有明文提出罢了。

---

①〔清〕阮元：《揅经室集·二集》卷7《泰山志序》，《丛书集成初编》第2203册，中华书局1985年，第496页。

②〔清〕张鉴等撰，黄爱平点校：《阮元年谱》附录三《阮尚书年谱第一序》，中华书局1995年，第274页。

③〔清〕阮元：《揅经室集·四集诗》卷7《论钟鼎文绝句十六首》，《丛书集成初编》第2207册，中华书局1985年，第829页。

④〔清〕阮元：《揅经室集·三集》卷3《商周青铜器说上》，《丛书集成初编》第2204册，中华书局1985年，第591~592页。

　　阮元对金石文献的重视不仅仅体现在口头上,而是落实在实际行动中,其任职山左期间,利用一切外出机会搜访金石碑刻,当然并非仅是作为邺架之藏、玩好之资,其所着眼之处乃是史学的研考。他在《山左金石志》中充分肯定金石文献在史学研究中所发挥的独到价值,曾云:"《元史》于宰执拜罢,多掇拾简牍书之,简牍未详者阙之,自不必信史而疑碑矣。"①可见,《元史》与碑刻相比,阮元更是看重碑刻的价值,不能信史而疑碑。他正是凭借对金石文献史料价值的充分挖掘,不仅补充了历代史志中的大量阙略,而且订正了其中诸多讹误,澄清了许多难解之疑,取得了极大的学术成果。纵观阮元一生,其对金石文献的推崇,始终如一。

二、用客观平实、一分为二的态度看待金石文献

　　阮元虽然极其重视金石文献的学术价值,但又不过于盲从,而是用一种客观平实、一分为二的态度来看待。金石文献虽说大多是可靠的第一手资料,但在具体的制作过程中,或由于无心之失,或由于有意作伪,致使金石文献常常存有讹误之处。对于这个问题,北宋金石学家欧阳修就曾明确表示:"余于碑志,惟取其世次、官寿、乡里为正,至于功过善恶,未尝为据者。"②亦如欧阳氏,阮元始终用一种客观、慎重的态度来对待金石文献,即在利用金石资料时,需先经过一番认真细致的分析考证后才会审慎取资,既充分重视金石碑刻对传世文献的补正作用,同时又要订正金石碑刻中不少讹误及溢美失实之处。例如,阮元在《政和御书手诏碑》中对李邦彦记文的溢美失实处予以批评:"当时邦彦有'浪子宰相'之号,太学诸生目为社稷之贼,而此碑励贤训士,君臣褒颂,虽古之圣君贤相不是过也。文辞饰美,不足取信于后世,大率类是。"③通过以上事例,可见阮元金石考据客观、审慎之一斑,这与其客观平实的态度是分不开的,他崇信金石但不盲从的治学精神,值得我们称赞与借鉴。

　　由此,我们可以得到这样的启示:对待所有的出土文献,如金石碑刻、简牍帛书、官私印章、瓦当封泥等,都应该坚持一种客观平实、一分为二的态度来对待,既不能过分偏信,又不能一概予以否定,只有经过多方面的综

① 〔清〕阮元:《山左金石志》卷23《瑯瑯郡公王氏先德碑》,第148页。
② 〔北宋〕欧阳修:《集古录跋尾》卷9《唐白敏中碑》,人民美术出版社2010年,第212页。
③ 〔清〕阮元:《山左金石志》卷18《政和御书手诏碑》,第29页。

合考察与对比分析后才能更好地为我们所利用。

三、实事求是，无征不信

乾嘉考据学之所以被称为"朴学"，能在乾嘉时期达到中国古代学术发展的高峰，这与乾嘉学者们实事求是、无征不信的治学传统是分不开的。在他们看来，每一位学者不可能解决自己研究课题内所有的枝节问题，正如扬州学派代表人物之一的汪中所言："古之名物制度不与今同也，古之语不与今同也，故古之事不可尽知也。"①因此，在遇到一时没有弄清或没有证据材料加以证明的问题时，不轻易相信，不强为之解，而是抱着实事求是的态度，以阙疑、存疑的方式处理，留待后人进一步研究。其实，这种阙疑与存疑的思想，春秋时期的孔子就已在《论语》的《为政》、《八佾》诸篇中明确提出。孔子云："多闻阙疑，慎言其余，则寡尤。"②"夏礼，吾能言之，杞不足征也；殷礼，吾能言之，宋不足征也。文献不足故也。足，则吾能征之矣。"③阮元继承了孔子的阙疑、存疑做法，并将这种实事求是、无征不信的思想贯穿于《山左金石志》中，其具体体现就是对怀疑、阙疑与存疑等考证原则的运用，即在考证史实但因证据不足而无从断定时，采取怀疑、阙疑与存疑的态度，而不妄断一时。

怀疑是做学问的第一步，没有怀疑精神就发现不了问题，有怀疑才有探求，才有收获。正如陈垣先生所云："考证贵能疑，疑而后能致其思，思而后能得其理。"④阮元的金石考据继承了乾嘉学派的实事求是精神，敢于并善于怀疑，不轻易相信前人的论说。如对《唐颜真卿印》年代的考释，虽然此印题为"颜真卿"，看似制作于唐代无疑，但阮元却不轻信，根据"真卿"二字的篆法判断，怀疑其并非唐制。其跋云："右印方九分，厚二分，无钮，朱文。'真卿'二字篆法不古，疑非唐制。"⑤

所谓"阙疑"，即对存有怀疑的问题，在没有足够的论据加以否定或肯定之前，暂时不下断语，不妄加评论，留待以后或后人研究。如阮元对《明

---

① 〔清〕汪中：《述学·内篇一》，《续修四库全书》第1465册，上海古籍出版社2002年，第386页。

② 《论语·为政第二》，中华书局2006年，第20页。

③ 《论语·八佾第三》，中华书局2006年，第29页。

④ 陈垣：《通鉴胡注表微·考证篇第六》，商务印书馆2011年，第85页。

⑤ 〔清〕阮元：《山左金石志》卷6《唐颜真卿印》，第452页。

道寺题名》中"戊寅"的考释:"又有'彦镇若虚戊寅来游,二月初吉',题名三行,字径四寸。'戊寅'不著年号,未可臆定,姑附于此。"①

所谓"存疑",就是在几种不同的观点同时并存而无法断定孰是孰非之时,让几种论说并存,留待以后或后人考证。如对于《父巳鬲鼎》中"ᗊ"字,薛尚功《历代钟鼎彝器款识法帖》与王黼《博古图》、徐献忠《金石文字》有不同解释,阮元对此存疑不断。他说:"《款识》释作'徒',《博古图》与徐献忠《金石文字》释作'徙',未知孰是。"②又如,对《汉刘荣印》中"刘荣"的考释:"右印曰'刘荣印信',朱文,见济宁。按荣,西汉时封临江王,谥曰'闵',见《史记》。又东汉嗣沛王亦有名'荣'者,谥曰'幽',未知孰是。"③再如,对《汉李广印》中"李广"的考释:"右印曰'李广'二字,白文,见济宁。按广,陇西成纪人,官前将军,即数奇不得封侯者也。又东汉嗣封琴亭侯者,亦为李广,东莱黄人,见《李忠传》,未知孰是。"④

阮元实事求是、无征不信的思想十分可贵,值得我们学习。他之所以能在金石考据及其他学术领域取得如此大的成就,坚持实事求是、无征不信的思想原则无疑是重要原因之一。

四、提倡金石文献与经史典籍互为表里

阮元在金石考证的过程中,始终贯彻金石文献与经史典籍互为表里这一经脉,即为了考证史实的真实可靠,往往把金石文献与记载同一史实的经史典籍相互参证,既不轻信史志记载,也不盲从金石刻辞,而是考证出彼此的同异及对错是非,互相弥补对方记载的不足,以争取将史实考释得更为翔实清楚。在《山左金石志》中,阮氏对于每一种金石文献,无不将之与经史典籍相互结合,或找出二者的相异之处,或相互印证,或互为补充,藉此来考证氏族人物、典章官制、地理风俗、音韵文字等众多问题,不仅补充了历代典籍中的许多阙漏,而且订正了诸多谬误,澄清了一些难解之疑,取得了极大的学术成果,从而达到真解、精解、通经致用的目的。如阮元将《綦元帅先茔碑》与《元史·綦公直传》相对照,发现二者对綦公直的第三

① 〔清〕阮元:《山左金石志》卷17《明道寺题名》,第16页。
② 〔清〕阮元:《山左金石志》卷1《父巳鬲鼎》,第402页。
③ 〔清〕阮元:《山左金石志》卷6《汉刘荣印》,第445页。
④ 〔清〕阮元:《山左金石志》卷6《汉李广印》,第445页。

子与第五子的名字记载有所不同:"公直,《元史》有传,出处大概与碑同,惟公直之子五人,第三子碑曰'豫',史作'忙古台';第五子碑曰'涣',史作'瑷',彼此互异。"①又如,《普安寺幼公经幢记》记载了文幼师之事迹,阮氏将之与《宋史》互证,二者所记史实相符。其跋云:"碑文云:文幼师字夙悟,淄川甘泉人。天禧四年,为僧披剃。嘉祐四年,丞相贾魏公镇忠武,明年奏赐紫方袍。通经律,精百法,论究一行法,占宅营兆,其通内外学,大致如此。贾魏公即贾昌朝,嘉祐三年以镇安军节度使、右仆射、检校太师、侍中兼充景灵宫使,出判许州。英宗即位,进封魏国公。……幼公为僧,遍游四京,故魏公在许州与之相识。碑与史较,事多合也。"②再如,《张宣慰登泰山记》所记"张宣慰"有姓无名,不知是谁,阮元凭据史籍记载进行考证,认为是张德辉。其跋云:"碑称宣慰张公,不详名字、里居,以史考之,即张德辉也。史传称:德辉字辉卿③,冀宁交城人,世祖即位,起为河东南北路宣抚使,寻迁东平路宣慰使。春旱,祷泰山而雨。至元三年秋,参议中书省。事皆与碑文合,惟世祖以字呼之,传叙于世祖未即位以前,碑则叙于河东报最之后,为不同耳。"④经过金石文献与经史典籍参互考证后,历史史实被考释得更为翔实清楚,史志文献变得更加真实可信。

五、重视对石刻遗存的保护

阮元非常重视对石刻遗存的保护,在访碑过程中,对于访获的石刻,并非据为私有,或居为奇货,而是将之移置到官方机构如学宫、试院、坛庙等中,并进行妥善的保护。例如,他在乾隆五十八年(1793)首谒曲阜阙里期间,妥善保护了《汉熹平残碑》,《山左金石志》记载此事云:"乾隆癸丑十月,元案试至曲阜,适黄小松访碑人访得此石于东关外,急告。元命人掘土出之,舁至试院。……因移置孔庙,为题识数语刻碑后焉。"⑤又如,曲阜鲁恭王墓前有二石人,年久倾覆,不护将毁。乾隆五十九年(1794)春,阮元得知后,"饬教授颜崇槼,县尉冯策,以牛车接轴徙置今所(即曲阜城内瞿

①〔清〕阮元:《山左金石志》卷21《綦元帅先茔碑》,第98页。
②〔清〕阮元:《山左金石志》卷17《普安寺幼公经幢记》,第2页。
③《元史·张德辉传》作"耀卿"。
④〔清〕阮元:《山左金石志》卷21《张宣慰登泰山记》,第90页。
⑤〔清〕阮元:《山左金石志》卷8《汉熹平残碑》,第487页。

相圃,笔者注)"①。与阮元的这些行动相比,当时其他一些金石学者的做法就有所不同:鉴赏型的学者,往往附庸风雅,在获得一石刻后,或欣喜若狂,或吟诗作画;研究型的学者,对于所得石刻,据为己有,小心收藏,详加考证。而阮元却能从长远角度出发,注重对石刻的保护,可谓高瞻远瞩。正是由于阮元的提倡及其身体力行,使许多碑石文物得以保存下来。

另外,阮元还非常重视对与石刻遗存相关古迹的保护。如对东汉郑玄墓的修整,《山左金石志》记载此事云:"汉高密郑司农祠墓,在潍水旁砺阜山下,承祀式微,不能捍采樵者,潍沙乘风内侵,其深及墙,祠宇颓没。元率官士修之,……是役也,掘沙之工,半于土木。赵商汉碑见于著录,今求之不得,得金承安重刻唐万岁通天史承节所撰碑。"②再如,阮元为清初文学家王士禛(谥"文简",山东新城人,即今山东桓台)书立墓道碑,《小沧浪笔谈》记载此事云:"新城王文简公无墓道碑,元为书立之,有句云:'多恐此碑容易泐,未如诗卷不消磨。'……先生墓道在山阿,两载辎轩伏轼过。司李吾乡推大雅,皋陶从古善赓歌。翰林风月谁能似,齐鲁声华近若何。多恐此碑容易泐,未如诗卷不消磨。'"③

以上对《山左金石志》中所体现出的阮元的金石学思想进行了简要论述。另外,附带说明的是,书中还体现了其浓厚的天命神学与封建正统思想,这虽然并不在金石学思想范畴之内,不过,鉴于出现在金石跋文中,而且贯穿于全书始终,故笔者在此做一简要说明。阮元天命神学思想,如《天贶殿碑》跋称宋真宗东封泰山的直接原因是:"大中祥符元年六月,天书复降于泰山醴泉北,乃迎置含芳园。十月辛卯,帝发京师,以玉辂载天书先道,凡十七日至泰山,遂举封禅之礼。"④又如,对《赠泰师孔宣公碑》在金章宗明昌四年(1193)地震中并未扑折的原因进行解释云:"不遭明昌之仆折,诚如高德裔所记有鬼神阴相之者矣。"⑤阮氏的封建正统思想,如《山左金石志》首冠以《钦颁阙里周范铜器十事》,即乾隆颁赐给孔庙的十件周代青铜祭器,目的是为了"以西清之模范备东鲁之尊彝,足酬素王从周用礼之

①〔清〕阮元:《山左金石志》卷8《鲁王墓二石人题字》,第489页。
②〔清〕阮元:《山左金石志》卷20《重刻唐史承节郑公祠碑》,第79页。
③〔清〕阮元:《小沧浪笔谈》卷1,《丛书集成初编》第2599册,中华书局1985年,第19页。
④〔清〕阮元:《山左金石志》卷15《天贶殿碑》,第649页。
⑤〔清〕阮元:《山左金石志》卷11《赠泰师孔宣公碑》,第546页。

心,仰见圣帝重道崇儒之意"①。再如,阮氏在《山左金石志》中多次污蔑农
民起义军为"盗"、"贼",如《察罕帖木尔祭孔庙碑》跋云:"案自至正六年
山东盗起,七年漫延济宁、滕、邳等处。十七年二月,韩林儿党毛贵陷山东
诸郡邑。……"②这里,阮氏所说的"盗",乃指元末红巾军。总之,阮元的
天命鬼神思想与封建正统思想十分浓厚。

本章小结

　　本章以《山左金石志》为主要依据,对阮元的金石考据与金石学思想
进行了探析。

　　阮元金石考据的内容极其丰富,包括对金石自身的考证,如金石的真
伪、造刻年代、撰文者、书丹者、形制、发现与流迁、拓本考辨以及金属器物
的功用等问题;对金石文字与音韵的考释,如对金石文字残缺情况的说明、
对残泐文字的补正以及对字义、字体、字音的考释;对金石刻辞行文惯例的
揭示;对金石刻辞内容的考释,如对金石刻辞有关背景知识的说明、对金石
刻辞所记史实的考证、对金石刻辞缺略与讹误的补正等;据金石之文发表
评论;对金石文字书体的介绍及书法评析等众多问题。然而,在这其中,最
为重要的内容当属对金石刻辞所记史实的考证——"金石证史",即运用
金石遗文来考证古制,纠正史事,凡氏族、人物、史事、年代、典章、官制、舆
地、谥法、避讳等均在考证范围之列。阮氏对于每一种金石文献,无论完缺
与否,总是想法设法将其内容考释清楚,充分挖掘出其中所蕴含的史料价
值,或正史志记载之讹误,或补史志记载之阙略。

　　《山左金石志》之所以能够取得如此大的学术成就,这得力于阮元金
石考据所采用的科学而严密的方法。阮氏的考据方法不拘一格,如运用综
合性的考据方法、典籍文献与金石碑刻相结合的方法、参稽互证法、类比推
理法、常识推理判断法、考而不断法等,这些方法因问题不同而灵活运用。
阮元的金石考据,价值突出,特色显著,但也有局限不足之处,我们应该辩
证地看待。

　　阮元极其推崇金石文献的学术价值,并在治学实践中将金石资料作为

①〔清〕阮元:《山左金石志》卷1,第400页。
②〔清〕阮元:《山左金石志》卷24《察罕帖木尔祭孔庙碑》,第170页。

经史研究的主要依据,不仅补充了历代史志中的大量阙略,而且订正了其中诸多讹误,澄清了许多难解之疑,取得了极大的学术成就。他虽然十分重视金石文献的学术价值,但又不过于盲从,而是用一种客观平实、一分为二的态度来对待,即在利用金石资料时,需先经过一番认真细致的分析考证后才会审慎取资。阮氏在金石研究过程中,因证据不足而无从断定时,采取怀疑、阙疑与存疑的态度,而不妄断一时,这体现出了其实事求是、无证不信的思想。阮氏金石学思想中最为可贵之处,当是金石文献与经史典籍互为表里,即为了考证史实的真实可靠,把金石文献与记载同一史实的经史典籍相互参证,既不轻信史志记载,也不盲从金石刻辞,而是考证出彼此的同异及对错是非,互相弥补对方记载的不足,以争取将史实考释得更为翔实清楚。阮氏还非常重视对石刻遗存以及与石刻遗存相关古迹的保护,并身体力行,使许多碑石文物得以保存下来。这些好的思想与做法,无疑值得我们肯定与借鉴。不过,《山左金石志》中所体现出的阮氏浓厚的天命神学与封建正统思想,则应该遭到批判。

第六章　对《山左金石志》的校补

通过前文论述可知,《山左金石志》无论是在篇章结构与体例、内容上,还是在对金石内容的考释辨正方面,都有着许多优长之处。但是,这并非是说《山左金石志》是一部完美无缺的著作,由于阮元个人闻见的局限、成于众人之手以及编纂时间仓促等原因,使得《山左金石志》存有一些不足之处,诸如目录编写的讹漏、增衍与重复、金石文字录载的错讹漏脱、金石内容考证的讹误等等。正如此书的参编者武亿在乾隆六十年(1795)给孙星衍的一封信札中所云:"某今岁代阮学使编录此方金石,未及终局,遂各散去。中间为谬人更张,冗舛庞杂,虑为他日笑柄。阁下有少便,须以字致学使,书成亦勿遽刻也。"①可见,武亿对《山左金石志》的编修不很满意,认为书中"冗舛庞杂",因此他建议"书成亦勿遽刻",再好好校对一下。因此,我们应该用辩证的态度来看待《山左金石志》,对于书中的讹误与疏漏之处,应该指明并加以校补。对《山左金石志》的校补,本书主要从两方面着手,一是对清代学者的补阙与刊误情况的考察,二是笔者的补正,下面分别予以介绍。

第一节　清代学者对《山左金石志》的校补

阮元《山左金石志》问世后,尽管受到学界的一致赞誉,但其不足之处亦颇遭批评,一些同时代或后代学者对其阙遗与讹误予以补正。如清代著名学者顾广圻在《思适斋集》卷16《跋神宝寺碑》中说:"甲申二月,借此本于芸墅仙馆,校正《山左金石志》数十处。"②其他如王昶《金石萃编》、吴骞《愚谷文存》及《续编》、孙星衍《续古文苑》、严可均《铁桥漫稿》、瞿中溶

---

① 〔清〕武亿:《授堂文钞·续集》卷10《致孙伯渊五》,《续修四库全书》第1466册,上海古籍出版社2002年,第168页。

② 〔清〕顾广圻:《思适斋集》卷16《跋神宝寺碑》,《续修四库全书》第1491册,上海古籍出版社2002年,第136页。

《集古官印考》、许瀚《攀古小庐杂著》、何绍基《东洲草堂文钞》、李佐贤《石泉书屋类稿》、胡元仪《北海三考》、叶昌炽《缘督庐日记》等诸多名家名作,对《山左金石志》之阙误亦做了校补。这些著作虽并非专为补正《山左金石志》而作,仅是对涉及《山左金石志》中的某些金石碑刻进行校补而已,尽管如此,仍然有着极大的价值。由于笔者尚未见到民国及其以后时期对《山左金石志》进行校补的学者及著作,故本书仅对清代学者的校补情况进行考察,日后若有发现,将会加以增补。

一、王昶《金石萃编》对阮书的校补

王昶(1725—1806),字德甫,号述庵,又号兰泉,江苏青浦(今上海青浦区)人。清乾隆十九年(1754)进士,官至江西布政使、刑部右侍郎。王昶学识广博,精通经史,是乾嘉时期著名的金石学家,著有《金石萃编》160卷。此外,还著有《湖海诗传》、《春融堂集》等50余种。

在《金石萃编》中,王昶对《山左金石志》中所存讹误予以校正。如《山左金石志》卷5载有唐青鸾镜,阮元对铜镜铭文声韵阐释云:"按段若膺《四声音均表》,'清'在第十一部,'身'、'人'在第十二部,然《易》象、象传'天'、'命'、'渊'、'贤'、'信'、'民'、'人'、'宾',与'形'、'成'、'贞'、'宁'、'生'、'正'、'平'、'精'、'清'等字并用,是二部古有相合字,唐人首句押韵虽不必拘拘,然未有无故牵入者,此'清'字可补其未备。"①但王昶对阮元的观点不予认同,对此纠正云:"按《山左金石志》跋此铭,谓首句'清'字与'身'、'人'同韵,补段若膺《四声音均表》所未备。然七言律绝起句,晚唐五代多有借韵者,且'真'、'文'、'庚'、'青'自古间有通用,顾氏宁人、毛氏大可于《唐韵正》及《古今通韵史》已详载之,不足异也。"②又如,《山左金石志》评价《孔庙新建讲学堂记》文体云:"文体浅陋,不足录也。"③对此,王昶亦不赞同:"《山左金石志》谓其文浅陋,不足录者,似未确也。"④

---

①〔清〕阮元:《山左金石志》卷5《唐青鸾镜》,第439页。

②〔清〕王昶:《金石萃编》卷118《青鸾镜铭》,《续修四库全书》第890册,上海古籍出版社2002年,第17页。

③〔清〕阮元:《山左金石志》卷16《孔庙新建讲学堂记》,第653页。

④〔清〕王昶:《金石萃编》卷132《文宣王庙讲学堂记》,《续修四库全书》第890册,上海古籍出版社2002年,第313页。

二、吴骞《愚谷文存》及《续编》对阮书的校补

吴骞(1733—1813),字槎客,又字葵里,号兔床、兔床山人,祖籍安徽休宁,居于浙江海宁,清代著名藏书家。他学识渊博,喜好藏书,筑拜经楼,聚书数万卷,正如其自述云:"吾家先世颇鲜藏书,予生平酷嗜典籍,几寝馈以之,自束发迄乎衰老,置得书万本,性复喜厚帙,计不下四五万卷。"①此外,吴骞还嗜好收藏文物古董,陈鳣所作《愚谷文存序》称:吴骞"有图绘、碑铭、鼎彝、剑戟、币布、圭璧、印章之属,丹漆、陶瓦、象犀、竹木之器充牣其中,皆辨其名物制度,稽其时代款识,箸之谱录"②。吴氏著述颇丰,有《愚谷文存》14卷及《续编》2卷、《皇氏论语义疏参订》10卷、《拜经楼诗话》4卷及《续编》2卷、《拜经楼诗集》12卷、《续编》4卷、《再续编》1卷、《桃溪客语》5卷、《国山碑考》1卷,等等。他所辑《拜经楼丛书》,校勘精审,为人称道。

在《愚谷文存》与《愚谷文存续编》中,吴骞对阮元《山左金石志》所存讹误进行校正。如《愚谷文存》卷9《宋十都虞候朱记考》对宋"都虞候"一职进行考释,并对阮书卷6《宋都虞候朱记》考释之误予以辨正:

> 按《宋史·职官志》,殿前司有都虞候,分掌马步军,在都指挥使之下,秩从五品。昔太祖尝为周殿前都虞候,即此职也。殿前诸班直有捧日、天武、拱圣、龙猛等军,每军有指挥使、都虞候等官,而不载员数。惟《宋史·高琼传》:"尝从容谓上曰:'臣侍先朝时,侍卫都虞候以上常至十员,职位相亚,易于迁改。'"据此,乃十都虞候之确证。而《山左金石志》以此十都虞候殆犹步军之十将将虞候,钱辛楣宫詹《养新录》疑十都虞候乃第十指挥使下之都虞候,岂皆未之深考与?③

吴氏又在《愚谷文存续编》卷1《金提控印考》中,对阮书卷6所记宋都虞候朱记之印的藏主及勾当公事之印的铸造时代之误进行辨正:

> 余文房所收宋、金官印,宋二:曰"拱圣下十都虞候朱记"《山左金石

---

① 〔清〕吴骞:《愚谷文存》卷13《桐阴日省编下》,《续修四库全书》第1454册,上海古籍出版社2002年,第309页。
② 〔清〕陈鳣:《简庄文钞续编》卷1《愚谷文存叙》,《续修四库全书》第1487册,上海古籍出版社2002年,第290页。
③ 〔清〕吴骞:《愚谷文存》卷9《宋十都虞候朱记考》,《续修四库全书》第1454册,上海古籍出版社2002年,第270页。

志》以为曲阜颜氏藏者,误,曰"招抚使司印"。金印三:曰"勾当公事之印"背刻"正隆四年造",《山左金石志》作宋印,误,曰"总领提控之印",曰"副提控印"。①

三、孙星衍《续古文苑》对阮书的校补

孙星衍(1753—1818),字渊如,号伯渊,又号芳茂山人,阳湖(今江苏武进)人。乾隆五十二年(1787)中殿试榜眼,历任翰林院编修、刑部主事、刑部郎中、山东布政使等职。孙星衍是清代著名的经学家、金石学家、校勘学家,积三十多年之功,集古今经学成就,著成《尚书古今文注疏》30卷,并与邢澍合编《寰宇访碑录》12卷。他尤精校勘,辑有《平津馆丛书》、《岱南阁丛书》,堪称善本。此外,还编著有《周易集解》、《续古文苑》、《孙氏家藏书目》、《芳茂山人诗录》等多种著作。

孙氏在其所辑《续古文苑》中,对阮元《山左金石志》数处阙漏与讹误予以补正。如《卢县说性亭铭》存于阳谷县安乐镇,而《山左金石志》漏载此碑,孙氏访得此碑后,遂将之录载于《续古文苑》卷14中,并在跋语中称:"碑在阳谷安乐镇,《山左金石志》缺载,予始访得,故存其文。"②又如,在《续古文苑》卷16《朱岱林墓志》碑文"膺兹秀气,禀是淳和,三棘六里"之"三"字后,用小字注的形式对《山左金石志》录载此碑之误进行纠正云:"案《山左金石志》误作'王',今依拓本改";又在碑文"何忽儋山石折,智士遽倾"之"儋"字后加按语云:"案《山左金石志》缺此字,今依拓本补。"③

四、严可均《铁桥漫稿》对阮书的校补

严可均(1762—1843),字景文,号铁桥,浙江乌程(今浙江吴兴)人,清代著名的文献学家、藏书家。嘉庆五年(1800)举人,任建德县教谕,后以疾辞归。他嗜好藏书,凡遇稀有之本,必精写或不惜重资购买,藏书至两万

①〔清〕吴骞:《愚谷文存续编》卷1《金提控印考》,《续修四库全书》第1454册,上海古籍出版社2002年,第340页。

②〔清〕孙星衍:《续古文苑》卷14《卢县说性亭铭》,《续修四库全书》第1609册,上海古籍出版社2002年,第219页。

③〔清〕孙星衍:《续古文苑》卷16《朱岱林墓志》,《续修四库全书》第1609册,上海古籍出版社2002年,第242页。

余卷。严氏精通辑佚之学,辑《全上古三代秦汉三国六朝文》,收书三千余家,与《全唐文》相接;校辑诸经、逸注及佚子书数十种,合经、史、子、集为《四录堂类集》1200 余卷。① 此外,还著有《说文校义》30 卷、《说文翼》16 卷、《说文声类》2 卷、《说文订订》1 卷、《铁桥漫稿》13 卷,等等。②

严可均《铁桥漫稿》中包括对金石碑刻的考释,其中涉及对阮元《山左金石志》碑文行数、金石刻辞、碑名、现存状况等诸多方面讹误与阙漏的校补,如下:

其一,对阮书所记碑文行数错误的纠正。如《莱州刺史唐贞休德政碑》跋云:"碑下截漫灭,以铭词计之,当是每行五十二字,凡廿七行,《山左金石志》作廿八行,盖并末无字之一行计之也。"③

其二,指明阮书金石刻辞录载之误。如《永庆寺铁钟款识》跋云:"《山左金石志》节录钟文多误。"④又如《齐州神宝寺碑》跋云:"右《神宝寺碑》,首行泐缺,《访碑录》以为李寰撰,审观乃字'寰'、'簒'兼书,实非'李'字,其姓名不可考矣。《山左金石志》载此全文,颇多缺误,余以精拓本对校,多识八十余字。"⑤

其三,对阮书碑名讹误的纠正。如《陈渥书咒幢》跋云:"此幢前十四行刻威神咒,非即尊胜陀罗尼经咒也,幢内亦无书人名氏,《山左金石志》及《访碑录》皆题为《陈渥书陀罗尼经幢》,恐非。"⑥

其四,对阮书所记碑刻现存状况错误的纠正。如《济州厅壁记》跋云:"右碑《山左金石志》及《访碑录》皆云已佚,余屡见新拓本,则碑尚在巨野,未尝佚也。"⑦

其五,指明阮书漏载的碑刻。如《伏牺庙三门记》跋云:"《山左金石

① 〔民国〕赵尔巽:《清史稿》卷 482《儒林三・严可均》,中华书局 1977 年,第 13254~13256 页。
② 〔民国〕赵尔巽:《清史稿》卷 145《艺文一》,中华书局 1977 年,第 4258 页。
③ 〔清〕严可均:《铁桥漫稿》卷 10《莱州刺史唐贞休德政碑》,《续修四库全书》第 1489 册,上海古籍出版社 2002 年,第 67 页。
④ 〔清〕严可均:《铁桥漫稿》卷 12《永庆寺铁钟款识》,《续修四库全书》第 1489 册,上海古籍出版社 2002 年,第 88 页。
⑤ 〔清〕严可均:《铁桥漫稿》卷 10《齐州神宝寺碑》,《续修四库全书》第 1489 册,上海古籍出版社 2002 年,第 68 页。
⑥ 〔清〕严可均:《铁桥漫稿》卷 11《陈渥书咒幢》,《续修四库全书》第 1489 册,上海古籍出版社 2002 年,第 78 页。
⑦ 〔清〕严可均:《铁桥漫稿》卷 12《济州厅壁记》,《续修四库全书》第 1489 册,上海古籍出版社 2002 年,第 80 页。

志》、《寰宇访碑录》皆遗此碑,何也?"①又如,《济州重修玉皇庙像记》跋云:"右碑《山左金石志》未入录。"②再如,《刻高适琴台诗》跋云:"右刻《山左金石志》未入录。"③

其六,对阮书考释讹误的校正。如《赐辟雍诏并后序》跋云:

> 右碑在巨野,大观元年二月立。额题"皇帝赐辟雍诏"六字,二行,字径六寸余。碑上截刻崇宁三年十一月十四日《废科举以复里选诏书》,下截刻四年薛昂《后序》。陵县学亦有是碑,高、广、字式全同,惟下截末无大观年月及赵霄等四人署名,别有葛长卿、牛公达、贺宗贤、孙延太、耿著五人署名为异尔。时军州盖皆摹刻,今但见此二碑矣。《山左金石志》无巨野碑,而有陵县碑,跋云:"《宋史·徽宗纪》:崇宁三年十一月甲戌,幸太学,遂幸辟雍。无赐诏明文,得此可补其阙。"又云:"诏内'建置校学',应是'学校'之误。播告之条,'条'误作'修'。"余谓"校学"字未误,"修"字亦未误。甲戌为十一月朔,诏下于十四日丁亥。巨野别有陆藻撰《济州学碑》,所载甚详,与此碑诏末"十一月十四日"正合。《宋史·选举志》:"徽宗设辟雍于国郊,然州郡犹以科举取士,不专学校。崇宁三年,遂诏:'天下取士,悉由学校升贡,其州郡发解及试礼部并罢。'"则纪与志详略互见,为史家恒例,非纪有阙也。④

五、瞿中溶《集古官印考》对阮书的校补

瞿中溶(1769—1842),字木夫,又字镜涛,号苌生,晚号木居士,上海嘉定人,诸生,为钱大昕女婿。嘉庆十九年(1814)中进士,官湖南布政司理问。他是清代著名的金石学家、篆刻家、书画家,博综群籍,尤邃金石之学。瞿氏家中收藏有大量古代的印章、钱币、铜镜、铜像、汉砖瓦等,号称"甲于

①〔清〕严可均:《铁桥漫稿》卷12《伏牺庙三门记》,《续修四库全书》第1489册,上海古籍出版社2002年,第84页。
②〔清〕严可均:《铁桥漫稿》卷12《济州重修玉皇庙像记》,《续修四库全书》第1489册,上海古籍出版社2002年,第85页。
③〔清〕严可均:《铁桥漫稿》卷12《刻高适琴台诗》,《续修四库全书》第1489册,上海古籍出版社2002年,第85页。
④〔清〕严可均:《铁桥漫稿》卷12《赐辟雍诏并后序》,《续修四库全书》第1489册,上海古籍出版社2002年,第85~86页。

娄东"。在湖南为官之暇,"搜奇访僻于人迹罕至之境,所获益多"①。瞿中溶著述甚富,有《孔庙从祀弟子辨证》、《汉魏蜀石经考异辨正》、《〈说文〉地名考异》、《古泉山馆彝器图录》、《古泉山馆金石题跋》、《奕载堂古玉图录》、《钱志补正》、《集古官印考》、《百镜轩古镜图录》、《续汉金石文编》、《湖南金石志》、《吴郡金石志》等二十余种。

瞿中溶在《集古官印考》中,对阮元《山左金石志》中数方印章铸造年代记载之误予以辨正。如提举城隍司印,瞿氏对其铸造年代进行考证,判定是唐印,从而纠正阮氏《山左金石志》认为是宋印之误:

> 右提举城隍司印,《山左金石志》作宋官印,然无权据,且字上有六星,恐是道家所用。考"城隍"二字,本《周易》"城复于隍",其建祠立象,奉为神明,则创于孙吴赤乌时。《北史》载:慕容俨镇郢城,梁兵来攻,祷于神名城隍者,遂以破梁。又《隋书·五行志》:"梁武陵王纪言:'祭城隍神,蛇绕牛口。'"至唐以后,见于载籍者,不可胜举矣,则此印必非近代物也。②

又如曲阜县酒务记之印,阮元《山左金石志》将之界定为宋印,更具体地说是宋真宗大中祥符五年(1012)以前之印。然而,瞿中溶并不认同阮氏之说,认定其为金代之物。瞿氏对此考释云:

> 右《曲阜县酒务记》,背无款。《山左金石志》云:"按此必宋真宗大中祥符五年以前印,盖大中祥符五年闰十月,即改县曰'仙源'矣。曲阜虽置自唐以前,然唐无酒务官,惟宋诸州、军乃设监当官,掌茶、盐、酒务征输及铁冶之事,故有此钤记,殆微员也。旧藏颜教授崇槼家,今赠山东按察司狱冯策。"中溶案此印规制较宋官印小而不类,文云"酒务记",则正与后金泰和四年《姜村等酒务记》合。又据大观三年所铸《恩州饶阳镇酒税务记》,及予尝见宋板书有以乾道间湖州状牒刷印者,其印文云"湖州监在城酒务朱记",其形皆大于此印,文亦多不同,则此非宋印可知矣。且考《金史·地理志》:兖州四县,一曰曲阜,注云"宋曰仙源",盖大中祥符五年以后,宋虽改名仙源,其后为

①〔民国〕赵尔巽:《清史稿》卷486《文苑三·瞿中溶》,中华书局1977年,第13420页。
②〔清〕瞿中溶:《集古官印考》卷15《提举城隍司印》,《续修四库全书》第1109册,上海古籍出版社2002年,第484~485页。

金所有,不用宋名,仍称曲阜,故此印云然耳。《宋史·百官志》言:"监当官,掌茶、盐、酒税场务征输及冶铸之事,诸州军随事置官。建炎初,诏监官中阙,许转运司具名奏辟一次,以二年为任,实有六考,方许关升。焰①剧去处,许添差一员。淳熙二年,诏二万贯以下库分,选有才干存留一员,指挥、诸班直、亲从亲事官、保义郎以下差充。建炎四年,每州每以五员为额。"又《食货志》言:"榷酤之法,诸州城内皆置务酿酒,县镇乡间或许民酿而定其岁课,若有遗利所在,多请官课。"然则宋时但于诸州设监当官分隶城镇,未尝设立于县,明矣。金之酒务官,史无可考,据姜村印乃知金以村名,而不以镇名,其印文又不著所隶之州县。而据此印,则知县亦设官,其印与村之大小无异,可定为同时物无疑,非宋初印也。②

再如新昌里印,阮元《山左金石志》认定其造于汉代,而瞿中溶根据印的形制进行考证,否定其为汉印。瞿氏跋云:"案其形制长,当为后代人印,《山左金石志》以为汉印,非也。"③

六、许瀚《攀古小庐杂著》对阮书的校补

许瀚(1797—1866),字印林,一字符翰,室名攀古小庐,日照人,清代著名金石学家。他自幼博览经史,曾师从王引之学习古文字、音韵。道光五年(1825),道州何凌汉视学山东,奇印林古文字才,遂拔贡成均。次年,入都为国子监生员,与何绍基、绍业兄弟及王筠等人切磋学问,考订文字。在京期间,先后与张廷济、陈庆镛、吴荣光、朱为弼、徐同柏等金石学家交往密切,由是金石文字学问益进。道光二十年(1840),应济宁知州徐宗幹之聘,编纂《济宁直隶州志》与《济州金石志》。后又应吴式芬之邀,协助编辑《捃古录》及《捃古录金文》。吴式芬殁后,遗书由许瀚为之校理,又另编《陶嘉书屋钟鼎彝器款识目录》8卷。此外,许瀚还编著有《攀古小庐杂著》12卷、《攀古小庐金文考释》(不分卷)、《攀古小庐砖瓦文字》1卷等。

---

① 《宋史》实作"烦"。
② 〔清〕瞿中溶:《集古官印考》卷16《曲阜县酒务记》,《续修四库全书》第1109册,上海古籍出版社2002年,第486~487页。
③ 〔清〕瞿中溶:《集古官印考》卷14《新昌里印》,《续修四库全书》第1109册,上海古籍出版社2002年,第450页。

许瀚在《攀古小庐杂著》中,对阮氏《山左金石志》的讹误与阙漏加以校补。如《唐灵岩寺碑颂残石跋》对阮书所载此碑的补正:

> 右碑在长清县灵岩寺,唐天宝元年立。咸丰二年,邹县拓工刘姓于寺西廊下朗公洞内访得之。其地晦暗阴湿,非用火不能拓,曲阜颜平泉拓以遗予。碑廿一行,石斜断,上截仅存。首行存十八格,次行至四行存十九格,五行至十一行存廿格,十二行至十四行存廿一格,末行存廿二格。考赵氏《金石录》一千二百四、《宝刻类编》、《宝刻丛编》,皆箸录。《丛编》复据《诸道石刻录》编入,是宋时此碑甚显铄也,不知何时断阙,沦入洞中。嘉庆间,阮仪征撰《山左金石志》据浙江赵氏藏本,孙伯渊撰《寰宇访碑录》据浙江黄氏拓本,皆云:"石在长清,今佚。"案赵氏本后归黄氏,阮、孙所据,实即一本,非有二也。今据新拓本校阮志所录赵本,断阙同,惟首行"灵昌郡太"下多一"守"字,余则翻赖新本,多所补正。首行"灵岩寺碑颂",脱"颂"字;次行"故得真僧戾止",脱"故"字;第八行"莲花之会",脱"会"字;十八行"神告",脱"告"字。此今本有而志脱者四。次行,"福"下是"有"字"有"下存豕形,疑是"缘",与上"法有因"对,然未敢定;三行,"密"下是"教"字;五行,"禅师"下是"以"字;十二行,"山"下是"上"字;十三行,"增"下字恍惚可辨,而不得真也,上是"远而望"三字,远而望也,与下"即而察之"为对句;十四行,第一字是"竭"字"竭"下五字皆恍惚可辨,惟二字得真;十五行,"繁"上是"恐"字,"笔"上是"削"字,"广"上是"思"字,"广"下"问"是阙字;十六行,"祥"上是"克"字,"主"上是"寺"字;十九行,"国"下是"清"字,"事"上是"即"字。此今本有而志阙者十六。三行,"或密教以接凡"下无阙文,误增一方恐(空);五行,"以劳主人","主"误"一";七行,"虚之至深","虚"误加"土"旁作"墟";十行"广"下字恍惚可辨,"支供","供"误"保";十七行,"胜宅自照","宅"误"公";廿行,"阜蒲之西","西"误"要";廿一行,"转觉","转"误"传"。此今本明皙而志讹者七。意赵本本非精拓,加以翦褾,复经传录,寖以失真耳。宋人箸录皆云"李邕撰并书",阮志谓"魄力雄伟,为北海得意书"。夫北海书法,本望而可知,题名虽阙,起首云"邕以法有因",云云,可为显证。首行"灵昌郡太守"即是邕题衔,其下当有"李邕撰并书"等字。按《唐书·邕本传》:"历淄、滑二州刺史。"《地

理志·河南道》:"滑州灵昌郡,本东郡,天宝元年更名。"《元(玄)宗本纪》:天宝元年二月,"改州为郡,刺史为太守"。是邕于开元末为滑州刺史,至是改为灵昌郡太守也。阮志遂移"灵昌郡太守"五字于"邕"字上,以为碑文起笔,则太谬,或以禄本而误。末行"岁次壬"下,以干支考之,是"午"字,灵昌郡太守以二月改,而碑已题新衔,知碑之撰书在二月后也。至阮志载国朝《徐坛长集》云"李北海书《灵岩寺碑》在长清县长白山寺中,尚完好",不审徐目见欤,抑耳闻欤。长白山在长山县,去灵岩二三百里,乃误混为一。则其所云"完好者",又可遽信邪?①

此外,对于阮元《山左金石志》所漏载的金石碑刻,许瀚在《攀古小庐杂著》中还加以指明。如《魏造像记五种》、《元龙岩寺皇帝圣旨国师法旨碑》,阮书均未著录,许氏在《魏造像记五种并大般涅槃经偈跋》中云:"右刻在历城千佛山阴之黄石崖,千佛山,古历山也。造像五种,北魏三:一孝昌二年,一孝昌三年,一建义元年;东魏二:一元象二年,一兴和二年。《山左金石志》、《寰宇访碑录》并未载,盖彼时犹未访出。"②又如,许氏跋《元龙岩寺皇帝圣旨国师法旨碑跋》碑云:"《山左金石志》、《济南金石志》皆未箸录。"③

七、何绍基《东洲草堂文钞》对阮书的校补

何绍基(1799—1873),字子贞,号东洲,别号东洲居士,晚号蝯叟,道州(今湖南道县)人,清代著名书法家、画家、诗人。道光十六年(1836)进士,历任翰林院编修、国史馆提调、四川学政等官,后主讲济南泺源书院、长沙城南书院,晚年主持苏州书局、扬州书局。他博学多才,通经史,精小学,长于金石碑版,擅真、草、隶、篆,尤长草书。其著述主要有《惜道味斋经说》8卷、《说文段注驳正》4卷、《东洲草堂文钞》20卷、《东洲草堂诗钞》27卷等。

---

① 〔清〕许瀚:《攀古小庐杂著》卷12《唐灵岩寺碑颂残石跋》,《续修四库全书》第1160册,上海古籍出版社2002年,第799~800页。

② 〔清〕许瀚:《攀古小庐杂著》卷11《魏造像记五种并大般涅槃经偈跋》,《续修四库全书》第1160册,上海古籍出版社2002年,第788页。

③ 〔清〕许瀚:《攀古小庐杂著》卷12《元龙岩寺皇帝圣旨国师法旨碑跋》,《续修四库全书》第1160册,上海古籍出版社2002年,第802页。

何绍基在《东洲草堂文钞》卷 8《跋罗苏溪藏晋孙夫人碑旧拓本》中,对《晋任城太守夫人孙氏碑》的碑文做了精心考释,并对阮元《山左金石志》中碑文讹误之处进行校正:

> 《晋任城太守夫人孙氏碑》自乾隆甲寅江秬香始得石于新泰县新甫山中,黄小松司马为之释文,阮仪征相国师据以入《山左金石志》者也。余久得拓本,顾未深考,兹于苏溪前辈斋中得见秬香初拓本及小松手书释文,并钱竹汀、王述庵、孙渊如、武虚谷、桂未谷、洪稚存、王伯申、伊墨卿、陈曼生、翁覃溪诸老并仪征师题记,石墨增华,文采斯萃,因细绎释文,推求拓本,尚有数处误仞者。如"今我不犯尊而蒙优诏",乃是"今我乃犯尊而蒙优诏"也。"同归殊涂尔其□哉",原释皆缺"实止","哉"上一字不可辨也。"有□□意时夫人身□在家,止父令留,而谓父曰:功成而逯(返),虽天之道,然事君不怼,□能□伦闻□□□,为吏部尚书多用老成先帝旧臣,举□不绝必不忘君,既而果举君为侍中",此段原释脱误字甚多也。"夫人在羊氏沈重有度","沈重"二字当补释任城,非夫人;"姑□生","姑"字尚存其半。"上感慈□□飞□□,下惟诗人刑于之言,瞻前□后,率由弗违,以御于家邦,终始以孝闻,□□夫人之力也",此数句原释亦多脱误也。"□方不肃之训","方"误为"力","方"上盖"义"字也。"□□叹曰",其嗣子之叹词,"叹"上非"乃为"二字也。……①

八、李佐贤《石泉书屋类稿》对阮书的校补

李佐贤(1807—1876),字仲敏,号竹朋,山东利津人,曾任福建汀州知府。他是清代著名的古钱币学家,以收藏古泉为专好,因名其所居为"石泉书屋"。其著述主要有《古泉汇》64 卷、《续泉汇》14 卷、《补遗》2 卷、《石泉书屋藏器目》1 卷、《续泉说》1 卷、《石泉书屋类稿》8 卷等。

李佐贤在《石泉书屋类稿》中对泰山经石峪以及邹县尖山、小铁山、冈山与葛山佛教摩崖刻经做了考释,并对《山左金石志》的讹误与阙漏之处予以校补。

---

① 〔清〕何绍基:《东洲草堂文钞》卷 8《跋罗苏溪藏晋孙夫人碑旧拓本》,《续修四库全书》1529 册,上海古籍出版社 2002 年,第 210 页。

其一,《跋泰山经石峪六朝刻金刚经残字》

清同治十年(1871),李佐贤亲赴泰山经石峪调查《金刚经》的残存情况,共得八百八十五字,从而纠正阮氏《山左金石志》"尚存二百九十四字"之误。其跋云:

> 泰山经石峪刻《金刚经》,著录家罕言之,惟明孙克宏《古今石刻碑帖目》云"泰山之阳,刻《金刚经》,字大尺许,相传为王右军书",云云,即此。今《寰宇访碑录》仅载其目,未言其字数多寡。《泰山志》云"可读者不满二百字",《岱览》亦仍其说,《山左金石志》则谓"尚存二百九十四字"。经字迄无定数,同治辛未初夏,余率男贻隽,为登岱访碑之游。特至石峪,命贻隽剔苔扪藓,子细辨认,余手录其文,方知尚存九百零一字。前三十行,盖自经首第一段起,至十一段之首句止,后零一行,则十三段之末及十四段之首也,共得八百八十五字。又残字十六,则不知属某段矣。此皆著录家所未道及者,方知前人皆未亲至其地,但就拓字所见者记之,无怪其不能详且确也。①

其二,《跋北齐尖山摩崖古刻》

在《跋北齐尖山摩崖古刻》中,李佐贤详细录载了北齐尖山摩崖刻经经文,并指出阮元《山左金石志》对此摩崖刻经的漏载之处。其跋云:

> 按《山左金石志》载此刻,其录"文殊师利"云云,只三行,今实有八行。又二段,只载五行,"汉大丞相"一行失载,今实有六行。第三段,则全未载。想阮文达所见拓本不全,故不免有误,且不能详指其段落,故前后多舛错,无次第也。而《金石志》所载亦有今未见者,如一刻"经主徐时"云云,凡三行;一刻"与大比邱生"云云,凡六行,今俱佚,想在第四段已被凿石者凿去矣。夫自嘉庆年去今仅数十载,已不能常存,况数百年后乎? 余故即所见者详录之,俾后之好古者得所考焉。②

其三,《跋北周小铁山摩崖古刻》

清道光十九年(1839),李佐贤访得北周小铁山摩崖刻经,对经文的

---

①〔清〕李佐贤:《石泉书屋类稿》卷5《跋泰山经石峪六朝刻金刚经残字》,《续修四库全书》第1534册,上海古籍出版社2002年,第676页。

②〔清〕李佐贤:《石泉书屋类稿》卷5《跋北齐尖山摩崖古刻》,《续修四库全书》第1534册,上海古籍出版社2002年,第675~676页。

现存状况予以考察,借此补正了阮氏《山左金石志》所存在的问题。其跋云:

> 邹县城北小铁山,后周刻经在石崖上,南向,隶书,如斗大,方界画作棋枰纹,字体形制与泰山经石峪《金刚经》无异,自系一人所书。每行五十余字,自"佛言善男子"起,至"无生法忍"止,共十七行。经后刻《匡喆刻经颂》十二行,每行亦五十余字,字差小。顶上有"石颂"二大字。《山左金石志》但载《石颂》十二行全文,云"在小铁山西侧佛经之后",而佛经之文及行数、字体,则均失载。且注《石颂》云"所藏拓本仅八十余字,以未见全文为憾。黄小松司马录寄新拓本,始知造经人",云云,是阮文达第据《石颂》拓本以为全文,而未见刻经之正文也。《石颂》云"有大沙门僧安法师者,工书,尤最以写《大集经》",是明言此经为安法师所书,特未著安法师之名。考后题名,有"东岭僧安道壹同著经"一行,则所谓"安法师"者,即安道壹无疑也。《金石志》于此但作"安臣"者,遗漏"大沙门"三字,又误认"法师"为"臣"字,盖阮文达第据模糊之拓本著之,无惑其于写经人不能核实也。①

李氏此跋补正了《山左金石志》两个问题:一是阮书录有《匡喆刻经颂》,但佛经经文、行数与字体等均失载;二是《石颂》中"大沙门僧安法师",阮氏漏记"大沙门"三字,并误"法师"为"臣"字。阮书的这些阙误,主要是因为所据拓本不全且模糊不清所致。

其四,《跋北周冈山摩崖古刻》

在《跋北周冈山摩崖古刻》中,李佐贤对北周冈山摩崖刻经的段落、字数、行数、方位等情况做了详细介绍,并指明阮元《山左金石志》记载的漏脱之处。其跋云:

> 邹县冈山与小铁山毗连,亦有大象年刻经,隶书,亦多残泐。即现存者记之,尚存十三段。一段在大石北面,"二郎、比邱惠晖、比邱尼法惠,大象二年七月三日",云云,凡七行。后一佛象题"释迦、弥勒、阿弥陀"等佛号三行,末上"石经"二字,共十一行。二段在大石东面,"如是我闻"起,至"漱口毕已合"止,凡十行。三段在大石南,"掌恭

---

① 〔清〕李佐贤:《石泉书屋类稿》卷5《跋北周小铁山摩崖古刻》,《续修四库全书》第1534册,上海古籍出版社2002年,第677页。

敬"起,至"授我八戒"止,凡五行。以上三段,文义似相联属。四段向东,"与大比邱"起,至"自在三昧"止,凡六行。五段向东,"现皆是古昔诸仙贤圣",凡三行九字。六段向北,"二种无我究竟通达",凡四行八字。七段向东南,"日月光晖"起,至"诸仙贤圣"止,凡四行。八段向仝前,"炎如百千日照耀金山",凡三行九字,从左读。九段向南,"法得道之处",三行五字。十段向北,"神通之力"起,至"自性识"止,凡五行。十一段向同上,"大比三僧及大菩萨",凡四行八字。十二段向西,"众皆从种",凡二行四字,后有不成段之残字,凡六。十三段向东,"地方佛士"起,至"无量自在"止,凡六行,后有不成段之残字凡十。《山左金石志》惟载一、二、三段及八段、十段,余俱遗漏。按邹县古刻,各著录家罕有录其文者,惟《山左金石志》收录,而又多挂漏。余爱其为六朝遗迹,虑其久而漫灭,无征不信也,故特详悉载之。①

其五,《跋北周葛山摩崖古刻》

在《跋北周葛山摩崖古刻》中,李氏对《山左金石志》的缺误之处予以补正:

> 邹县葛山在驮骡社,距城三十里。摩崖刻经自"尔时世尊"起,至"名为耶观,大象两年岁,元枵律夹钟廿六日"止,共十行,每行三十九字、四十字不等,合计将近四百字。前五行在南,后五行在北。《山左金石志》但载"木平维摩诘"云云十一字、"大象两年"云云十三字,又"如来"、"可寺"各二字。按首行有"如来平维摩诘"等字,此作"木平",应是"来"字,误认作"木"。"大象"一行,则经末题字以记年月者,中八行,俱失记,遗漏实多,且系一段,题作葛山二种,亦误。惟言:"与小铁山笔意相同",则诚不诬耳。第五行下有小字六行,行七字,已尽模糊,惟一行第五字"平"、第六字"郡"、二行第五字"高"、三行第三字"主"、第七字"开"、五行第三字"主"仅可辨。此六行盖刻经人题名,惜不可考,金石有时而泐,不信然欤。②

---

①〔清〕李佐贤:《石泉书屋类稿》卷5《跋北周冈山摩崖古刻》,《续修四库全书》第1534册,上海古籍出版社2002年,第677~678页。
②〔清〕李佐贤:《石泉书屋类稿》卷5《跋北周葛山摩崖古刻》,《续修四库全书》第1534册,上海古籍出版社2002年,第678页。

九、胡元仪《北海三考》对阮书的校补

胡元仪(1848—1908),字子威,号兰苣,湖南湘潭人,师事王闿运,尤精三《礼》、《毛诗》,著有《毛诗谱》1卷、《北海三考》6卷、《步姜词》2卷等。

阮元利用金石之文正史志记载讹误的例子,最为著名的当属据《重刻唐史承节郑公祠碑》校正《后汉书·郑玄传》记载之讹。然而,胡元仪对阮氏的看法并不完全认同,在《北海三考》中予以校正。

其一,对"第五元"的辨正

据阮元《山左金石志》卷20《重刻唐史承节郑公祠碑》记载:"公少为乡啬夫,不乐为吏,遂造太学,受业师事京兆第五元,始通《京氏易》、《公羊春秋》、《三统历》、《九章算术》。"①胡元仪对阮氏碑文中的郑玄受业师傅"第五元"有所辨正,认为:"又按第五元先,实系字非名,范书及别传皆然,惟《史承节碑》作'第五元',显系脱去'先'字,而阮太傅《山左金石志》反从其误,未免好新太过矣。"②胡氏认定郑玄业师名"第五元先",而非"第五元"。

其二,对郑玄《戒子益恩书》的辨正

对于郑玄作《戒子益恩书》一事,阮元《重刻唐史承节郑公祠碑》跋云:"司农《戒子益恩书》,乃归老疾笃时事,故宜在汉公车征为大司农及袁绍邀至冀州诸事后,而范书反载书文于前,使事迹先后倒置。"③而胡元仪却认同《后汉书》的观点,而对阮元的说法有所辨正:

> 按郑君此书作于建安元年,以书有"入此岁来已七十矣"之语,别传云"生于永建二年",相证知之也。盖建安元年春,自徐州还后即病笃,因自虑不起,故作书戒子,以属后事也。后疾亦旋愈,而益恩亦赴孔融之难而死矣,故范书云"后尝疾笃",谓建安元年自徐州归后尝疾笃也。乃史承节撰《司农碑》将此书载于事迹之末,殊为无识,强作解事。阮太傅《山左金石志》反推波助澜,以长其误。其辞曰:"《司农戒子书》乃归老疾笃时事,故宜在汉公车征为大司农及袁绍邀至冀州诸事后,而范书反载书文于前,使事迹先后倒置。"承节此碑时形错误,太

---

① 〔清〕阮元:《山左金石志》卷20《重刻唐史承节郑公祠碑》,第77页。
② 〔清〕胡元仪:《北海三考》卷1《事迹考第一上》,《续修四库全书》第549册,上海古籍出版社2002年,第621页。
③ 〔清〕阮元:《山左金石志》卷20《重刻唐史承节郑公祠碑》,第80页。

傅好新太过,于郑君事迹又漫不加考,以意为之说,反谓范书倒置事迹先后,诚末学所不解也。①

十、叶昌炽《缘督庐日记》②对阮书的校补

叶昌炽(1849—1917),字兰裳,又字鞠裳,晚号缘督庐主人,江苏长洲人,清末著名金石学家、文献学家、收藏家。光绪十五(1889)年进士,历任翰林院庶吉士、国史馆协修、纂修、总纂官、国子监司业、侍讲、甘肃学政等官,后引疾归。叶昌炽一生致力于古籍的校理与碑版的搜集,在石刻学方面取得了巨大成就,代表作《语石》10卷。此外,还著有《藏书纪事诗》、《邠州大佛寺题刻考》、《缘督庐日记》等。

在《缘督庐日记》中,叶昌炽对阮元《山左金石志》记载的阙漏之处多有补正。例如,《山左金石志》卷14收录有《龙兴寺经幢》,但并未著录书者姓名,叶氏对此予以补充云:"初二日,从老估得《淄川龙兴寺经幢》残拓本,末一幅八分书,甚精。此刻《山左金石志》著录无书人姓名,细审此拓,有'荣伏凤书'四字在末行'天祐'题字下,为之狂喜。断珪寸璧,无非瑰宝,其可以骏骨而弃之耶?"③又如,叶氏指出阮元《山左金石志》所收石刻尚有很多漏脱者,他说:"天柱山荥阳郑氏摩崖四十余种,文达所录不及其半。"④再如,叶氏列出《山左金石志》未收新出汉魏六朝碑目,共计五十一种:

> 汉
> 《麃孝禹碑》,河平三年,费县,今在李山农宗岱处。
> 《君车图》,正阴有题字,潍县陈氏。
> 《琅琊太守朱博颂德残碑》,诸城尹彭寿家。
> 《无盐太守刘曜碑残石》,同治庚午出芦泉山阳土阜中,《隶释》著录之,东平州学明伦堂下。

---

① 〔清〕胡元仪:《北海三考》卷2《事迹考第一下》,《续修四库全书》第549册,上海古籍出版社2002年,第635~636页。

② 《缘督庐日记》系叶昌炽读书治学的日记,叶氏生前并未整理出版,后由王季烈摘编刻印,成《缘督庐日记抄》16卷。

③ 〔清〕叶昌炽著,王季烈辑:《缘督庐日记抄》卷6"癸巳年十二月初二"条,《续修四库全书》第576册,上海古籍出版社2002年,第510页。

④ 〔清〕叶昌炽著,王季烈辑:《缘督庐日记抄》卷4"丁亥正月二十三日"条,《续修四库全书》第576册,上海古籍出版社2002年,第421页。

《普照寺汉画像》

《伏生受经图画象》，沂州琅琊书院。

《兖州刺史杨叔恭残碑》，八分书，建宁四年，滕县，今在安马楼庄内。

《永□七年残碑》，同上，马氏家藏。

《建康元年残碑》，上有二人，鱼台马氏家藏。

晋

《明威将军郭休碑》，八分，有阴，泰始六年，掖县宋氏家藏。

北魏

《赵𡍼造像记》，皇兴三年，黄县。

《高贞碑》，正光四年，德州州学。

《马鸣寺根法师碑》，乐安大王桥泰山行宫。

《张白妃造像记》，天平二年，乐安。

《中坚将军墓表》，即《鞠彦云墓志》，正光四年，黄县。

北齐

《广古寺造像》，天保九年。

《鲁彦昌造象》，天保六年，二幅。

《张龙伯造象》，天保元年，诸城尹彭寿家。

《朱□思等一百人造象记》，河清四年，高苑。

《邑义一百人造灵塔记》，武平三年十二月，滋阳，在兖州考院。

《普照寺造象》，兰山。

《洪兴寺造像》，同。

《许始等造象》，同。

《韦本振等题名》，邹县。

《韦子深等造象四面碑》，同。

《晋崖康邕题名》，同。

《韦太阳等造象》，同。

北周

《小铁山摩崖佛经铭》，乙咸韬八分书，大象元年，邹县。

《赵郅李巨教摩崖题字》，同。

《宁朔将军孙洽等题名》，同。

隋

《刘景茂造像》、《宋叔敬造象》、《开皇十年吴□造象》、《开皇十五年女红花等造象》，以上皆千佛山。

《王怀贤妻邓敬造象》、《景龙元年僧无畏造象》，以上神通寺千佛崖。

《阳照寺造像》，乐安城西南八十里。

《龙华寺碑》，正书，博兴城东二十五里，近名“白鹊桥”。

《比邱尼静观造象》，开皇六年。

《千佛山邓景造象》、《邑子元等造象》，有侧。

《千佛山李景崇造象》、《吴□造象》、《许道等造象三种》，以上历城。

《宋□等造象》，莱阳。

《宋僧海妻张公主造象》、《杨文盖造象》、《比邱僧智照造象》，以上历城。

《佛说出家功德经》，嘉祥。

《王昕造无量寿佛碑》，益都。

《涅槃经》，汶上。

《五峰山莲华洞大象主钟崔等五十四人题名》，长清。①

第二节　本书对《山左金石志》的校补

阮元《山左金石志》中存有许多错讹漏脱之处，如序文中的讹误、目录编写的讹误、漏脱、增衍与重复、碑文录载的讹误与漏脱以及跋文考证的讹误等。现依据金石实物、拓本，并参考有关文献典籍，就阮书的这些错讹漏脱进行校补。

一、对《山左金石志》序文与目录讹误、漏脱、增衍及重复的校补

（一）序文的讹误

《山左金石志》卷首为阮元与钱大昕的两篇序文，其中，钱氏《山左金

---

① 〔清〕叶昌炽著，王季烈辑：《缘督庐日记抄》卷 3“乙酉十月廿七日”条，《续修四库全书》第 576 册，上海古籍出版社 2002 年，第 397~399 页。

石志序》云：

> 金石之学始于宋，录金石而分地亦始于宋。有统天下而录之者，王象之之《碑目》、陈思之《丛编》是也；有即一道而录之者，崔君授之于京兆、刘泾之于成都是也。国朝右文卟古，度越前代，而一时诸巨公博学而善著书。于是，毕秋帆尚书镇抚雍豫，翁覃溪学士视学粤东，皆荟萃翠墨，次第成编。独山左圣人故里，秦汉魏晋六朝之刻所在多有，曲阜之林庙、任城之学宫、岱宗灵岩之磨崖，好事者偶津逮焉，犹挹水于河，而取火于燧矣。近时，黄小松、李南涧、聂剑光、段赤亭辈，虽各有编录，只就一方，未赅全省，是诚艺林一阙事也。乾隆癸丑秋，今阁学仪征阮公芸台，奉命视学山左，公务之暇，咨访耆旧，广为搜索。其明年冬，毕尚书来抚齐鲁，两贤同心赞成此举，遂商榷条例，博稽载籍，萃十一府两州之碑碣。又各出所藏彝器、钱币、官私印章，汇而编之。规模粗定，而秋帆移督三楚，讨论修饰润色壹出于公。乙卯秋，公移节两浙，携其稿南来，手自删订。嘉庆丙辰秋，书成，凡二十四卷。……①

钱大昕所云"十一府两州"有误，据《清史稿·地理八》记载，山东辖十府（济南、东昌、泰安、武定、兖州、沂州、曹州、登州、莱州、青州）、三直隶州（临清、济宁、胶州）。需要说明的是，胶州直隶州是在光绪三十一年（1905）从莱州府划分出来的，阮元编修《山左金石志》时尚属莱州府，故应为"十府、二直隶州"。

（二）目录的讹误、漏脱、增衍与重复

目录的讹误，如《山左金石志》正文卷2《汉朝正殿瓦二器》②，目录将之记为《汉朝正殿瓦二种》③；正文卷6《黄神越章印》④，目录将之记为《唐神越章印》⑤；正文卷8《济宁晋阳山慈云寺画象六石》⑥，而目录漏"山"字⑦；正文卷10《仲思那等造硤碑》⑧，而目录将之记为《仲思那等造桥

①〔清〕阮元：《山左金石志·钱大昕序》，第367页。
②〔清〕阮元：《山左金石志》卷2《汉朝正殿瓦二器》，第416页。
③〔清〕阮元：《山左金石志·目录》，第370页。
④〔清〕阮元：《山左金石志》卷6《黄神越章印》，第452页。
⑤〔清〕阮元：《山左金石志·目录》，第374页。
⑥〔清〕阮元：《山左金石志》卷8《济宁晋阳山慈云寺画象六石》，第489页。
⑦〔清〕阮元：《山左金石志·目录》，第375页。
⑧〔清〕阮元：《山左金石志》卷10《仲思那等造硖碑》，第526页。

碑》①，"硚"与"桥"二字古意不同，不能通用，可知"硚"为别字，尽管如此，目录亦应保持一致；正文卷 16《会真宫诗题跋二石》②，目录将之记为《会真宫题跋二石》③；正文卷 17《张颉等龙洞题名》④，目录将之记为《张颉写龙洞题名》⑤；正文卷 18《灵岩功德龛题名二种》⑥，目录将之记为《灵岩功德山题名二种》⑦；正文卷 19《程康年等登高题字》⑧，目录将之记为《程登年登高题字》⑨；正文卷 21《兴仙观碑》⑩与《神清观碑》⑪二碑，目录将其记为《兴化观碑》⑫与《神清宫碑》⑬；正文卷 22《济南府学加封孔子制诏碑》⑭，目录将之记为《济南学加封孔子制诏碑》⑮；正文卷 23《海丰县学加封孔子制诏碑》⑯，目录将之记为《海学县学加封孔子制诏碑》⑰；正文卷 24《沂山代祀碑》⑱，目录将之记为《沂山墓祀碑》⑲，等等。

　　目录的漏脱，如正文卷 8 有《食斋祠园》⑳一石，而目录却未编录。又如，正文卷 22 有《暴书台题字》㉑，目录漏载了这一碑目。再如，该书正文所收最后二碑是《寿圣院经幢》㉒与《可公塔碣》㉓，而目录却没有此二碑目。

---

①〔清〕阮元：《山左金石志·目录》，第 377 页。
②〔清〕阮元：《山左金石志》卷 16《会真宫诗题跋二石》，第 666 页。
③〔清〕阮元：《山左金石志·目录》，第 382 页。
④〔清〕阮元：《山左金石志》卷 17《张颉等龙洞题名》，第 14 页。
⑤〔清〕阮元：《山左金石志·目录》，第 383 页。
⑥〔清〕阮元：《山左金石志》卷 18《灵岩功德龛题名二种》，第 36 页。
⑦〔清〕阮元：《山左金石志·目录》，第 385 页。
⑧〔清〕阮元：《山左金石志》卷 19《程康年等登高题字》，第 44 页。
⑨〔清〕阮元：《山左金石志·目录》，第 385 页。
⑩〔清〕阮元：《山左金石志》卷 21《兴仙观碑》，第 88 页。
⑪〔清〕阮元：《山左金石志》卷 21《神清观碑》，第 88 页。
⑫〔清〕阮元：《山左金石志·目录》，第 388 页。
⑬〔清〕阮元：《山左金石志·目录》，第 388 页。
⑭〔清〕阮元：《山左金石志》卷 22《济南府学加封孔子制诏碑》，第 124 页。
⑮〔清〕阮元：《山左金石志·目录》，第 392 页。
⑯〔清〕阮元：《山左金石志》卷 23《海丰县学加封孔子制诏碑》，第 144 页。
⑰〔清〕阮元：《山左金石志·目录》，第 395 页。
⑱〔清〕阮元：《山左金石志》卷 24《沂山代祀碑》，第 150 页。
⑲〔清〕阮元：《山左金石志·目录》，第 395 页。
⑳〔清〕阮元：《山左金石志》卷 8《食斋祠园》，第 495 页。
㉑〔清〕阮元：《山左金石志》卷 22《暴书台题字》，第 111 页。
㉒〔清〕阮元：《山左金石志》卷 24《寿圣院经幢》，第 171 页。
㉓〔清〕阮元：《山左金石志》卷 24《可公塔碣》，第 172 页。

目录的增衍,如《山左金石志》正文中并无《正觉寺金刚经幢》,但目录卷 18 却增衍了这一石目①。

目录的重复,如目录卷 22 有《胶州知州董公神道之碑》与《故胶州知州董公神道之碑》二碑目②,而正文部分仅录有《胶州知州董公神道之碑》③。可见,二者应为同一碑,目录重复《故胶州知州董公神道之碑》一目。

顺便一提的是,《山左金石志》中也存有目录正确而正文错误的情况。例如,目录卷 16 有《泰山麓白龙池题名二十八种》④,而正文却将之记为《泰山麓白龙池题名二十九种》⑤。究竟是 28 种还是 29 种呢? 笔者对该目实际收录题名数量进行统计,为 28 种,可见此目应为《泰山麓白龙池题名二十八种》。此种情况,阮书仅此一例。

二、对《山左金石志》碑文录载讹误与阙漏的校补

阮元《山左金石志》对碑文的录载存有众多讹误、漏脱之处,究其原因,许多碑石因刻立年代久远,风雨剥蚀严重,字迹斑驳难辨,造成了对碑文识读、编录的阙误;加之,碑刻资料的搜集与整理出自多人之手,成书仓促,粗疏不审,致使录文与原文发生出入。如《山左金石志》卷 10 所录邹县《尖山摩崖十种》,资料来源于黄易,但黄氏传拓的拓片并不完整,存在问题主要有二:一是内容有零落之处,二是位置不清楚。李佐贤实地考察尖山摩崖,其在《石泉书屋类稿》卷 5《跋北齐尖山摩崖古刻》跋文中详细录载了北齐尖山摩崖刻经经文,并指出阮元《山左金石志》对此摩崖刻经的漏载之处,其跋云:"按《山左金石志》载此刻,其录'文殊师利'云云,只三行,今实有八行。又二段,只载五行,'汉大丞相'一行失载,今实有六行。第三段,则全未载。想阮文达所见拓本不全,故不免有误,且不能详指其段落,故前后多舛错,无次第也。"⑥所以,笔者在研究《山左金石志》时,对此

①〔清〕阮元:《山左金石志·目录》,第 385 页。
②〔清〕阮元:《山左金石志·目录》,第 391 页。
③〔清〕阮元:《山左金石志》卷 22《胶州知州董公神道之碑》,第 117 页。
④〔清〕阮元:《山左金石志·目录》,第 382 页。
⑤〔清〕阮元:《山左金石志》卷 16《泰山麓白龙池题名二十九种》,第 660 页。
⑥〔清〕李作贤:《石泉书屋类稿》卷 5《跋北齐尖山摩崖古刻》,《续修四库全书》第 1534 册,上海古籍出版社 2002 年,第 675 页。

类问题用力尤多,或考察原碑,或参照拓片,或查找相关文献,尽可能地对碑文录载的讹误与阙漏予以校补。对错讹文字的处理,直接在原文中加以订正,并在校勘记中说明原书的讹误及校正依据,若一时难以定论,则保持原字,而在校勘记中酌存两说,以资参考。对残阙文字的处理,原书中标有"□",则将阙字直接补入"□"中,并在校勘记中说明补阙依据。对漏阙文字的处理,在漏阙处加一括号,将所漏文字补入括号中,并在校勘记中说明补漏依据。需要说明的是,例中碑文未必全文,因需而录。另外,《山左金石志》中凡出现"玄"字,为避康熙皇帝"玄烨"名讳,均改为"元"。本书中,直接将之改回"玄",不再出校勘记。下面,举数例加以管窥。

(一)《山左金石志》卷 12《纪泰山铭》①

此碑立于唐玄宗开元十四年(726)九月,现存泰山岱顶大观峰。摩崖通高 13.3 米,宽 5.3 米,碑文 24 行,满行 51 字,连额"纪泰山铭"约一千字。除"御制御书"及末行年月为正书外,均为隶书,碑体遒劲婉润,端庄雄浑,"盖自汉以来,碑碣之雄壮未有及者"②。《纪泰山铭》作为中国古代最为著名的帝王封禅文诰之一,为此后历代文献所著录。留存后世的《纪泰山铭》文本,主要有石本与志本两大系统,前者是指镌刻于泰山之巅的《纪泰山铭》原刻及拓本以及对此碑予以著录的文献,如《金石录》、《泰山道里记》、《山左金石志》、《金石萃编》、《授堂金石文字续跋》以及《济南府志》、《岱史》、《泰安府志》等,后者则以《旧唐书·礼仪志》为代表,包括《通典》、《唐会要》、《册府元龟》、《唐文萃》等文献。不仅石本与志本之间存有较大的文辞差异,就是志本与石本系统内部亦有出入。《纪泰山铭》原刻有较多剥蚀,而拓本收录于《京都大学人文科学研究所所藏石刻拓本资料》第 TOU1102A、TOU1102B、TOU1102C、TOU1102D 与 TOU1102E 幅。笔者以《纪泰山铭》原刻及拓本为据,以《唐文萃》卷 19 下《纪泰山铭》与《金石萃编》卷 76《纪太山铭》等文献为补,对《山左金石志》所录碑文加以补正。

【碑文】朕宅帝位,十有四载,顾惟不德,懵于至道,任夫难任,安夫难安。兹朕未知,获戾于上下,心之浩荡,若涉于大川。赖上帝垂休空六字,先后储庆,宰衡庶尹,交修皇极。四海会同,五典敷畅,岁云嘉孰,人用大和。

---

①〔清〕阮元:《山左金石志》卷 12《纪泰山铭》,第 562~566 页。

②〔清〕王澍:《竹云题跋》卷 3《唐明皇纪泰山铭》,《景印文渊阁四库全书》第 684 册,上海古籍出版社 1987 年,第 689 页。

百辟佥谋,唱余封禅。谓孝莫大于严父,谓礼莫尊于告天。天符既至,人望[1]既积,固请不已,固辞不获。肆余与夫二三臣,稽《虞典》,绎汉制,张皇六师,震迭九宇[2],旌旗有列,士马无哗,肃肃邕邕,翼翼溶溶,以至于岱[3]宗,顺也。《尔雅》曰:"太山为东岳。"《周官》曰:"兖州之镇山。"实惟天帝之孙,群灵之府。其方处万物之始,故称岱焉;其位居五岳之伯,故称宗焉。自昔王者,受命易姓,于是乎启天地,荐成功,序[4]图录,纪氏号。朕统承先王,兹率厥典,实欲报玄天之眷命,为苍生之祈福,岂敢高视千古,自比九皇哉? 故设坛场于山下,受群方之助祭,躬封燎于山上,冀一献之通神,斯亦因高崇天,就广增地之义也。乃仲冬庚寅,有事东岳,类于空四字[5]上帝,配空六字我高祖,在天之神,罔不毕降。粤翌日,禅于社首,侑我圣考,祀于空四字皇祇,在地之[6]神,罔不咸举。暨壬辰,觐群后,上公进曰:"天子膺天符,纳介福。"群臣拜稽首,千万岁。庆答欢同,陈诚以德。大浑叶度,彝伦攸叙,三事百揆,时乃之功。万物由庚,兆人允植,列牧众宰,时乃之功。一二兄弟,笃行孝友。锡类万国,时惟休哉。我儒制礼,我史作乐,天地扰顺,时惟休哉。蛮夷戎狄,重译来贡空五字,累圣之化,朕何慕焉。五灵百宝,日来月集,会昌之运,朕何感焉。凡今而后,儆乃在位,一王度,齐象法,摧旧章,补缺政,存易简,去烦苛,思立人极,乃见天则。于戏! 天生蒸人,惟后时乂,能以美利利天下,事天明矣。地德载物,惟后时相,能以厚生生万人,事地察矣。天地明察,鬼神著矣。惟空五字我艺祖文考,精爽在天,其曰:"懿余幼孙,克享空三字上帝。惟空五字帝时若,馨香其下。"丕乃曰:"有唐氏文武之曾孙隆基,诞锡新命,缵戎旧业,永保天禄,子孙其承之。"余小子敢对扬空四字上帝之休命,则亦与百执事尚绥兆人,将多于前功,而慭彼后患。一夫不获,万方其罪,予一人有终,上天其知我。朕维宝行三德:曰慈、俭、谦。慈者覆无疆之言,俭者崇将来之训,自满者人损,自谦者天益。苟如是,则轨迹[7]易循,基构易守。磨石壁,刻金记,后之人听词而见心,观末而知本。铭曰:

维天生人,立君以理,维君受命,奉天为子。代去不留,人来无已,德凉者灭,道高斯起。赫赫高祖,明明空六字太宗,爰革随政,奄有万邦。馨天张宇,尽地开封,武称有截,文表时邕空六字。高宗稽古,德施周溥,茫茫九夷,削平一鼓。礼备封禅,功齐舜禹,岩岩岱宗,衍我神主空六字。中宗绍运,旧邦惟新空八字,睿宗继明,天下归仁。恭己南面,氤氲化淳,告成之礼,留诸后人。缅余小子,重基空四字五圣,匪功伐高,匪德矜盛。钦若祀典,丕承永命,至诚动天,福我万姓。古封太山,七十二君,或禅奕奕,或禅云云。其迹[8]不见,其名可闻,祇通空六字文祖,光昭旧勋。方士虚诞,儒书龌龊,佚后求仙,诬神检玉。秦灾风雨,汉污编录,德未合天,或承之辱。道在观政,名非从欲,铭心绝岩,播告群岳。

【校勘记】

[1]此阙字原碑及拓本均残泐,据《唐文萃》及《金石萃编》补。

[2]此阙字原碑及拓本均残泐,据《唐文萃》补。

[3]此阙字原碑及拓本均残泐,据《唐文萃》及《金石萃编》补。

[4]原作"叙",据原碑及拓片补。

[5]原碑及拓片残泐较为严重,不能辨别是否有字,而《唐文萃》于此处有"昊天"二字。

[6]此阙字原碑及拓本均残泐,据《唐文萃》及《金石萃编》补。

[7]原作"速",据原碑及拓本补。

[8]原作"速",据原碑及拓本补。

(二)《山左金石志》卷14《济州刺史任公屏盗碑》①

此碑立于周世宗显德二年(955),原存山东省巨野县城北门外,由于历代黄河泥沙淤积,致使碑身大部淹埋于地下。直到2002年,巨野县文管部门才将之发掘出土,移立于永丰塔之阳,并修建碑亭加以保护。该碑青石质,上窄下宽呈梯形,通高5.16米,宽1.42~1.58米,厚0.5米左右,龟趺螭首,上雕八龙,额间篆书"大周任史君屏盗之碑"三行九字,为军事判官、朝议郎、试大理司直兼殿中侍御史张穆所篆。碑阳刊文26行,行75字不等,共计1500多字,字径约4厘米,行书。撰文者为朝议郎、行左拾遗、充集贤殿修撰李昉,书丹者为翰林待诏、朝议大夫、行司农丞张光振。《济州刺史任公屏盗碑》向以文好、书佳、刻精而著称,气宏势凝,久享盛名,为"三绝碑"。此碑文保存较好,且《北京图书馆藏中国历代石刻拓本汇编》第36册第137~138页收录此碑拓片。笔者依据原碑及拓片,对《山左金石志》所录碑文加以校正。

①〔清〕阮元:《山左金石志》卷14《济州刺史任公屏盗碑》,第608~610页。

【碑文】大周推诚奉义、翊戴功臣、特进捡挍太保、使持节济州诸军事、行济州刺史兼御史大夫、上柱国、西河郡开国公、食邑二[1]千三百户任公屏盗碑铭并序,朝议郎、行左拾遗、充[2]集贤殿修撰臣李昉奉空五字敕撰。翰林待诏、朝议大夫、行司农丞臣张光振奉空五字敕书。降娄鲁之分,济河惟兖州。大野既荒,西狩获麟之地;崇山作镇,东暆见日之峰。郡国已来,土赋称大;旧制非便,必惟具新。盖民众吏少,则奸易生;治称任平,则时克义。皇朝建济州于巨野县,犹魏室分厌次为乐陵郡耶?我太祖圣神恭肃文武孝皇帝,发天机,张地纪,皇建丕祚空三字,帝于万邦。不枉政以厚民生,不克法以重民命。以为分是理,颁是条,施之一方而用宁,通之四海而不泥者,其惟良二千石乎?故所[3]选牧守,咸用贤能。得人者昌,于斯为盛。今皇帝嗣守洪业,光扬空三字圣谟。率勤俭为天下先,惟几微成天下务。所谓空三字皇王纲统之道明矣,邦国纪律之务成矣。而研核精炼,日不暇给,以戒弛堕之患。所谓视听聪明之德充矣,内[4]外上下之情通矣。而启迪开纳,国无留事,以防壅塞之弊。凡[5]军国机要,刑政枢务,事无巨细,必详于听览。凡公侯卿士,牧伯长吏,任无轻重,必考其才器。是以设爵愈重,分职愈精。人人自谓我民康,家家自谓我土乐。粤嗣位元年冬十月,诏以前赵州刺史任公捡挍太保牧于济。济,新造之郡也,麟州之名,其废已久。岁月差远,土风寖醨,民忘其归,或肆为梗。重以控地既大,苞荒用遐。山幽薮[6]深,亡命攸萃。灌莽悉伏戎之地,蒹蒲为聚盗之资。妖以人兴,啸召或成于风雨;法由贪弊,羁縻遂至于逋逃。良田有蟊,实害嘉谷。惟夫年号丰稔,时无札瘥。滞穗余粮,栖偃于千亩;京仓坻庾,阜衍于九年。犹或胁游堕之夫,释耒耜之用,钩锄弦木,窃弄于乡间之间,矧饥沴之岁乎?至乃野无战血,天藏杀机。巩甲弸戈,戢锋铓于武库;庸租井赋,缓征督于乡胥。尚或诱轻主之民,聚无赖之族,巢枭穴狡窃发于海溟之中,矧兵革之际乎?民既病而畴思其治,医虽良而药或未工。盖用有所长,才难求备。文吏束名教之捡,则必曰导之以德。盗用侮而益暴,法家持刚猛之断[7],则必曰齐之以刑,盗用骇而弥逸……

【校勘记】

　[1]此字原作“一”,据原碑及拓本正。

　[2]此字原作“文”,据原碑及拓本正。

[3]此阙字据原碑及拓本补。

[4]此阙字据原碑及拓本补。

[5]此字原作"非",据原碑及拓本正。

[6]此阙字据原碑及拓本补。

[7]此阙字,原书仅有"斤"部,据原碑及拓本,应为"断"。

(三)《山左金石志》卷15《御制谢天书述功德碑》①

此碑立于北宋真宗大中祥符元年(1008)十月,为宋真宗赵恒亲自篆额并撰书。碑原刻两处,文字与书体相同,一存泰山岱顶唐摩崖东,明人翟涛在其上大书"德星岩",将其铲毁,今仅剩篆额"登泰山谢天书述二圣功德铭";另存旧泰安府城南门外,由五石合成,正书,碑文北向朝岱宗,俗称《阴字碑》,1951年被毁,现仅存拓片,收录于《北京图书馆藏中国历代石刻拓本汇编》第38册第19~22页。笔者以拓本为主要依据,参照《金石萃编》卷127《谢天书述功德铭》加以校补。

【碑文】登泰山谢天书述二圣功德铭,御制御书并篆额。朕闻一区宇而恢德教,安品物而致升平,此邦家之大业也。考茂[1]典而荐至诚,登乔岳而答纯锡,此王者之昭事也。结绳已往,茫茫而莫知;方册所存,章章而可辨。罔不开先流福,累洽储休,长发其祥,永锡尔类。故能禋祀上帝,肆觐群后,追八九之遐躅,徇亿兆之欢心。是以武王剿独夫,集大统,而成王以之东巡;高帝平三猾,启天禄,而武帝以之上封。曩以五代陵夷,四方分裂。嗷嗷九域,顾影而求存;颙颙[2]万民,吁天而仰诉。不有神武,多难何以戡?不有文明,至治何以复?恭惟太祖,启运立极,英武圣文,神德玄功。大孝皇帝,积庆自始,受命无疆,历试于艰难,终陟于元后。威灵震叠,玄泽汪翔。无往不宾,有来斯应。济民于涂炭,登物于春台。俾乂万邦,成汤之甚盛;咸宣九德,文王之有声。启运于前,垂裕于后。太宗至仁应道神功圣德文武大明广孝皇帝,洪基载绍,景贶诞膺。如日之升,烛于率土;如天之广,覆于群生。人文化成,神道设教。尊贤尚德,下武后刑。金石之音,明灵是格;玉帛之礼,蛮貊来同。书轨毕臻,典彝无阙。上玄降[3]鉴,虞舜之温恭;庶民不知,唐尧之于变。重熙之盛,冠绝于古先;增高之文,已颁乎成命。遄巡其事,谦莫大焉。肆予冲人,获守丕构。其德不类,其志不明。弗克嗣

兴,罔识攸济。属以阳春届节,灵文锡庆。由是济河耆老,邹鲁诸生,启予以神休,邀予以封祀,不远[4]千里,来至阙庭。朕惕然而莫当,彼礭乎而莫止。俄而,王公、藩牧、卿士、列校,献封者五上,伏阁者万余,以为景命惟新,珍符纷委,不可辞者天意,不可拒者群心。天意苟违,何以谓之顺道?群心苟郁,何以谓之从人?是宜登介丘,成大礼,敦谕虽至,勤请弥固。窃念乾坤垂祐,宗祐储祉,导扬嘉气,仅洽小康。唯夫疆场以宁,干戈以息。风雨以顺,稼穑以登,无震无惊,既庶既富,皆天之赐也,岂朕之功欤?虽则告成功,纪徽号,非凉德之克堪也。然而序图箓,答殊祯,非眇躬之敢让也。天孙日观,梁甫仙闾。五岳之宗,万物之始。升中燔柴,旧章斯在。继承先志懿范,遵已定之经;祗事圜丘严配,肃因心之孝。于是诏辅臣以经置,命群儒而讲习。给祠祀者,罔有不至;供朕身者,无必求丰。故玉币牺牲,朕之所勤也;羽仪服御,朕之所简也。精意笃志,夙兴夕惕。诚明洞达,显应沓彰。自天垂恩,正真亲临于云驭。奉符行事,子育敢怠于政经。粤以暮秋之初,恭飨清庙,告以祔配。孟冬之吉,虔登岱宗,伸乎对越。奉宝箓于座左,升祖宗以并侑,礼之正也,孝之始也。乃禅社首,厥制咸若,于时天神毕降,地祇毕登。肸蠁可期,奠献如睹。其荐也虽惭乎明德,其感也实在乎至诚。亦复酌酆宫之前闻,遵甘泉之受计;百辟委佩,五等奉璋;肆眚施仁,举善劝治;稽考制度,采摭风谣。文物声明,所以扬二圣之洪烈;欢娱庆赐,所以慰百姓之来思。盖又两仪之纯嘏,七庙之余庆,邦家之盛美,蒸黎之介福,岂予寡昧所可致焉。唯当寅寅寅畏,夙夜惕厉。不自满假,不自逸豫,宠绥庶国,茂[5]育群伦,以答穹昊之眷命焉。勒铭山阿,用垂永世……

【校勘记】

[1]此字原作“茂”,据拓本正。

[2]此二字原作“容容”,据拓本正。

[3]此字原作“隆”,据拓本正。

[4]此字原作“达”,据拓本正。

[5]此字原作“茂”,据拓本正。

(四)《山左金石志》卷15《天贶殿碑》①

此碑刻立于宋真宗大中祥符二年(1009)十一月,现存泰安岱庙天贶

殿前。碑高 3.5 米,宽 1.5 米,方座圆首,额篆书"大宋天贶殿碑"2 行 6 字,碑阳刻文 33 行,满行 81 字,计 2184 字,翰林学士杨亿撰文,尹熙古行书并篆额。该碑剥蚀较为严重,《北京图书馆藏中国历代石刻拓本汇编》第 38 册第 28 页收录该碑拓片,残泐亦十分严重。笔者主要依据拓本并以《金石萃编》卷 127《天贶殿碑》与民国《重修泰安县志》卷 13《艺文志·金石二·天贶殿碑铭》为参考,对《山左金石志》所录碑文的讹阙加以补正。

【碑文】大宋天贶殿碑铭并序,翰林学士、中大夫、行尚书兵部员外郎、知制诰、同修国史、判史馆事、柱国、南阳郡开国侯、食邑一千一百户、赐紫金鱼袋 臣 [1] 杨亿奉空四字敕撰,翰林待诏、朝奉大夫、国子博士、同正 骑 [2] 都尉臣尹熙古奉空四字敕书并篆额。

臣闻玄天之覆物也,阴骘而无私;上帝之临下也,高明而有赫。倬昭回而成体,其听孔卑;杳寂寞以希声,厥应如响。故《周书》纪其辅德,《羲易》载其益谦。百禄咸宜,于以隆其永命;庶征时若,于以降乎嘉生。斯皆自我民而聪明,表其道之贞观者也。至乃秉阳而健,垂象于日星;得一以清,成章于云汉。东壁列位,主图书之秘文;魄宝沦精,握河洛之命纪。盖乾之缊至贤矣,天之文有烂矣。眇觌太古,铺观往谍,三五之世,德化醇茂,故伏牺受龙图以作八卦,轩辕得龟篆以朝万灵,放勋获玉泥青绳之文,帝舜膺赤文绿错之瑞。夏商以降,绩用昭明,故大禹梦苍水之符,帝 [3] 乙拜玄玉之字,西伯之赤雀止户,武王之白鱼入舟,皆盛烈通于神祇,茂勋格于穹厚。繇是奇 [4] 物谲诡 [5] 以效质,珍图炳焕以告休,宣纯禧而奋景炎,形宝训而示灵眷。斯固殊尤绝迹,旷千载而罕逢;卓异倜傥,为百祥之称首。不然者,又何以运契于中和之极,兆发乎至治之期? 杂霸已还 [6],寂寥而无纪;合符之盛,启迪而必先者哉。崇文广武仪天尊道宝应章感圣明仁孝皇帝陛下之御天下十有二载也,纂空八字二圣之丕基,揽八纮之鸿绪,中道 [7] 底定,庶邦协和,玉烛阳明,珠躔轨道,颂声载路,协 [8] 气横流,百工惟时,五兵不试。仁风衍于无外,洪化驰而若神;品物茂遂而由仪,群黎富庶而知教;徽缠之形几措,弦诵之声相闻。人自谓于羲皇,家悉为于邹鲁。行苇勿践,忠厚之性成;天网弥疏,宽大之德著。淳源载复,治具毕张。皇上方端居穆清之中,独运陶甄之表,执粹精而思道,宅清明而在躬。极深研几,渊默雷震,扬蕤绚景,辉光日新。固已濬哲之懿升闻,愵恒之爱敦洽。金玉其度,追琢而惟精;云日之表,就望而无极。当其爱景长至,阴魄下弦,斗城靓深,虎闱宫寮。建章万户,管籥之有严;卫尉壬[9]屯,谁何而载肃。银汉左界,玉绳西倾,挈壶之漏屡移,膝席之对云罢,方将凝神于蠛濩,宁体于清闲,静虑合于希微[10],嘉应通于盼蠁。俯及乙夜,阒乎严扃,焕发灵光,灿若白昼。乃有真灵[11]降于霄极,胪语示乎休征。将求衣而趋对,忽乘飚而灭迹空五字。天子于是申以斋戒,致其精明。爰及[12]献岁发春之初,祗受大中祥符之锡。九宾宿设,亲拜于广庭;八神前驱,奉引[13]于黄道。实之恭馆,藏于东序。乃复肆眚于绵寓,易号于初元。惠赍浃于五管,爵秩加于群后。均合饮之泽以尚齿,推给复之典以贵农。皇明诞敷,纯嘏均被。繇是徇东人之勤请,考乾封之旧章,将以陟介邱,禅社首,奉符而行事,刻号以告成。扬空五字二圣之休光,为天下之壮观。列城除道[14],有[15]司讲仪,龟策告犹,云气呈瑞,宜[16]象物之咸若[17],徯我[18]后以来苏。三神眷怀,万邦和会,而灵心昭答,玄应沓臻。以为庶人靡常,犹毕星之好雨;群小多辟,或夏虫之疑冰。虽况施之殊伦,舆情[19]之成□。犹复先[20]甲而申告,以[21]徼于清衷;方将应期而绍至,以彰乎绝瑞。惟元年仲夏既望之后夕,上复梦神人谕以谆谆之意,期以来月锡符于泰山。于是潜发德音,申徼执事,有依类托寓之异,当[22]疾置飞驰以闻。粤勤[23]钟纪铭[24],铸浑叶度,肇自初吉,以及生明。惟兹岩岩之峰,荐发穰穰之瑞。祥光夜烛,成十辉之姿;卿霭朝跻,结九苞之状。是月之六日也,粤有梓匠,晨诣灵液亭给斤斸之役,草露方[25]渥,人迹罕至,忽得黄素于灌莽之上,其文有空三字"皇帝崇孝育民,寿历遐岁"之言。周章震骇,魂定飞越,亟以白引进使曹利用、宣政使李神福,即共捧持,以诣封禅经度制置使臣钦若、臣安仁,缄縢载严,骑置来献空五字。皇上周旋钦翼,夙夜斋明,醇粹内充,典章兼举。命廊庙之元宰,暨左右之信臣,分授使前奉导,灵貺驲传云至,诏跸出迎,羽卫星陈,官师景从。弁冕端委,亲拜受于苑中;玄图秘文,复遍示于群下。先是阴云待族,大雨濯枝。需泥治道之是艰,沾服废礼之为惧。是日也,悬寓澄霁,佳气郁葱,杲杲[26]之驭上跻,光华在旦;蓊丛之姿迭媚,纷郁垂文。五弦之风载熏,九光之霞成绮,神人[27]胥悦,戬谷来同。矧乃绵蕝之[28]仪素已草具,翠葆之驾乃先启行。既备物以吉蠲,俾有司而翊卫,载以威辂，入于应门，星旄先驱，金奏并作。天子方复弭鸾旗而税龙驭，抚毡案而坐帷宫，穆穆皇皇，以俟夫元符之至也。既[29]而步自闉阖，率先群司，纳之殊庭，是为秘宝。且复讨论前载，追求遗范。辉景下烛，秦既作畤；珍瑞云获，汉亦起宫。其后因轨迹而增崇，建名称而不朽者，非可以悉数也。乃诏鲁郡，申饬攸司，爰就灵区，茂建清宇。授规于哲匠，董役以廷臣，朴斫前施，暨涂咸备，法大壮而取象，曾不日以克成。直寒门□□之庭，镇阿阁神房之麓。云封崛起，回对于轩檐；泉流[30]洌清，载环于阶城。祗若天贶，表以徽[31]名。既而慎择灵辰，揭之题榜，乃有玄鹤集于雕甍，清唳引[32]之，坠羽而去。斯又九皋之仙质，千岁之纯精，挺胎化之姿，告寿昌之兆者也。及亲封泥检，载扬榡燎，降自[33]阴道，禅于方邱，会朝明堂，肆觐东后，灵[34]泽及于四海，神化驰于六幽，天子乃抚节盘桓，凭轼游豫，周爰博览，以届于兹。瞻堂构以改容，临清流而发叹。金炉朱火[35]，修[36]潜德以升闻；羽盖清尘，彰健行之不息。旋轸饮至，天成地平，因[37]时计功，金相玉振。且以为古之哲后，褒纪瑞命，方牒所述，踵武可征。至若甘露黄龙，标于年历，芝房朱雁，播于乐章，或作绘以彰施，或缉经以论著，皆所以昭答报降，垂示方来。爰诏下臣，颂兹徽烈。恭惟空五字紫书秘谍，荐锡于玉晨，福应之大者也。灵宫真宇，列峙于坰野，制作之盛者也。非有迁雄之博物通达，崔蔡之发篇[38]清丽，邹枚之论[39]辨，曹王之气质，又曷能敷陈空四字景铄，述宣鸿明，著之金石之[40]刻，流乎亿万之祀？如臣肤浅，岂能演畅。拜命之下，燥吻[41]惟勤。颂叹游扬，虽黯于素蕴；博约温润，宁企于前修。伏纸恇忡[42]，将[43]□□□。铭曰：

　　太始权舆，邃古之初。结绳而治，斯文阙如。三五迭兴，受命合祛。河洛开奥，乃出图书。岐周发祥，凤止高冈。火流于屋，鱼跃[44]于航。灵睠谆谆，赤文煌煌。金策之赐，剪殷[45]启疆。卯刀□撰，□□□□。秘图玄契，旷绝靡常。惟皇建极，与天合德。有开必先，神休叵测。清夜戒期，圣容斯觌。旭日朝跻，真符云获。节彼崇巘，天帝之孙。刺经定议，发祉闿□。泉流毖涌，和景晏温。□元申锡，明灵有赫。云篆腾晶，冰纨襞积。殊类响答，奇应山沓。樵蒸礼成，蓼萧庆洽。遂宇翚飞，揭榜雕楣。建兹显号，式昭鸿禧。□□□□，翠帽扬蕤[46]。福应之盛，辉光在兹。鲁邦奕奕，秦观巍巍。封云荟蔚,浪井涟漪。峃然宏构,永镇方祇。大中祥符二年十一月十七日。

【校勘记】

［1］此阙字原石及拓本残泐,据《金石萃编》补。

［2］此阙字原石及拓本残泐,据《金石萃编》补。

［3］此阙字据原石及拓本补。

［4］此阙字原石及拓本残泐,据《金石萃编》补。

［5］此阙字原石及拓本残泐,据《金石萃编》补。

［6］此三阙字原石及拓本残泐,据《金石萃编》补。

［7］此阙字原石及拓本残泐,据民国《重修泰安县志》补。

［8］此阙字原石及拓本残泐,据《金石萃编》补。

［9］此二阙字原石及拓本残泐,据《金石萃编》补。

［10］此"微"字原石及拓本残泐,《金石萃编》亦作"微",而民国《重修泰安县志》作"夷"。

［11］此阙字原石及拓本残泐,据《金石萃编》补。

［12］原作"乃",据原石及拓本正。

［13］原作"申",据原石及拓本正。

［14］此阙字原石及拓本残泐,据《金石萃编》补。

［15］此阙字原石及拓本残泐,据《金石萃编》补。

［16］此阙字据原石及拓本补。

［17］此阙字原石及拓本残泐,据《金石萃编》补。

［18］此阙字原石及拓本残泐,据《金石萃编》补。

［19］此二阙字原石及拓本残泐,据《金石萃编》补。

［20］此阙字原石及拓本残泐,据《金石萃编》补。

［21］此阙字原石及拓本残泐,据《金石萃编》补。

［22］此阙字原石及拓本残泐,据《金石萃编》补。

［23］此阙字原石及拓本残泐,据《金石萃编》补。

［24］此阙字原石及拓本残泐,据《金石萃编》补。

［25］此阙字原石及拓本残泐,据《金石萃编》补。

［26］此二阙字据原石及拓本补。

［27］此二阙字原石及拓本残泐,据《金石萃编》补。

[28]此二阙字原石及拓本残泐,据《金石萃编》补。

[29]此阙字原石及拓本残泐,据民国《重修泰安县志》补。

[30]此二阙字原石及拓本残泐,据《金石萃编》补。

[31]此阙字据原石及拓本补。

[32]此阙字原石及拓本残泐,据《金石萃编》补。

[33]此阙字原石及拓本残泐,据《金石萃编》补。

[34]此阙字据原石及拓本补。

[35]此阙字原石及拓本残泐,据《金石萃编》补。

[36]此阙字原石及拓本残泐,据《金石萃编》补。

[37]此阙字原石及拓本残泐,据《金石萃编》补。

[38]《金石萃编》作“发挥”,民国《重修泰安县志》作“发挥篇”,拓本磨泐,但稍存笔画,细审之,当为“篇”字。

[39]此阙字原石及拓本残泐,据《金石萃编》补。

[40]此二阙字原石及拓本残泐,据《金石萃编》补。

[41]此二阙字原石及拓本残泐,据《金石萃编》补。

[42]此阙字原石及拓本残泐,据《金石萃编》补。

[43]此阙字原石及拓本残泐,据民国《重修泰安县志》补。

[44]此阙字原石及拓本残泐,据《金石萃编》补。

[45]此阙字原石及拓本残泐,据《金石萃编》补。

[46]此阙字原石及拓本残泐,据《金石萃编》补。

(五)《山左金石志》卷17《郓州州学新田记》①

此碑立于北宋哲宗元祐五年(1090)九月,并额俱隶书,阴行书,原存东平州学,后毁损不存。《北京图书馆藏中国历代石刻拓本汇编》第40册第57页收有该碑拓片,部分文字磨泐。笔者以拓片为主要依据,并结合《金石萃编》卷139《郓州州学新田记》及光绪《东平州志》卷19《艺文·郓学新田记》加以补正。

【碑文】郓有学,其盛始[1]沂国王文正公。其时天下郡国,庠序未设,郓虽有之,而小陋贫空[2],儒雅缺然。王文正公以故相为吾州,以[3]为士不知道义,果不足用,道义顾安出?则大作学,买田聚书,所威[4]就士为

---

①〔清〕阮元:《山左金石志》卷17《郓州州学新田记》,第6~8页。

多,而学遂以盛,吾州之人歌祠之至今。其后亦数有名守臣,颇宠厉士学,然学舍之不治则久矣。能慨然悲其废,复广而[5]新之者,自澶渊井公季能之为转运使于东部也。井公既作新学,闳硕邃丽,居者悦喜。其明年,改元元祐[6],诏以龙图直[7]学士、光禄大夫吴郡滕公为郓州。公熙宁初,尝以翰林侍读学士来[8]为吾州矣,能教民,使本[9]西汉为文章[10],拔孝秀之民一人曰王大临,为学者迎师使授经,增弟子之数,实得[11]其人心。去且十年,上知东人之思公也,复以为郓。公下车即入学,延见耆旧、诸生,问政所设施。诸耆老、儒生争言:"新学成,顾苦在贫,有田硗瘠,食不能百生,游学之士或自罢去。"公闻太息曰:"教学养徒而无食,可乎?"则厚为廪饩诸生,问其所无而与之。岁时,赍金钱、衣物,载殽酒从之,劳飨为礼,相与周旋。士更感劝,贫无归者得卒学,欣欣纾乐。其翘然秀出者,使学官以其业来书其姓名,府中将荐宠之,故一时英卓悉出,俗化蔡然兴于学。先是,汶水之阳、东山之下有美田,亩一金,宜桑柘麻麦,官与大豪而薄其赋,壓[12]根深牢,旁小民岁岁讼不解。公曰:"吾学适贫,不若尽以与之。"即为奏请,得田二千五百亩有奇,与民耕□,岁输钱百万,是为新田。诸生言:凡新田之入,实三倍于其旧,亦盛矣。又旧田浸久远,藉书散亡,昧不可见[13],公使明直吏行视,尽得之。田益开治丰好,出粟赋钱皆厚。以饶,迁尝承乏学官,略计一岁,大概新田之[14]入已足供之,而旧田正可为斋祠释菜、乡射、饮酒、投壶、弦歌间燕献酬之费耳。始,公请田,章五却,而士不知,其后诏可,诸生德公而不谢,知公非以为名也。公以文章忠孝为天下弟一,两为吾州学,是以天[15]兴。既去,又自大书学榜以荣邦人,士至学门趋而入,如望见公,无敢不敬者。是岁东郡大饥,公活流人□八万口,急农事,务德厚,屏盗贼,轻刑辟,哀贫穷,褒诏亟下。其大功杰美又数十,皆可颂歌。然迁方记新田,得略而不书。公讳元发,字达道,五年九月十五日,门人须句尹迁谨记,赵郡李伉书。

【校勘记】

[1]此阙字据拓本补。

[2]此阙字拓本残泐,据光绪《东平州志》补。

[3]此阙字拓本残泐,据光绪《东平州志》补。

[4]此阙字拓本残泐,据光绪《东平州志》补。

［5］此阙字拓本残泐,据光绪《东平州志》补。

［6］此阙字拓本残泐,据《金石萃编》及光绪《东平州志》补。

［7］此阙字拓本残泐,据《宋史·滕元发传》补。

［8］此阙字拓本残泐,据光绪《东平州志》补。

［9］此阙字拓本残泐,据《金石萃编》补。

［10］此阙字拓本残泐,据《金石萃编》补。

［11］此阙字拓本残泐,据光绪《东平州志》补。

［12］此阙字拓本残泐,据光绪《东平州志》补。

［13］此阙字拓本残泐,据《金石萃编》补。

［14］此阙字拓本残泐,据光绪《东平州志》补。

［15］此阙字拓本残泐,据光绪《东平州志》补。

（六）《山左金石志》卷 18《孟子庙碑》①

此碑全称《先师邹国公孟子庙记》,立于北宋徽宗宣和四年(1122),现存山东邹城孟庙。碑高 2.33 米,宽 0.84 米,厚约 0.24 米,正书,18 行,行 49 字,共约 860 字,残泐较为严重。《京都大学人文科学研究所所藏石刻拓本资料·宋辽金碑刻文字拓本》第 SOU0291X 幅《先师邹国公孟子庙记》录有拓片,但下部亦多残泐。笔者以拓片为主要依据,结合康熙《邹县志》卷 1 下《庙祠》,对《山左金石志》所录碑文加以补正。

【碑文】孟子葬邹之四基山,旁冢为庙,岁久弗治。政和四年,部使者以闻,赐钱三百万新之。列一品戟于门,又赐田百亩以给守者。而庙距城三十余里。先是尝别营庙于邑之东郭,以便礼谒。元丰六年,诏封邹国公。明年,又诏配食孔子庙,又诏更新庙貌,而地颇湫隘。宣和三年,县令宣教郎邵武[1]朱缶,叹其土圮木摧,不称虔恭尊师之意,欲出己奉完之。县士徐𬒈曰:"庙濒水亟坏,不四十年凡五更修矣。若许改卜爽垲,则诸生愿任其事,不以累公私也。"令许之。𬒈遂以私钱二百万,徙庙于南门之外道左。乡人资之钱者又数十万,而后庙成。总四十二楹,中为殿,安神栖,绘群弟子像于两序。又为孟氏家庙于其东。以扬雄、韩愈尝推尊孟子也,又为祠于其西。重门夹庑,壮丽闳伟,与山中之庙轮奂相辉矣。于是,求文以记之。夫圣人之道,甚易知,甚易行,充之至不可胜用,而其极可以参天地赞

————————

① 〔清〕阮元:《山左金石志》卷 18《孟子庙碑》,第 32~33 页。

化育者,其唯诚乎! 尧、舜、禹、汤、文王、周公、孔子相传者,一道。孔子之没,其孙子思得之,以传孟子。故孟子之道,以诚身为本,其治心养气,化人动物,无一不本于诚。凡著书立言,上以告其君[2],下以告于人者,必本仁义,祖尧舜,亦无一言不出于诚也。故于滕文公则言必称尧舜,而于齐王则非尧舜之道不敢陈。盖其智诚足以知尧舜,又自知诚可以行尧舜之道,又知果得行其志,则诚可使吾君为尧舜,而吾民皆为尧舜之民。故以此自任,不敢有豪分之伪以欺人,而造大也[3]。其论君臣之际,则曰:欲为君,尽君道;欲为臣,尽臣道,二者皆法尧舜。其论什一之法,则曰:重于尧舜者,大桀小桀;轻于尧舜者,大貉小貉。其论仁智,则曰[4]:尧舜之智急先务,尧舜之仁急亲贤。称伊尹能以此道觉此民,而谓殃民者不容于尧舜之世。非诚知尧舜者[5]能言之乎? 虽当世[6]之君尚权谋,相倾[7]夺,上下交趋于利,而未尝桡一言以求合焉。非天下之至诚笃于自信者,能之乎[8]? 孟子之没[9],道失其传。至有假[10]其说而以伪言尧舜者,始说其君以帝道,则既不合而之王;中说(其君)[11]以王道,则又不合而之霸,是(志)[12]于求合而[13]以伪欺其君者[14]也。□尧舜之说以贾其高,躬申商之术以济其欲,是以伪欺天下而贼其君者也。昔之为从衡之说者,不过怵[15](人)[16]君以利害强弱之[17]势尔,其伪易见。若夫假帝王尧舜之说,使人君慕其高而不虞其奸,则其伪难知。作于心,害于政,其祸天下甚于杨墨,故不可不[18]辩,以监天下后世窃孟子之说以为不义,而自比于孟子者。宣和四年十月十五日,朝奉郎、监察御史菀裘孙傅记,迪功郎新泰[19]学正阙里孔端朝书,承议郎、秘书省校书郎长安樊察篆额,魏信刊。

【校勘记】

[1]此阙字据原石及拓本补。

[2]此字原作“言”,据原石及拓本正。

[3]此阙字原石及拓本残泐,据康熙《邹县志》补。

[4]此阙字原石及拓本残泐,据康熙《邹县志》补。

[5]此四阙字原石及拓本残泐,据康熙《邹县志》补。

[6]此二阙字原石及拓本残泐,据康熙《邹县志》补。

[7]此阙字原石及拓本残泐,据康熙《邹县志》补。

　［8］此阙字原石及拓本残泐,据康熙《邹县志》补。

　［9］此四阙字原石及拓本残泐,据康熙《邹县志》补。

　［10］此二阙字原石及拓本残泐,据康熙《邹县志》补。

　［11］此脱字据原石及拓本补。

　［12］此脱字原石及拓本残泐,据康熙《邹县志》补。

　［13］此三阙字原石及拓本残泐,据康熙《邹县志》补。

　［14］此三阙字原石及拓本残泐,据康熙《邹县志》补。

　［15］此二阙字原石及拓本残泐,据康熙《邹县志》补。

　［16］此脱字原石及拓本残泐,据康熙《邹县志》补。

　［17］此三阙字原石及拓本残泐,据康熙《邹县志》补。

　［18］此八阙字原石及拓本残泐,据康熙《邹县志》补。

　［19］此九阙字据原石及拓本补。

（七）《山左金石志》卷 20《重刻唐史承节郑公祠碑》①

　《郑公祠碑》为河南道访察使史承节撰于唐武后万岁通天元年（696）,文成未书碑而卒。唐玄宗开元十三年（725）八月,密州刺史郑杳始命参军刘朏刻石于郑玄墓前,惜此碑后亡毁。金章宗承安五年（1200）三月,修缮郑公祠,重刻《郑公祠碑》,此即《重刻唐史承节郑公祠碑》。后因祠宇颓没,该碑为流沙掩埋。清乾隆五十九年（1794）十月,阮元修复郑玄祠墓,在积沙中掘得金承安五年《重刻唐史承节郑公祠碑》,重立于郑公祠前。此碑现存山东省高密市双羊镇郑公后店村西郑公祠前之东,正书,凡二十九行,字迹残泐较为严重。笔者依据原石,结合《后汉书·郑玄传》《金石萃编》卷 76《郑康成碑》以及《全唐文》卷 330《郑康成祠碑》,对《山左金石志》所录碑文予以校补。

　【碑文】后汉大司农郑公之碑。唐银青光禄大夫、使持节邢州诸军事、邢州刺史、上柱国、琅琊郡开国男史承节撰。

　夫囊括宇宙者文字,发明道业者典坟,所以圣人作而万物睹,贤人述而百代通。礼乐得之以昭明,日月失之而寒贰;宣 厄彰[1] 删缉之功,秦始速焚烧之祸。追乎群儒在汉,传注缥[2] 緗[3],莫不珠玉交辉,纤微洞迹,同见集于芸阁,独有辍于环林。岂若经教奥义,图纬深术,兼行者多,无如我郑

―――――――――――――――――

① 〔清〕阮元:《山左金石志》卷 20《重刻唐史承节郑公祠碑》,第 77~80 页。

公也！公讳玄,字康成,北海高密人也。八世祖崇,哀帝时为尚书仆射。公少为乡啬夫,不乐为吏,遂造太学,受业师事京兆第五元,始通《京氏易》、《公羊春秋》、《三统历》、《九章算术》。又从东郡张钦祖受《周官》、《礼记》、《左氏春秋》、《韩诗》、《古文尚书》。摄斋问道,抠衣请益,去山东而入关右,因卢植而见马融。考论图纬,乃召见而升楼;精通礼乐,以将东而起叹。三载在门,十年归邑。及党事起,遂杜门不出,隐修经业。于是,针左氏之膏肓,起穀梁之废疾,而又操入室之戈矛,发何休之墨守。陈元、李育,校论古今;刘瓛、范升,宪章文议。何进延于几杖,经宿而逃;袁隗表为侍中,缘丧不赴。孔融之相北海,屣履造门;陶谦之牧徐州,接以师礼。比南山之园皓,乡曰"郑公";类东海之于君,门称"通德"。汉公车征为大司农,给安车一乘,所过长吏送迎,公乃以病自乞还家。董卓迁都长安,公卿举公为赵相,道断不至,会黄巾寇青部,乃避地徐州。建安元年,自徐州还,道遇黄巾贼数万,见公皆拜,相约不敢入县境。时大将军袁绍总兵冀州,遣使邀公,大会宾客,乃延升上坐。身长八尺,饮酒一斛,秀眉明目,仪容温伟。客多豪俊,并有才说,见公儒者,未以通人许之,竞设异端,百家互起。公依方辨答,咸出问表,皆得所未闻,莫不嗟服。时[4]汝南应劭亦归于绍,因自赞曰:"故太山守应仲远,北面称弟子何如?"公笑曰:"仲尼之门,考以四科。回、赐之徒,不称官阀。"劭有惭色。门人相与撰公答诸弟子问五经,依《论语》作《郑志》八篇。公所注《周易》、《尚书》、《毛诗》、《仪礼》、《周官》、《礼记》、《孝经》、《尚书大传》、《中候》、《乾象历》,又著《天文七政论》、《鲁礼禘祫义》、《六艺论》、《毛诗谱》、《驳许慎五经异义》、《答临孝庄周礼难》,凡百余万言。经传洽熟,称为纯儒,其所撰注,今并通习。是知书有万卷,公览八千也,齐鲁间宗之。公后尝疾笃自虑,以书戒其子益恩。曰:"吾家旧贫,为父母群弟所容,去斯役之吏,游学周秦之都,往来幽、并、兖、豫之域。大儒得意,有所受焉,遂博稽六艺,粗览传记,时观秘书纬术之奥。年过四十乃归乡,假田播殖,以娱朝夕。后举方正贤良有道,辟大将军三司府。公车再征,比牒并名,早为宰相。惟彼数公,懿德大雅,克堪王臣,故宜式叙。吾自忖度,无任于此[5],但念述先圣[6]之元意,思整百家之不齐,亦庶几以竭吾才,故闻命罔从。而黄巾为害,萍浮南北,复归乡邦。入此岁来,已七十矣。宿素衰落,仍有失误,案之礼典,便合传家。今我告尔以老,归尔以事,将闲居以安性,覃思以终业。自非拜国君之命,问族亲之忧,展敬坟墓,观省野物,胡尝扶杖出门乎?家事大小,汝一承之,咨尔茕茕一夫,曾无同生相依。勖求君子之道,研钻勿替,敬慎威仪,以近有德。显誉成于[7]僚友,德行立于己志。若致声称,亦有荣于所生,可不深念耶!可不深念耶!吾虽无绂冕之绪,亦有让爵之高。自乐以论赞之功,庶不遗后人羞。凡某所愤愤者,徒以吾亲坟垄未成。所好群书,率皆腐弊。不得于礼堂写定,传与后人。日西方暮,其可图乎?家今差多于昔,勤力务时,无恤饥寒。菲饮食,薄衣服,节夫二者,尚可令吾寡恨。若忽忘不识,亦已焉哉。"五年春,梦孔子告之曰:"起,起,今年岁在辰,来年岁在巳。"既寤,以谶合之,知命当终。有顷寝疾,享年七十有四,以其年六月卒,遗令薄葬。自郡守以下,尝受业者,缞绖赴会千余人,乃葬于高密县城西北一十五里砺阜山之原。呜呼哀哉!有子益恩,孔融在北海,举为孝廉。及融为黄巾所围,遂赴难殒身。有遗腹子。公以其手文似己,名曰小同。精通六经,乡人尊之。时为侍中,尝诣司马文王,文王有密疏,未之屏也。如厕还,问曰:"卿见吾密疏乎?"答曰:"不见。"文王曰:"宁我负卿,无卿负我。"致鸩而卒。悲夫!自夫子没后,大道方丧。公之网罗遗典,探赜今犹,特立郁然。时季途屯,志不苟变,全身远害,猗欤美欤!及范晔作论,有曰:"王文豫章君每考先儒经训,长于公,常以为仲尼之门,不能过也。及传受生徒,专以郑氏家注云。"晋中兴,戴逵字[8]安道,以鸡卵汁溲白瓦屑,为公作碑,手自书写。文□□□,语亦妙绝。年代古而碑阙亡,德音复而诗书在。承节以万岁通天元年,奉敕于河南道访察,观风省俗,激浊扬清。行至州界,见高密父老云:"郑先生,汉代鸿儒,见无碑记。"不以庸妄,遂托为文。往以会府务殷,□无暇景,岁序迁贸,执笔无由。今者罢职含香,忝居分竹,属以闲隙,乃加修撰。耆旧者惟闻其名,后生者不睹其事。今故寻源讨本,握椠怀铅,兼疏本传之文,并序前言之目。发九泉之冥昧,播千载之□□,剗以繁华,不为雕饰。文先成讫,石又精磨,碑未建而承节卒。正议大夫、使持节密州军州事、刺史、上柱国郑杳,以开元十三年秋八月,巡兹属县,敬谒先宗,钦承坟墓之间,筹度碑石之侧。公心至清,不欲费□;公性至静,不欲劳烦。乃命参军刘胐,校理旧文,规模新勒。未间,胐又罢职,仍令终事。冬闰十二月,公伺其岁隙,因遣巡团,便令建立,惠而不费,允协人神。承节铭曰:

　　焕乎人文,图籍典坟。烦乱事蕺,定自孔君。中途湮没,秦帝俱焚。汉兴儒教,郑氏超群。膏腴美地,簪绂宏规。啬夫罢署,京兆寻师。《中候》、

《乾象》,《左氏》、《韩诗》。虽称积学,殆若生知。公之挺生,大雅之懿。囊括坟典,精穷奥秘。六艺殊科,五经通义。小无不尽,大无不备。好学慕道,深思远虑。来往周秦,经过兖豫。侍中不仕,司农罢署。卢植东遇,马融西去。作者谓圣,述者谓明。躬违三辟,门传五更。周官东部,汉毖西京。白玉遍地,黄金满簏。占卜潜桥,行途过沛。陶谦师友,孔融高盖。山启黉扉,草生书带。七十归老,三年赴会。经传洽熟,齐鲁攸宗。爵禄不受,赞论为功。礼乐今去,吾道皆东。类于标德,比皓称公。阉尹擅贵,禁锢连年。乃逢宥罪,方从举贤。南城避难,东莱假田。诞膺五百,终览八千。今年在辰,来年在巳。呜呼不憖,于嗟到此。劳我以生,息我以死。道该八索,神交千祀。潍水之曲,砺阜之阳。通德为里,郑公为乡。云愁庙古,月暗坟荒。旧碑先没,新石再彰。词愧黄绢,心凄白杨[9]。明于不朽,终古腾[10]芳[11]。乡贡进士□安中书丹,征事郎、前行密州高密县主[12]簿兼管勾常平仓事綦□裔篆额。大金承安五年岁次庚申三月一日勒成,柴渊立石。潍阳刘元、纪仙,本店于全刊字。

【校勘记】

[1]据原石及《金石萃编》补。

[2]原作"瑶",据原石正。

[3]据原石补。

[4]原作"将",据原石及《金石萃编》正。

[5]此三阙字原石残泐,据《后汉书》、《全唐文》补。

[6]此五阙字原石残泐,据《后汉书》、《全唐文》补。

[7]此阙字原石残泐,据《后汉书》、《全唐文》补。

[8]原作"寄",据原石及《金石萃编》正。

[9]此阙字原石残泐,据《全唐文》补。

[10]原作"脱",原石残泐,据《金石萃编》正。

[11]此阙字原石残泐,据《金石萃编》补。

[12]此阙字原石残泐,据《金石萃编》补。

(八)《山左金石志》卷22《胶州知州董公神道碑》①

此碑现状不详,《北京图书馆藏中国历代石刻拓本汇编》及《京都大学

---

①〔清〕阮元:《山左金石志》卷22《胶州知州董公神道碑》,第117~119页。

人文科学研究所所藏石刻拓本资料》均无拓片收录,《山左金石志》记载此碑云:"大德六年二月立,正书,碑高七尺六寸,广三尺六寸,在益都县城东石墓田村董氏茔前。"①段松苓《益都金石记》卷 4 及光绪《益都县图志》卷 28《金石志下》均收录此碑,笔者依据该二书对《山左金石志》所录碑文讹阙加以补正。

【碑文】

故胶州知州董公神道之碑,益都路石匠都提领卢铸、李[1]□、徐树、张德珍、杨成同刊。

奉[2]训大夫、签福建道肃政廉访司事许时献撰。

正议大夫、集贤院大学士、前江北淮东道肃政廉访使张孔孙篆额,前顺德路儒学教授青社翟可珍书丹。

公讳进,即墨石桥□人。董氏之先曰盖公,本颛叔安之裔子,以好龙事舜,始赐姓焉。战国及汉、魏以降,代不乏人。而公生值兵荒,幼失乡土,家无谱牒可考,故不知其世次。曾祖在金时尝为镇防军将,戍牢山,建北矾城,海境赖之以安。王父烈考,皆不禄而逝。母陈氏,先于父一年卒。公童卯而孤,金鹿走汴,土豪蝟兴,岁荒人饥,其家惟一祖母在,间关百险,负公逃生。才至益都,有义军李帅,见公异于诸子,年十有五。李帅试以所能,凡事咸得其宜,知公可用,以为亲兵。国王南来,李帅迎降,承制以为益都行省,西拒金人,南御楚寇,日寻干戈,以相征讨。公为家将,常当前锋。攻楚州,则张蝥弧以先登;袭海州,则蒙皋比而先犯。喜公骁勇,委为爪牙。帅既平定山东,志[3]吞淮海,因攻扬州,殁于城下。公率麾下推其夫人杨氏权主军务,众皆悦服。越明年,杨氏入觐,得绍夫职,假公以军帅之名[4],使代征戍之劳。又常乘传赴阙奏事,进贡诸物。杨氏辞政,公亦寻解兵柄,改署高密尹。岁遭饥旱,民不安居。公抚之[5],一年襁负至,二年污莱辟,三年衣食足。宁海、登、莱左皆濒海,地宜畜牧,广袤千里。中有逸马,散漫于蒲芦洲渚间,不知主名,近常出践民田,人莫能制。公因白于行省撒吉思,使人拘括,绝民田之害。除知胶州,授金符。公凡事从宜,询其利病,仁抚鳏惸,威制豪横,民用小康。公忽遘疾,至元十年遂归□于益都,

---

①〔清〕阮元:《山左金石志》卷 22《胶州知州董公神道碑》,第 117 页。

二月二十二日卒于私第,春秋七十有四,权厝于益都县东河子村香山原。惟公材力过人,宽猛相济。在军旅,则与士卒同甘苦,故人乐为用;在州县,则抑豪猾,斥[6]贪墨,故人不敢犯。治兵治民,两尽其善,人到于今称之。噫!公幼遭多难[7],起于行伍,身经百[8]战,体无完肤。位不至□□,仕止于一州,命矣夫!子男七人。公先娶单氏,生二子,长曰坚,次曰成。后娶李氏,生五子,信、仁、春、均、墠。仁与均□皆早卒。女三人,一适密州王成,一适左成,一适张荣,皆益都大姓。男孙十六,女孙十,已嫁者五。坚以将家子为上百户,赖行院官奏为千夫长,累迁宣武将军,转宁国、高邮万户之副,寻改镇南[9]王府守卫、汉军万户。在襄阳,战于城西,夺陷阵,陈千户于城门口,破送粮回[10]军,擒矮张于鬼门关,取樊城于汉水上。都帅刘整分攻其南,坚以长索牵锯截竖木,运梯登埤,一鼓而下。渡舟师于扬逻堡,太傅伯颜、丞相阿术督军径进,绕出拒敌军右。坚逆战于中流,虏高安抚,长驱而济。王师毕渡,水陆俱进,破贾似道百万之众于丁家洲,败孙虎臣孤注之兵于镇江。坚为偏裨,每战常为士卒先。今以益都为家,遂移父母之丧,□葬于旧坟之北。及将祖考灵柩开[11]徙来为一茔。又将祖母陈氏招魂,葬于烈祖元室。噫!非夫人之德,则董氏之鬼不其馁而。佳城既迁,乃礲贞石来乞辞。下材不敏,举其德善勋劳而论撰之。铭曰:

猗欤董君,勇而且仁。左右藩政,有劳有勋。治兵理民,敏干过人。政平讼理,民熙物春。海滨逸马,数倍齐驷。白于守臣,表升州刺。子长万夫,禄又及嗣。金沙山南,洗耳河北。改卜宅兆,再新窀穸。山不谷兮河不陵,高台未倾兮曲池未平。石不烂兮字长存,亘百世兮流芳声。

大元大德六年岁在壬[12]寅春二月二十日。宣授宣武将军、镇守高邮宁□万户府万户兼守卫万户府万户孝孙男董坚立石。

【校勘记】

[1]此阙字据《益都金石记》补。

[2]此阙字据《益都金石记》及光绪《益都县图志》补。

[3]此阙字据《益都金石记》及光绪《益都县图志》补。

[4]此阙字据《益都金石记》及光绪《益都县图志》补。

[5]此二阙字据光绪《益都县图志》补。

[6]原作“斤”,据《益都金石记》及光绪《益都县图志》正。

[7]此阙字据《益都金石记》及光绪《益都县图志》补。

[8]此阙字据光绪《益都县图志》补。

[9]原作"江",据《益都金石记》及光绪《益都县图志》正。

[10]此阙字据《益都金石记》及光绪《益都县图志》补。

[11]此阙字据光绪《益都县图志》补。《益都金石记》作"特"。

[12]"大德六年"为壬寅年,所以"□"中为"壬"。

三、对《山左金石志》跋文讹误的校正

《山左金石志》跋文讹误主要包括书刻讹误、引文讹误与考证讹误三种情况。

(一) 书刻讹误

书刻讹误多因人为书写或刻印疏忽所致,或错讹,或增衍,或颠倒,多属字面讹误。下面,举数例以见一斑。

1.《山左金石志》卷1《师田父敦》跋云:"右敦高七寸,连耳宽八寸,内深四寸四分,摹之于历城肆中,因价昂未得购之。古色斑驳,铜质甚朽,有盖,铭在盖内。要作雷纹蟠夔饰,两耳兽首如商己丁敦,定为师田父敦。"①"要"字误,应为"腰"。

2.《山左金石志》卷2《汉朝正殿瓦二器》跋云:"右铜瓦二,元得之于济南市中。'朝正殿笔雀'字俱不可考,详其笔画,必是刘渊、李寿、刘龑、刘智远、刘旻诸汉时物,断非两汉时制,因无证验,姑附于末,以俟知者。"②"刘智远"有误,应为"刘知远"。

3.《山左金石志》卷3《永庆寺铁钟》跋云:"下第一段,文三行,曰'景州将陵县铸大钟一颗'。第二段,文八行,曰'本县里外□□苏春廿名发虔意,为一切众生造成佛道,若亡过父母早离三涂,见在父母、家眷各得平安、增延善道,铸钟一颗,贞元二年四月二十九日记。'"③"造成佛道"误书刻,应为"早成佛道"。

4.《山左金石志》卷5《汉众神镜》跋云:"右镜径三寸五分,鼻钮,图众神,方枚,十二篆文,铭可辨者八字,曰'兴师命长□宜高官立至三公',惟

---

①〔清〕阮元:《山左金石志》卷1《师田父敦》,第404页。

②〔清〕阮元:《山左金石志》卷2《汉朝正殿瓦二器》,第416页。

③〔清〕阮元:《山左金石志》卷3《永庆寺铁钟》,第423页。

一字不可辨。"①铭可辨者当为"十一字",而非"八字"。

5.《山左金石志》卷5《隋六马双镜》跋云:"右镜径六寸六分,鼻钮,周作细乳,中有神像二坐,蟹匡上八足森然而无鳌。又作毳辒车二驾,以六马窗幰,雕镂甚工,间以四巨枚,外绕作细乳。篆文铭二十九字,曰'周仲作竟四夷服,唯贺国家人民息。□房□威天下复,风雨时节五谷熟。长保二亲得天力,吴造阳里。'"②篆文铭三十九字,而非"二十九字"。

6.《山左金石志》卷7《孝堂山画像》跋云:"第二幅,在石室南向正面之西,尺寸形式同前,似连前幅而左右仍分列也。右边楼下有'孙相'二三字,左有'室弋主'三字,右阁下柱有'王'字。"③"孙相"为二字,而《山左金石志》跋称"右边楼下有'孙相'二三字",误增"三"字。

7.《山左金石志》卷8《胶东令王君庙门残碑》跋云:"案《隶续》载此碑有二石,乾隆乙未岁,州人李东琪于学宫松树下掘得之,已亡其一矣。文中述举孝廉凡二见,一在孝昭二年后,为其先世,一序于勃海府丞、尚书郎二子之后,似亦其子也。额题汉洪氏犹及见之,而文有'黄初'字者,当是立庙碑之年尔。"④洪适为宋人,"汉洪氏"应为"宋洪氏"。

8.《山左金石志》卷12《老子孔子颜子赞》跋云:"开元十一年八月立,八分书,碑高四尺七尺,广二尺六寸,在金乡县学。"⑤"碑高四尺七尺"有误,应为"碑高四尺七寸"。

9.《山左金石志》卷12《纪泰山铭》跋云:"开元十四年九月刻,并额俱八分书。崖高三丈一尺二尺,广一丈六尺一寸,在泰安县岱顶大观峰东岳庙后石崖,南向。"⑥显而易见,"崖高三丈一尺二尺"有误,当为"崖高三丈一尺二寸"。

10.《山左金石志》卷17《普安寺幼公经幢记》跋云:"碑与史较事多合也"。⑦"较"与"事"颠倒,应为"碑与史事较多合也"。

11.《山左金石志》卷17《张颉等龙洞题名》跋云:"右题'月晦日,张颉

---

①〔清〕阮元:《山左金石志》卷5《汉众神镜》,第435页。

②〔清〕阮元:《山左金石志》卷5《隋六马双镜》,第438页。

③〔清〕阮元:《山左金石志》卷7《孝堂山画像》,第459页。

④〔清〕阮元:《山左金石志》卷8《胶东令王君庙门残碑》,第496页。

⑤〔清〕阮元:《山左金石志》卷12《老子孔子颜子赞》,第560~561页。

⑥〔清〕阮元:《山左金石志》卷12《纪泰山铭》,第562页。

⑦〔清〕阮元:《山左金石志》卷17《普安寺幼公经幢记》,第2页。

子与李倚良辅、范庭坚悦道、刘琼元方、李佳美仲,联辔来游,大宗崇宁二年六月。'凡五行,左读,字径三寸。"①"宗"误,应为"宋"。

12.《山左金石志》卷19《故奉国上将军郭建神道碑》跋云:"其余征战之士,多与史合。又《宋史·韩世宗传》:世忠'屯淮阳,会山东兵拒敌,粘罕闻世忠扼淮阳,乃分兵万人趋扬州,自以大军迎世忠战。世忠不战,夜引归。'碑云'十三年,留公守淮阳,以抗世忠',必此时事也。"②此跋中存有两处讹误:其一,"征战之士",当作"征战之事",误"事"为"士";其二,"《宋史·韩世宗传》",应为"《宋史·韩世忠传》"。显然,该二讹误均系书刻所致。

13.《山左金石志》卷20《孛术鲁骠骑节使园亭记碑》跋云:"大定二十九年五月立,正书,碑高五尺三寸五分,广二尺八寸,在掖县。右碑几十七行,字径一寸三分,范怿撰文,李含德书。"③显然,"右碑几十七行"有误,"几"应为"凡",因书刻疏忽所致。与此误相类,《山左金石志》卷20《灵岩寺碑》跋云:"右碑额题'十方灵岩寺记'三行,字径四寸。文及题衔、年月几十九行,字径一寸二分,撰书、篆额皆党怀英一人兼之。"④"文及题衔、年月几十九行",应为"文及题衔、年月凡十九行"。

14.《山左金石志》卷20《晁氏墓碣》跋云:"首行云'故忠武校尉、邢州宜川县尉晁□道',似即墓中人也。次行云'时太安二年岁次庚午十月一日庚辰'。"⑤跋中的纪年"时太安二年岁次庚午十月一日庚辰"有误,金朝有"大安"年号,并无"太安",误"大"为"太"。

15.《山左金石志》卷21《诸城县重修庙学碑》跋云:"正元二十五年四月立,正书,碑高六尺四寸,广二尺八寸,在诸城县学。"⑥"正元二十五年"误,应为"至元二十五年"。

16.《山左金石志》卷23《堂邑县尹张君去思碑》跋云:"延祐元年三月立,行书,碑高五尺,广二寸六寸,在堂邑县。"⑦"广二寸六寸"误,应为"广

①〔清〕阮元:《山左金石志》卷17《张颉等龙洞题名》,第15页。
②〔清〕阮元:《山左金石志》卷19《故奉国上将军郭建神道碑》,第60页。
③〔清〕阮元:《山左金石志》卷20《孛木鲁骠骑节使园亭记碑》,第64页。
④〔清〕阮元:《山左金石志》卷20《灵岩寺碑》,第72页。
⑤〔清〕阮元:《山左金石志》卷20《晁氏墓碣》,第82页。
⑥〔清〕阮元:《山左金石志》卷21《诸城县重修庙学碑》,第103页。
⑦〔清〕阮元:《山左金石志》卷23《堂邑县尹张君去思碑》,第128页。

二尺六寸"。

17.《山左金石志》卷23《棣州重修庙学碑》跋云："泰定二月四月立,八分书,碑高八尺四寸,广三尺三寸,在武定府学。"①"泰定二月四月立"有误,应为"泰定二年四月立"。

18.《山左金石志》卷23《萌山闰九日诗刻》跋云："右刻未见拓本,朱朗斋至其处得之。首题五言绝句一首,字径寸许,乃泰定四年闰九日所作。"②显然,"乃泰定四年闰九日所作"一语中的"闰九日"应为"闰九月"。

19.《山左金石志》卷23《灵岩寺慧公禅师寿塔铭》跋云："至顺二年十月立,并额俱正书,碑高五尺五寸,广三尺,在长清县灵岩寺。右碑额题'慧公禅师碑铭'三行,字径三寸五分,阳文,二十五行,字径九分,释觉亮撰。"③跋语中"二十十五行"增衍一"十"字,当为"二十五行"。

20.《山左金石志》卷23《章邱县庙学神门记》跋云："右碑额题'章邱庙学神门之记'四行,字径三寸四分,文二十四行,字径八分,李泂撰,宋本书,忽都都鲁弥实题盖。"④"盖"误,应为"额"。

21.《山左金石志》卷24《胶西郡王范成进墓碑》跋云："后至元四年十一月立,正书,在灉县西北。"⑤清代山东并无灉县,"灉"应为"潍"。

22.《山左金石志》卷24《关帝庙碑》跋云："至至二十七年八月立,正书,篆额,碑高四尺四寸,广二尺四寸,在莱州府城关帝庙。"⑥"至至二十七年八月立"有误,应为"至正二十七年八月立"。

(二)引文讹误

《山左金石志》的跋文中援引了大量文献资料,不过有些引文存有一些讹误,如文字的讹脱倒衍、引文出处错误等,下面列举加以说明。

1.《山左金石志》卷1《乙癸钁》跋引《重修宣和博古图》云："《博古图》曰:'亚形内著象,凡如此者皆为亚室,而亚室者,庙室也。'"⑦而实际上,《重修宣和博古图》卷1《商亚虎父丁鼎》记载:"亚形内著虎象,凡如此者

①〔清〕阮元:《山左金石志》卷23《棣州重修庙学碑》,第139页。
②〔清〕阮元:《山左金石志》卷23《萌山闰九日诗刻》,第141页。
③〔清〕阮元:《山左金石志》卷23《灵岩寺慧公禅师寿塔铭》,第144页。
④〔清〕阮元:《山左金石志》卷23《章邱县庙学神门记》,第145页。
⑤〔清〕阮元:《山左金石志》卷24《胶西郡王范成进墓碑》,第153页。
⑥〔清〕阮元:《山左金石志》卷24《关帝庙碑》,第171页。
⑦〔清〕阮元:《山左金石志》卷1《乙癸钁》,第401页。

皆为亚室,而亚室者,庙室也。"①可见,《山左金石志》跋引《重修宣和博古图》于"亚形内著象"一句中漏掉一"虎"字。

2.《山左金石志》卷1《史师彝》跋援引《说文解字》云:"按《说文》:自,初回切。"②笔者查翻《说文》卷十四上《自部》,而是"都回切"③。

3.《山左金石志》卷2《永兴铜釜》跋云:"帝好祷祀,史谓其'文罽为坛,饰淳金扣器,亲祠老子于濯龙',此可见矣。"④据《后汉书·祭祀志》记载:"桓帝即位十八年,好神仙事。延熹八年,初使中常侍之陈国苦县祠老子。九年,亲祠老子于濯龙。文罽为坛,饰淳金扣器,设华盖之坐,用郊天乐也。"⑤可见,《山左金石志》与《后汉书》载"文罽为坛"、"饰淳金扣器"、"亲祠老子于濯龙"等语的先后顺序不同。笔者查翻相关文献,发现《通典》、《资治通鉴》、《通志》、《文献通考》等众多文献对此记载均与《后汉书》相同,由此可知《山左金石志》的记载语序有误。

4.《山左金石志》卷2《建安弩机》跋云:"右弩机长五寸,宽一寸三分,铭十八字,隶书,小如半菽,纹细如发,曰'建安廿二年四月十三日所吏千五百师稽福'。《博古图》曰:'弩生于弓,谓夫出于越于吴雠敌而为之则尔。'"⑥而实际上,《重修宣和博古图》作"夫弩生于弓,谓夫出自于越与吴雠敌而为之则尔"⑦。可见,《山左金石志》误"与"为"于",且漏一"自"字。

5.《山左金石志》卷2《长宜子孙洗》跋云:"又吕大临《考古图》曰:'《旧礼图》云:洗,乘盘弃水之器,其外画花纹、菱花及鱼以饰之'。"⑧而吕大临《考古图》卷9《双鱼洗》跋云:"按《旧礼图》云:洗,乘盘弃水之器,其为画水纹、菱花及鱼以饰之"。⑨ 可见,阮书误"其为画水纹"为"其外画花纹"。

①〔北宋〕王黼编纂,牧东整理:《重修宣和博古图》卷1《商亚虎父丁鼎》,广陵书社2010年,第11页。
②〔清〕阮元:《山左金石志》卷1《史师彝》,第403页。
③〔东汉〕许慎:《说文解字》卷14上,中华书局1963年,第303页。
④〔清〕阮元:《山左金石志》卷2《永兴铜釜》,第414页。
⑤〔刘宋〕范晔:《后汉书》志第八《祭祀中》,中华书局1965年,第3188页。
⑥〔清〕阮元:《山左金石志》卷2《建安弩机》,第414页。
⑦〔北宋〕王黼编纂,牧东整理:《重修宣和博古图》卷27《弩机、镞、奁、钱、砚滴、托辕、承辕、舆辂饰、表座、刀笔、杖头等总说》,广陵书社2010年,第533页。
⑧〔清〕阮元:《山左金石志》卷2《长宜子孙洗》,第415页。
⑨〔北宋〕吕大临:《考古图》卷9《双鱼洗》,中华书局1987年,第160页。

6.《山左金石志》卷2《宜子孙铎》跋引《南史·齐郁林王传》云:"入阁奏胡伎,鞞铎之声,响振内外"。①这与《南史》原文有出入,《南史》卷5《齐本纪下》记载此云:"裁入阁,即于内奏胡伎,鞞铎之声,震响内外"。②

7.《山左金石志》卷3《大业铃》跋云:"右铃高二寸八分,口围五寸七分,铭七行,正书,径二三分不等,可辨者四十一字,似是官长史者于佛寺施金铃一口,以祈福也。按《晋书·佛图澄传》:'石勒死之年,天静无风,而塔上一铃独鸣';又梁元帝碑文:'宝铎朝响,声扬千秋之宫',是皆佛寺有铃之证。"③笔者按梁元帝《钟山飞流寺碑》云:"清梵夜闻,风传百常之观,宝铃朝响,声扬千秋之宫。"④可见,《山左金石志》误"宝铃"为"宝铎"。

8.《山左金石志》卷3《三司布帛尺》跋云:"右铜尺隶书,铭六字,曰'宋三司布帛尺'。按《宋史·职官志》:'三司总国计,应四方贡赋之入,朝廷不预,一归三司通管,盐铁、度支、户部号曰计省,位亚执政,目为计相'。三司故得自置尺也。又《食货志》:'布帛,宋承前代之制,调绢绸布丝绵以供军须、服用、赐与,又就所产折料、和市。'"⑤笔者查翻《宋史·食货上·布帛》,称:"宋承前代之制,调绢、绸、布、丝、绵以供军须,又就所产折科、和市。"⑥可见《山左金石志》多出"服用、赐与"四字,并误"折科"为"折料"。

9.《山左金石志》卷3《长芦儒学方炉》跋云:"元制设儒学官,诸路总管府设教授一员,学正一员,学录一员,其散府上中州亦设教授一员,下州设学正一员,是县亦不置校官矣。今曰'长芦儒学',似是卤籍遵请置山长、学录之例,选商人子弟之秀者,补入为博士弟子员也。即此一铭,可补《元史》地里、百官、学校、盐法之所未备矣。又按至元己卯当是顺帝后至元五年,前至元己卯乃世祖至元十六年,以《盐法志》考之,至元二年立河间都转运使司,单管本路盐法。至二十二年,乃立河间等路都转运盐使司兼理

①〔清〕阮元:《山左金石志》卷2《宜子孙铎》,第415页。

②〔唐〕李延寿:《南史》卷5《齐本纪下》,中华书局1975年,第136页。

③〔清〕阮元:《山左金石志》卷3《大业铃》,第418页。

④〔明〕张溥:《汉魏六朝百三家集》卷84《梁元帝集·碑·钟山飞流寺碑》,《景印文渊阁四库全书》第1414册,上海古籍出版社1987年,第674页。

⑤〔清〕阮元:《山左金石志》卷3《三司布帛尺》,第420页。

⑥〔元〕脱脱:《宋史》卷175《食货上三·布帛》,中华书局1977年,第4231页。

大都后,不复改故也。"①据《元史·选举一》记载:"路设教授、学正、学录各一员,散府上中州设教授一员,下州设学正一员,县设教谕一员,书院设山长一员。"②而《山左金石志》跋却云"县亦不置校官",是错误的。另据《元史·百官一·大都、河间等路都转运盐使司》记载:至元二年,"改立河间都转运盐使司"③,并非《山左金石志》所云"河间都转运使司"。

10.《山左金石志》卷5《汉尚方十二辰镜》跋云:"《博古图》曰:'造化之本,莫先于天地,故首之以乾象。十二辰者,乾象也。乾象者,百神之主,故以四神附之。为器如是,夫然后可以歌颂其美,故次之以诗词。颂必有致养之道,故参之以牧乳。'"④而《博古图》的原文是:"若夫造化之本,莫先于天地,故首之以乾象。乾象者,百神之主,故以百神附之。……为器如是,夫然后可以歌颂其美,故次之以诗辞。……颂必有致养之道,故次之以枚乳。"⑤可见,《山左金石志》所援引的《博古图》与《博古图》原文相比,增衍"十二辰者,乾象也"一句,误"故以百神附之"为"故以四神附之",误"枚乳"为"牧乳"。

11.《山左金石志》卷5《汉高官镜》跋云:"《博古图》曰:'唐开元间,李太者进水心鉴,背负蟠龙,蜿蜒若生,太乃表其鉴曰龙护所作'。"⑥而实际上《博古图》卷28《鉴总说》称:"唐开元间,李太者进水心鉴,背负蟠龙,蜿蜒若生,太仍表其鉴曰龙护所作"。⑦可见,《山左金石志》"蜿蜒若生,太乃表其鉴曰'龙护'"一语中,误"仍"为"乃"。

12.《山左金石志》卷6《汉建义将军印》跋云:"《后汉书·朱祐传》:'祐字仲光,南阳宛人'。"⑧而《后汉书·朱祐传》则云:"朱祐字仲先,南阳宛人也。"⑨可见,《山左金石志》误"仲先"为"仲光"。

13.《山左金石志》卷6《汉司宫长史印》跋引《后汉书》云:"按《续汉

---

①〔清〕阮元:《山左金石志》卷3《长芦儒学方炉》,第423~424页。

②〔明〕宋濂:《元史》卷81《选举一·学校》,中华书局1976年,第2033页。

③〔明〕宋濂:《元史》卷85《百官一》,中华书局1976年,第2134页。

④〔清〕阮元:《山左金石志》卷5《汉尚方十二辰镜》,第433页。

⑤〔北宋〕王黼编纂,牧东整理:《重修宣和博古图》卷28《鉴总说》,广陵书社2010年,第555页。

⑥〔清〕阮元:《山左金石志》卷5《汉高官镜》,第437页。

⑦〔北宋〕王黼编纂,牧东整理:《重修宣和博古图》卷28《鉴总说》,广陵书社2010年,第554页。

⑧〔清〕阮元:《山左金石志》卷6《汉建义将军印》,第441页。

⑨〔刘宋〕范晔:《后汉书》卷22《朱祐传》,中华书局1965年,第769页。

书·百官志》:'凡居宫中者,皆有口籍于门之所属。官名两字,为铁印文符,按省符乃内之,若外人以事当入,本宫长史为封棨传。'"①而《后汉书·百官二》实为:"凡居宫中者,皆有口籍于门之所属。宫名两字,为铁印文符,案省符乃内之。若外人以事当入,本宫官长史为封棨传。"②可见,《山左金石志》误"宫名两字"为"官名两字",并"本宫长史为封棨传"一句,在"宫""长"二字之间漏掉一"官"字。

14.《山左金石志》卷6《汉归义夷仟长印》跋引《后汉书·百官志》云:"四夷国王、率众、归义侯、邑君、邑长,皆有丞,比郡县。"③而《后汉书·百官志》记载为:"四夷国王、率众王、归义侯、邑君、邑长,皆有丞,比郡、县。"④可见,《山左金石志》误"率众王"为"率众"。

15.《山左金石志》卷6《汉刘胜印》跋引《后汉书·杜密传》云:"密为北海相,还家,每谒守令,多所陈托。同郡刘胜亦自蜀郡告归乡里,闭门埽轨,无所干及。太守王昱谓密曰:'刘季林清高士,公卿多举之者。'"⑤而《后汉书·党锢列传·杜密》实际上记载为:"太守王昱谓密曰:'刘季陵清高士,公卿多举之者。'"⑥可见,《山左金石志》误"刘季陵"为"刘季林"。

16.《山左金石志》卷6《汉尹赏印》跋云:"按赏字子心,巨鹿阳人,见《汉书·酷吏传》。"⑦而《汉书·酷吏传》实际上记载为:"尹赏字子心,巨鹿杨氏人也。"⑧可见,《山左金石志》误"巨鹿杨氏人"为"巨鹿阳人"。

17.《山左金石志》卷6《汉董贤印》跋云:"按贤字舜卿,云阳人,哀帝时官至三公,见《佞幸传》。"⑨而《汉书·佞幸传》实为:"董贤字圣卿,云阳人也。"⑩可见,《山左金石志》误"圣卿"为"舜卿"。

18.《山左金石志》卷6《蜀汉虎步搜捕司马印》跋云:"《水经·渭水》

①〔清〕阮元:《山左金石志》卷6《汉司宫长史印》,第443页。
②〔刘宋〕范晔:《后汉书》志第二十五《百官二》,中华书局1965年,第3580页。
③〔清〕阮元:《山左金石志》卷6《汉归义夷仟长印》,第444页。
④〔刘宋〕范晔:《后汉书》志第二十八《百官五》,中华书局1965年,第3632页。
⑤〔清〕阮元:《山左金石志》卷6《汉刘胜印》,第445页。
⑥〔刘宋〕范晔:《后汉书》卷67《党锢列传·杜密》,中华书局1965年,第2198页。
⑦〔清〕阮元:《山左金石志》卷6《汉尹赏印》,第446页。
⑧〔东汉〕班固:《汉书》卷90《酷吏传》,中华书局1962年,第3673页。
⑨〔清〕阮元:《山左金石志》卷6《汉董贤印》,第446页。
⑩〔东汉〕班固:《汉书》卷93《佞幸传》,中华书局1962年,第3733页。

'过武功县北'下郦注曰:'《诸葛亮表》云:臣遣虎步监孟琬,据武功水东'。"①而《水经注·渭水》实际上记载为:"《诸葛亮表》云:'臣遣虎步监孟琰,据武功水东'。"②可见,《山左金石志》误"孟琰"为"孟琬"。

19.《山左金石志》卷6《晋殿中司马印》跋引《晋书·百官志》云:"更制殿中将军、中郎、彬尉、司马。"③而实际上,《晋书·百官志》云:"更制殿中将军、中郎、校尉、司马比骁骑。"④可见,《山左金石志》误"校尉"为"彬尉",误"司马比骁骑"为"司马"。

20.《山左金石志》卷6《宋提举城隍司印》跋云:"《宋史·职官志》有提举常平司、都大提举茶马司,以至抗冶、市舶、学事、保甲、河北籴便诸司皆设提举,则割江防秋,凡筑城浚隍亦当有提举司。旧制,岳渎诸庙置令丞、主簿,多统于其县,命京朝知县者称管句庙事,或以令录老耄不治者为庙令,判、司、簿、尉为庙簿也。"⑤查《宋史·职官志》,"抗冶"有误,应为"坑冶"⑥。

21.《山左金石志》卷7《泰山石刻》跋引聂剑光钦《泰山道里记》云:"秦篆刻石,先是在岳顶玉女池上,后移置碧霞元君祠之东庑。石高四尺,四面广狭不等,载始皇铭辞及二世诏书,世传为李斯篆字,径二寸五分。宋人刘跂亲为摩拓,得字二百二十有三。近年摹本仅存'臣斯'以下二十九字,末有明北平许□隶书跋。乾隆五年庙灾,碑遂亡。"⑦而聂剑光《泰山道里记》实际上记载为:"又旧有秦篆刻石,先是在玉女池上,后移置祠之东庑。其石高四尺,四面广狭不等,载始皇铭辞及二世诏书,世传为李斯篆字,径二寸五分。宋人刘跂亲为摩拓,得字二百二十有二。近数年前,摹本仅存'臣斯'以下二十九字,末有明北平许□隶书跋。乾隆五年庙灾,是碣瘞置失所。"⑧可见,《山左金石志》误"得字二百二十有二"为"得字二百二十有三",至于"秦篆刻石"与"又旧有秦篆刻石"、"先是在岳顶玉女池上"与"先是在玉女池上"、"后移置碧霞元君祠之东庑"与"后移置祠之东庑"等,

---

① 〔清〕阮元:《山左金石志》卷6《蜀汉虎步搜捕司马印》,第448页。
② 〔北魏〕郦道元著,陈桥驿等译注:《水经注全译》卷18《渭水》,贵州人民出版社1996年,第636页。
③ 〔清〕阮元:《山左金石志》卷6《晋殿中司马印》,第450页。
④ 〔唐〕房玄龄:《晋书》卷24《职官》,中华书局1974年,第741页。
⑤ 〔清〕阮元:《山左金石志》卷6《宋提举城隍司印》,第453页。
⑥ 〔元〕脱脱:《宋史》卷167《职官七·提举坑冶司》,中华书局1977年,第3970页。
⑦ 〔清〕阮元:《山左金石志》卷7《泰山石刻》,第457页。
⑧ 〔清〕聂钦:《泰山道里记》,《丛书集成初编》第3002册,中华书局1985年,第17页。

这些是因词语表达不同而导致与原文的出入,不过,并不会影响材料的原意。

22.《山左金石志》卷8《执金吾丞武荣碑》跋引《楚辞》:云"信未远乎从容"①,而《楚辞》实为"信未达乎从容"②。可见,《山左金石志》误"达"为"远"。

23.《山左金石志》卷8《泰山都尉孔宙碑》跋引孔颖达疏云:"繂即绋也,以绋之一头系棺缄,以一头绕鹿卢。既讫,而人各背碑负繂末,听鼓声,以渐却行而下之。"③而孔疏实为:"繂即绋也,以绋之一头系棺缄,以一头绕鹿卢。既讫,而人各背碑负繂末头,听鼓声,以渐却行而下之。"④可见,《山左金石志》"而人各背碑负繂末"一句漏一"头"字。

24.《山左金石志》卷8《郎中郑固碑》跋云:"《尔雅·释地》:'坟,大防。'"⑤《山左金石志》将此引文出处搞错,应是出自《尔雅·释丘》⑥。

25.《山左金石志》卷9《路文助等造像记》跋云:"长广郡,晋武帝置,治胶东城。"⑦笔者查考长广郡的设置,据《后汉书集解·郡国制四》记载:"魏东莱郡领县六,别立长广郡,……当时因黄巾起青徐间,郡县寥阔难治,故置长广郡。魏末郡或旋废,至晋咸宁三年复置。"⑧由此可见,《山左金石志》表述不准确,不是"晋武帝置",而是"晋武帝复置"。

26.《山左金石志》卷10《尖山摩崖十种》跋云:"案《北齐·后主本纪》:武平四年四月癸丑,祈皇祠坛壝蕝之内忽有车轨之辙,案验旁无人迹,不知车所从来。"⑨而《北齐书·后主纪》实际上记载为:"祈皇祠坛壝蕝之内忽有车轨之辙,按验傍无人迹,不知车所从来。"⑩可见,《山左金石志》将"按验傍无人迹"记为"案验旁无人迹"。虽然,"案"与"按"、"旁"与"傍"所表示的意思相同,但应遵照史籍的本来面目,不应随意改变。

---

①〔清〕阮元:《山左金石志》卷8《执金吾丞武荣碑》,第485页。

②〔战国〕屈原等著,崔富章等注释:《楚辞·九辩》,浙江古籍出版社2011年,第121页。

③〔清〕阮元:《山左金石志》卷8《泰山都尉孔宙碑》,第485页。

④〔东汉〕郑玄注,〔唐〕孔颖达疏:《礼记正义》卷10《檀弓下》,《十三经注疏》上册,中华书局1980年,第1311页。

⑤〔清〕阮元:《山左金石志》卷8《郎中郑固碑》,第484页。

⑥〔西晋〕郭璞注:《尔雅》卷7《释丘第十》,浙江古籍出版社2011年,第44页。

⑦〔清〕阮元:《山左金石志》卷9《路文助等造像记》,第511页。

⑧〔清〕王先谦:《后汉书集解·郡国制四》,中华书局1984年,第1243页。

⑨〔清〕阮元:《山左金石志》卷10《尖山摩崖十种》,第522页。

⑩〔唐〕李百药:《北齐书》卷8《后主纪》,中华书局1972年,第107页。

27.《山左金石志》卷 12《纪泰山铭》跋云："后段姓名可辨者,惟卢从愿、卢龙秀二人,龙秀附见《唐书·桓彦传》,中宗时官监察御史。传作'袭秀',当依石刻为正。"①卢袭秀附见《新唐书·桓彦范传》②,《山左金石志》误"桓彦范"为"桓彦"。

28.《山左金石志》卷 16《韦骧等灵岩寺题名》跋云："右题'秘书丞韦骧、著作佐郎张谔、衢州判官杨于从、谏院舍人邓公察访东川,便道灵岩,过夜遂宿,熙宁六年十月中休',凡五行,左读,字径一寸五分。'中休'本张衡赋'速烛龙兮令执炬,过钟山而中休。'"③而张衡《思玄赋》实际上为:"速烛龙令执炬兮,过钟山而中休"。④ 可见,《山左金石志》之"兮"字位置错误。

29.《山左金石志》卷 16《滕甫等云门山题名》跋引《宋史》云:"滕元发,初名甫,字元发,以避高鲁王讳,改字为名,而字达道,东阳人。范仲阳见而奇之,举进士第三人,授大理评事,迁御史中丞。"⑤而据《宋史·滕元发传》记载"范仲淹见而奇之"⑥,可知《山左金石志》误"范仲淹"为"范仲阳"。

30.《山左金石志》卷 17《刘衮岱顶题名》跋引《宋史·哲宗本纪》云:"元祐元年十二月戊申,'诏以冬温无雪,决系因'。"⑦据《宋史·哲宗本纪》记载:"戊申,诏以冬温无雪,决系囚。"⑧可知"因"误,应为"囚"。

31.《山左金石志》卷 19《沂州普照寺碑》跋引《金史》云:"《金史·废帝纪》:'正隆四年十二月乙卯,以枢密副使张晖为尚书右丞,归德尹致仕高召和式起为枢密副使。'又《高彪传》:'彪本名召和失,辰州渤海人,为武宁军节度使,颇黩货,尝坐赃,海陵以其勋旧,杖而释之,改忻州防御使。'以碑证之,'忻'当作'沂',传刻误也。"⑨而《金史》卷 5《海陵王》实际上记载为:"(正隆三年)十二月乙卯,以枢密副使张晖为尚书左丞,归德尹致仕高

①〔清〕阮元:《山左金石志》卷 12《纪泰山铭》,第 566 页。
②〔北宋〕欧阳修:《新唐书》卷 120《桓彦范传》,中华书局 1975 年,第 4313 页。
③〔清〕阮元:《山左金石志》卷 16《韦骧等灵岩寺题名》,第 663 页。
④〔萧梁〕萧统编,〔唐〕李善注:《文选》卷 15《思玄赋》,中华书局 1977 年,第 219 页。
⑤〔清〕阮元:《山左金石志》卷 16《滕甫等云门山题名》,第 665 页。
⑥〔元〕脱脱:《宋史》卷 332《滕元发传》,中华书局 1977 年,第 10673 页。
⑦〔清〕阮元:《山左金石志》卷 17《刘衮岱顶题名》,第 5 页。
⑧〔元〕脱脱:《宋史》卷 17《哲宗本纪一》,中华书局 1977 年,第 323 页。
⑨〔清〕阮元:《山左金石志》卷 19《沂州普照寺碑》,第 41 页。

召和式起为枢密副使。"①《金史·高彪传》实际上记载云："为武宁军节度使,颇黩货,尝坐赃,海陵以其勋旧,杖而释之,改沂州防御使。"②可见,《山左金石志》误"张晖为尚书左丞"为"张晖为尚书右丞",误"正隆三年"为"正隆四年",误"沂州防御使"为"忻州防御使"。

32.《山左金石志》卷19《兴国寺新修大殿碑》跋引《金史·地里志》云："滕州,上,刺史。本宋滕阳军,大定二十二年升为滕州。"③而实际上,《金史·地理志》记载："滕州,上,刺史。本宋滕阳军,大定二十二年升为滕阳州。"④可见,阮书将"滕阳州"记为"滕州"。

33.《山左金石志》卷19《广岩院敕牒碑》跋云："考《史记·平准书》:"宋太邱社亡,而鼎没于泗水彭城下。"⑤引文出处有误,当出自《史记·封禅书》⑥。

34.《山左金石志》卷20《济阳县创建宣圣庙碑》跋引《齐乘》云："济阳本汉朝阳,唐宋之临邑、章邱地。金初,刘豫割章邱之标竿镇及临邑封圻之平置济阳县,属济南。"⑦据《齐乘》记载："本汉朝阳,唐宋之临邑、章邱地。金初,刘豫割章邱之标竿镇及临邑封圻之半置济阳县,属济南。"⑧可见,"平"误,应为"半"。

35.《山左金石志》卷22《济阳县学田记》跋云："考《元史·成宗本纪》,自即位以迄元贞元年,不载诏书十四事,惟于至元三十一年七月,'壬戌,书诏中外崇奉孔子'一语而已,盖史家之略也。"⑨而《元史·成宗本纪》记载为："壬戌,诏中外崇奉孔子"⑩,并无"书"字。

36.《山左金石志》卷24《诸城县重修庙学记》跋引《元史·李泂传》云："泂字溉之,滕州人。作为文辞,如宿习者,姚燧力荐于朝。文宗方开奎章阁,延天下知名士充学士员,泂特授奎章阁承制学士,同修《经世大典》。

---

① 〔元〕脱脱:《金史》卷5《海陵王》,中华书局1975年,第109页。
② 〔元〕脱脱:《金史》卷81《高彪传》,中华书局1975年,第1824页。
③ 〔清〕阮元:《山左金石志》卷19《兴国寺新修大殿碑》,第50页。
④ 〔元〕脱脱:《金史》卷25《地理中》,中华书局1975年,第615页。
⑤ 〔清〕阮元:《山左金石志》卷19《广岩院敕牒碑》,第47页。
⑥ 〔西汉〕司马迁:《史记》卷28《封禅书》,中华书局1959年,第1365页。
⑦ 〔清〕阮元:《山左金石志》卷20《济阳县创建宣圣庙碑》,第76页。
⑧ 〔元〕于钦撰,刘敦愿等校释:《齐乘校释》卷3《郡邑》,中华书局2012年,第220页。
⑨ 〔清〕阮元:《山左金石志》22《济阳县学田记》,第120页。
⑩ 〔明〕宋濂:《元史》卷19《成宗一》,中华书局1976年,第386页。

书成,谒告归。其为文,奋笔挥洒,迅飞疾动,汩汩滔滔,思态叠出。"①"滔滔",《元史·李泂传》作"滔滔"。②

37.《山左金石志》卷24《平章中丞祀曲阜宣圣庙记》跋引《元史·顺帝纪》云:"至正二十一年正月,遣使往谕察罕帖木儿罢陇蜀兵。三月,察罕帖木儿调兵讨永成县,又驻兵宿州。六月,察罕帖木儿总兵讨山东,发晋宁,下井陉,出邯郸,过磁、相、怀、卫,逾白马津,发其军之在汴梁者继之,水陆并进③。据《元史·顺帝本纪》记载:六月,"丙申,察罕帖木儿总兵讨山东,发晋军,下井陉,出邯郸,过磁、相、怀、卫,逾白马津,发其军之在汴梁者继之,水陆并进"④。可见,《山左金石志》误"发晋军"为"发晋宁"。

(三)考证讹误

尽管阮元《山左金石志》对金石文字内容做了精审考释,但百密一疏,也存有一些讹误之处,下面予以列举说明。

1.《山左金石志》卷1《召父彝》跋云:"右彝在滕县王氏家,……铭七字,曰'召父作乃父宝彝'。……凡见于铭载者,类书'锡命孝享',此曰'作乃宝彝',特自宝之器也。"⑤"此曰'作乃宝彝'"一句中,漏掉一"父"字。

2.《山左金石志》卷3《龙兴寺铜钟》跋云:"按《唐书·地理志》,改青州为北海郡,无明文,惟《齐乘》云:唐武德元年置青州总管府,七年改为都督府,天宝元年罢都督府,改为北海郡。钟上所刻姓名惟樊泽、崔器,新、旧《唐书》俱有传,略云:泽,字安时,河中人,……器,深州安平人,有吏干,然性阴刻乐祸,天宝中举明经,为万年尉,逾月擢御史中丞。宋浑为东圻采访使,引为判官……"⑥阮书考释之误有三:其一,关于改青州为北海郡,《旧唐书·地理一》有明文记载,"天宝元年,改青州为北海郡。乾元元年,复为青州⑦,并非阮书所云"无明文";其二,《齐乘》卷3《都邑》云"唐武德二年,置青州总管府"⑧,并非阮书所说"武德元年";其三,《旧唐书·崔器传》

---

① 〔清〕阮元:《山左金石志》卷24《诸城县重修庙学记》,第152页。
② 〔明〕宋濂:《元史》卷183《李泂传》,中华书局1976年,第4224页。
③ 〔清〕阮元:《山左金石志》24《平章中丞祀曲阜宣圣庙记》,第170页。
④ 〔明〕宋濂:《元史》卷46《顺帝九》,中华书局1976年,第956页。
⑤ 〔清〕阮元:《山左金石志》卷1《召父彝》,第403页。
⑥ 〔清〕阮元:《山左金石志》卷3《龙兴寺铜钟》,第420页。
⑦ 〔后晋〕刘昫:《旧唐书》卷38《地理一》,中华书局1975年,第1452页。
⑧ 〔元〕于钦著,刘敦愿等校释:《齐乘校释》卷3《郡邑》,中华书局2012年,第239页。

记载:"崔器,深州安平人也。……天宝六载,为万年尉,逾月拜监察御史。中丞宋浑为东畿采访使,引器为判官。"①可见,阮书误"东畿采访使"为"东坼采访使"。

3.《山左金石志》卷5《汉尚方十二辰镜》跋云:"以下十八镜皆黄小松易得之于济宁。"②细数之,为十五种,所以应为"以下十五镜皆黄小松易得之于济宁"。

4.《山左金石志》卷6《汉睢陵马丞印》跋云:"按《汉书·地理志》:睢陵属临淮郡,莽改曰睢陆。师古曰:'睢'音'虽'。《续汉书·郡国志》:属下邳国。据此与《平陆马丞印》,知汉时县丞专知马政,可以补史之缺略矣。"③跋中所云"《平陆马丞印》",指的是编于此印之前的《汉东平陆马丞印》,而此称《平陆马丞印》,显然此处漏了一"东"字。

5.《山左金石志》卷7《孝堂山画像》跋云:"第六幅,在石室西间东面西向,……上圆堂内有后人题细字一行,云'山东济南府济南卫',旁有'郭祥'字。济南称府,自金始也"。④ 考《宋史·徽宗纪三》记载:政和六年(1116)八月己丑,"升晋州为平阳,寿州为寿春,齐州为济南府"⑤,治历城县,领历城、禹城、章丘、长清、临邑、临济六县,属京东东路。可见,济南称府,始宋代,而非《山左金石志》所谓"济南称府,自金始也。"

6.《山左金石志》卷8《汉熹平残碑》碑文记载为"熹平二年十一月乙未薨"⑥,而《山左金石志》碑跋却称:"'其熹平二年十二月乙未'下'薨'字存少半,此卒之年月,非立石年月。"⑦显然,阮书将"十一月"误记为"十二月"。

7.《山左金石志》卷9《兖州贾使君碑》碑文记载:"君讳思伯,字士休,武威姑臧人也。"⑧笔者查翻《魏书·贾思伯传》记载:"贾思伯,字士休,齐郡益都人也。"⑨可见,《兖州贾使君之碑》与《魏书》对贾思伯籍贯的记载不

①〔后晋〕刘昫:《旧唐书》卷115《崔器传》,中华书局1975年,第3373页。
②〔清〕阮元:《山左金石志》卷5《汉尚方十二辰镜》,第433页。
③〔清〕阮元:《山左金石志》卷6《汉睢陵马丞印》,第444页。
④〔清〕阮元:《山左金石志》卷7《孝堂山画像》,第460页。
⑤〔元〕脱脱:《宋史》卷21《徽宗纪三》,中华书局1977年,第396页。
⑥〔清〕阮元:《山左金石志》卷8《汉熹平残碑》,第487页。
⑦〔清〕阮元:《山左金石志》卷8《汉熹平残碑》,第487页。
⑧〔清〕阮元:《山左金石志》卷9《兖州贾使君碑》,第503页。
⑨〔北齐〕魏收:《魏书》卷72《贾思伯传》,中华书局1974年,第1612页。

同。然而,《山左金石志》并未指出二者的冲突之处,却在《兖州贾使君之碑》按语中说:"贾思伯,《魏书》有传,此碑官秩皆合,惜文多剥蚀。"①另外,据该碑文"神龟二年岁次己亥四月戊辰朔□日丁亥□□"②一句,可知此碑立于神龟二年(519),而《山左金石志》却在碑目之后介绍云:"神龟三年四月立"③,可见说法有误。

8.《山左金石志》卷9《中书令郑羲碑》跋云:"元又案云峰山顶有郑公石象,高约三尺,凿于盘石之侧,身惟半截,要以下无之,左肩有'大宋'二字,右肩有'政和癸巳'等字,余皆漫漶,意即秦岘诸人所题。《县志》云:'白云堂为郑文公遗址,旁有石龛小象,乃其子道昭为光州刺史时刻记者。'道昭子述祖,时年九岁,后亦为此州刺史,往寻旧迹,对之呜咽者,即此也。"④由此碑跋可知,白云堂在云峰山顶。然而,《山左金石志》卷9《郑道昭白驹谷题名》跋云:"白云堂在莱州天柱山,即古之光州,《北齐书·郑述祖传》谓在兖州,误。"⑤可见,对于白云堂的位置,《山左金石志》说法自相矛盾:一是《中书令郑羲碑》的"莱州云峰山"说,一是《郑道昭白驹谷题名》的"莱州天柱山"说。

9.《山左金石志》卷9《曹望憘造象记》跋云:"柏仁,汉县,《魏书·地形志》作'人',此作'仁'。"⑥在此,《山左金石志》仅是指出《魏书》与《曹望憘造象记》记载的不同之处,并未说明孰是孰非。不过,据《山左金石志》卷9《李仲琁修孔子庙碑》碑文记载:"君姓李,字仲琁,赵国柏仁人也。"⑦由此可知,应为"柏仁",而非"柏人"。

10.《山左金石志》卷10《尖山摩崖十种》之七跋云:"案吴山夫《金石存》载北齐唐邕写经,……以为缣缃有坏,简策非久,金牒难永,皮纸易灭。于是,发七处之印,开七宝之函,访莲华之书,命银钩之迹,一音所说,尽勒名山……"⑧《山左金石志》"金牒难永"之"永"字,语义与上下文不符,难

①〔清〕阮元:《山左金石志》卷9《兖州贾使君碑》,第504页。
②〔清〕阮元:《山左金石志》卷9《兖州贾使君碑》,第504页。
③〔清〕阮元:《山左金石志》卷9《兖州贾使君碑》,第503页。
④〔清〕阮元:《山左金石志》卷9《中书令郑羲碑》,第500页。
⑤〔清〕阮元:《山左金石志》卷9《郑道昭白驹谷题名》,第502页。
⑥〔清〕阮元:《山左金石志》卷9《曹望憘造象记》,第508页。
⑦〔清〕阮元:《山左金石志》卷9《李仲琁修孔子庙碑》,第509页。
⑧〔清〕阮元:《山左金石志》卷10《尖山摩崖十种》,第522页。

以解释。考《金石存》卷11《北齐唐邕写经碑》云："以为缣缃有坏，简策非久，金牒难求，皮纸易灭。于是，发七处之印，开七宝之函，访莲华之书，命银钩之迹，一音所说，尽勒名山。……"①显然，《山左金石志》误"求"为"永"。

11.《山左金石志》卷12《石门房山造像题字二十九种》跋云："在临朐县石门房山北石壁。"②石门房山在宁阳县，非临朐县。孙星衍、邢澍《寰宇访碑录》对此造像题字二十九种亦有记载，均指明在宁阳县。③

12.《山左金石志》卷15《莱芜县凤凰山仙人观碑》，阮元在该碑目之后介绍云："建隆年月十月立，正书，碑高五尺六寸五分，广二尺七寸，在莱芜县。"④可见，"建隆年月十月立"一句有误，究竟是建隆几年？据此碑跋称："碑记中称'建隆三年岁次壬戌十月乙酉朔四日戊子，葺安期之真观'，云云。……"⑤据此可知，"建隆年月十月立"应为"建隆三年十月立"。

13.《山左金石志》卷16《郓州新学记》跋云："东平之有庙学，自王沂公始。碑称手疏于朝，赐名为学，是当时郡县尚未有学舍之名也。"⑥阮元所言有误，碑中所说王沂公（即王曾，封沂国公）手疏于朝、建造学舍之事，是在宋仁宗景祐四年（1037），当时郡县早就有了学舍之名。如《宋史·真宗本纪》记载：咸平四年（1001）六月丁卯，"诏州县学校及聚徒讲诵之所，并赐九经"⑦。在笔者看来，碑中所言手疏于朝与赐名为学，是指王曾建立郓州"学舍一区"后上书仁宗，获得朝廷认可，由此郓州新学纳入官办学校范围之列，而并非阮书所说"郡县尚未有学舍之名"。

14.《山左金石志》卷19《重修兖州宣圣庙碑》跋云："不著年月，但云'岁上章涒滩，月次圉阳，胐魄既交……'"⑧而实际上碑文记载为："皇纲鼎

---

①〔清〕吴玉搢：《金石存》卷11《北齐唐邕写经碑》，《丛书集成初编》第1536册，中华书局1985年，第410页。

②〔清〕阮元：《山左金石志》卷12《石门房山造像题字二十九种》，第571页。

③〔清〕孙星衍、邢澍：《寰宇访碑录》卷3《访碑三》，《续修四库全书》第904册，上海古籍出版社2002年，第440~441页。

④〔清〕阮元：《山左金石志》卷15《莱芜县凤凰山仙人观碑》，第613页。

⑤〔清〕阮元：《山左金石志》卷15《莱芜县凤凰山仙人观碑》，第613页。

⑥〔清〕阮元：《山左金石志》卷16《郓州新学记》，第655页。

⑦〔元〕脱脱：《宋史》卷6《真宗一》，中华书局1977年，第115页。

⑧〔清〕阮元：《山左金石志》卷19《重修兖州宣圣庙碑》，第39页。

固,凤历玑运。岁在上章涒滩,月次圉阳,朒魄既交……"①显然,跋文"岁上章"有误,应为"岁在上章"。

15.《山左金石志》卷 19《沂州普照寺碑》跋云:"又《高彪传》:彪本名召和失,辰州渤海人。为武宁军节度使,颇黩货,尝坐赃,海陵以其勋旧,杖而释之,改忻州防御使。以碑证之,'忻'当作'沂',《传》刻误也。"②《金史·高彪传》本作"沂州"③,《山左金石志》搞错。

16.《山左金石志》卷 19《程康年等登高题字》跋云:"天德二年九月刻,在嘉祥县洪山。右刻未见拓本,据朱朗斋所录载之。首题籀文'天宝庚午登高会'七字,后题会首程康年等二十四人,凡八行,正书。"④可见,阮书所载"天德二年九月刻"与"首题籀文'天宝庚午登高会'七字"矛盾,究竟是"天德二年"还是"天宝庚午"?"天宝"为唐玄宗的第三个年号,共十五年(742—756),其中不存在庚午年,所以阮书所云:"首题籀文'天宝庚午登高会'七字"有误。"天德"是金朝海陵王完颜亮的年号,天德二年(1150)即为庚午年,与跋文所云"天德二年九月刻"正合。因此,"天宝"应为"天德"之误。

17.《山左金石志》卷 21《张宣慰登泰山记》跋云:"《碑》称'宣慰张公',不详名字、里居,以史考之,即张德辉也。史传称:德辉字辉卿,冀宁交城人。"⑤据《元史·张德辉传》记载"德辉字耀卿"⑥,可见《山左金石志》有误。

18.《山左金石志》卷 21《振衣冈题名二种》跋云:"己酉为元定宗末年。"⑦又《山左金石志》卷 21《创修遇仙观碑》跋云:"庚戌为定宗后海迷失称制之次年也。"⑧此二碑跋都存有错误。元定宗贵由 1246 年(丙午)即汗位,于 1248 年(戊申)三月驾崩,此后,其皇后海迷失称制(1248—1251)。己酉(1249)为元定宗死后第二年,怎么是其末年呢? 可见《振衣冈题名二

---

①〔清〕阮元:《山左金石志》卷 19《重修兖州宣圣庙碑》,第 38 页。

②〔清〕阮元:《山左金石志》卷 19《沂州普照寺碑》,第 41 页。

③〔元〕脱脱:《金史》卷 81《高彪传》,中华书局 1975 年,第 1824 页。

④〔清〕阮元:《山左金石志》卷 19《程康年等登高题字》,第 44 页。

⑤〔清〕阮元:《山左金石志》卷 21《张宣慰登泰山记》,第 90 页。

⑥〔明〕宋濂:《元史》卷 163《张德辉传》,中华书局 1976 年,第 3823 页。

⑦〔清〕阮元:《山左金石志》卷 21《振衣冈题名二种》,第 87 页。

⑧〔清〕阮元:《山左金石志》卷 21《创修遇仙观碑》,第 87 页。

种》跋文有误。庚戌年为 1250 年,为皇后称制之第三年,并非《创修遇仙观碑》跋文所云"定宗后海迷失称制之次年"。

19.《山左金石志》卷 22《阙里孔庙祭器碑》跋云:"碑叙孔子五十三世孙孔淑,以江南行台照照磨,官微力薄,毅然去官,而涉苏杭求助僚友,为祖庙造祭器,至千七百有三之数,往返四月,其勤敏有足嘉者。顾《阙里文献考》不列其名于《子孙著闻》之中,何其略耶!"①考《元史·百官志》,有"照磨"官职,并无"照照磨"。

20.《山左金石志》卷 22《尼山孔子象记》跋云:"在邹县尼山书院"②;《山左金石志》卷 24《尼山书院碑》跋云"在邹县尼山书院"③;《山左金石志》卷 24《创建尼山书院碑》跋云"在邹县尼山书院"④;《山左金石志》卷 24《尼山大成殿四公配享碑》跋云"在邹县尼山书院"⑤。尼山及尼山书院在今天属于曲阜,在清代是否属于邹县呢?对于该问题,笔者查翻清乾隆三十五年(1770)觉罗普尔泰纂修《兖州府志》卷 3《山川》,在"曲阜县"下有"尼山"一目,并注云:"在县东南六十里,圣母颜氏祷于尼邱,即此山也。"⑥而在"邹县"下,并无尼山。该书卷 19《古迹》,在"曲阜县"下有"尼山碑"一目,并注云:"在尼山书院,元至正二年虞集撰。"⑦笔者又查翻清乾隆三十九年(1774)潘相等纂修《曲阜县志》,该书卷 7 对尼山书院与洙泗书院做了专门介绍。⑧ 可见,尼山及尼山书院在清代属于曲阜县,而非邹县,阮书有误。

21.《山左金石志》卷 22《孔颜孟三氏免粮碑》跋云:"案鲁国大长公主,名南哥不剌,乃裕宗之女,故成宗称为皇姑也,适蛮子台,封济宁王,画济、兖、单三州为分地。"⑨据《元史·成宗本纪一》记载:元贞元年春正月乙亥,

①〔清〕阮元:《山左金石志》22《阙里孔庙祭器碑》,第 110 页。
②〔清〕阮元:《山左金石志》卷 22《尼山孔子象记》,第 111 页。
③〔清〕阮元:《山左金石志》卷 24《尼山书院碑》,第 153 页。
④〔清〕阮元:《山左金石志》卷 24《创建尼山书院碑》,第 156 页。
⑤〔清〕阮元:《山左金石志》卷 24《尼山大成殿四公配享碑》,第 165 页。
⑥〔清〕觉罗普尔泰纂修:《兖州府志》卷 3《山川》,《中国地方志集成·山东府县志辑》第 71 册,凤凰出版社 2004 年,第 95 页。
⑦〔清〕觉罗普尔泰纂修:《兖州府志》卷 19《古迹》,《中国地方志集成·山东府县志辑》第 71 册,凤凰出版社 2004 年,第 390 页。
⑧〔清〕潘相纂修:《曲阜县志》卷 7《尼山书院、洙泗书院》,《中国地方志集成·山东府县志辑》第 73 册,凤凰出版社 2004 年,第 64~66 页。
⑨〔清〕阮元:《山左金石志》卷 22《孔颜孟三氏免粮碑》,第 114 页。

"封皇姑囊家真公主为鲁国大长公主,驸马蛮子台为济宁王,仍赐金印。"①据此可知,鲁国大长公主,名囊家真,《山左金石志》误。

22.《山左金石志》卷22《东华帝君碑》跋云:"大德五年,擢应奉翰林文字。九年,升修撰,谒告还江南。至大元年,复为修撰,预修《成宗实录》。(至大)三年,授浙江儒学提举。皇庆元年,召为国子司业。此碑但结'修撰'及'编修官'衔,疑作于至大年间。"②据《元史·邓文原传》载:"(至大)三年,授江浙儒学提举。"③可见,《山左金石志》误"江浙"为"浙江"。

23.《山左金石志》卷22《皇妹大长公主鲁王祭孔庙碑》跋云:"案此碑疑与前《懿旨碑》合为一石,而拓者误析为二也。大德十一年五月,武宗嗣位,七月加孔子号曰'大成',遣使祭告,用国书勒石。此碑所云'恭闻圣上加封大成至圣文宣王'者是也,盖大长公主先于九月降懿旨,至是致祭,距朝廷加号'大成'、遣使仅隔半年之事耳。"④实际上,此碑与前《皇妹大长公主懿旨碑》确实为一石的两面,《皇妹大长公主懿旨碑》为碑阳,《皇妹大长公主鲁王祭孔庙碑》为碑阴。阮元疑二碑为一碑之两面,这就说明他缺乏调查核对,致使《山左金石志》不够精准。此外,需指出的是,大德十一年(1307)正月,成宗去世,五月,武宗即位,第二年改年号为至大。碑称"大德十一年五月,武宗嗣位,七月加孔子号曰'大成',遣使祭告",又云"盖大长公主先于九月降懿旨,至是致祭,距朝廷加号'大成'、遣使仅隔半年之事耳"。此二碑均立于至大元年(前一碑立于九月,后一碑立于十二月),加孔子号是在大德十一年(1307)七月,大长公主致祭是在至大元年(1308)十二月,怎么是"仅隔半年之事耳"? 可见阮书有误。

24.《山左金石志》卷22《石猊猊赞》跋云:"元贞元年七月刻,正书,在藩署土地祠。……朱朗斋云:济宁旗纛庙有铁狮二,亦元贞二年所造。"⑤前为"元贞元年",怎么后面的"亦元贞二年"呢? 可见"亦"字使用不当。

25.《山左金石志》卷22《兀林答公神道碑》跋云"大德七年三月立"⑥。笔者查翻《元史·刘国杰传》,碑中兀林答公,即元初名将刘国杰,女真本

---

①〔明〕宋濂:《元史》卷18《成宗本纪一》,中华书局1976年,第390页。

②〔清〕阮元:《山左金石志》卷22《东华帝君碑》,第126页。

③〔明〕宋濂:《元史》卷172《邓文原传》,中华书局1976年,第4023页。

④〔清〕阮元:《山左金石志》卷22《皇妹大长公主鲁王祭孔庙碑》,第123页。

⑤〔清〕阮元:《山左金石志》卷22《石猊猊赞》,第112页。

⑥〔清〕阮元:《山左金石志》卷22《兀林答公神道碑》,第119页。

姓乌古伦,后改姓刘,益都(今山东青州)人。他在灭宋及平定元初各地叛乱战争中功勋卓著,历任益都新军千户、管军总管、湖广省右丞、湖广行枢密院副使、湖广行省平章政事等职。元大德八年(1304)二月病死,朝廷赠推忠效力定远功臣、光禄大夫、司徒、柱国,封齐国公,谥武宣。① 既然刘国杰病死于大德八年,《兀林答公神道碑》怎么会立于大德七年呢？ 是《兀林答公神道碑》本身有误,还是《元史》出错,抑或《山左金石志》记载错误？一般而言,神道碑大都是由熟悉墓主之人所写,是不会把时间搞错的,更何况刘国杰作为元初重臣,所以《兀林答公神道碑》本身不会出错。《山左金石志》仅有此碑跋文介绍,没有录文,碑文记载不得而知。不过,孙星衍、邢澍《寰宇访碑录》与段松苓《益都金石记》均收录此碑,孙书记载"方同撰,张珪正书,大德七年三月,山东益都"②；段书记载"大德七年岁次癸卯三月朔,宣武将军上千户男兀林答徽□立石。右碑在云门山前卧龙洞北,南向,高一丈一尺,阔三尺二寸,行书……"③可见,《山左金石志》与《寰宇访碑录》、《益都金石记》同为"大德七年"。由此可以推知,《山左金石志》并未记错,《兀林答公神道碑》应立于大德七年,《元史》把兀林答公的死亡时间记错了。尽管并非阮书考释之误,但应该对此问题予以辨正说明,遗憾的是,并未发现该问题,可见其考释尚不够严密。

26.《山左金石志》卷23《沂山神祐宫碑》跋云:"案四镇加封事,在大德二年二月,自是岁时与岳渎并祀,盖以前祀典之所不及也。"④据《元史·成宗本纪二》记载:大德二年三月壬子,"诏加封东镇沂山为元德东安王,南镇会稽山为昭德顺应王,西镇吴山为成德永靖王,北镇医巫闾山为贞德广宁王,岁时与岳渎同祀,著为令式"⑤。可见,四镇加封事,在大德二年三月,《山左金石志》误为"二月"。

27.《山左金石志》卷23《赠奉训大夫王庆神道碑》跋云:"泰定五年十

①〔明〕宋濂:《元史》卷162《刘国杰》,中华书局1976年,第3807~3812页。
②〔清〕孙星衍、邢澍:《寰宇访碑录》卷11,《续修四库全书》第904册,上海古籍出版社2002年,第572页。
③〔清〕段松苓:《益都金石记》卷4《元兀林答碑》,《石刻史料新编》第一辑第20册,新文丰出版公司1977年,第14881页。
④〔清〕阮元:《山左金石志》卷23《沂山神祐宫碑》,第138页。
⑤〔明〕宋濂:《元史》卷19《成宗二》,中华书局1976年,第418页。

一月立。"①泰定五年即 1328 年,该年七月泰定帝死,九月,元文宗改元"天历"。所以"泰定五年十一月立"有误,或因立碑人未知改元而致误,但是,对于此问题,《山左金石志》应该加以指正。

28.《山左金石志》卷 23《赵孟頫书三学资福禅寺额石刻》跋云:"右碑额'三觉资福禅寺'六字……"②然而,目录以及正文中的碑名都称为"三学资福禅寺",而非"三觉资福禅寺"。实际上,该寺现存山东惠民县城,仍称"三学资福禅寺"。可见,阮书误"学"为"觉"。

29.《山左金石志》卷 23《孟庙加封孟子父母制词碑》③跋文缺乏对此碑存地的介绍,实际上,该碑存于今邹城孟庙④。

30.《山左金石志》卷 24《灵岩寺诗刻五种》跋云:"刻工姓名附于末,左上角有'元好问游'四字,正书,径六分。案好问卒年六十八,计其时当在至元初。此石立于至元三十一年,不知何以此题名也。"⑤据文献记载,元好问死于元宪宗七年(1257)九月,并非至元初年。

31.《山左金石志》卷 24《察罕帖木尔祭孔庙碑》跋称:"自至正六年,山东盗起。……十八年二月,田丰复陷济宁路。至是年六月,陕西行省左丞察罕帖木儿谍知山东群贼自相攻杀,而田丰降于贼,乃自陕至洛,大会诸将,鼓行而东。"⑥考"陕西行省左丞察罕帖木儿谍知山东群贼自相攻杀"一事,《元史·察罕帖木儿传》记载为至正二十一年⑦,非《山左金石志》所云"至是年(至正十八年)六月"。

以上就阮元《山左金石志》中所查核到的讹误、漏脱之处做了校补,当然,由于笔者个人学识有限,阮书中的讹误与漏脱之处肯定还有一些,有待以后进一步校补。

本章小结

对《山左金石志》的校补,本书主要从两方面着手,一是对清代学者的

---

① 〔清〕阮元:《山左金石志》卷 23《赠奉训大夫王庆神道碑》,第 142 页。
② 〔清〕阮元:《山左金石志》卷 23《赵孟頫书三学资福禅寺额石刻》,第 137 页。
③ 〔清〕阮元:《山左金石志》卷 23《孟庙加封孟子父母制词碑》,第 130 页。
④ 此碑原存孟庙亚圣殿后寝殿前西侧,现位于启圣殿院甬道西侧,参见刘培桂:《孟子林庙历代石刻集》,齐鲁书社 2005 年,第 52 页。
⑤ 〔清〕阮元:《山左金石志》24《灵岩寺诗刻五种》,第 168 页。
⑥ 〔清〕阮元:《山左金石志》24《察罕帖木尔祭孔庙碑》,第 170 页。
⑦ 〔明〕宋濂:《元史》卷 141《察罕帖木儿传》,中华书局 1976 年,第 3388 页。

补阙与刊误情况的考察,二是笔者的补正。

　　《山左金石志》问世后,尽管受到学界的一致赞誉,但其不足之处亦颇遭批评,一些同时代或后代学者对其阙遗与讹误予以补正,如王昶《金石萃编》、吴骞《愚谷文存》及《续编》、孙星衍《续古文苑》、严可均《铁桥漫稿》、瞿中溶《集古官印考》、许瀚《攀古小庐杂著》、何绍基《东洲草堂文钞》、李佐贤《石泉书屋类稿》、胡元仪《北海三考》、叶昌炽《缘督庐日记》等。当然,这些著作并非专门为补正《山左金石志》而作,仅是对涉及《山左金石志》中的某些金石碑刻进行校补而已,尽管如此,仍有着极大的价值。笔者对《山左金石志》的校补,主要包括对序言、目录讹误、漏脱、增衍与重复的校补、对碑文录载讹误与漏脱的校补以及对跋文考释讹误的校正。

　　《山左金石志》虽然是一部优秀的金石学著作,但并非完美无缺,书中也存在着一些不足之处。当然,《山左金石志》的学术价值不能因其缺陷而一概抹杀,这同其价值、成就相比,只能说是白璧微瑕,不足以掩盖其夺目的光辉。因此,我们应该用辩证的态度来看待《山左金石志》一书,以便更好地为我们所利用。

结　语

阮元《山左金石志》作为第一部将山东金石文献汇辑于一编的金石学著作,鉴于其突出的学术价值及深远的学术影响,笔者以之为研究对象,对其编修者、编修始末、体例、内容、版本、价值以及阮元的金石考据与金石学思想等众多问题做了研究,从而获得了较为深刻的认识,兹作一综合评价。

《山左金石志》作为一部清代乾嘉时期优秀的金石学著作,体例完备,记载详尽,征引广泛,考证详审,学术价值突出,其优长之处主要体现在以下几方面:

第一,体例善。《山左金石志》将金石合于一编,分为金、刀布、镜、印、石等五类,每类依照时间顺序进行编排。同时,为了便于读者观览与搜寻,又于卷首列有目录。这种编排,便于读者按类索骥,循时搜寻,以时代为序来考察山东金石的源起流衍。在正文中,将录文与考释合而为一,对于所载录的每一种金石文献,指明其造型、书体、年月、存地、收录、存佚、拓本流传等重要信息,并予以考释。阮书的这种体例,确为大具匠心,完善了金石文献的著录体例。

第二,收录范围广。从地域范围上说,阮元对山东全境范围内的金石碑刻做了一次系统考察,凡耳目所及且认为具有一定价值者,皆逐一著录。《山左金石志》所录金石分布于山东十府两州之境,其著录地域范围之广,超过了前此诸家,诚如钱大昕所云"黄小松、李南涧、聂剑光、段赤亭辈,虽各有编录,只就一方,未赅全省,是诚艺林一阙事也"[1],而《山左金石志》"博稽载籍,萃十一府两州之碑碣"[2]。从著录时代跨度上看,《山左金石志》所录金石自商周迄元,较他书亦大为扩展。可见,在金石收录范围上,

---

[1]〔清〕阮元:《山左金石志·钱大昕序》,第367页。
[2]〔清〕阮元:《山左金石志·钱大昕序》,第367页。钱大昕所云"十一府两州"有误,据《清史稿·地理八》记载,山东辖十府(济南、东昌、泰安、武定、兖州、沂州、曹州、登州、莱州、青州)、三直隶州(临清、济宁、胶州)。需要说明的是,胶州直隶州是在光绪三十一年(1905)从莱州府划分出来的,阮元编修《山左金石志》时尚属莱州府,故应为"十府、二直隶州"。

阮书确乎是后出而益备,进一步展示出山东金石文献的全貌。

第三,录载数量大。《山左金石志》载录金石数量极大,正如钱大昕所云:"金石之多,无如中原,然雍豫无西汉以前石刻,而山左有秦碑三,西汉三,雍、豫二记著录仅七八百种,此编多至千有三百。昔欧、赵两家,集海内奇文,欧目仅千,赵才倍之。今以一省而若是其多,谁谓今人不如古哉?"①据笔者统计,《山左金石志》载录金石数量并非钱氏所言"千有三百",而是1739种(见第三章),这大大超过此前诸家。阮元对金石资料的搜罗,从野外搜访、市场摹购到登临学者私宅拓录,从延请幕友搜采到金石同好、官民的提供,可谓多管齐下,几乎做到了巨细无遗。其中,不乏收录了一批前人未曾著录的金铭石刻。可见,在金石载录数量上,阮书非前代及同代金石志书可以匹敌。

第四,著录细。《山左金石志》对金石文献的著录十分细致,对于所录载的每一种金石,指明其造型、尺寸、书体、年月、存地、存佚、收录、拓本流传等重要信息,并予以考证,为后世留下了一批珍贵的记录资料。对于金铭刻辞,由于字数较少,一般均予以全文录载,而对于石刻,或录载全文,或仅作跋尾。以《中书令郑羲碑》②为例,首先是对此碑刻立年代、书体、尺寸、存地的介绍:"永平四年刊,并额俱正书。崖高七尺八寸,广一丈一尺四寸,在掖县寒同山。"其后,录有碑额及说明:"荧(荥)阳郑文公之碑额二行,左三字,右四字,径三寸。"之后,录有碑之全称:"魏故中书令、秘书监、使持节督兖州诸军事、安东将军、兖州刺史、南阳文公郑君之碑。"再后,录载摩崖正文内容:"公讳羲,字幼驎,司州荧(荥)阳开封人也。……永平四年岁在辛卯刊,上碑在县南卌里天柱山之阳,此下碑也,以石好,故于此刊之。"最后,是阮元的按语,包括对该碑行数、字数与镌刻过程的说明以及对碑文内容的考释:"右《郑羲下碑》连标题、年月凡五十一行,千三百余字,字径二寸。……《县志》云:白云堂为郑文公遗址,旁有石龛小象,乃其子道昭为光州刺史时刻记者,道昭子述祖时年九岁,后亦为此州刺史。往寻旧迹,对之呜咽者,即此也。"其著录之细,由此可见一斑。另外,《山左金石志》还收录了一些名不见经传的碑石,而此前诸书大多于此阙而不载,这些碑石

---

① 〔清〕阮元:《山左金石志·钱大昕序》,第367~368页。
② 〔清〕阮元:《山左金石志》卷9《中书令郑羲碑》,第498~500页。

遂因阮氏录存而传世。如《莲花洞造象题字三十种》,此前各书均未收录,而阮元将之逐条录入于《山左金石志》中,正如阮氏在《莲花洞造象题字三十种》跋文中所云:"假赤亭亲至五峰搜得之,皆向未著录者。"①

第五,考证详。与时人多将金石碑版视为艺术鉴赏之属不同,阮元并非仅是作为邺架之藏、玩好之资,而对其史学、书法价值有着明确允当的认识,故在《山左金石志》中对所录金石文献做了精审考证。如《山左金石志》卷2载有一名"距末"的周器,阮元对于其用途及铸造年代做了精审考证,其跋云:

> 距末不知何器,沈心醇据《战国策·苏秦说韩王》曰"溪子、少府时力、距来,皆射六百步之外",疑此为弩饰。孔检讨广森亦以为饰弓弰者,二说皆近之。特此"末"字甚明,断不得疑为"来"字之讹。按《荀子·性恶篇》曰:"繁弱、巨黍,古之良弓也。"又潘安仁《闲居赋》曰:"溪子、巨黍,异絭同机。"据此,则《国策》之"来",《荀子》、《文选》又作"黍"矣。杨倞注欲改"黍"从"来",尚未见此器之作"末"字也。《荀子》"巨黍",今"巨"作"距"者,亦古字通借耳。此器中空,一面有陷圆而向下,确是弓弰末张弦之处,以今弓末验之可知矣。又此器,翁覃溪阁学方纲据"商国"二字,以为商器。元谓此字不类商铭,且色泽亦不肖商之古,此盖周器,宋人物也。宋人每称宋为商矣,《春秋左氏传·哀公九年》:"利以伐姜,不利子商。"杜预注:"子商,谓宋。"又《二十四年传》:"周公及武公娶于薛,孝惠娶于商。"杜预注:"商,宋也。"《礼记·乐记》曰:"宜歌《商》。"郑康成曰:"《商》,宋诗。"皆其证也,故今编入周器中。②

大量石刻因年岁久远,石面崩剥,文字漫漶,难以辨识,后人摹写多有错讹。为此,阮元多方觅求善拓,精作校核,对石刻之名义、形制、功用、演变、刻立年代、撰文者、书丹者、存地、流传以及碑文涉及的人物、史事、职官、制度、年代、地理、风俗、文字、音韵等均做了细致考索,颇具精义。如阮元在《泰山都尉孔宙碑》按跋中对汉碑的"穿"、"晕"的考证:

> 元又案汉碑多有穿、晕者,此沿周制也。《礼记·檀弓》曰:"县

①〔清〕阮元:《山左金石志》卷10《莲花洞造象题字三十种》,第532页。
②〔清〕阮元:《山左金石志》卷2《距末》,第408~409页。

（悬）棺而封。"郑氏注云："不设碑绋不备礼。"又曰："公室视丰碑,三
家视桓楹。"郑氏又据《周礼》及《丧大记》为注云："丰碑,斫大木为之,
形如石碑,于椁前后四角树之,穿中于间为鹿卢,下棺以绋绕。天子六
绋四碑,前后各重鹿卢也,四植谓之桓。诸侯四绋二碑,碑如桓矣。大
夫二绋二碑,士二绋无碑。"孔冲远疏云："绋即绑也,以绑之一头系棺
缄,以一头绕鹿卢。既讫,而人各背碑负绋末,听鼓声,以渐却行而下
之。"据此数义,知古人墓碑有穿,以贯鹿卢,其绋绕鹿卢,横而斜过碑
头,碑头为此晕以限绋,使之滑且不致外脱。如今石井栏为绠,所渐靡
之形矣。汉碑有穿、有晕,此必效三代遗制。其晕左垂者,右碑也;右
垂者,左碑也。又《国策》曰："昔王季历葬于楚山之尾,栾水啮其墓,
见棺之前和。"元谓"前和",即"前桓","桓"、"和"古同声,其通借之
迹甚多。①

又如《赠徐州都督房彦谦碑》跋文对房彦谦的祖辈、祖籍、历官以及唐
代丧葬典制等众多问题的考证:

　　文云:彦谦"七世祖谌,燕太尉掾,随慕容氏南度,寓于齐土。宋元
嘉中,分齐郡之西部,置东冀州东清河郡绎幕县,仍为此郡县人"。案
《宋书·州郡志》:"文帝元嘉九年,分青州,立历城,割土置郡县。"《文
帝本纪》:九年六月,"分青州置冀州"《元和郡县志》同此,皆不载东冀
州。考《志》言"立历城",即冀州治所也。历城在青州之西,又在冀州
东,故云置东冀州,与《宋书》转相证明矣。此云东清河郡,而《志》有
南清河太守,当是"东"字之讹也。碑云:"植,公之十三世祖者。"《宰
相世系表》:"植,后汉司空。"考《后汉书·桓帝纪》:永兴元年冬十月,
"光禄勋房植为司空",植即其名也。碑云:"曾祖、伯祖,州主簿,齐郡
内史,幽州长史,□行州事。"《魏书》本传:历齐郡内史、平原相,转幽
州辅国长史,而《隋书·彦谦传》载此,称齐郡、平原二郡太守。据碑
言"行州事",则摄太守耳,非正官也,平原亦非幽州,是《传》不如《碑》
之实也。彦谦历官所载多与《传》合,惟《传》称"大唐驭宇追赠徐州都
督临淄县公"未实。其岁月以碑证之,贞观三年十二月下诏,赠使持节

①〔清〕阮元:《山左金石志》卷8《泰山都尉孔宙碑》,第485页。

都督徐泗仁谯沂五州诸军事、徐州刺史。四年十一月,又发诏追封临淄公也。……碑阴记载赗赠会葬之盛,皆近代所无,其云:"文官式令,例无鼓角,亦特给送至于葬所。"考《旧唐书·音乐志》云:"五品官婚葬,先无鼓吹,唯京官五品得借四品鼓吹。"彦谦在隋官终泾阳县令,又非京官,得借之例,故云特给也。①

《山左金石志》考证之详审,于此可见一斑。

当然,《山左金石志》著录既广、收录既多,不免百密一疏,在具有以上优长之处的同时,也存有许多不足之处:

第一,从收录范围上看,一些金石碑刻失于载录。《山左金石志》在时间断限上自商周讫元,明清金石不收,即使元代之前,那些石刻拓本并毁者以及旧录有名、今搜罗未到与旧未著录的新出土者,均未录入。如阮元曾云:"此书编纂已毕,将付刊矣,丁巳三月得钱唐黄司马易书,云:'郭巨石室尚有建安二年高令春及天保九年刘章、武定二年南青州刺史郑伯猷题刻,乡(向)未见者。'又云:'近日济南、泰安一带,新出六朝唐人石刻甚多,皆未录入,待好古者勒为续编'。"②此外,还有一些石刻碑版,如《归德桥碑》③、《宋真宗驻跸亭碑》④,等等,当时仍然存世,或因编者耳目未能及,或因疏忽而遗录,或因艰于辨识而摒而不载,或因误判价值而弃而不收,成为《山左金石志》石刻著录的又一缺憾。所以,致使一些金石碑刻未被《山左金石志》载入,削弱了其完整性。正因阮书对明清两代金石阙而不录,所以至清末,山东巡抚张曜⑤欲延请金石学家缪荃孙续修《山左金石志》,叶昌炽在《语石》中谈及此事云:"张勤果公为东抚,欲续《山左金石志》,延筱珊(缪荃孙字"筱珊",笔者注)主其事,未卒业而勤果没,惜哉。"⑥续编未成而张曜先逝,令人遗憾。

第二,从录载内容上说,有些碑刻仅作跋尾,不录碑文。存录碑文对于参稽经史具有重要作用,金石学者们已经意识到这一问题。如赵明诚在

---

① 〔清〕阮元:《山左金石志》卷11《赠徐州都督房彦谦碑》,第537页。
② 〔清〕阮元:《山左金石志》卷7《孝堂山画像》,第462页。
③ 原存曲阜城西门外二重桥,后移入孔庙。
④ 存于曲阜孔林之孔子墓西侧北面驻跸亭内。
⑤ 张曜(1832—1891),字朗斋,号亮臣。光绪十一年(1885),授河南布政使,调补山东巡抚。光绪十七年(1891),治理黄河,卒于任上,追赠太子太保,谥勤果。
⑥ 〔清〕叶昌炽:《语石》卷2"山东五则"条,上海书店1986年影印本,第28页。

《金石录序》中说:"自三代以来,圣贤遗迹著于金石者多矣。盖其风雨侵蚀,与夫樵夫、牧童毁伤沦弃之余,幸而存者止此耳。是金石之固犹不足恃,然则所谓二千卷者,终归于摩灭,而余之是书有时而或传也。……是书之成,其贤于无所用心,岂特博弈之比乎! 辄录而传诸后世好古博雅之士,其必有补焉。"①王昶在《金石萃编·序》中称:"夫旧物难聚而易散也,后人能守者少,而不守者多也。使瑰伟怪丽之文销沉不见于世,不足以备通儒之采择,而经史之异同详略,无以参稽其得失,岂细故哉? 于是因吏牍之暇,尽取而甄录之。"②陆增祥在《金石续编序》中云:"古人事迹,史不悉载,赖金石以传之。金有时毁,石有时泐,赖墨本以传之。墨本聚散何常? 存亡何定? 赖著录以传之。"③由此可见,金石碑刻因风雨剥蚀而遭损毁,急需记录传世,否则后世将永远无法看到。所以,金石学者们为了防止金石文字年久失传而录存金石文辞,这也正是碑文存录的重要价值之一。然而,《山左金石志》中的一些碑刻并不录文,如《孔庙置百石卒史碑》、《执金吾丞武荣碑》、《鲁相韩敕造孔庙礼器碑》、《郎中郑固碑》、《泰山都尉孔宙碑》、《卫尉衡方碑》、《孔颜孟三氏免粮碑》等仅有按语说明。若是多年以后这些碑刻遭到毁坏亡佚,仅有跋尾存世是远远不够的,最关键的是要存其碑文。此外,有些碑刻仅录载碑阳之文,而碑阴文字漏载。如唐咸通十一年(870)《新修曲阜县文宣王庙记》,《山左金石志》仅录载其碑阳与碑侧之文,而遗漏了碑阴的北宋大中祥符元年(1008)孔子四十四世孙太常博士知县庙事孔勖题记④。又如《济南府学加封孔子制诏碑》跋云"《县志》载此碑,尚有碑阴刻都转运盐使以下官吏姓名,拓者亦遗之"⑤;《密州重修庙学碑》跋云"此碑尚有碑阴,惜拓者失之也"⑥,等等。总之,不管是编者原因,还是拓者原因,都使得《山左金石志》在录文方面存有不足。

第三,在体例编排上,也有失当之处。《山左金石志》分为金、刀布、

①〔南宋〕赵明诚撰,金文明校证:《金石录校证·金石录序》,广西师范大学出版社2005年,第2页。
②〔清〕王昶:《金石萃编·序》,《续修四库全书》第886册,上海古籍出版社2002年,第450页。
③〔清〕陆耀遹:《金石续编·陆增祥序》,《石刻史料新编》第一辑第4册,新文丰出版公司1977年,第2991页。
④此碑现存曲阜汉魏碑刻陈列馆西屋,南起第5石。
⑤〔清〕阮元:《山左金石志》卷22《济南府学加封孔子制诏碑》,第124页。
⑥〔清〕阮元:《山左金石志》卷24《密州重修庙学碑》,第161页。

镜、印、石五大类,此处之"金",是指除钱币、镜鉴、印符之外的钟鼎金属器物,如礼器、兵器、度量衡器、杂器等。实际上,阮元的这种划法有失妥当,因为刀布、镜、印也应包括在"金"的范畴之中。再有,《山左金石志》对金石的载录,是按照时间先后顺序进行编排的,但是有些金石编排顺序出现错误。如《山左金石志》卷11"唐石"部分,数方石刻的编排顺序及刻立年代为:《城北社施门记》,长安三年(703)刻;《僧九定等造象记》,先天二年(713)刻;《晋阳府君精舍碑》,无年月;《太清观残碑》,神龙元年(705)九月立;《范洪恩等造象记》,神龙二年(706)九月立。可见,其中存有编排顺序错误。

第四,在碑文校录上,存在草率之处。《山左金石志》在碑文校录上,既有精审之篇,也有草率之处。笔者曾以《山左金石志》所录曲阜孔庙碑刻与原石对勘,发现一些著录错误,凡此失误的存在,大大降低了《山左金石志》的史料价值。如卷15北宋真宗大中祥符二年(1009)《天贶殿碑》,其中漏脱、讹字便达四十多处(见本书第六章第二节),未免失之过疏。又如,在《山左金石志》中,"画象"与"画像"用法不一,有时称"画像",如《济宁普照寺画像》、《济宁李家楼画像二石》;有时称"画象",如《济宁晋阳山慈云寺画象六石》、《济宁两城山画象十六石》等。虽然古代"象"、"像"二字的用法不很严格,但阮氏在书中应该统一口径,不应用法不一。可见,阮书并非件件精审不移,亦存有草率之处。

第五,对石刻存地、年款的著录,存有漏脱与错讹之处。对石刻存地的漏载,如《孟庙加封孟子父母制词碑》跋文云:"延祐三年七月立,正书,碑高三尺七寸,广二尺六寸,文十一行,字径二寸。"①至于此碑存于何地,《山左金石志》缺少说明。对石刻存地的误载,如《山左金石志》卷12《石门房山造像题字二十九种》跋云:"在临朐县石门房山北石壁。"②石门房山在宁阳县,非临朐县。孙星衍、邢澍《寰宇访碑录》对此造像题字二十九种亦有记载,均指明在宁阳县。

年款著录错讹,如《兖州贾使君碑》,阮元跋云"神龟三年四月立"③,而

①〔清〕阮元:《山左金石志》卷23《孟庙加封孟子父母制词碑》,第130页。
②〔清〕阮元:《山左金石志》卷12《石门房山造像题字二十九种》,第571页。
③〔清〕阮元:《山左金石志》卷9《兖州贾使君碑》,第503页。

实际上碑文中明确记载为"神龟二年岁次己亥四月戊辰朔□日丁亥□□"①,可见《山左金石志》著录有误。又如,《山左金石志》卷8《汉熹平残碑》碑文记载为"熹平二年十一月乙未遭"②,而阮氏碑跋却称:"'其熹平二年十二月乙未'下'遭'字存少半,此卒之年月,非立石年月。"③显然,阮书将"十一月"误记为"十二月"。

第六,金石跋文存有引文阙误与考证不实等缺点。金石跋文中的引文错误,如《山左金石志》援引王黼《重修宣和博古图》对乙癸钁进行考释:"《博古图》曰:'亚形内著象,凡如此者皆为亚室,而亚室者,庙室也'。"④实际上,《重修宣和博古图》云:"亚形内著虎象,凡如此者皆为亚室,而亚室者,庙室也。"⑤由此可知,阮书引文中漏脱一"虎"字。又如,《山左金石志》卷8《郎中郑固碑》跋云:"《尔雅·释地》:'坟,大防。'"⑥阮书将此引文出处搞错,应该是出自《尔雅·释丘》⑦。再如,《山左金石志》卷8《执金吾丞武荣碑》跋文援引《楚辞》云"信未远乎从容"⑧,而《楚辞》实际上为:"信未达乎从容。"⑨可见,《山左金石志》误"达"为"远"。

金石跋文考证不实,如《汉董贤印》跋云"按贤字舜卿,云阳人,哀帝时官至三公,见《佞幸传》"⑩,而《汉书·佞幸传》却为:"董贤字圣卿,云阳人也。"⑪可见,阮书误董贤"字圣卿"为"字舜卿"。又如,《山左金石志》卷3《龙兴寺铜钟》跋云:"按《唐书·地理志》,改青州为北海郡,无明文,惟《齐乘》云:唐武德元年置青州总管府,七年改为都督府,天宝元年罢都督府,改为北海郡。钟上所刻姓名惟樊泽、崔器,新、旧《唐书》俱有传,略云:泽,字安时,河中人,……器,深州安平人,有吏干,然性阴刻乐祸,天宝中举明经,

---

① 〔清〕阮元:《山左金石志》卷9《兖州贾使君碑》,第504页。
② 〔清〕阮元:《山左金石志》卷8《汉熹平残碑》,第487页。
③ 〔清〕阮元:《山左金石志》卷8《汉熹平残碑》,第487页。
④ 〔清〕阮元:《山左金石志》卷1《乙癸钁》,第401页。
⑤ 〔北宋〕王黼编纂,牧东整理:《重修宣和博古图》卷1《商亚虎父丁鼎》,广陵书社2010年,第11页。
⑥ 〔清〕阮元:《山左金石志》卷8《郎中郑固碑》,第484页。
⑦ 〔西晋〕郭璞注:《尔雅》卷7《释丘第十》,浙江古籍出版社2011年,第44页。
⑧ 〔清〕阮元:《山左金石志》卷8《执金吾丞武荣碑》,第485页。
⑨ 〔战国〕屈原等著,崔富章等注释:《楚辞·九辩》,浙江古籍出版社2011年,第121页。
⑩ 〔清〕阮元:《山左金石志》卷6《汉董贤印》,第446页。
⑪ 〔东汉〕班固:《汉书》卷93《佞幸传》,中华书局1962年,第3733页。

为万年尉,逾月擢御史中丞。宋浑为东圻采访使,引为判官……"①阮书考释之误有三:其一,关于改青州为北海郡,《旧唐书·地理一》有明文记载:"天宝元年,改青州为北海郡。乾元元年,复为青州"②,并非阮书所云"无明文";其二,《齐乘》卷3《都邑》云:"唐武德二年,置青州总管府"③,并非阮书所说"武德元年";其三,《旧唐书·崔器传》记载:"崔器,深州安平人也。……天宝六载,为万年尉,逾月拜监察御史。中丞宋浑为东畿采访使,引器为判官。"④可见,阮书误"东畿采访使"为"东圻采访使"。诸如此类错误还有很多,参见本书第六章第二节。

第七,对于用少数民族文字镌刻,或汉文与少数民族文字对刻,甚或刻有外国文字的碑刻,《山左金石志》或只录汉文,或仅作说明,少数民族文字与外国文字阙而不录。

碑刻在古代少数民族语言文字研究方面具有重大价值,因为碑刻中除了大量的汉文碑之外,还有一些单独用少数民族文字镌刻或汉文与少数民族文字对刻的碑刻。如《山左金石志》收录了数方用八思巴文⑤刻写的元碑,如元世祖至元三十一年(1294)《成宗崇奉孔子诏石刻》,"右碑及额皆国书"⑥,碑文全部用八思巴文镌刻;元成宗大德十一年(1307)《曲阜县孔庙加封制诏碑》,"并额俱国书,译文正书"⑦,碑文系八思巴文和汉文逐字对刻,八思巴文在左,汉文在右,等等。遗憾的是,阮书对这些八思巴文均未著录。又如,《灵岩寺国师法旨碑》是用梵文与汉文对刻而成,但《山左金石志》对梵文亦未著录,仅在跋语中称:"无年月,梵书,译文正书,篆额,……上层刻国师法旨,梵书十二列,下层译文二十五行,字径八分……"⑧如此以来,碑刻文献在语言文字研究方面的独特价值大为削弱。

虽然《山左金石志》存在种种不足,但瑕难掩瑜,我们对待它,既不能

①〔清〕阮元:《山左金石志》卷3《龙兴寺铜钟》,第420页。
②〔后晋〕刘昫:《旧唐书》卷38《地理一》,中华书局1975年,第1452页。
③〔元〕于钦著,刘敦愿等校释:《齐乘校释》卷3《郡邑》,中华书局2012年,第239页。
④〔后晋〕刘昫:《旧唐书》卷115《崔器传》,中华书局1975年,第3373页。
⑤八思巴文系元世祖忽必烈命藏传佛教高僧八思巴制订的拼音文字,当时称为"蒙古字"、"蒙古新字",主要应用于官方文件,以后逐渐废弃。
⑥〔清〕阮元:《山左金石志》卷22《成宗崇奉孔子诏石刻》,第110页。
⑦〔清〕阮元:《山左金石志》卷22《曲阜县孔庙加封制诏碑》,第122页。
⑧〔清〕阮元:《山左金石志》卷24《灵岩寺国师法旨碑》,第151页。

不加辩正地直接利用，也不能因其存在讹误而弃之不用，而应该辩证地看待其优点与缺点，以便更好地为我们服务。

阮元作为一位成就卓著的金石学家，无论是在具体问题的考论方面，还是在金石学思想理论的探索方面，都做出了突出贡献，其《山左金石志》代表了清代乾嘉时期金石学的最高成就，成为金石学在后世更新、发展的宝贵资源。阮元的金石学研究在其全部学术研究中占有重要的一席之地，并与其他方面的成就交相辉映，相得益彰。同时，透过《山左金石志》可以看出清代金石考据学的一些特点：一是金石学与考据学交相辉映，金石学借考据学而勃然兴起，金石文献的价值通过考据学显现出来，而考据学资金石学而成绩卓越；二是金石文献的价值主要集中表现在对古代史籍的补正方面，而在对历史史实的研究方面则略显薄弱。

总之，《山左金石志》虽题为“毕沅、阮元同撰”，实乃阮元及其幕友所修。书虽成于众家之手，然皆经阮元复勘而后定其是非。阮元身兼学者与高官双重身份，凭借其游幕、仕宦的经历，建立起庞大的金石资料的地缘与人缘搜访网络，使得《山左金石志》的内容极其丰富。《山左金石志》始纂于乾隆五十九年（1794），乾隆六十年（1795）初成，嘉庆二年（1797）刊刻。《山左金石志》体例完备，结构合理，考证精审，质量上乘，成为后世金石志书编修的典范，对清代山东乃至全国金石学的发展做出了极大贡献。阮元继承以往“以金石证史”的优良传统，利用金石碑刻有资考补经史者，对典章经制、人物事迹、山川地理、州郡沿革、文字音韵等进行考释，补史之阙，正史之讹，使得《山左金石志》具有考证、辨误、补遗、存史之功能，成为中国古代历史研究不可或缺的重要资料。尽管《山左金石志》或多或少地存有一些不足与缺陷，但瑕不掩瑜，这同其价值、成就相比，只能说是白璧微瑕，不足以掩盖其夺目的光辉。因此，我们应该用辩证的态度来看待《山左金石志》一书，以便更好地为我们所利用。如果我们研究历史能够将史志和相关的金石文献相结合，那么所得出的结论将会更加可靠，历史也将会以更清晰、更完整、更真实的面貌呈现在我们面前。

参考文献

一、阮元著作

〔清〕阮元:《山左金石志》,《续修四库全书》第 909~910 册,上海古籍出版社 2002 年。

〔清〕阮元:《揅经室集》,《丛书集成初编》第 2197~2211 册,中华书局 1985 年。

〔清〕阮元:《小沧浪笔谈》,《丛书集成初编》第 2599~2600 册,中华书局 1985 年。

〔清〕阮元:《积古斋钟鼎彝器款识》,《丛书集成初编》第 1545~1548 册,中华书局 1985 年。

〔清〕阮元:《汉延熹西岳华山碑考》,《丛书集成初编》第 1616 册,中华书局 1985 年。

〔清〕阮元:《诗书古训》,《丛书集成初编》第 261~264 册,中华书局 1985 年。

〔清〕阮元:《儒林传稿》,《续修四库全书》第 537 册,上海古籍出版社 2002 年。

〔清〕阮元:《曾子十篇》,《丛书集成初编》第 510 册,中华书局 1985 年。

〔清〕阮元:《石渠随笔》,《丛书集成初编》第 1574~1575 册,中华书局 1991 年。

〔清〕阮元、傅以礼:《四库未收书目提要》,商务印书馆 1955 年。

〔清〕阮元:《广陵诗事》,《丛书集成初编》第 2605~2607 册,中华书局 1985 年。

〔清〕阮元:《两浙金石志》,《续修四库全书》第 910~911 册,上海古籍出版社 2002 年。

〔清〕阮元:《十三经注疏》,中华书局 2009 年。

〔清〕阮元:《淮海英灵集》,《丛书集成初编》第 1797~1804 册,中华书局 1985 年。

〔清〕阮元:《两浙𬨎轩录》,浙江古籍出版社 2012 年。

〔清〕阮元、杨秉初:《两浙𬨎轩录补遗》,《续修四库全书》第 1684 册,上海古籍出版社 2002 年。

〔清〕阮元:《诂经精舍文集》,《丛书集成初编》第 1834～1838 册,中华书局 1985 年。

〔清〕阮元:《皇清经解》,上海书店 1988 年。

〔清〕阮元:《经籍籑诂》,《续修四库全书》第 198～200 册,上海古籍出版社 2002 年。

〔清〕阮元:《广东通志》,上海古籍出版社 1990 年。

〔清〕阮元:《云南通志稿》,道光十五年(1835)刊本。

〔清〕阮元:《畴人传》,《丛书集成初编》第 3370～3377 册,中华书局 1991 年。

〔清〕阮元:《定香亭笔谈》,《丛书集成初编》第 2601～2604 册,中华书局 1985 年。

〔清〕阮元:《积古斋藏器目》,《丛书集成初编》第 1549 册,中华书局 1985 年。

〔清〕阮元:《八砖吟馆刻烛集》,《丛书集成初编》第 1796 册,中华书局 1991 年。

二、金石学著作

〔北宋〕欧阳修:《集古录跋尾》,人民美术出版社 2010 年。

〔北宋〕洪适:《隶释　隶续》,中华书局 1986 年。

〔北宋〕王黼编纂,牧东整理:《重修宣和博古图》,广陵书社 2010 年。

〔北宋〕吕大临:《考古图》,中华书局 1987 年。

〔北宋〕王俅:《啸堂集古录》,《石刻史料新编》第二辑第 1 册,新文丰出版公司 1979 年。

〔南宋〕薛尚功:《历代钟鼎彝器款识法帖》,中华书局 1986 年。

〔南宋〕赵明诚撰,金文明校证:《金石录校证》,广西师范大学出版社 2005 年。

〔元〕潘昂霄:《金石例》,《景印文渊阁四库全书》第 1482 册,上海古籍出版社 1987 年。

〔明〕都穆:《金薤琳琅》,《石刻史料新编》第一辑第 10 册,新文丰出版公司 1977 年。

〔明〕杨慎:《金石古文》,《石刻史料新编》第一辑第 12 册,新文丰出版公司 1977 年。

〔明〕赵崡:《石墨镌华》,《石刻史料新编》第一辑第 25 册,新文丰出版公司 1977 年。

〔清〕黄宗羲:《金石要例》,《景印文渊阁四库全书》第 1483 册,上海古籍出版社 1987 年。

〔清〕顾炎武:《金石文字记》,《石刻史料新编》第一辑第 12 册,新文丰出版公司 1977 年。

〔清〕钱大昕:《潜研堂金石文跋尾》,《石刻史料新编》第一辑第 25 册,新文丰出版公司 1977 年。

〔清〕翁方纲:《两汉金石记》,《石刻史料新编》第一辑第 10 册,新文丰出版公司 1977 年。

〔清〕翁方纲:《粤东金石略》,《石刻史料新编》第一辑第 17 册,新文丰出版公司 1977 年。

〔清〕武亿:《金石三跋》,《续修四库全书》第 892 册,上海古籍出版社 2002 年。

〔清〕武亿:《授堂金石跋》,《石刻史料新编》第一辑第 25 册,新文丰出版公司 1977 年。

〔清〕毕沅:《关中金石记》,《石刻史料新编》第二辑第 14 册,新文丰出版公司 1979 年。

〔清〕毕沅:《中州金石记》,《石刻史料新编》第一辑第 18 册,新文丰出版公司 1977 年。

〔清〕王昶:《金石萃编》,《续修四库全书》第 886~891 册,上海古籍出版社 2002 年。

〔清〕刘喜海:《海东金石苑》,上海古籍书店 1964 年。

〔清〕孙星衍、邢澍:《寰宇访碑录》,《续修四库全书》第 904 册,上海古籍出版社 2002 年。

〔清〕孙星衍:《京畿金石考》,《石刻史料新编》第二辑第 12 册,新文丰出版公司 1979 年。

〔清〕段松苓:《益都金石记》,《石刻史料新编》第一辑第 20 册,新文丰出版公司 1977 年。

〔清〕段松苓:《山左碑目》,《石刻史料新编》第二辑第 20 册,新文丰出版公司 1979 年。

〔清〕陆耀遹:《金石续编》,《石刻史料新编》第一辑第 4~5 册,新文丰出版公司 1977 年。

〔清〕徐宗幹:《济州金石志》,《石刻史料新编》第二辑第 13 册,新文丰出版公司 1979 年。

〔清〕冯云鹓:《济南金石志》,《石刻史料新编》第二辑第 13 册,新文丰出版公司 1979 年。

〔清〕孔祥霖:《曲阜碑碣考》,《石刻史料新编》第二辑第 13 册,新文丰出版公司 1979 年。

〔清〕邹柏森:《严州金石录》,《石刻史料新编》第二辑第 10 册,新文丰出版公司 1979 年。

(清)尹彭寿《山左南北朝石刻存目》,《丛书集成初编》第 1589 册,中华书局 1985 年。

〔清〕吴玉搢:《金石存》,《丛书集成初编》第 1534~1537 册,中华书局 1985 年。

〔清〕李遇孙:《金石学录》,《石刻史料新编》第二辑第 17 册,新文丰出版公司 1979 年。

〔清〕叶昌炽:《语石》,上海书店 1986 年影印本。

王国维:《魏石经考》,《民国时期经学丛书》第 4 辑第 60 册,台中文听阁图书有限公司 2009 年。

王国维:《三代秦汉两宋金文著录表》,北京图书馆出版社 2003 年。

马衡:《凡将斋金石丛稿》,中华书局 1977 年。

马衡:《马衡讲金石学》,凤凰出版社 2010 年。

容媛辑,容庚校:《金石书录目》,台北商务印书馆 1992 年影印本。

朱剑心:《金石学》,文物出版社 1981 年。

陆和九:《中国金石学讲义》,北京图书馆出版社 2003 年。

北京图书馆金石组编:《北京图书馆藏中国历代石刻拓本汇编》,中州古籍出版社 1989 年。

宫衍兴:《济宁全汉碑》,齐鲁书社 1990 年。

济宁政协文史委员会编:《孔孟之乡石刻碑文选》,山东友谊书社 1992 年。

包备五:《齐鲁碑刻》,齐鲁书社 1996 年。

骆承烈:《石头上的儒家文献——曲阜碑文录》,齐鲁书社 2001 年。

赖非:《齐鲁碑刻墓志研究》,齐鲁书社 2004 年。

刘培桂:《孟子林庙历代石刻集》,齐鲁书社 2005 年。

赖非:《山东北朝佛教摩崖刻经调查与研究》,科学出版社 2007 年。

毛远明:《碑刻文献学通论》,中华书局 2009 年。

《日本京都大学藏中国历代文字碑刻拓本》,新疆美术摄影出版社 2016 年。

三、其他文献典籍

《论语》,中华书局 2006 年。

吴毓江撰,孙启治点校:《墨子校注》,中华书局 1993 年。

〔战国〕左丘明撰,〔西晋〕杜预集解:《左传:春秋经传集解》,上海古籍出版
    社 1997 年。

〔战国〕左丘明:《国语》,上海古籍出版社 1978 年。

〔战国〕屈原等著,崔富章等注释:《楚辞》,浙江古籍出版社 2011 年。

〔西汉〕司马迁:《史记》,中华书局 1959 年。

〔东汉〕郑玄注,〔唐〕孔颖达疏:《礼记正义》,《十三经注疏》(上、下册),中
    华书局 1980 年。

〔东汉〕郑玄注,〔唐〕贾公彦疏:《周礼注疏》,上海古籍出版社 2010 年。

〔东汉〕许慎:《说文解字》,中华书局 1963 年。

〔东汉〕班固:《汉书》,中华书局 1962 年。

〔曹魏〕王肃注:《孔子家语》,上海古籍出版社 1990 年。

〔西晋〕郭璞注:《尔雅》,浙江古籍出版社 2011 年。

〔刘宋〕范晔:《后汉书》,中华书局 1965 年。

〔萧梁〕沈约:《宋书》,中华书局 1974 年。

〔萧梁〕萧统编,〔唐〕李善注:《文选》,中华书局 1977 年。

〔北齐〕魏收:《魏书》,中华书局 1974 年。

〔北魏〕郦道元著,陈桥驿等译注:《水经注全译》,贵州人民出版社
    1996 年。

〔北魏〕杨衒之撰,周祖谟校释:《洛阳伽蓝记校释》,中华书局 2010 年。

〔北齐〕颜之推:《颜世家训》,《景印文渊阁四库全书》第 848 册,上海古籍
    出版社 1987 年。

〔唐〕魏征:《隋书》,中华书局 1973 年。

〔唐〕房玄龄:《晋书》,中华书局 1974 年。

〔唐〕李延寿:《北史》,中华书局 1974 年。

〔唐〕李延寿:《南史》,中华书局 1975 年。

〔唐〕李百药:《北齐书》,中华书局 1972 年。

〔唐〕陆德明:《经典释文》,中华书局 1983 年。

〔唐〕韦述撰,辛德勇辑校:《两京新记辑校》,三秦出版社 2006 年。

〔唐〕李邕:《李北海集》,《景印文渊阁四库全书》第 1066 册,台湾商务印书馆 1986 年。

〔唐〕李吉甫:《元和郡县图志》,中华书局 1983 年。

〔唐〕张怀瓘:《书断》,《景印文渊阁四库全书》第 812 册,台湾商务印书馆 1986 年。

〔唐〕林宝:《元和姓纂》,《景印文渊阁四库全书》第 890 册,台湾商务印书馆 1986 年。

〔后晋〕刘昫:《旧唐书》,中华书局 1975 年。

〔北宋〕欧阳修:《新唐书》,中华书局 1975 年。

〔北宋〕欧阳修:《欧阳文忠公集》,《中华再造善本·唐宋编》第 344 册,北京图书馆出版社 2005 年。

〔北宋〕刘敞:《公是集》,《丛书集成初编》第 1899～1906 册,中华书局 1985 年。

〔北宋〕陈彭年:《新校宋本广韵》,台北洪叶文化事业有限公司 2001 年。

〔南宋〕宇文懋昭著,崔文印校证:《大金国志校证》,中华书局 1986 年。

〔南宋〕陈槱:《负暄野录》,《丛书集成初编》第 1552 册,中华书局 1985 年。

〔南宋〕郑樵:《通志》,中华书局 1987 年。

〔金〕元好问:《中州集》,《四部丛刊初编》第 328 册,上海书店 1989 年。

〔元〕脱脱:《宋史》,中华书局 1977 年。

〔元〕脱脱:《金史》,中华书局 1975 年。

〔元〕于钦著,刘敦愿等校释:《齐乘校释》,中华书局 2012 年。

〔元〕马端临:《文献通考》,中华书局 2011 年。

〔明〕宋濂:《元史》,中华书局 1976 年。

〔明〕冯惟讷:《青州府志》,《天一阁藏明代方志选刊》第 41 册,上海古籍书店 1982 年。

〔明〕张溥:《汉魏六朝百三家集》,《景印文渊阁四库全书》第 1412～1416 册,上海古籍出版社 1987 年。

〔清〕顾炎武:《顾亭林诗文集》,中华书局 1983 年。

〔清〕曹寅:《全唐诗》,中华书局 1999 年。

〔清〕娄一均等纂修:康熙《邹县志》,《中国地方志集成·山东府县志辑》第 72 册,凤凰出版社 2004 年。

《清实录》,中华书局 1986 年。

〔清〕永瑢等:《四库全书总目》,中华书局 1965 年。

〔清〕嵇璜、刘墉:《清朝文献通考》,《景印文渊阁四库全书》第 632～638 册,台湾商务印书馆 1986 年。

〔清〕朱筠:《笥河文集》,《清代诗文集汇编》第 366 册,上海古籍出版社 2010 年。

〔清〕汪中:《述学》,《续修四库全书》第 1465 册,上海古籍出版社 2002 年。

〔清〕觉罗普尔泰纂修:乾隆《兖州府志》,《中国地方志集成·山东府县志辑》第 71 册,凤凰出版社 2004 年。

〔清〕颜希深等纂修:乾隆《泰安府志》,《中国地方志集成·山东府县志辑》第 63、64 册,凤凰出版社 2004 年。

〔清〕潘相纂修:乾隆《曲阜县志》,《中国地方志集成·山东府县志辑》第 73 册,凤凰出版社 2004 年。

〔清〕聂鈫:《泰山道里记》,《丛书集成新编》第 3002 册,中华书局 1985 年。

〔清〕钱大昕撰,吕友仁校点:《潜研堂集》,上海古籍出版社 1989 年。

〔清〕钱大昕:《十驾斋养新录》,上海书店 1983 年。

〔清〕翁方纲:《复初斋文集》,《清代诗文集汇编》第 382 册,上海古籍出版社 2010 年。

〔清〕孔继汾:《阙里文献考》,《孔子文化大全》,山东友谊书社 1989 年。

〔清〕王昶撰,周维德校辑:《蒲褐山房诗话新编》,人民文学出版社 2011 年。

〔清〕王昶:《湖海文传》,经训堂道光十七年(1837)刻本。

〔清〕王澍:《竹云题跋》,《景印文渊阁四库全书》第 684 册,上海古籍出版社 1987 年。

〔清〕孙星衍:《孙渊如先生全集》,《续修四库全书》第 1477 册,上海古籍出版社 2002 年。

〔清〕孙星衍:《续古文苑》,《续修四库全书》第 1609 册,上海古籍出版社 2002 年。

〔清〕孙星衍:《平津馆文稿》,《丛书集成初编》第 2525~2526 册,中华书局 1985 年。

〔清〕焦循:《雕菰集》,《丛书集成初编》第 2191~2196 册,中华书局 1985 年。

〔清〕武亿:《授堂文钞》,《续修四库全书》第 1466 册,上海古籍出版社 2002 年。

〔清〕桂馥:《晚学集》,《丛书集成初编》第 2518 册,中华书局 1985 年。

〔清〕黄易:《秋盦遗稿》,《清代诗文集汇编》第 408 册,上海古籍出版社 2010 年。

〔清〕许瀚:《攀古小庐杂著》,《续修四库全书》第 1160 册,上海古籍出版社 2002 年。

〔清〕阮亨:《瀛舟笔谈》,嘉庆二十五年(1820)扬州阮氏刻本。

〔清〕阮亨辑:《文选楼丛书》,广陵书社 2011 年。

〔清〕张鉴等撰,黄爱平点校:《阮元年谱》,中华书局 1995 年。

〔清〕戴均元、王引之等纂修:《清仁宗实录》,中华书局 1986 年。

〔清〕吴骞:《愚谷文存》,《续修四库全书》第 1454 册,上海古籍出版社 2002 年。

〔清〕吴骞:《愚谷文存续编》,《续修四库全书》第 1454 册,上海古籍出版社 2002 年。

〔清〕陈鱣:《简庄缀文》,心矩斋民国十五年(1926)据抱经堂版补刻。

〔清〕陈鱣:《简庄文钞续编》,《续修四库全书》第 1487 册,上海古籍出版社 2002 年。

〔清〕卢文弨:《抱经堂文集》,中华书局 1990 年。

〔清〕朱骏声:《说文通训定声》,世界书局 1966 年。

〔清〕严可均:《铁桥漫稿》,《续修四库全书》第 1488~1489 册,上海古籍出版社 2002 年。

〔清〕瞿中溶:《集古官印考》,《续修四库全书》第 1109 册,上海古籍出版社

2002 年。

〔清〕陈奂:《诗毛氏传疏》,中国书店 1984 年。

〔清〕钱泰吉:《曝书杂记》,《续修四库全书》第 926 册,上海古籍出版社
2002 年。

〔清〕顾广圻:《思适斋集》,《清代诗文集汇编》第 482 册,上海古籍出版社
2010 年。

〔清〕黄丕烈著,〔清〕潘祖荫辑,周少川点校:《士礼居藏书题跋记》,书目文
献出版社 1989 年。

〔清〕倪模:《古今钱略》,载马飞海、王贵忱主编:《中国钱币文献丛书》第七
辑,上海古籍出版社 1992 年。

〔清〕管同:《因寄轩文初集》,《续修四库全书》第 1504 册,上海古籍出版社
2002 年。

〔清〕陈文述:《颐道堂文钞》,《续修四库全书》第 1505～1506 册,上海古籍
出版社 2002 年。

〔清〕黄叔璥:《国朝御史题名》,《续修四库全书》第 751 册,上海古籍出版
社 2002 年。

〔清〕何绍基:《东洲草堂文钞》,《续修四库全书》第 1529 册,上海古籍出版
社 2002 年。

〔清〕钱泳:《履园丛话》,中华书局 1979 年。

〔清〕李佐贤:《石泉书屋类稿》,《续修四库全书》第 1534 册,上海古籍出版
社 2002 年。

〔清〕张廷济:《桂馨堂集》,《清代诗文集汇编》第 490 册,上海古籍出版社
2010 年。

〔清〕梅曾亮:《柏枧山房全集》,上海古籍出版社 2005 年。

〔清〕丁丙:《善本书室藏书志》,《续修四库全书》第 927 册,上海古籍出版
社 2002 年。

〔清〕丁仁:《八千卷楼书目》,《续修四库全书》第 921 册,上海古籍出版社
2002 年。

〔清〕江藩:《国朝汉学师承记》,中华书局 1983 年。

〔清〕董诰等:《全唐文》,中华书局 1983 年影印本。

〔清〕震钧:《国朝书人辑略》,《续修四库全书》第 1089 册,上海古籍出版社

2002 年。

〔清〕史善长:《弇山毕公年谱》,清嘉庆四年(1799)刻本。

〔清〕法伟堂:《益都县图志》,光绪三十三年(1907)刻本。

〔清〕周中孚:《郑堂读书记》,《续修四库全书》第 924~925 册,上海古籍出版社 2002 年。

〔清〕方浚师:《蕉轩随录》,中华书局 1995 年。

〔清〕蒋光煦:《东湖丛记》,《续修四库全书》第 1162 册,上海古籍出版社 2002 年。

〔清〕胡季堂:《培荫轩杂记》,《续修四库全书》第 1447 册,上海古籍出版社 2002 年。

〔清〕成瓘:道光《济南府志》,《中国地方志集成·山东府县志辑》第 1~3 册,凤凰出版社 2004 年。

〔清〕法式善:《存素堂诗初集录存》,《续修四库全书》第 1476 册,上海古籍出版社 2002 年。

〔清〕张绍南:《孙渊如先生年谱》,缪氏艺风堂抄本。

〔清〕汪启淑:《续印人传》,《续修四库全书》第 1092 册,上海古籍出版社 2002 年。

〔清〕李元度:《国朝先正事略》,《近代中国史料丛刊》正编第 111 册,文海出版社 1966 年。

〔清〕王先谦:《后汉书集解》,中华书局 1984 年。

〔清〕潘衍桐:《两浙輶轩续录》,浙江书局光绪十七年(1891)刻本。

〔清〕张之洞:《书目答问》,《续修四库全书》第 921 册,上海古籍出版社 2002 年。

〔清〕左宜似等纂修:光绪《东平州志》,《中国地方志集成·山东府县志辑》第 70 册,凤凰出版社 2004 年。

〔清〕国史馆编修:《清史列传》,中华书局 1987 年排印本。

〔清〕刘锦藻:《清朝续文献通考》,《续修四库全书》第 815~821 册,上海古籍出版社 2002 年。

〔清〕胡元仪:《北海三考》,《续修四库全书》第 549 册,上海古籍出版社 2002 年。

〔清〕叶昌炽著,王季烈辑:《缘督庐日记抄》,《续修四库全书》第 576 册,上海古籍出版社 2002 年。

〔清〕缪荃孙:《续碑传集》,《近代中国史料丛刊》第 981~990 册,台北文海出版社 1973 年。

〔清〕钱椒:《补疑年录》,《续修四库全书》第 517 册,上海古籍出版社 2002 年。

〔清〕王原祁等纂辑《御定佩文斋书画谱》,《景印文渊阁四库全书》第 819~823 册,上海古籍出版社 1987 年。

〔清〕钱林:《文献征存录》,清咸丰八年(1858)有嘉树轩刻本。

梁启超:《中国历史研究法》,中华书局 2009 年。

梁启超:《中国近三百年学术史》,人民出版社 2008 年。

梁启超著,朱维铮校注:《清代学术概论》,中华书局 2010 年。

赵尔巽:《清史稿》,中华书局 1977 年。

徐世昌:《清儒学案》,中华书局 2008 年。

柳诒徵:《中国文化史》,上海古籍出版社 2001 年。

钱穆:《中国近三百年学术史》,商务印书馆 1997 年。

王国维:《清代金文著录表》,北京图书馆出版社 2003 年。

王国维:《三代秦汉两宋金文著录表》,北京图书馆出版社 2003 年。

王国维:《古史新证》,《王国维全集》第十一卷,浙江教育出版社、广东教育出版社 2009 年。

王国维:《王国维全集》,浙江教育出版社、广东教育出版社 2009 年。

王国维:《魏石经考》,《民国时期经学丛书》第四辑第 60 册,台中文听阁图书有限公司 2009 年。

王国维:《王国维遗书》,上海古籍书店 1983 年。

支伟成:《清代朴学大师列传》,岳麓书社 1986 年。

罗福颐:《印谱考》,上虞墨缘堂民国二十二年(1933)刻本。

蔡冠洛:《清代七百名人传》,中国书店 1987 年。

郭沫若:《读随园诗话札记》,北京古籍出版社 2003 年。

吴晗:《江浙藏书家史略》,中华书局 1981 年。

侯外庐:《中国思想通史》第 5 卷,人民出版社 1956 年。

陈垣:《通鉴胡注表微》,商务印书馆 2011 年。

陈垣:《史讳举例》,《励耘书屋丛刻》,北京师范大学出版社 1982 年。

张舜徽:《清代扬州学记》,上海人民出版社1962年。

张舜徽:《清儒学记》,齐鲁书社1991年。

白寿彝编:《清史国际学术讨论会论文集》,辽宁人民出版社1990年。

吴海林、李延沛编:《中国历史人物生卒年表》,黑龙江人民出版社1981年。

敏泽:《中国文学理论批评史》,人民文学出版社1981年。

燕京大学引得编纂处编:《清代书画家字号引得》,上海古籍出版社1982年。

杨尚奎:《清儒学案新编》,齐鲁书社1985年。

裘锡圭:《文字学概要》,商务印书馆1988年。

胡楚生:《清代学术史研究》,台湾学生书局1988年。

黄爱平:《四库全书纂修研究》,中国人民大学出版社1989年。

沈灌群、毛礼锐主编:《中国教育家评传》,上海教育出版社1989年。

梅荣照编:《明清数学史论文集》,江苏教育出版社1990年。

赵航:《扬州学派新论》,江苏文艺出版社1991年。

王茂、蒋国保等人主编:《清代哲学》,安徽人民出版社1992年。

杜石然主编:《中国古代科学家传记》,科学出版社1993年。

胡楚生:《清代学术史研究续编》,台湾学生书局1994年。

林庆彰主编:《乾嘉学术研究论著目录(1900—1993)》,"中央研究院"中国文哲研究所筹备处1995年。

邬国平、王镇远:《清代文学批评史》,上海古籍出版社1995年。

张涌泉:《敦煌俗字研究导论》,新文丰出版公司1996年。

中国科学院国家科学图书馆整理:《续修四库全书总目提要》,齐鲁书社1996年。

李成良:《阮元思想研究》,四川人民出版社1997年。

漆永祥:《乾嘉考据学研究》,中国社会科学出版社1998年。

黄爱平:《十八世纪的中国与世界·思想文化卷》,辽海出版社1999年。

郑伟章:《文献家通考》,中华书局1999年。

尚小明:《学人游幕与清代学术》,社会科学文献出版社1999年。

陈东辉:《阮元与小学》,中国文联出版社1999年。

祁龙威、林庆彰主编:《清代扬州学术研究》,台湾学生书局2001年。

李春光:《清代学人录》,辽宁大学出版社2001年。

陈祖武:《清儒学术拾零》,湖南人民出版社 2002 年。

王章涛:《阮元年谱》,黄山书社 2003 年。

赵航:《扬州学派概论》,广陵书社 2003 年。

叶鹏飞:《中国书法家全集》,河北教育出版社 2003 年。

王章涛:《阮元评传》,广陵书社 2004 年。

欧昌俊、李海霞:《六朝唐五代石刻俗字研究》,巴蜀书社 2004 年。

杨晋龙主编:《清代扬州学术》,"中央研究院"中国文哲研究所 2005 年。

尚小明:《清代士人游幕表》,中华书局 2005 年。

郭明道:《阮元评传》,社会科学文献出版社 2005 年。

张立:《从传统走向近代:中国科学文化史上的阮元》,安徽教育出版社
　　　2005 年。

彭林主编:《清代学术讲论》,广西师范大学出版社 2005 年。

漆永祥:《江藩与汉学师承记研究》,上海古籍出版社 2005 年。

陈祖武:《乾嘉名儒年谱》,北京图书馆出版社 2006 年。

赵昌智主编:《扬州学派人物评传》,广陵书社 2007 年。

龚书铎主编:《清代理学史》,广东教育出版社 2007 年。

张慧剑编:《明清江苏文人年表》,人民文学出版社 2008 年。

《重振金石学国际学术研讨会论文集》,西泠印社出版社 2010 年 8 月。

戚学民:《阮元〈儒林传稿〉研究》,三联书店 2011 年。

金丹:《阮元书学研究》,荣宝斋出版社 2012 年。

林久贵:《阮元经学研究》,人民出版社 2015 年。

於梅舫:《学海堂与汉宋学之浙粤递嬗》,社会科学文献出版社 2016 年。

阮元生平简谱

为了对阮元一生的事迹有更为清晰的了解,笔者以张鉴等撰、黄爱平点校的《阮元年谱》(中华书局 1995 年)为主要依据,兼采其他史料,对阮氏生平事迹作一简要条列。该简谱侧重阮元的为官经历及其学术文化活动,至于其妻儿家室、生活琐事等,则阙而不记。

乾隆二十九年(甲申)1764 年　一岁
正月二十日,生于扬州西门白瓦巷。

乾隆三十年(乙酉)1765 年　两岁

乾隆三十一年(丙戌)1766 年　三岁

乾隆三十二岁(丁亥)1767 年　四岁

乾隆三十三年(戊子)1768 年　五岁
母亲林氏始教阮元识字。

乾隆三十四年(己丑)1769 年　六岁
始就外傅,从姑父贾天凝学。

乾隆三十五年(庚寅)1770 年　七岁

乾隆三十六年(辛卯)1771 年　八岁
师从扬州名儒胡廷森学。

乾隆三十七年(壬辰)1772 年　九岁
师从乔椿龄学。

乾隆三十八年(癸巳)1773 年　十岁

乾隆三十九年(甲午)1774 年　十一岁

乾隆四十年(乙未)1775 年　十二岁

乾隆四十一年(丙申)1776 年　十三岁

乾隆四十二年(丁酉)1777 年　十四岁

乾隆四十三年(戊戌)1778 年　十五岁
始应童子试。

乾隆四十四年(己亥)1779 年　十六岁

乾隆四十五年（庚子）1780 年　十七岁

从李道南学。

乾隆四十六年（辛丑）1781 年　十八岁

母林氏卒（年 47 岁）。

乾隆四十七年（壬寅）1782 年　十九岁

始究心于经学，结识凌廷堪。

乾隆四十八年（癸卯）1783 年　二十岁

乾隆四十九年（甲辰）1784 年　二十一岁

侍郎谢墉督学江苏，阮元岁试取入为仪征县学第四名。

乾隆五十年（乙巳）1785 年　二十二岁

科试一等第一名，补廪膳生员。

乾隆五十一年（丙午）1786 年　二十三岁

二月，阮元随谢墉出试镇江、金坛，参与阅卷事宜。九月，朱珪所典江南乡试揭晓，阮元中举人第八名。十月入京，结识邵晋涵、王念孙、任大椿。

乾隆五十二年（丁未）1787 年　二十四岁

会试下第，留馆京师，著成《考工记车制图解》。

乾隆五十三年（戊申）1788 年　二十五岁

《考工记车制图解》付梓刊印。

乾隆五十四年（己酉）1789 年　二十六岁

会试中式第二十八名。四月，圆明园覆试，取一等第十名。殿试二甲第三名，赐进士出身。朝考钦取第九名，改翰林院庶吉士，充《万寿盛典》纂修官，国史馆、武英殿纂修官。

乾隆五十五年（庚戌）1790 年　二十七岁

敕封儒林郎、翰林院庶吉士。四月，散馆，钦取一等第一名，授翰林院编修。

乾隆五十六年（辛亥）1791 年　二十八岁

二月，圆明园大考翰詹，乾隆亲擢一等第一名，升詹事府少詹事，奉旨南书房行走，修纂内府各书画为《石渠宝笈》。十一月，充《石经》校勘官，分校《仪礼》。

乾隆五十七年（壬子）1792 年　二十九岁

作《王守仁手札册题跋》（据《中国书画家印鉴款识》）。

乾隆五十八年(癸丑) 1793年　三十岁

六月,《石渠宝笈》成。七月,奉旨出任山东学政。九月,按试兖州、曲阜、济宁、沂州。十一月,首谒阙里,主祭孔庙,观乾隆颁周器及鼎、币、戈、尺诸古金,又摩挲两汉石刻,移亭长府门卒二石人于矍相圃。

乾隆五十九年(甲寅) 1794年　三十一岁

正月,出试青州、武定。五月,出试泰安,并命青州廪膳生员段松苓访碑于各岳镇。六月,试济南府。十月,出试沂州。十二月,始修《山左金石志》,与山东巡抚毕沅共商编纂事。

乾隆六十年(乙卯) 1795年　三十二岁

正月,出试东昌、临清。三月,出试青州、莱州、登州、武定。四月,刻成所著《仪礼石经校勘记》。八月,奉旨调任浙江学政。是年,赵魏在阮元幕中助其校订《山左金石志》等。

嘉庆元年(丙辰) 1796年　三十三岁

正月,征刻《淮海英灵集》,撰《小沧浪笔谈》。二月,出试宁波。三月,试于绍兴与杭州府。五月,始修《淮海英灵集》。七月,出试嘉兴。九月,出试衢州、金华、严州。

嘉庆二年(丁巳) 1797年　三十四岁

正月,始修《经籍籑诂》与《畴人传》。二月,出试处州。四月,试台州与宁波,登天一阁,并命范氏子弟编录《天一阁书目》。六月,《七经孟子考文》刻成。七月,出试绍兴。八月,摹刻天一阁拓北宋《石鼓文》,嵌置于杭州府学明伦堂壁间,二十四日,出试湖州。

嘉庆三年(戊午) 1798年　三十五岁

正月,试杭州府,修成《淮海英灵集》。三月,出试处州与温州。四月,试台州,撰成《两浙輶轩录》。六月,撰成《曾子十篇注释》。八月,补授兵部右侍郎,后又调补礼部右侍郎,撰成《经籍籑诂》。九月,浙江学政任满,入都觐见,刻成昭勇将军《珠湖草堂诗集》。

嘉庆四年(己未) 1799年　三十六岁

正月,兼兵部左侍郎,命随吏部尚书朱珪在南书房恭掌御制诗文稿本。三月,调户部左侍郎,充经筵讲官,充己未科会试副总裁,总裁朱珪属阮元一人批阅文策。七月,兼礼部左侍郎。九月,兼管国子监算学,撰成《广陵诗事》。十月,奉署浙江巡抚,出京。十二月,刻成《经籍籑诂》,钱大昕、王引之作序。

嘉庆五年（庚申）1800 年 三十七岁

正月，奉谕实授浙江巡抚。四月，订《定香亭笔谈》成，立《缉匪章程》七则，增强海防，开始剿灭海盗，一直持续到嘉庆十四年，浙洋海盗全部被剿灭。

嘉庆六年（辛酉）1801 年 三十八岁

正月，立诂经精舍，延请王昶、孙星衍主讲，撰成《两浙防护录》。四月，《经籍籑诂补遗》撰成。是年，《广陵诗事》刻成。夏六月，朱朗斋、陈鸿寿共同为阮元刊刻《两浙辑轩录》。是年，段玉裁在阮元幕中，主定《十三经校勘记》。

嘉庆七年（壬戌）1802 年 三十九岁

正月，撰成《浙江图考》。二月，刻《诂经精舍文集》。三月，刻宋王复斋《钟鼎款识》成。九月，置西汉定陶鼎于镇江焦山。十一月，撰集《皇清碑版录》。

嘉庆八年（癸亥）1803 年 四十岁

正月，立海宁安澜书院。二月，为朱珪刻《知足斋集》。

嘉庆九年（甲子）1804 年 四十一岁

正月，修《海塘志》成。四月，撰《经郛》。八月，《积古斋钟鼎彝器款识》刻成。九月，在扬州建阮氏家庙，书《扬州阮氏家庙碑》。九月，作《嘉禾图跋》。

嘉庆十年（乙丑）1805 年 四十二岁

正月，嘱元和何元锡修《两浙金石志》成。闰六月二十五日，父阮承信卒于浙江官署，阮元解职归扬州三年。十二月，隋文选楼在扬州落成。

嘉庆十一年（丙寅）1806 年 四十三岁

因阮氏墓庐在"雷塘"，始署"雷塘庵主"。四月，重修《皇清碑版录》。六月，刻《阮昭勇将军琢庵公暨光禄大夫湘圃公昭穆神道碑》，扬州太守伊秉绶嘱重刻石鼓十石于扬州府学。十月，撰《十三经校勘记》刻成。

嘉庆十二年（丁卯）1807 年 四十四岁

正月，编《瀛舟书记》成，修雷塘隋炀帝陵，并嘱扬州府知府伊秉绶书碑。十月，入京，进《四库》未收书六十种。十一月，奉上谕补授兵部右侍郎。

嘉庆十三年（戊辰）1808 年　四十五岁

三月，抵杭州再任浙江巡抚。是年，购得钱东壁所藏《西岳华山碑》四明本拓片，命阮亨、王豫编《续淮海英灵集》。

嘉庆十四年,（己巳）1809 年　四十六岁

九月，受浙江学政刘凤诰科场舞弊案牵连，革职，赴京，任编修，在文滢馆行走。

嘉庆十五年（庚午）1810 年　四十七岁

正月，自编《十三经经郛》。四月，奉旨补授翰林院侍讲。九月，充署日讲起居注官。十月，兼国史馆总辑，辑《儒林传》，并写定《畴人传》。

嘉庆十六年（辛未）1811 年　四十八岁

四月，《十三经经郛》编成。六月，编成《汉延熹西岳华山碑考》四卷，又编成《四库未收百种书提要》。七月，奉旨补授詹事府少詹事。撰《南北书派论》。十二月，奉旨补授内阁学士兼礼部侍郎。

嘉庆十七年（壬申）1812 年　四十九岁

四月，奉旨到山西查办吉兰泰盐商控案，议《吉兰泰蒙古盐务章程》。五月，补授工部右侍郎，兼管钱法堂事务。八月，授漕运总督。十一月，督催空漕回至江苏淮安。十二月，赴海州阅兵。

嘉庆十八年（癸酉）1813 年　五十岁

正月，议设焦山书藏，赴扬州、瓜州迎盘新漕，并催督过江。二月，微山湖水浅，亲自查勘。五月，山东临清运河浅阻，奉旨赶往临清办理。是年，《汉延熹西岳华山碑考》四卷刊成，江藩为之序。

嘉庆十九年（甲戌）1814 年　五十一岁

三月，奉旨迁江西巡抚。八月，接江西巡抚印。九月、十月，缉拿毛俚等邪教会匪活动。

嘉庆二十年（乙亥）1815 年　五十二岁

歼灭南安、赣州一带三点、边钱各会匪徒及其毗连南昌、余干等处的担匪萧烟脚余党。

嘉庆二十一年（丙子）1816 年　五十三岁

闰六月，调补河南巡抚，时新抚未至，仍留江西。秋，刻宋本《十三经注疏》。七月，改建江西贡院号舍。八月，至开封任河南巡抚。十一月十三日，补授湖广总督。

嘉庆二十二年(丁丑) 1817 年　五十四岁

正月,接任湖广总督。二月,阅荆州江窖、金洲等堤,著《江堤说》。七月,奏建江陵县范家堤、沔阳州龙王庙石闸。八月,由武昌到湖南阅兵,途次奉旨调补两广总督。十月,至广州,接任两广总督。十二月,奏建大黄窖、大虎山炮台。

嘉庆二十三年(戊寅) 1818 年　五十五岁

二月,往阅惠州、潮州兵。四月,新建大黄窖、大虎山炮台。十一月,始修《广东通志》。

嘉庆二十四年(己卯) 1819 年　五十六岁

三月,由桂林到柳州、宾州、南宁、浔州阅兵。闰四月,奏建桑园围石堤。

嘉庆二十五年(庚辰) 1820 年　五十七岁

三月,创办学海堂,手书"学海堂"三字匾悬于城西文澜书院。七月,奉旨赴广西查办灌阳县会匪。

道光元年(辛巳) 1821 年　五十八岁

三月,奏设恤嫠公局。七月,《江苏诗征》刻成。九月,兼署广东学政印。

道光二年(壬午) 1822 年　五十九岁

三月,《广东通志》成。六月,归扬州。

道光三年(癸未) 1823 年　六十岁

正月,兼署广东巡抚事,六十寿辰作《竹林茶隐图》,《揅经室集》四十卷刻成。龚自珍撰《阮尚书年谱第一序》。二月,卸署广东巡抚事。六月,重修族谱成。九月,往广西阅兵。

道光四年(甲申) 1824 年　六十一岁

三月,刻焦循《雕菰楼集》成。九月,以家藏《汉西岳华山庙碑》摹本寄陕西钱恬斋,摹刻于西岳庙中。十二月,新建学海堂成。

道光五年(乙酉) 1825 年　六十二岁

二月,出阅肇庆、顺德、香山等处陆路营伍。八月,撰《文韵说》。夏,辑刻《皇清经解》。

道光六年(丙戌) 1826 年　六十三岁

三月,出巡广西省城营伍。九月,任云贵总督。是年,在云南陆凉访得

《爨龙颜碑》,并作《爨龙颜碑跋》。

道光七年(丁亥)1827 年 六十四岁

三月,至东川府、昭通镇、寻霑营阅兵,著成《塔性说》。九月,在云南大理见到王昶《金石萃编》所载的《南诏德化碑》。

道光八年(戊子)1828 年 六十五岁

七月,会同巡抚伊公在省司道审明叛逆两案具奏。九月,赴贵州阅看全省营伍。十二月,入京。

道光九年(己丑)1829 年 六十六岁

正月,出京。三月,到贵州,赴威宁阅兵。七月,缉拿要犯陶月三。九月,奏办永昌湾甸土夷焚抢滋事一案,《皇清经解》在粤东刻成。

道光十年(庚寅)1830 年 六十七岁

三月,龙陵厅芒市土司放承恩之夷人波岩剪作乱,经官兵奏结,文武请议叙。十月,赴大理府阅兵。

道光十一年(辛卯)1831 年 六十八岁

二月,建碧谿台,并作记。

道光十二年(壬辰)1832 年 六十九岁

九月,升协办大学士,仍留云贵总督任。

道光十三年(癸巳)1833 年 七十岁

二月,抵京。三月,充会试副总裁,取士 222 名。

道光十四年(甲午)1834 年 七十一岁

正月,赴大理阅兵。八月,《石画记》四卷撰成。

道光十五年(乙未)1835 年 七十二岁

三月,着补体仁阁大学士,管理兵部事务。六月,离云贵总督任,启程北上入京。八月,入内阁任事,并到翰林院任,又到兵部办事。是年,《云南通志稿》修成刊行。

道光十六年(丙申)1836 年 七十三岁

二月,奉旨充任经筵讲官。四月,充殿试读卷官,又阅庶吉士散馆卷,教习庶吉士。五月,为梁章钜所购《西岳华山碑》华阴本题跋于节性斋。(《汉华山碑题跋年表》)。

道光十七年(丁酉)1837 年 七十四岁

二月,奉遣祭至圣庙,经筵奉旨派讲《四书论》。八月,奉遣祭至圣庙。

道光十八年(戊戌) 1838 年　七十五岁

五月,上谕着准阮元以大学士致仕。八月,奏请回籍,晋加太子太保衔。十月,回扬州。

道光十九年(己亥) 1839 年　七十六岁

是年,《擎经室续集》十一卷成。

道光二十年(庚子) 1840 年　七十七岁

八月,自订《擎经室再续集》。

道光二十一年(辛丑) 1841 年　七十八岁

二月,《雷塘庵主弟子记》七卷刊成。

道光二十二年(壬寅) 1842 年　七十九岁

正月,命阮亨汇刻《文选楼丛书》。

道光二十三年(癸卯) 1843 年　八十岁

八月,迁居扬州徐凝门康山之右。

道光二十四年(甲辰) 1844 年　八十一岁

道光二十五年(乙巳) 1845 年　八十二岁

道光二十六年(丙午) 1846 年　八十三岁

六月,晋加太傅衔,重赴鹿鸣宴。

道光二十七年(丁未) 1847 年　八十四岁

道光二十八年(戊申) 1848 年　八十五岁

道光二十九年(己酉) 1849 年　八十六岁

十月十三日,卒于扬州。

后　记

本书稿不仅是我国家社科后期资助项目的结项成果，同时又是八年来对阮元《山左金石志》研究的一个总结。抚今追昔，一路蹒跚走来，自有苦乐，从十几年前初涉石刻文献的懵懂与困惑，到成功申请到国家社科后期资助项目时的喜悦与兴奋，再到如今书稿即将付梓时的忐忑与不安，感慨之情难以释怀。回望路途，给我最深感触的是亲朋师友的鼓励、支持与包容，是他们给我精神的快乐和前进的力量，让我沿着这条学术之路走得自信从容，充实而静谧。

十八年前，我与石刻文献结下不解之缘。2001 年，考入兰州大学历史学院，师从吴景山教授攻读中国古代史专业硕士研究生。吴师以治西北碑铭著称，他淡泊名利，甘于吃苦，曾一人骑单车穿越戈壁大漠，进行丝路考察。正是在先生的引导下，我逐渐步入了石刻文献的学习与研究之门，慢慢地对这些冰冷的石头产生了极大热情，不仅为其雄浑豪迈、飘逸超脱的书法气韵而倾倒，更为其有着纸本文献难以替代的独特而珍贵的史料价值而深深折服。在兰大的三年，心无旁骛地读书，度过了一段充实而难忘的学习生活。期间，历史学院的汪受宽、高伟、乔健、雷紫翰诸先生，在学业上给予了极大帮助，至今难以忘怀。

硕士毕业后，来到孔子故里曲阜，工作于曲阜师范大学历史文化学院。这里有深厚的学术积累、浓厚的学术氛围以及良好的治学条件，为我提供了一片自由发展的广阔天地，培养、造就了我的学术事业。无论是工作，还是生活，历史文化学院的领导及同事们都给予了极大帮助，让我有了安身立命的归属感，能与他们一起学习与工作，幸莫大矣！齐鲁大地多碑碣，清人叶昌炽在《语石》中曾云："关中为汉唐旧都，古碑渊薮，其次则直隶、河南、山东、山西。"而尤为显著的是，山东的三代吉金、秦汉碑刻甲于天下，影响深远。早在西汉时期，学者就已开始了对山东金石碑刻的收集、整理与研究。太史令司马迁于《史记·秦始皇本纪》中记录了七件秦刻石，其中位于山东的有峄山刻石、泰山刻石、之罘刻石、琅邪刻石与之罘东观刻石。

置身于齐鲁大地,我深刻地感受到石刻文献的多彩与魅力,故自此以后,研究重点从西北石刻转至山东石刻,曾对曲阜儒家石刻、泰山封禅石刻、胶东道教石刻、灵岩寺佛教石刻等作过考察与研究。虽略有小成,但仍深感自己学力不逮,遂于 2010 年 9 月,已进入而立之年的我,负笈北上,来到向往已久的北京师范大学,师从王培华教授攻读历史文献学博士学位。

　　三年的博士学习生活过得虽苦,但十分充实,自己深知,在"上有老,下有小"之时,能有这次学习机会十分不易,故一直严格要求自己,不敢有丝毫懈怠。北师大严谨扎实的学风及其"学为人师,行为世范"的校训,使我受益匪浅,在这里,我就像一个饥渴的孩子,贪婪地吸吮着知识的乳汁。后来,根据我的专业研究实际以及以后工作与治学的需要,选择以"阮元《山左金石志》研究"为博士论文题目。王老师学识渊博,治学严谨,从选题构架、材料搜集到修改润色,都给予了很多指导,感激之情难以言表。还要感谢汝企和老师、张升老师,读博期间二位老师在学习与生活上给予了很多帮助,我一直铭记在心! 此外,李志英老师、姜海军老师在博士论文开题与博士预答辩中提出了很多宝贵建议,还有博士同学曾凡云、孙建权、陈安民、韩威,师弟宋开金、陈桂全、师妹宋羽等人,在学习与生活中惠我良多,在此一同表示感谢。在论文评阅和答辩过程中,首都师大许福谦教授、中国社科院张英聘研究员、北师大历史学院曹大为教授、汝企和教授和李志英研究员等人的指教令我受益良多,深表谢忱。尤其是张英聘老师,因论文答辩而结识,因为是同乡,在以后的工作与治学过程中给予大量无私的帮助,是我人生征途中的良师益友!

　　博士阶段学习结束后,承蒙山东大学刘心明教授的推荐,有幸师从山东大学儒学高等研究院杜泽逊教授从事博士后研究。杜老师是当今文献学界著名学者,学术渊博,为人谦和,处事宽容豁达,在我心中可谓高山仰止。先生以博奥深邃的学养开拓了我的学术视野,提升了我的学术境界,让我终身受益!

　　回首自己多年的求学生涯,心中颇感酸楚,正是凭着一股不服输、不怕苦的干劲,经历了学习——工作——再学习——再工作——再学习等几个循环往复的阶段,才一步步地走到今天。多年的学习与工作经历,既磨炼了意志,又丰富了人生阅历,是一笔珍贵的精神财富,将激励我今后继续前行!

在以往的求学与治学经历中，有幸得到学界诸多前辈、师友的指导、提携与帮助，如西北师大赵逵夫教授、《光明日报》社梁枢先生、东北师大曹书杰教授、华中师大周国林教授、南京师大王锷教授、山东大学刘心明教授、中国政法大学李雪梅教授、扬州学派研究会伍野春先生、中华书局金锋先生等，借此机会，谨致衷心的谢意！

中华书局的白爱虎老师，精心编辑，认真校审，为本书的出版付出了大量心血，在此表示衷心感谢！感谢研究生刘兰芬、林驰、庄震、李婷婷、闫志强等，为本书稿的校对出力不少。

最后要感谢一直默默支持我的家人，正是他们的理解与支持，让我有了更多时间与精力沉浸于学业与工作。父母与岳父母都已年迈，在他们需要照顾之时，我不但不能照顾他们，反而让他们替我分担生活重负。尤其是爱人与岳父母，承揽了抚养孩子、买菜做饭等全部家务。哥哥、姐姐是我安心工作的坚强后盾，替我照顾老家体弱多病的父母。还有读小学的女儿以及咿呀学语的儿子，是我学海行舟的最好动力！

书稿即将付梓，内心充满了喜悦、感激，也充溢着莫名的惶恐与不安。有道是"文章千古事，得失寸心知"。受自身学识所限，本书的研究尚有许多不足，如理论阐发不足，新方法、新角度的研究应当更加拓展，对清代官员与学者形成的著述模式的探讨未能深入进行，等等。我会在日后的研究中努力去弥补，在此恳请各位师友批评指正！

"路漫漫其修远兮，吾将上下而求索。"今后的路还很漫长，我将会以更刻苦的精神来努力工作与治学，以更积极的态度面对人生与生活，不辜负师友、家人对我的厚爱。且行且珍惜！

孟凡港

二〇一九年五月于曲阜